সুনীল গঙ্গোপাধ্যায়

আমি কি বাঙালি?

Ami Ki Bangali ?

Sunil Gangopadhyay

ISHI PRESS
INTERNATIONAL

Ami Ki Bangali ?

Sunil Gangopadhyay

This Printing in May, 2016
by Ishi Press in New York and Tokyo

with a new introduction by Sam Sloan

ISBN 4-87187-261-0
978-4-87187-261-4

Ishi Press International
1664 Davidson Avenue, Suite 1B
Bronx NY 10453-7877
USA

samhsloan@gmail.com
1-917-659-3397
1-917-507-7226

Printed in the United States of America

Introduction by Sam Sloan

Ami Ki Bangali ?
by
Sunil Gangopadhyay

Introduction by Sam Sloan

Sunil Gangopadhyay or **Sunil Ganguly** (**Bengali**: সুনীল গঙ্গোপাধ্যায় *Shunil Gônggopaddhae*), was an Indian Bengali poet and novelist based in the Indian city of Kolkata.

He was born on 7 September 1934 in Faridpur, in what is now Bangladesh. He obtained his master's degree in Bengali from the University of Calcutta.

Ganguly created the Bengali fictional character Kakababu and wrote a series of novels on this character which became significant in Indian children's literature. He received Sahitya Akademi award in 1985 for his novel Those Days (Sei Samaya). Gangopadhyay used the pen names Nil Lohit, Sanatan Pathak, and Nil Upadhyay.

Ganguly created the Bengali fictional character Kakababu and wrote a series of novels on this character which became significant in Indian children's literature. He received Sahitya Akademi award in 1985 for his novel Those Days (Sei Samaya). Gangopadhyay used the pen names Nil Lohit, Sanatan Pathak, and Nil Upadhyay.

He was born in Faridpur into a Bengali Hindu family in what is now Bangladesh. He came to live in Kolkata from his ancestral town at an early age. Later, his ancestral town fell within East Pakistan after the Partition of India in 1947. He studied at the Surendranath College, Dum Dum Motijheel College, City

Introduction by Sam Sloan

College, Kolkata - all affiliated with the University of Calcutta. Thereafter, he obtained his master's degree in Bengali from the University of Calcutta in 1954. He married Swati Banerjee on 26 February 1967. Their only son, Souvik, who stays in Boston, was born on 20 November 1967.

Gangopadhyay was the founder editor of Krittibas, a seminal poetry magazine started publishing from 1953, that became a platform for a new generation of poets experimenting with many new forms in poetic themes, rhythms, and words.

Later, he started writing for various publications of the Ananda Bazar group, a major publishing house in Kolkata and has been continuing it for many years. He became a friend of the beat poet Allen Ginsberg while he was travelling in India. Ginsberg mentioned Gangopadhyay most notedly in his poem September on Jessore Road. Gangopadhyay in return mentioned Ginsberg in some of his prose work. After serving five years as the Vice President, he was elected the President of the Sahitya Akademi on 20 February 2008.

Author of well over 200 books, Sunil was a prolific writer who has excelled in different genres but declares poetry to be his "first love". His Nikhilesh and Neera series of poems (some of which have been translated as For You, Neera and Murmur in the Woods) have been extremely popular.

As in poetry, Sunil was known for his unique style in prose. His second novel was Atmaprakash and it was also the first writing from a new comer in literature published in the prestigious magazine- Desh (1965). It was critically acclaimed but some controversy arose for its aggressive and 'obscene' style. Sunil said that he was afraid of this novel and went away from Calcutta for a few days. Satyajit Ray thought to make a film on it but it wasn't possible for reasons. The central character of 'Atmaprakash' is a young man of core-calcutta'- Sunil, who leads a bohemian life-style. The novel had inspiration from ' On the road' by Jack Kerouac, the beat generation writer. His historical fiction Sei Somoy (translated into English by Aruna Chakravorty as Those Days) received the Indian Sahitya Akademi award in 1985. Sei Somoy continues to be a best seller more than two decade after its first publication.[citation needed] The same is true for Prothom Alo (also translated recently by Aruna Chakravorty as First Light), another best selling historical fiction and Poorba-Pashchim, a raw depiction of the partition and its aftermath seen through the eyes of three generations of Bengalis in West Bengal, Bangladesh and elsewhere. He is also the winner of the Bankim Puraskar (1982), and the Ananda Puraskar (twice, in 1972 and 1989).

Sunil wrote in many other genres including travelogues, children's fiction, short stories, features, and essays. Among his pen-names are: Nil Lohit, Sanatan Pathak, and Nil Upadhyay.

Though he wrote all types of children's fiction, one character created by him that stands out above the rest, was Kakababu, the crippled adventurist, accompanied by his young adult nephew Santu, and his friend Jojo. Since 1974, Sunil Gangopadhyay wrote over 35 novels of this popular series, most of which appeared in Anandamela magazine.

Sunil Gangopadhyay died at 2:05 AM on 23 October 2012 at his South Kolkata residence, following a heart attack. He was suffering from prostate cancer for some time and went to Mumbai for treatment. He returned to Kolkata on the day of Mahalaya. Although he was an agnostic and never followed any rituals, Gangopadhyay's body was cremated following

Introduction by Sam Sloan

Hindu custom on 25 October at Keoratola crematorium with several dignitaries and numerous fans paying their last tributes. However, Ganguly was an atheist and he never had any belief in any Hindu religious activities.

Indian President Pranab Mukherjee condoled the death of Gangopadhyay saying Gangopadhyay had enriched Bengali literature through his unique style. He was one of the best intellectuals among his contemporaries. The vacuum created by his death cannot be filled

Buddhadeb Bhattacharjee, the former Chief Minister of West Bengal, who was closely associated with the writer since 1964, said that Bengali literature would remain indebted to him.

Sam Sloan
Bronx, New York
USA
May 23, 2016

আনিসুজ্জমান-কে

পত্র ভারতী প্রকাশিত লেখকের অন্যান্য বই

সাদা, না কালো

তারপর কী হল

বারোটি উপন্যাস

ভালোমন্দ দ্বিধাদ্বন্দ্ব

কিশোর কল্পবিজ্ঞান সমগ্র

সুনীলের সেরা ১০১

সম্পাদিত বাবা

সম্পাদিত শতবর্ষের সেরা প্রেমের উপন্যাস ১

সম্পাদিত শতবর্ষের সেরা প্রেমের উপন্যাস ২

সূ চি প ত্র

আসলে, মায়ের কখনও মৃত্যু হয় না

পৃথিবীটা নাকি এখন একটা গ্রাম হয়ে গেছে। গ্লোবাল ভিলেজ কথাটা প্রায় প্রতিদিনই দেখা যায়। পৃথিবীর এই নতুন আখ্যার তাৎপর্য ঠিক কী? গ্রাম বলতে সাধারণত যা বোঝায় তা নিশ্চয়ই নয়। একটি গ্রামের মানুষের ভাষা, ধর্ম, আহার্য, পোশাক, সামাজিক রীতিনীতি প্রায় একই হয়। কিছুটা বৈচিত্র্য থাকলেও তফাত বিশেষ থাকে না। তবে কি সারা বিশ্বে সমগ্র মানবসমাজের মধ্যে সমতা স্থাপনের সেই স্বর্ণযুগ এসে গেল? এরকম অবস্থা কল্পনা করতে আনন্দের শিহরণ হয় বটে। কিন্তু বর্তমান বিশ্বের বাস্তব অবস্থা দেখে তা এক বিন্দুও বিশ্বাস করা যায় না। দেশগুলির সীমারেখা ক্রমশ ভাঙছে, যুদ্ধ লেগেই আছে কোথাও না কোথাও, শোষক ও শোষিতদের ব্যবধান প্রকট, ধর্মীয় অসহিষ্ণুতা ও সাম্প্রদায়িক বিরোধ বেড়েই চলেছে। উগ্র, হিংস্র, সন্ত্রাসবাদের আক্রমণে কাঁপছে মানবসভ্যতা।

বিগ ব্যাং তত্ত্ব অনুযায়ী ছোট্ট একটা বিন্দুর বিস্ফোরণের পর সৃষ্টি হয় এই মহাকাশের, অজস্র গ্রহ, উপগ্রহ, নক্ষত্রপুঞ্জ নিয়ে এই যে বিশাল ব্যাপ্তি, তা এখনও বিস্ফারিত হচ্ছে, আরও বেড়েই চলেছে সীমানা। মানবসভ্যতারও তুলনা করা যায় এর সঙ্গে। আফ্রিকার কোনও অঞ্চলে মানবজাতির যাত্রা শুরু, তারপর ছোট্ট একটা মানবগোষ্ঠী ছড়িয়ে পড়তে থাকে নানা দিকে, একদল যায় মধ্য এশিয়ায়, সেখান থেকে পারস্য, ভারত, চিন হয়ে পৌঁছে যায়

অস্ট্রেলিয়ায়। অন্য ধারাটি ইউরোপের নানা দেশে ছড়িয়ে পড়ার পর বেরিং সাগর পেরিয়ে ঢুকে পড়ে আমেরিকা ও ক্যানাডায়। তারপর মাত্র কয়েক লক্ষ বছরে এই মানবজাতিরই চেহারায় পোশাক ও আচার আচরণে কত পরিবর্তন হয়। এখন মহাকাশের গ্রহ নক্ষত্রের মতনই মানুষ ও অন্যান্য প্রাণীর বিশাল সংখ্যা প্রায় কাছাকাছি বলা যেতে পারে। মানবগোষ্ঠীর সঙ্গে পার্থিব অন্যান্য প্রাণীর একটা প্রধান তফাত এই যে, মানুষের যৌনজীবন যেমন অন্যরকম, তেমনই মানুষেরই একটা সুসংবদ্ধ ভাষা আছে। ভাষার জন্যই মনুষ্যজাতি একতা সূত্রে আবদ্ধ, আবার ভাষার জন্যই মানুষে মানুষে এত বিভেদ। আফ্রিকার সেই ক্ষুদ্র মানবগোষ্ঠীর যোগাযোগের একটিই ভাষা ছিল এমন যদি ধরে নেওয়া যায়, তাহলে সেই হোমো সেপিয়ান্সদের মধ্যে এখন অন্তত আট হাজারেরও বেশি ভাষা প্রচলিত। একজন হাঙ্গেরিয়ান, একজন তামিল এবং একজন অস্ট্রেলিয়ার আদিবাসী। এই তিনজনই এই পৃথিবী নামের গ্রহের মানুষ, কিন্তু এদের ভাষার বিন্দু বিসর্গ মিল নেই, মুখোমুখি দেখা হলে এরা বোবা হয়ে থাকবে।

বর্তমানে যদি নানান সীমানা ও কাঁটা তারে ঘেরা বহু বিভক্ত দেশের মানুষ একটি গ্লোবাল ভিলেজের ধারণায় ফিরে আসে, তা হলে তাদের আদিম ধর্ম ও ভাষা কী হবে। আপাতত আমরা ধর্মের প্রশ্নে যাচ্ছি না, ভাষাই আমাদের প্রধান বিবেচ্য। এবং বলাই বাহুল্য, সেই ভাষা হবে ইংরিজি।

ইংরিজি ভাষা অত্যন্ত সমৃদ্ধ এবং উন্নত হলেও প্রায় সমান সমান অন্য দু-তিনটি ইউরোপীয় ভাষার চেয়ে অগ্রাধিকার পেয়ে গেছে ঐতিহাসিক কারণে। কলোনি স্থাপনের যুগে ইংরেজরা অন্যান্য ইউরোপিয়ানদের তুলনায় অনেক বেশি এগিয়ে ছিল। প্রায় অর্ধেকেরও বেশি পৃথিবী তারা দখল করে রেখেছিল। ইংরেজরা গর্ব করে বলত, ব্রিটিশ সাম্রাজ্যে কোথাও সূর্যাস্ত হয় না! তারপর ঔপনিবেশিক যুগের অবসান হলেও ইংরেজের পরিত্যক্ত কলোনিগুলি কিন্তু ইংরিজি ভাষা পরিত্যাগ করেনি। গোটা অস্ট্রেলিয়া এবং উত্তর আমেরিকার অনেকখানিই ইংরিজি ভাষাকেই অবলম্বন করে থেকেছে। এমনকী ভারতবর্ষেও ইংরিজি অন্যতম জাতীয় ভাষা হিসেবে স্বীকৃত। এবং ইংরিজি ভাষার পতাকাও ব্রিটেনের হাত থেকে আমেরিকায় হাতে চলে যায়, সে দেশের বিজ্ঞান ও প্রযুক্তির অসাধারণ উন্নতির কারণে। কমপিউটার ও ইনফরমেশন টেকনোলজির ব্যাপক প্রভাবের ফলে ইংরিজি ভাষা আজ সব ভাষার মাথায় চড়ে বসেছে।

এক সময় ফরাসি আর স্প্যানিশ ভাষার সঙ্গে ইংরিজির বেশ রেশারেশি ছিল, দ্বিতীয় মহাযুদ্ধের পরেও ফরাসিরা নিজেদের ভাষার প্রতি অহংকারবশত একটা ইংরিজি বাক্যও উচ্চারণ করত না। এখন শুধু ইংরিজি জ্ঞান নিয়েই ইউরোপের সব দেশেই যে-কেউ মোটামুটি কাজ চালিয়ে নিতে পারে।

ইংরিজি সবচেয়ে বেশি প্রয়োজনের ভাষা হিসেবে অবশ্যই স্বীকৃত। তা হলে অন্যান্য ভাষাগুলির কী হবে? কেউ কেউ বলছেন, অন্য ভাষাগুলির আস্তে আস্তে অবলুপ্তি ছাড়া অন্য কোনও গতি নেই। আগামী একশো বছরের মধ্যে সেরকমই ঘটবে। এই ভবিষ্যৎবাণীর দুটি দিক আছে। অন্য ভাষাগুলির কি সহজ, স্বাভাবিকভাবে ধীরে ধীরে মৃত্যু হবে, জোর করে গলা মুচড়ে মেরে ফেলা হবে? দ্বিতীয়টি নিশ্চিত সম্ভব নয়। বড় মাছ ছোট মাছকে গিলে ফেলার উপমাও এখানে খাটবে না। কারণ, ইংরিজি যতই বড় মাছ হোক, অন্য বেশ কয়েকটি ভাষা মোটেই ছোট মাছের পর্যায়ে পড়ে না, তারাও এমনই বৃহৎ যে তাদের একটি একটি করে গিলে ফেলার ক্ষমতা ইংরিজিরও নেই। চিন ও ভারতীয় ভাষাগুলি পৃথিবীর এক তৃতীয়াংশ মানুষের মাতৃভাষা। স্প্যানিশ, পর্তুগিজ, রাশিয়ান, জাপানি ভাষার ভিত অনেক শক্ত; ফরাসি ও জার্মান ভাষাভাষীর সংখ্যা খুব বেশি না হলেও ঐতিহ্যের ঐশ্বর্যে এই দুই ভাষার প্রভাব সুবিস্তৃত। এর মধ্যে যে-কোনও একটি ভাষার ওপর উদ্দেশ্যমূলক ভাবে আঘাত হানতে গেলে যে প্রবল বিক্ষোভের সম্মুখীন হতে হবে, তাতে কোনও সন্দেহ নেই। ভাষার আবেগে কোথাও কোথাও মানুষ প্রাণ দিতেও কুণ্ঠিত হয় না। তার একটি উদাহরণ, ভারত বিভাগের ফলে পাকিস্তান নামে নবীন রাষ্ট্রের জন্ম হওয়ার মাত্র সাত বছরের মধ্যে পূর্ব পাকিস্তানের মানুষ বাংলাভাষায় রাষ্ট্রীয় স্বীকৃতির দাবিতে উত্তাল হয়ে ওঠে, পুলিশের গুলিতে ঢাকা শহরে ১৯৫২ সালের একুশে ফেব্রুয়ারি চারজন শহীদ হয়। শুধু ভাষার দাবিতে এমন প্রাণদানের নজির সারা পৃথিবীতেই বিরল। পরবর্তীকালে পাকিস্তান আবার দ্বিখণ্ডিত হলে যে বাংলাদেশ নামে রাষ্ট্রের জন্ম হয়, তার অন্যতম কারণও সেখানকার গরিষ্ঠসংখ্যক মানুষের মাতৃভাষার মর্যাদা রক্ষার দাবি। এর ফলেই পরবর্তীকালে এই একুশে ফেব্রুয়ারি দিবসটিকে UNESCO থেকে পৃথিবীর প্রতিটি দেশেরই মাতৃভাষা দিবস হিসেবে ঘোষণা করা হয়েছে। ভারতে আসামের কাছাড় অঞ্চলে প্রায় নব্বই শতাংশ মানুষের মাতৃভাষা বাংলা, কিন্তু রাজ্য সরকার সেই ভাষার কোনও অধিকারই দেয়নি বলে বিক্ষোভ ও প্রতিবাদ

মিছিল শুরু হয় শিলচর শহরে। সেখানও মিছিলের ওপর দায়িত্বজ্ঞানহীন পুলিশ নির্বিচারে গুলি চালায়, মৃত্যু হয় এগারোজন মানুষের। ১ মে, ১৯৬১ সালে। এই চরম শোকাবহ ও লজ্জাজনক ঘটনা বেশি প্রচারিত হয়নি, বরং চাপা দেওয়ারই চেষ্টা হয়েছে।

ভারত ও চিন এই দুটি পাশাপাশি দেশ দ্রুত উন্নয়নশীল দেশ বলে সারা পৃথিবীর দৃষ্টি আকর্ষণ করেছে। কিন্তু ভাষার প্রশ্নে এই দুটি দেশের দুরকম সমস্যা। চিনে শতকরা পঁচানব্বই ভাগ লোকের ভাষা ম্যান্ডারিজ, সুতরাং অধিবাসীদের মধ্যে ভাষার ব্যবধান নেই বললেই চলে, কিন্তু ইংরিজি শিক্ষায় সে দেশ এখনও অনেক পিছিয়ে। আবার ভারতে ইংরিজি শিক্ষার অনেক অগ্রগতি হলেও বিভিন্ন রাজ্যের মানুষের মধ্যে মাতৃভাষার ব্যবধান দুস্তর। ভারতে প্রচলিত আছে প্রায় ৮০০টি ভাষা, তার মধ্যে প্রধান ভাষাগুলির মধ্যে ২২টি ভারত সরকার কর্তৃক স্বীকৃত (সাহিত্য আকাদেমি আরও দুটি ভাষাকে গ্রহণ করেছে)। এর মধ্যে হিন্দি, বাংলা, তামিলের মতন এগারোটি ভাষারই পৃথক জনসংখ্যা এক এক কোটির বেশি। হিন্দি এবং বাংলা পৃথিবীর প্রধান পাঁচটি ভাষায় অন্তর্গত। স্বাধীনতার পর কেন্দ্রীয় সরকারের সিদ্ধান্ত ছিল যে, ইংরিজি এবং হিন্দিই হবে সারা দেশের যোগাযোগের ভাষা, এবং আশা করা হয়েছিল যে তিরিশ বছরের মধ্যে ইংরিজিকেও সরিয়ে দিয়ে হিন্দিই হবে প্রধান ভারতীয় ভাষা। সেই আশা বাস্তাবায়িত হলে খুব ভালোই হত। যেমন এক কালের বহু ভাষায় বিভক্ত চিনকে এক সম্রাটের আদেশে ম্যান্ডারিজ ভাষা সারা দেশকে একতাবদ্ধ করেছে, সেইরকম গণতান্ত্রিক ভারতে হিন্দি সর্বজনগ্রাহ্য হলে অনেক সমস্যা এড়ানো যেত। কিন্তু দুঃখের বিষয় স্বাধীনতার পর ষাট বছর কেটে গেলেও সেই আশা সার্থক হয়নি। বিশ্বের পরিবর্তিত পরিস্থিতিতে আমাদের ভারতেও ইংরিজিই এখন প্রধান ভাষা। এটা ইংরিজি ভাষার প্রতি মুগ্ধতা বা ভালোবাসার জন্য ঘটেনি। ইংরিজির প্রতি আনুগত্য এসেছে নিতান্তই প্রয়োজনের খাতিরে। এবং এখন আর কিংস্ ইংলিশের বিশুদ্ধতা রক্ষার জন্য অনেকেই তোয়াক্কা করে না। আমেরিকান ও অস্ট্রেলিয়ান ইংলিশের মধ্যে ইন্ডিয়ান ইংলিশ দিব্যি চালু হয়ে গেছে।

ইংরিজির এই প্রাধান্য আমরা বাধ্য হয়েই মেনে নিয়েছি। কিন্তু অন্য ভাষাগুলির কী হবে? ইংরিজিকেই একমাত্র ভাষা হিসেবে অবলম্বন করে কি অন্য ভাষাগুলি পরিত্যক্ত হয়ে যাবে? এখন নানান কারণে বহু মানুষই ভ্রাম্যমান,

বেশ কিছু ভারতীয়ও পৃথিবীর অন্যান্য দেশে বসতি নিয়েছে, তাদের দ্বিতীয় প্রজন্ম মাতৃভাষা শিক্ষার কোনও সুযোগই পায় না। তারা শুধু ইংরিজি নির্ভর হয়েই বেড়ে ওঠে। কিন্তু এখানে এদের সংখ্যা খুব বেশি নয়, ভারতের বিপুল জনসংখ্যার তুলনায় তারা নগণ্য, অধিকাংশ ভারতীয়ই মাতৃভাষা থেকে বিচ্যুত হয়নি। তা হলে কি সব মানুষকেই দ্বিভাষী হতে হবে? কেউ কেউ বলছেন, অন্যান্য ভাষাগুলির যদি দ্রুত অবলুপ্তি নাও হয়, তা হলেও সেগুলি ক্রমশ বাড়ির চার দেওয়ালের মধ্যে আবদ্ধ হয়ে যাবে। অর্থাৎ মা-বাবা, কাজের লোকদের সঙ্গে মাতৃভাষা আর বাড়ির বাইরে অন্য সব প্রয়োজনে ইংরিজি। তা হলে কাব্য-সাহিত্য, দর্শন ইত্যাদি রচিত হবে কোন ভাষায়? আপাত দৃষ্টিতে এগুলি অপ্রয়োজনীয় কিন্তু এসবের ওপর নির্ভর করেই সভ্যতা এগিয়ে চলে। দু-চারজন আত্মম্ভরি লেখক যাই বলুন, এখনও পর্যন্ত কাব্য-সাহিত্যের শ্রেষ্ঠ সম্পদগুলি লেখকদের মাতৃভাষাতেই রচিত। ইংল্যান্ড, আমেরিকা, অস্ট্রেলিয়ায় লেখকরা তাঁদের মাতৃভাষা ইংরিজিতেই লেখেন, তাদের সঙ্গে অসম প্রতিযোগিতায় নামতে হয় অন্য লেখকদের। এ পর্যন্ত সৃষ্টিশীল রচনায় দ্বিতীয় দলের সাফল্য নামমাত্র।

ভাষার ভবিষ্যৎ নিয়ে আলোচনা যতই প্রাসঙ্গিক হোক, এ কথাও সত্য যে, বর্তমান কালে গরিষ্ঠসংখ্যক মানুষের মধ্যে ভাষা নিয়ে যথেষ্ট আবেগ আছে। যত ছোট ভাষাই হোক, অনেকেই মাতৃভাষাকে ভালোবাসে। মাতৃভাষার বিলুপ্তি রক্ষা করার জন্য কেউ কেউ এখানে প্রাণ দিতে রাজি আছে। এ সম্পর্কে একটা কৌতুককর বিবরণ এখানে উদ্ধৃত করা যেতে পারে।

আইজাক বাশেভিস সিঙ্গার (Issac Bashevis Singer) Yiddish ভাষার প্রখ্যাত লেখক। নোবেল প্রাইজও পেয়েছিলেন। অনেকেরই ধারণা ইডিশ একটা মুমূর্ষু ভাষা। নোবেল পুরস্কার গ্রহণের সময় সিঙ্গার এই কথাগুলি বলেছিলেন।

People ask me often, why do you write in a dying language? And I want to explain it in a few words.

Firstly, I like to write ghost stories and nothing fits a ghost better than a dying language. The deader the language the more alive is the ghost. Ghosts love yiddish and as far as I know, they all speak it.

Secondly, not only do I believe in ghosts, but also in recorrection, I am sure that millions of yiddish speaking corroses will rise from their graves one day and their first question will be—Is there any new yiddish book to read? for them yiddish will not be dead.

Thirdly, for 2000 years Hebrew was considered a dead language. Suddenly it became strongely alive. what happened to Hebrew may also happen to yeddish one day, (although I haven't the slighest idea how this miracle take place.)

There is still a fourth minor reason for not forsaking yiddish and this is yiddish may be a dying language, but it is the only language I know well. Yiddish is my mother language and a mother is never really dead.

বাংলা ভাষার আত্ম-পরিচয়

পৃথিবীর জনসংখ্যা এখন ছ'শো কোটি ছাড়িয়ে গেছে, তার এক তৃতীয়াংশ, অর্থাৎ দুশো কোটিরও কিছু বেশি মানুষের বাসস্থান দুটি মাত্র দেশে। চিন এবং ভারত। খণ্ডিত ভারতের তুলনায় চিন আয়তনে এবং জনসংখ্যায় ভারতের চেয়েও বড়, এবং চিনের আরও একটি বিশেষ সুবিধে এই যে, এই বিশাল জনসংখ্যার শতকরা পঁচানব্বই অংশেরই ভাষা এক, ভাষার সূত্রে চিন সমগ্র দেশে ঐক্যবন্ধন বজায় রাখতে পেরেছে। চিনের এই ভাষানীতি এমনই কঠোর যে সেখানে মুসলমানদেরও আরবি নাম গ্রহণ করতে দেওয়া হয় না। পৃথিবীর সমস্ত দেশেই যেসব মানুষ ইসলাম ধর্ম গ্রহণ করেন, তাঁদের সকলকেই আরবি নাম গ্রহণ করতে হয় (যেমন, আমেরিকার প্রখ্যাত মুষ্টিযোদ্ধা ক্যাসিয়াস ক্লে হয়েছে মহম্মদ আলি) এবং আজান ও কোরান পাঠ করতে হয় আরবি ভাষায়। একমাত্র চিনে সে অধিকার নেই। সে দেশের মসজিদেও কোরান পাঠ হয় চিনা ভাষায়।

ভারতীয় জনগণ বহু ভাষা, বহু ধর্ম ও বহু জাতিতে বিভক্ত। ভাষা অনেক সময়ই জাতীয়তার ভিত্তি। এই জন্যই ভারতীয় জাতীয়তার সঠিক সংজ্ঞা নির্ধারণ করা শক্ত। ভারত গণতান্ত্রিক ও ধর্ম নিরপেক্ষ রাষ্ট্র। এই দুটি নীতির মধ্যেই যে উদারতা রয়েছে, তাতে বিচ্ছিন্নতার প্রচেষ্টাও প্রশ্রয় পায়। এই সমস্যায় ভুগতে হয়েছে স্বাধীন ভারত রাষ্ট্রের জন্মকাল থেকেই। এবং অনেক

বাধা বিঘ্ন সত্ত্বেও নানান স্থানীয় বিভাজনের মধ্যেও ঐক্য স্থাপনের চেষ্টাও চলেছে। বিদেশে ভারতীয় সাহিত্য বলতে অনেকে বেদ-উপনিষদ, রামায়ণ-মহাভারতের সময়কালীন সাহিত্য মনে করেন। কিন্তু আধুনিক ভারতীয় সাহিত্যের কোনও নির্দিষ্ট রূপ নেই। বিভিন্ন ভাষার সাহিত্যের ঐতিহ্য এবং আঙ্গিকে অনেক তফাত। জওহরলাল নেহেরু বলেছিলেন, Indian literature is one, but written in many languages, কথাটা শুনতে ভালো। কিন্তু বাস্তবের সঙ্গে কোনো মিল নেই। একজন শিক্ষিত ভারতীয় ইওরোপ-আমেরিকার সাহিত্য সম্পর্কে যত খবর রাখেন, সেই তুলনায় অন্য ভারতীয় ভাষাগুলির সাহিত্য সম্পর্কে তাঁকে অজ্ঞই বলা যায়। তবু, ভারতের এমন কয়েকটি ভাষা আছে, যেগুলি সারা বিশ্বের প্রধান ভাষাগুলির সমপর্যায়ের। চিনে-ভাষা অবশ্যই এক নম্বর ভাষা। ইওরোপের দেশগুলি ছোট ছোট, সেখানকার কয়েকটি ভাষা খুবই সমৃদ্ধ, কিন্তু এক-একটি দেশের জনসাধারণের মাতৃভাষা শুধু সংখ্যার বিচারে এশিয়ার ভাষাগুলির সমকক্ষ হতে পারে না। এর মধ্যে ইংরেজ ও স্প্যানিশরা বিভিন্ন মহাদেশে কলোনি স্থাপন করে নিজেদের ভাষা ছড়িয়ে দিয়েছে। যেমন আমেরিকা এবং ক্যানাডা এবং অস্ট্রেলিয়ায় ইংরিজি ভাষার প্রাধান্যের জোরেই এখন ইংরিজি পৃথিবীর দ্বিতীয় প্রধান ভাষা। স্প্যানিশ ভাষাও প্রাধান্য পেয়েছে দক্ষিণ আমেরিকার অনেকখানি রাজ্যে, তার স্থান তৃতীয়। কিন্তু ভারতীয়রা কলোনি বিস্তার করতে পারেনি বা চায়নি, তা সত্ত্বেও তাদের দুটি ভাষা, হিন্দি ও বাংলা জনসংখ্যার ভিত্তিতে পৃথিবীতে চতুর্থ ও পঞ্চম স্থান অধিকার করেছে। (একেবারে সাম্প্রতিকতম পরিসংখ্যানে দেখা যাচ্ছে যে স্প্যানিশ ভাষাকে পেছনে সরিয়ে দিয়ে হিন্দি ও বাংলা চলে এসেছে তৃতীয় ও চতুর্থ স্থানে।)

বাংলা ভাষার ইতিহাস বেশ বিচিত্র। হিন্দি পুরোপুরি ভারতীয় ভাষা। কিন্তু বাংলা ভাষা তা নয়। পূর্বতন বঙ্গদেশ রাজনৈতিক কারণে বিভক্ত হয়ে, তার দুই তৃতীয়াংশ নিয়ে প্রতিষ্ঠিত হয়েছিল পূর্ব পাকিস্তান। বর্তমানে তা বাংলাদেশ নামে স্বাধীন রাষ্ট্র। সেখানকার রাষ্ট্রভাষা বাংলা। ভারতেও বাংলা ভাষা অন্যতম জাতীয় ভাষা হিসেবে স্বীকৃত, পশ্চিমবঙ্গ এবং ত্রিপুরা এই দুটি রাজ্যের ভাষা বাংলা। আসামের একটি জেলাও বাংলাভাষী। পূর্ব পাকিস্তানে বাংলা ভাষার অধিকার আদায়ের দাবিতে যেমন চারজন শহিদ হয়েছিলেন, সেরকম আমাদের কাছাড় জেলাতেও বাংলা ভাষার মর্যাদা রক্ষার দাবিতে প্রাণ দিয়েছেন এগারোজন। বাংলাদেশ ও ভারতের বাইরেও বাংলাভাষী বহু

মানুষ ছড়িয়ে আছে সারা পৃথিবীতে। সব মিলিয়ে মোট বাঙালির সংখ্যা পঁচিশ কোটির বেশি। অর্থাৎ বাঙালির সংখ্যা আমেরিকানদের সংখ্যার প্রায় সমান সমান।

সাধারণভাবে একটা ধারণা প্রচলিত আছে যে বাংলাভাষা প্রাচীন সংস্কৃত ভাষারই একটি কন্যা। এটা ঠিক নয়। বাংলার সঙ্গে সংস্কৃতের সম্পর্ক অতি সুদূর। ইতিহাসপূর্বকালে এশিয়া-ইওরোপে যে ভাষার প্রচলন ছিল, তার নাম দেওয়া হয়েছে Indo-European Language, তার নিদর্শন এখন খুঁজে পাওয়া খুবই শক্ত। তবে Germanic, Italic, Hellenic Slavic এবং Indo-Iranian ভাষাগুলির উৎস হিসেবে সেই ভাষাকেই ধরা হয়। ইওরোপের ল্যাটিন এবং ভারতের সংস্কৃত ভাষার সৃষ্টি ওই একই উৎস থেকে। ইংরিজি ভাষা যেমন ল্যাটিন থেকে সরাসরি আসেনি, এসেছে Low German থেকে, সেইরকম সংস্কৃত ভেঙে পালি এবং অনেকগুলি প্রাকৃত ভাষার উদ্ভব হয়, তারই একটি, মাগধী প্রাকৃতের সঙ্গে বাংলা ভাষার কিছুটা সম্পর্ক আছে। সংস্কৃত ক্রিয়াপদ এবং বাক্যের Syntax থেকে বাংলা ভাষা অনেকখানি সরে এসেছে, যদিও সংস্কৃত শব্দভাণ্ডার থেকে অনেক শব্দ এখানে অবিকৃতভাবে সরাসরি চলে এসেছে বাংলায়, সেইসব শব্দকে বলা হয় তৎসম, আর যেসব শব্দ কিছুটা পরিবর্তিত হয়েছে, সেগুলি তদ্ভব। এর সঙ্গে সহজভাবে মিশে আছে আরও বহু দেশি ও বিদেশি শব্দ। অন্য ভাষা থেকে প্রচুর শব্দ আহরণ করতে পেরেছে বলেই বাংলা ভাষা দ্রুত এত উন্নত ভাষা হতে পেরেছে।

বাংলা ভাষার আর একটি বৈশিষ্ট্যও বিশেষ উল্লেখযোগ্য। হিন্দু, বৌদ্ধ, মুসলমান ও খ্রিস্টান, এই চার ধর্মেরই মানুষ রয়েছে বাঙালিদের মধ্যে এবং এই প্রত্যেক ধর্মেরই কিছু কিছু প্রভাব পড়েছে বাংলা ভাষায়। প্রায় এক হাজার বছর আগেকার বাংলা ভাষার যে আদিরূপের নিদর্শন হরপ্রসাদ শাস্ত্রী নেপাল থেকে সংগ্রহ করে এনেছিলেন, চর্যাপদ নামে সেই ছোট ছোট কবিতাগুলি বৌদ্ধদের রচনা। একসময় সারা ভারতেই হিন্দু ব্রাহ্মণ্যবাদকে হটিয়ে দিয়ে বৌদ্ধরা প্রধান হয়ে উঠেছিল। কয়েক শতাব্দী পরে ব্রাহ্মণ্যবাদ আবার মাথা চাড়া দিয়ে ওঠে, হিন্দু সমাজের শিরোমণিরা চতুর কৌশলে বুদ্ধকে হিন্দু অবতার হিসেবে ঘোষণা করে, অর্থাৎ বৌদ্ধধর্ম হিন্দুত্বের চেয়ে আলাদা কিছু নয়। এবং তখনও যারা বৌদ্ধ জীবনচর্যা পালন করছিল, মারতে শুরু করা হয় তাদের। অনেক বৌদ্ধ তখন লুকিয়ে সমাজের নীচু তলায় আশ্রয় নেয়, তারাই রচনা করে এই চর্যাপদগুলি। বৌদ্ধরা সবসময়েই সাধারণ মানুষের সুবোধ্য ভাষায়

এবং মুখের ভাষায় ধর্মপ্রচার করেছে, সেই জন্যই বৌদ্ধ শাস্ত্র ও সাহিত্য সরে গেছে সংস্কৃত থেকে। চর্যাপদগুলির ভাষাও একেবারে নীচু তলার মানুষের মুখের ভাষায় রচিত। সুতরাং অভিজাত ও উচ্চশিক্ষিতদের ভাষার বদলে সেই আদি বাংলা ভাষার ভিত্তি হয় জনগণের ভাষা।

ভারতে ইসলাম ধর্মের আগমনের পরেই তা অতি দ্রুত ছড়িয়ে পড়ে। মোগল-পাঠানরা সাতশো বছর ধরে ভারতে রাজত্ব করেছে বটে, কিন্তু শুধু রাজশক্তির পৃষ্ঠপোষকতাতেই ইসলামের এতখানি জনপ্রিয়তা সম্ভব ছিল না। এ জনপ্রিয়তার কারণ হিন্দুদের নিজস্ব দুর্বলতা। হিন্দু সমাজ তখন নানান শ্রেণি ও বর্ণে বিভক্ত। উঁচুতলার লোকেরা নীচুতলার মানুষদের সমস্ত মানবিক অধিকার থেকে বঞ্চিত করেছে। যুক্তিহীন অন্ধ কুসংস্কারে আচ্ছন্ন হয়েছিল এমনকী শিক্ষিত সম্প্রদায়ও। বৈশ্য ও শূদ্ররা ছিল অস্পৃশ্য, এক কুয়ো বা পুকুর থেকে উচ্চবর্ণের সঙ্গে তাদের জল পানেরও অধিকার ছিল না। হিন্দু মন্দিরে বিড়াল বা ছাগলও ঢুকে পড়তে পারত, কিন্তু কোনও তথাকথিত অন্ত্যজ শ্রেণির শিশু মন্দির এলাকায় ভুল করে ঢুকলেও মার খেত। (ভারতের অনেক অঞ্চলে এইসব কুৎসিত প্রথা এখনও রয়ে গেছে।) ইসলাম এসে শ্রেণিহীন সমাজ ও সমভ্রাতৃত্বের ডাক দেয়, তাতেই আকৃষ্ট হয় হিন্দু সমাজের নির্যাতিত, অপমানিত মানুষের দল। এদেরই সংখ্যা ছিল বেশি। (মুসলমানদের মধ্যে সমভ্রাতৃত্বের আদর্শ যদিও বাস্তবে পুরোপুরি সত্য নয়, সেখানেও শ্রেণিভেদ আছে। তবু তা হিন্দু সমাজের তুলনায় অনেক বেশি সংযত।) ক্রমে বাঙালিদের মধ্যে মুসলমান জনসংখ্যা হিন্দুদেরও ছাড়িয়ে যায়।

মুসলমান শাসকদের সঙ্গে আসে আরবি ও ফার্সি ভাষা। সাধারণ মুসলমানদের ধর্ম চর্যার জন্যও আরবি ভাষা অত্যাবশ্যক। তার ফলে অনেক আরবি শব্দ ও কিছু কিছু ফার্সি শব্দ ঢুকে পড়ে বাংলা ভাষায়। হিন্দু-মুসলমান নির্বিশেষে সেইসব শব্দ গ্রহণ করে এবং সাহিত্যেও স্থান পায়। (যেমন পরবর্তীকালে ইংরেজদের আগমনের পর আমরা গ্রহণ করেছি প্রচুর ইংরেজি শব্দ, ফরাসি সংস্পর্শে তাদেরও কিছু শব্দ ঢুকেছে বাংলায়, এমনকী পর্তুগিজ জলদস্যুরাও কয়েকটি শব্দে তাদের চিহ্ন রেখে গেছে।) গত চার-পাঁচশো বছরের মধ্যে বাংলা হয়ে ওঠে পুরোপুরি একটি মিশ্রভাষা। সংস্কৃত থেকে বাংলা কত দূরে সরে এসেছে, তার প্রমাণ এখন অসংস্কৃত শব্দ বাদ দিয়ে পরপর তিনটি বাক্য লেখাও শক্ত।

আমি একসময় কাশ্মীরের রাজা জয়াপীড়-কে নিয়ে একটি উপন্যাস

লিখেছিলাম। রাজ্যচ্যুত হয়ে জয়াপীড় সুদূর কাশ্মীর থেকে ঘুরতে ঘুরতে বাংলায় এসে উপস্থিত হন এবং পরে এখানেই একটি রাজ্য স্থাপন করেন। এটা সপ্তম শতাব্দীর ঘটনা, যখন ভারতে ইসলামের নাম-গন্ধ কিছুই ছিল না। সুতরাং এই উপন্যাস লিখতে গিয়ে আমার মনে হয়েছিল, এর ভাষায় আরবি-ফার্সি শব্দ থাকা উচিত নয়। কিন্তু কয়েকলাইন লিখেই আমি থমকে গিয়ে বুঝেছি, এই শুদ্ধতা রক্ষা করা অসম্ভব। জোর করে লিখতে গেলেও তা হবে কৃত্রিম। অনেক আরবি-ফারসি শব্দ, যেগুলিকে এক সময় বলা হত মুসলমানি শব্দ, তা আমাদের অস্থি-মজ্জায় এমনভাবে গেঁথে গেছে যে তার কোনও প্রতিশব্দই এখন আর খুঁজে পাওয়া যায় না। উদাহরণ হিসেবে পছন্দ শব্দটি উল্লেখ করা যায়, যা এসেছে পসন্দ থেকে। বাংলায় পছন্দ শব্দটির কোনও বিকল্প আছে কি? ইসলাম-পূর্ব অতীতে নিশ্চয়ই কোনও শব্দ ছিল, কিন্তু তা হারিয়ে গেছে। এখন আবার তা খুঁজে আনাও অর্থহীন। ঊনবিংশ শতাব্দীতে কিছু কিছু পণ্ডিত নির্বোধের মতন আরবি-ফারসি শব্দগুলির বদলে নতুনভাবে সংস্কৃত শব্দ প্রয়োগের চেষ্টা করেছিলেন। কিন্তু তাতে শুধু বিভ্রান্তিই ঘটেছে। যেমন আমরা সবাই কলম দিয়ে লিখি। কোনও কোনও পণ্ডিত কলমের বদলে লেখনী ব্যবহার করার চেষ্টা করেছিলেন। কিন্তু কলম আর লেখনী এক নয়। ওড়িশার তালপাতার ওপর আঁচড় কাটবার জন্য এক ধরনের লোহার শলাকা ব্যবহার করা হত, তার নাম লেখনী, তাতে কালির দরকার হয় না। সেইরকমই দোয়াত-এর বদলে মস্যাধার বললে তা হাস্যকর শোনাবে। বাংলায় লেখা হয় অন্যরা কিংবা অন্যদের, এই বহুবচনের রা ও দের সরাসরি মুসলমানদের কাছ থেকে পাওয়া। এসব এখন বদলাবার কোনও প্রশ্নই নেই।

এক সময় কিছু কিছু মুসলমান লেখকও সংস্কৃত শব্দে হিন্দুয়ানির গন্ধ পেয়ে যতদূর সম্ভব অপ্রচলিত আরবি-ফারসি শব্দ চালাবার চেষ্টা করেছিলেন। তাকেই বলা হত মুসলমানি বাংলা। সেসব লেখায় গ্রন্থের বদলে কিতাব, সুন্দর-এর বদলে খুবসুরৎ ইত্যাদি ব্যবহার করা হতে লাগল জোর করে। মীর মোশারফ হোসেন, এস ওয়াজেদ আলি প্রমুখ লেখকেরা এধরনের মৌলবী বাংলা থেকে বাংলা ভাষাকে উদ্ধার করেন। পূর্ব পাকিস্তানেও এক সময় সামরিক শাসকরা বাংলা ভাষা থেকে হিন্দুয়ানির গন্ধ তাড়াবার জন্য জোর করে বেশি বেশি উর্দু ও আরবি শব্দ মেশাবার জন্য ফতোয়া জারি করেছিল। কিন্তু ভাষা প্রবাহিত হয় স্বাভাবিক নিয়মে, জোর জবরদস্তি করে তা বদলানো যায় না। তখনকার পূর্ব পাকিস্তানের প্রধান লেখকরা এই ফতোয়া একেবারে

মানেননি, বরং উলটোটাই হয়েছে বেশি, আমি লক্ষ করেছি, পঞ্চাশ ও ষাটের দশকে পূর্ব পাকিস্তানের লেখকদের ভাষায় বেশি বেশি সংস্কৃতঘেঁষা শব্দ স্থান পেত, সেই তুলনায় পশ্চিম-বাংলায় লেখকদের রচনায় অবাধ ছিল উর্দু ও আরবি শব্দ।

বাংলা ভাষা ও সংস্কৃতিতে মুসলমানদের অবদান অনেকখানি। মধ্যযুগে বঙ্গভূমি বা বাংলা নামে কোনও বড় রাজ্য ছিল না। ভৌগোলিকভাবে এই অঞ্চল ছিল অনেকগুলি ছোট ছোট রাজত্বে বিভক্ত। সুলতান শাম্‌সউদ্দিন ইলিয়াস শাহ এই ছোট ছোট রাজ্যগুলিকে জয় করে এক সীমানার মধ্যে নিয়ে আসেন। তখন পর্যন্ত বাংলা ভাষার নিজস্ব কোনও রূপরেখা গড়ে ওঠেনি। যুক্ত হবার পর বিভিন্ন অংশের সঙ্গে যোগাযোগের ভাষা অর্থাৎ Lingua franca হিসেবে বাংলা ভাষা গড়ে ওঠে। কিন্তু তখন এই ভাষার নাম কী ছিল? বাঙালিরা তাদের মাতৃভাষার নাম যে বাংলা, তা জেনেছে অনেক পরে। তখন সাধারণ মানুষ দুটি ভাষার কথা জানত, শাস্ত্রের ভাষা বা পণ্ডিতদের ভাষার নাম সংস্কৃত আর জনসাধারণের ভাষার নাম দেশি ভাষা, অথবা শুধু ভাষা। সুনীতিকুমার চট্টোপাধ্যায়ের মতে ফারসি ভাষা-ভাষী মুসলমানরাই প্রথমে এই দেশীয় ভাষার নাম দেয় বাঙ্গলহ বা Bangalla। মা হুয়ান নামে এক চিন দেশীয় মুসলমান পঞ্চাদশ শতাব্দীর প্রথমভাগে সমুদ্র অভিযানে বেরিয়ে বাংলা অঞ্চলেও এসেছিলেন, তিনি লিখেছিলেন যে এই দেশের লোক প্রধান যে ভাষাটি ব্যবহার করে তার নাম বঙ্গ-কো-লি। অর্থাৎ বঙ্গালি বা বাঙ্গালি। অর্থাৎ মা হুয়ানের রচনাতেই প্রথম বাংলা ভাষার নামটি পাওয়া যায়। সুলতানি আমলে হিন্দুদের সঙ্গে সঙ্গে মুসলমানরাও এই বাংলা ভাষাতে সাহিত্য রচনা শুরু করেন।

সৌভাগ্যবশত সংখ্যা গরিষ্ঠতার সুযোগে কিংবা রাজনৈতিক কারণে মুসলমানদের জন্য আলাদা ধরনের কোনও বাংলা ভাষা গড়ে উঠতে পারেনি। বঙ্কিম-মীর মুশারফ-রবীন্দ্রনাথ-নজরুলের সৃষ্টিতে যে অত্যন্ত শক্তিশালী ও আধুনিক বাংলা ভাষা বর্তমানে রূপ পেয়েছে, তাতে কিন্তু মুসলমানের সমান উত্তরাধিকার। স্বাধীনতার পর দেশভাগ হবার সময় বাংলা ভাষাও ভাগ হবার একটা সম্ভাবনা ছিল। সেই সময় প্রখ্যাত পণ্ডিত ও ভাষাবিদ ড. শহিদুল্লা একটি বলিষ্ঠ ভূমিকা গ্রহণ করেন। পূর্ব পাকিস্তানের বাংলা ভাষার রূপ কী হবে তা নিয়ে প্রশ্ন উঠেছিল। পূর্ব পাকিস্তান তথা পূর্ব বাংলায় বিভিন্ন জেলার কথ্য ভাষা ভিন্ন ভিন্ন। যশোর জেলার সঙ্গে চট্টগ্রামের ভাষার এতই তফাত যে

প্রায় এক ভাষা বলে বোঝাই যায় না। শুধু উচ্চারণ নয়, শব্দ ব্যবহার এবং ক্রিয়া পদেও অনেক অমিল। কোনও কোনও জেলায় অতীত ক্রিয়াপদ দিয়ে ভবিষ্যৎ বোঝানো হয়। সুতরাং কোনও বিশেষ একটি জেলার ভাষাকে স্ট্যান্ডার্ড বাংলা হিসেবে ধরে নিলে প্রচুর গোলমালের সম্ভাবনা ছিল। সেই সময় ড. শহিদুল্লা বলেছিলেন, পশ্চিমবাংলার কৃষ্ণনগর অঞ্চলের ভাষার সমগ্র বাঙালির ও বাংলা সাহিত্যের স্ট্যান্ডার্ড ভাষা হিসেবে আগেই গৃহীত হয়ে আছে, সুতরাং তার থেকে সরে গেলে পূর্ব বাংলার ভাষা বাংলা ভাষার মূল স্রোত থেকেই বিচ্ছিন্ন হয়ে যাবে। এই সাহসী সিদ্ধান্তের ফলে পূর্ব পাকিস্তানের এবং পরবর্তীকালে বাংলাদেশের সংবাদপত্রে, রেডিয়োতে এবং টিভিতে যে বাংলা ভাষা ব্যবহৃত হয় তা মূল স্রোতের বাংলা। বাংলাদেশ ও ভারতের এবং পৃথিবীর বহু দেশে ছড়িয়ে থাকা বাঙালিদের ভাষা একই রয়ে গেছে। ভাষাই যেহেতু সংস্কৃতির প্রধান বাহন, তাই রাজনৈতিক বা ধর্মীয় বিভেদ যতই মাথা চাড়া দিয়ে উঠুক মাঝে মাঝে, ভাষার সূত্রে সমস্ত বাঙালিদের আত্মীয়তা কখনও বিচ্ছিন্ন হয়নি। ভাষার শক্তিতে বিশ্বের পঁচিশ কোটি বাঙালি যতদিন ঐক্যবদ্ধ হয়ে থাকতে পারবে, ততদিনই বাংলা ভাষা বিশ্বের অন্যতম প্রধান ভাষা হিসেবে গণ্য হবে।

টরেন্টো বিশ্ববিদ্যালয়ের সাউথ এশিয়ান স্টাডিজের অন্তর্গত
বাংলা বিভাগে প্রদত্ত ভাষণ। ২২ নভেম্বর ২০০২।

আ মরি বাংলা ভাষা

আজকাল খুব আশ্চর্যের সঙ্গেই একটা বিষয় লক্ষ করি, বেশ কিছু বাঙালি, বাংলা ভাষা ও সংস্কৃতি নিয়ে এক ধরনের হীনমন্যতায় ভোগেন। বাংলা ভাষা ও সংস্কৃতি নিয়ে বাঙালির এই আত্মসম্মান বোধের অভাব আজকাল খুবই চোখে পড়ে। আসলে ব্যাপারটা এই যে, বাংলা নিয়ে আমাদের হীনমন্যতা। আমরা সব জায়গায় বাংলা বলি না, আমাদের ছেলেমেয়ে বাংলা না শিখলে আমরা গর্ববোধ করি। এটা হচ্ছে আত্মসম্মান বোধের অভাব। কেন না, মানুষের চরিত্র তৈরি হয় তার ভাষার প্রতি ভালোবাসা থেকে। তাই ভাষা একটা মানুষের ব্যক্তিত্বকে তৈরি করার ক্ষেত্রে একটি বিশিষ্ট ভূমিকা নেয়। যারা এটা ভুলে যায়, তারা জীবনে খুব বেশি উন্নতি করে বলে আমি মনে করি না। কিছু কিছু জাগতিক বিষয় তাদের কব্জায় আসতে পারে কিন্তু শেষ পর্যন্ত খুব একটা সুখী তারা হয় না। আমি এরকম অনেক উদাহরণ জানি।

বিদেশে আমি দেখেছি। কিছু কিছু লোক যারা প্রাণপণ চেষ্টা করে মাতৃভাষা ভুলে গেছে, বাঙালিদের সঙ্গেই মিশতে চায় না, বাংলা গান শোনে না, তারা ওদেশে গিয়ে সাহেব হবে। সাহেব তারা জীবনে হতে পারবে না; গায়ের রং কোনওদিন পালটাতে পারবে না, পালটানো যায় না। আর যতই সাজ পোশাক করুক, সাহেবরা তাদের নেটিভ বা কালো লোকই বলবে। আমরা

যাদের খুব ফরসা বলি তারাও ওদেশে কালো। কেন তারা কালো হয়ে থাকল জানি না।

এই যারা এই জায়গা থেকে বিচ্যুত হতে হতে ওদেশের সঙ্গে নিজেকে মিশিয়ে দিতে চায়, এক প্রজন্মে এটা সম্ভব হয় না। আমি কিছু কিছু লোককে দেখেছি যাদের সবই আছে। বিদেশে বাড়ি আছে, দু-তিনখানা গাড়ি আছে, ফুটফুটে ছেলেমেয়ে আছে। সুন্দরী শিক্ষিত স্ত্রী আছে কিন্তু অদ্ভুত একটা অসুখী ছাপ তাদের মনে, তারা ভীষণ নিঃসঙ্গ হয়ে যায়। এটার কারণটা যারা মনোচিকিৎসক তারা বলেছেন, মাতৃসংস্কৃতি থেকে বিচ্ছেদের জন্য এটা হচ্ছে। সবই আছে কিন্তু কিছুই ভালো লাগছে না। একটা অদ্ভুত ছটফটে ভাব, একটা অদ্ভুত নিঃসঙ্গতা। তারা কেউ প্রচুর মদ খাওয়া শুরু করে, কেউ কেউ জুয়া খেলে, কেউ কেউ ব্যভিচার করে। অর্থাৎ কিছুতেই নিজেকে স্থির রাখতে পারে না। এটা প্রথম জীবনে যে অন্যায়, তার আঘাতটা পায় শেষে। যারা মাতৃভাষা থেকে দূরে সরে যাচ্ছে তাদের খুব একটা লাভ হয় না। জাগতিক সুখ পাচ্ছে কিন্তু আসলে পাওয়া যায় না।

দ্বিতীয় কথা এই, আমরা কোনও অদ্ভুত কারণে পশ্চিমের দিকে তাকিয়ে থাকি, কখনও পূর্বে তাকাই না। আমাদের পূর্বের দেশগুলো কী করে, সে সম্বন্ধে আমরা খুবই কম জানি। আজকের চিন বা কোরিয়া বা মালয়েশিয়া— এদের ভাষা নিয়ে গর্ব দেখলে স্তম্ভিত হয়ে যেতে হয়। এমনকী জাপান, যদিও কারিগরি বিষয়ে এত উন্নতি করেছে যে দেশ, সেই দেশের বহুলোকই একবর্ণ ইংরেজি জানে না, ইংরেজি না জেনেও চ্যালেঞ্জ করে তারা সবকিছুতেই উন্নত হয়েছে। চিনেও তাই, চিনে বেশির ভাগ লোকই ইংরেজি জানে না, একটা শব্দও বোঝে না। তারা শিক্ষিতলোক, তারা সমস্ত কিছুই পারে, কাজেই এটা সম্ভব।

আমরা কি বাংলায় পারি না? এটা আমরা কি কোনও ভারতীয় ভাষায় পারি না, আমরা কি এতই খারাপ, আমাদের ভাষা কি এতই দুর্বল? তা তো নয়। ভাষাতাত্ত্বিকরা বলেন, বাংলা ভাষায় এত ঐশ্বর্য, শুধু সংস্কৃত নয়, আমাদের দরজা খোলা, সব ভাষা থেকে এখানে শব্দ গ্রহণ করি। আর করি বলে বাংলা ভাষার সম্পদ অত্যন্ত বেশি, যে-কোনও ভাবই আমরা বাংলায় প্রকাশ করতে পারি। সেই ভাষা নিয়ে আমাদের গর্ব থাকবে না! একমাত্র চিনে ও জাপানে ইংরেজি শেখা আরম্ভ হয়েছে, তার কারণ, কম্পিউটার নামক যন্ত্রটি। ভিন্ন ভাষায় কম্পিউটার হবে না। কারণ, তাতে তার জটিলতা বেড়ে যাবে। কেবল

কম্পিউটার নামক যন্ত্রটির ভাষা ইংরেজিতে হবে—এই সিদ্ধান্ত নেওয়ার পর চিন, জাপান ও রাশিয়াতেও মানুষ ইংরেজি শিখছে কম্পিউটারে অভ্যস্ত হওয়ার জন্য। কিন্তু তার জন্য তারা নিজের ভাষা তো ছাড়ছে না। আজকে দুজন চিনার যখন দেখা হয়, তারা একবর্ণ ইংরেজি বলে না, চিনা ভাষায়ই কথা বলে। কাজেই অন্য একটি ভাষা শিখতে গেলে বা অন্য একটা ভাষাকে প্রয়োজনীয় মনে করলে যে মাতৃভাষাকে ত্যাগ করতে হবে এটা অতি মূর্খতা। এটা বারবার বলে লাভ নেই। যখন প্রয়োজন একটাই, প্রয়োজন হচ্ছে এই যে, আমাদের কিছুদিন ধরে একটা আলস্য উদাসীনতা এসেছিল। বাংলা ভাষা বা সংস্কৃতি আস্তে আস্তে যে পিছনে সরে যাচ্ছে এটা খেয়াল করিনি, এখন এটা আমাদের আটকাতে হবে, ছেলেমেয়েদের সেদিকে ফেরাতে হবে।

এখন আমাদের দেখতে হবে উদাসীনতার ফলে এই ভাষা থেকে, এই সংস্কৃতি থেকে যেন একেবারে বিচ্যুত হয়ে না যাই। উদাসীনতার কারণটা ছিল, অনেকে বুঝতে পারেননি ভাষা নিয়ে আবার কী করার আছে। এই তো ভাষা ঠিকই আছে, এই তো আমরা বাংলা ভাষায় কথা বলি। ছেলেমেয়েরা শিখছে না ওতে কী এসে যায়। বাংলা সিনেমার জায়গায় হিন্দি সিনেমা, তাতেই বা কী ক্ষতি। বাংলা গানের জায়গায় হিন্দি গান, ইংরেজি গান তাতেই বা কী ক্ষতি। এই ক্ষতির ফলে আস্তে আস্তে বাংলা আমাদের জীবন থেকে হারিয়ে যাচ্ছিল। ভাষাকে সবসময় পরিবর্ধনের চেষ্টা করতে হয়। তার মর্যাদা রক্ষার চেষ্টা করতে হয়। আসলে, চোখ একটু অন্যদিকে ফেরালেই ভাষা আস্তে আস্তে দুর্বল হয়ে যায়। নদীর মতন, অনেক নদী পৃথিবী থেকে অদৃশ্য হয়ে গেছে। ভাষাও তাই। এককালে বহু ভাষা ছিল, সেখানকার মানুষদের অসচেতনতার ফলে সেইসব ভাষা হারিয়ে গেছে।

আমরা কি বাংলা ভাষাকে সেভাবে হারাতে দেব? পৃথিবী বাংলাভাষাকে শুধু বাংলাদেশের ভাষা বলেই জানবে, আমাদের ভাষা বলে কেউ জানবে না? এটা নিজেদের প্রশ্ন করা উচিত।

দুই দশকেরও বেশি সময়ে পশ্চিমবাংলার দৃশ্যপটে, মনোজগতে পরিবর্তন ঘটে গেছে অনেক। বিস্ফোরণ ঘটেছে বৈদ্যুতিন মাধ্যমে। প্রমোদ উপকরণে নানান উৎপাত ঢুকে পড়েছে। এমনকী মানুষের শয়নকক্ষেও। বাংলা ভাষা যেমন মর্যাদা হারিয়েছে তেমনি বাংলার সংস্কৃতিও পিছু হটতে বাধ্য হয়েছে আজ এক বিশেষ সংস্কৃতির অবরোধে। বৈশিষ্ট্যপূর্ণ কিছু কিছু সঙ্গীতধারা একেবারে লুপ্ত হবার পথে। অনেকদিন আমরা ওই ব্যাপারে উদাসীন থেকেছি,

আমাদের পরবর্তী প্রজন্ম মাতৃভাষা বিমুখ হয়ে পড়েছে, তা দেখেও না দেখার ভান করেছি আমরা। এই বাংলায়, বাঙালির অধিকারচ্যুত হবার উপক্রম হলে আমরা প্রতিকারের কথা চিন্তা করিনি। এই ক্লৈব্যে আমরা হারাতে বসেছিলাম বাংলার যা কিছু গর্বের সম্পদ।

সব ভাষা ও সংস্কৃতিই পরিচর্যা দাবি করে, আমরা তা বিস্মৃত হয়েছিলাম। কিন্তু কোনও এক সময় এই সব কিছু পুনরুজ্জীবনের উদ্যোগ না নিলে, আমরা জাতির ইতিহাসে আত্মসম্মানহীন, অপদার্থ হিসাবে গণ্য হব না কি? সুখের বিষয়, বেশ কিছু ছোটপত্রিকা, এমনকী পশ্চিমবাংলার সরকারও এ সমস্যার গুরুত্ব বুঝে নানা ধরনের সাংস্কৃতিক কর্মকাণ্ডের আয়োজন করে চলেছে। আসলে, বাংলা ভাষা ও সংস্কৃতির প্রবাহমানতার দায় আমাদেরই, যা বিভিন্ন কর্মধারায় বহন করতে হবে।

এগিয়ে আসছে অবশ্যই ছোটপত্রিকাগুলো। বইমেলা, লিটন ম্যাগাজিন মেলা জেলায় জেলায় মানুষের মধ্যে সঞ্চারিত করছে মাতৃভাষার মাহাত্ম্য। ছোটপত্রিকাই তো প্রাণ, তারাই তো পারে সুসংগঠিতভাবে বাংলা ভাষা ও সংস্কৃতির মর্যাদা রক্ষার কাজে যথার্থ উদ্যোগী হতে। এই তো 'ভাষা শহিদ স্মারক সমিতি' নিষ্ঠা ভরে করে যাচ্ছে সে কাজ। ছোট পত্র-পত্রিকার সম্পাদক, কবি, লেখক ও সাহিত্যকর্মীদের সম্মিলিত চেষ্টা আর ভালোবাসাই বাংলা ভাষা ও সংস্কৃতির মরা গাঙে আবার জোয়ার আনতে পারে। মাতৃঋণ পরিশোধের এর চেয়ে বড় আর কী-ই বা উপায় হতে পারে।

আমরা স্বপ্ন দেখি।

অনুপাতে কম হলেও ভাষার (ও সাহিত্যের) ওপর একটা অবক্ষয়ের চাপ পশ্চিমবাংলায়ও ক্রমে ক্রমে দেখা দেবে মনে হয়। এখনই দেখা দিচ্ছে। বাংলা একদিন কোটি কোটি লোকের ভাষা ছিল, বাংলার বাইরে নানা দিকে তার পরিব্যাপ্তি ছিল, মর্যাদা ছিল; কয়েক বছর আগেও দেশের পরিধি প্রায় তিনগুণ বড় ছিল। মননের ও কাজের নানা দিকে বাঙালির ভারতীয় খ্যাতি ছিল। সব কিছুই এত বেশি সঙ্কুচিত হয়ে গেছে, বিপর্যয় এত বেশি, টাকাকড়ির কুশৃঙ্খলা এত কঠিন যে ভাষা ও সাহিত্য নিয়ে চিন্তা করবার সময় খুব সম্ভব দেশের নেই আজকাল। ভাষা লোকের মুখে ভেঙে গড়ে সাহিত্যিকদের হাতেই

বিশেষভাবে অগ্রসর হয়। বাংলার লোকদের অনেকেই আজ উৎখাত। এবং প্রায় সব বাঙালিই আজ টাকা ও অন্নের সমস্যায় কষ্ট পাচ্ছে, বেকার, আধ-বেকার, আধপেটা খাওয়া লোক প্রায় ঘরে ঘরে আজ। চাকরি নেই, ঘর নেই, ভাত নেই—এরকম দুঃখ-কষ্ট বাঙালি শীগগির বোধ করেনি। এই সমস্যাই আজ সব চেয়ে বড় হয়ে দাঁড়িয়েছে; বাংলার লোকের হাড়মাংস চিত্তের থেকে মুখের ভাষা-উপভাষার নতুন নতুন বিকাশের পথ আজ আশা করা কঠিন। যে বাংলা একদিন ভাত-কাপড়ে ঘরে তৃপ্তি পেয়ে গল্প রূপকথা বচন ছড়া ইত্যাদি তৈরি করেছিল বাংলার সে হৃদয় নেই এখন, সেসব লোক নেই, সে প্রবাদ, ছড়া লেখা-লেখন নতুন যুগে কোনও যুক্তিঘন ক্রমবিকাশ লাভ করল না, মরেই গেল—মানুষই মরে যাচ্ছে বলে।

বাংলার সাধারণ জনতাপট আজ এরকম। এদের সাহিত্য আজ নিস্তব্ধ। সাহিত্যিকদের সাহিত্য বেঁচে আছে অবশ্য; তারই থেকে সাধারণজনও কিছুটা তৃপ্তি সংগ্রহ করে নিজেদের রুচি বৃদ্ধি অনুসারে। বাংলাদেশে এখনও বড়, মাঝারি অনেক সাহিত্যিক আছেন। বিশিষ্ট সাহিত্যিকেরা সকলেই প্রায় প্রবীণ, প্রৌঢ়। সাহিত্যে তেমন কোনও নতুন বড় সূচনার লক্ষণ শীগগির দেখা দিয়েছে বলে মনে হচ্ছে না।

—জীবনানন্দ দাশ

বাংলা ভাষা ও সাহিত্যের ভবিষ্যৎ

এ বার সমস্ত বিদ্যালয়ে বাংলা আবশ্যিক

কলকাতা শহর কোনও দিনই শুধু বাঙালিদের শহর ছিল না। এখনও তা নেই। এবং ভবিষ্যতেও হবে না। নানান জাতির, নানান ভাষার, নানান ধর্ম ও সংস্কৃতির বেশভূষা ও খাদ্য অভ্যাসের মানুষের সমাবেশে এই শহরটি বর্ণময় হয়ে উঠেছে এবং এ শহরের এই কসমোপলিটান চরিত্রটাই আমরা বজায় রাখতে চাই। ভবিষ্যতের জন্য সেটা আরও বেশি দরকার। কিন্তু কলকাতা যে বাংলা ভাষা ও সংস্কৃতিরও প্রধান কেন্দ্র, তা-ও কি অস্বীকার করা যায়? এবং অন্যান্য ভাষাভাষীদের অধিকার রক্ষা কিংবা কসমোপলিটান চরিত্র বজায় রাখার দায়ে বাংলা ভাষাকে পিছু হঠিয়ে দেওয়া কিংবা বিলুপ্ত করে দেবার চেষ্টাও কি সমর্থনযোগ্য? আমরা উদার হতে গিয়ে নিজেদের অধিকার বোধও ভুলে যাব? সেই রকমই ঘটেছে ধীরে ধীরে প্রায় পঞ্চাশ বছর ধরে। ইংরিজির ব্যবহার সর্বত্র, হিন্দিও ইচ্ছে মতন ব্যবহার করা যায়, কিন্তু বাংলা ভাষায় কোনও কাজই হয় না। বেসরকারি সংস্থাগুলিতে তো বটেই, সরকারি কাজে বাংলা ভাষা অচল হয়ে গিয়েছিল—ব্যাঙ্কে, পোস্ট অফিসে, আদালতে বাংলা বর্জিত। থানায় বাংলায় অভিযোগ দায়ের করা যাবে না। কোনও নির্যাতিতা মহিলা রাজ্য সরকারের কাছে বাংলায় প্রতিকার প্রার্থনা করে চিঠি লিখলে উত্তর পাবেন না, এ কোন ধরনের গণতন্ত্র? বাংলার এই অবমাননার ফলে কলকাতা শহরের দৃশ্যপট থেকেও মুছে যেতে লাগল বাংলা।

স্বাধীনতার পরেও বেশ কয়েক বছর কলকাতার বহু সাইনবোর্ড লেখা থাকত বাংলায়, সাহেব-কোম্পানিগুলি অবশ্যই ইংরিজির পাশাপাশি ব্যবহার করতেন বাংলা। এমনকী হিন্দি সিনেমায়ও কিছু কিছু পোস্টার লেখা হত বাংলা অক্ষরে।

বছরছয়েক আগে আমরা কয়েকজন এসপ্লানেডে দাঁড়িয়ে আবিষ্কার করলাম, চতুর্দিকে মুণ্ডু ঘুরিয়েও একটাও বাংলা অক্ষর চোখে পড়ে না। শুধু এসপ্লানেডে কেন প্রধানত বাঙালি পাড়াগুলিতেও নাম ফলকে বাংলা নিশ্চিহ্ন হয়ে গেছে। আমরা ছেলেবেলায় গলির মোড়ে মিষ্টির দোকানে বড় বড় অক্ষরে লেখা নাম দেখতাম 'অন্নপূর্ণা মিষ্টান্ন ভাণ্ডার'। চোখের সামনে প্রতিদিন ওই বাংলা অক্ষর দেখে দেখে অন্নপূর্ণা বানানটা মনে গেঁথে গেছে। এখন সেই অন্নপূর্ণা মিষ্টান্ন ভাণ্ডারও ইংরিজিতে লেখা হয়। এর নাম সংস্কৃতির সমন্বয়? জুতোর দোকানের নাম শ্রীচরণে-শু দেখে মজা পেতাম। এখন আর সেই সব মজাটজা পাবার প্রশ্ন নেই। বাংলা ভাষার অ-ব্যবহারে এখনকার বাঙালি শিশুরাও অভিভাবকদের অনিচ্ছায় বাংলা পাঠে অমনোযোগী, রাস্তায় বেরিয়ে তারা চোখের সামনেও বাংলা অক্ষর দেখতে পায় না! বাঙ্গালোরও তো আন্তর্জাতিক মানের কসমোপলিটান শহর, সেখানে তো স্থানীয় কন্নড় ভাষার যথেষ্ট স্থান আছে!

ভাষার এই অবনয়ন কোনও এক সময় তো রুখতেই হয়। তাই শুরু হয়েছিল আন্দোলন। কয়েক বছরের চেষ্টায় তাতে কিছু কাজও হয়েছে। বর্তমান মুখ্যমন্ত্রী বাংলা ভাষাপ্রেমী, তিনি বুদ্ধিজীবীদের দাবির যৌক্তিকতা মেনে নিয়েছেন। সরকারি কাজে কিছু কিছু বাংলা ভাষার ব্যবহার শুরু হয়েছে (সর্বত্র নয় এখনও), আদালতে বাংলা একেবারে অচ্ছুৎ নয়, এমনকী থানাতেও ভুলভাল ইংরিজির বদলে বাংলাতেও অভিযোগপত্র দায়ের করা যায়। সেই আন্দোলনেরই অন্যতম পরিণতি, সম্প্রতি কলকাতার মেয়রের ঘোষণা সমস্ত বাণিজ্যিক প্রতিষ্টানেই ট্রেড লাইসেন্স নিতে গেলে বাংলা ভাষার ব্যবহার আবশ্যিক করতে হবে। আনন্দবাজার পত্রিকার সম্পাদকীয় স্তম্ভে (৩/৬/০৬) সেই ঘোষণাকে স্বাগত জানিয়ে অভিনন্দন জানানো হয়েছে। এ জন্য মেয়র বিকাশরঞ্জন ভট্টাচার্যকে ধন্যবাদ। আনন্দবাজার পত্রিকাকেও ধন্যবাদ। তার পরেও আমার সামান্য কিছু নিবেদন আছে।

কলকাতার মেয়র স্বতঃপ্রণোদিত হয়ে এই ঘোষণা করেননি হঠাৎ। এর পেছনে আছে সরকারি সমর্থন এবং একটি আন্দোলনের ছোট্ট ইতিহাস। কিন্তু কোথাও কোথাও বিকৃত করা হচ্ছে সেই ইতিহাসকে, তথ্যভ্রান্তি ঘটিয়ে চাপিয়ে

দেওয়া হচ্ছে তির্যক মন্তব্য। তির্যক মন্তব্য অনেক সময় উপভোগ্য হয়। কিন্তু গুরুতর তথ্যভ্রান্তি থাকলে তা উপহাস্যযোগ্য হবার সম্ভাবনা থাকে। সুতরাং আমি বিনীতভাবে সেই ছোট্ট ইতিহাসেরও অতি সংক্ষিপ্ত বিবরণ দিতে চাই। ইতিহাসে ভুল থাকবে কেন?

আন্দোলনের প্রথম পর্বে থাকে আবেদন নিবেদন। সেই সময় কলকাতার নাম পরিবর্তনেরও দাবি তুলেছিলাম আমরা। লেখক-শিল্পী-বুদ্ধিজীবীদের প্রতিনিধি দল নিয়ে একাধিকবার মুখ্যমন্ত্রী বুদ্ধদেব ভট্টাচার্যের কাছে দাবিপত্র পেশ করা হয়েছে। বহু জন স্বাক্ষরিত সেই দাবিপত্র আমি রচনা করেছি, অতএব কোনওরকম স্মৃতিভ্রান্তির সুযোগ নেই। স্পষ্টভাবে তাতে বলা হয়েছিল যে, সাইনবোর্ড বা নামফলকে বাংলা ভাষার জন্য এক-তৃতীয়াংশ স্থান রাখতে হবে। মনে রাখা দরকার, এক-তৃতীয়াংশ, অর্ধেকও নয়, অর্থাৎ বেশিরভাগ জায়গাই ছেড়ে দিয়েছি অন্য ভাষার জন্য। পরবর্তীকালেও আমাদের সমস্ত ঘোষণাপত্রেও ওই এক-তৃতীয়াংশের কথাই বলা আছে। তবু আমরা ইংরেজি হঠিয়ে দিতে চেয়েছি কিংবা অন্য ভাষার ওপর জোরজুলুম করেছি, এই অভিযোগ তোলা হয়েছে কেন? এটা ইতিহাসের বিকৃতি।

আবেদন-নিবেদনের পর প্রত্যক্ষ অভিযান। রাস্তায় নেমে আমরা বিভিন্ন বাণিজ্য প্রতিষ্ঠান এবং দোকানপাটে গেছি বাংলা ভাষার দাবি নিয়ে। ভাষা শহিদ স্মারক সমিতি, নবজাগরণ মঞ্চ এবং ভাষা-চেতনা সমিতি নামে তিনটি সংস্থা বাংলা ভাষা-সংস্কৃতির উন্নয়নের জন্য কিছু না কিছু কাজ করে চলেছে। এই তিনটি সংস্থাই নিজেদের মধ্যে বিভেদ ভুলে, একযোগে স্পষ্ট নীতি নির্ধারণ করে অভিযানে শামিল হয়েছে। সেই নীতিটি হল, কোনওরকম ভয় প্রদর্শন কিংবা ভাঙচুরের ঘটনা ঘটাবে না কেউ। এটা এক দিকে যেমন রাজনৈতিক আন্দোলন নয়, তেমনি সমাজবিরোধীরা যাতে কোনওক্রমে ঢুকে না পড়ে, সে দিকে প্রখর নজর রাখতে হবে। সবচেয়ে মজার ব্যাপার এই, আমার মতন শান্ত প্রকৃতির মানুষ অধৈর্য হয়ে কিছুটা চোখরাঙানির পক্ষে ছিলাম। আমার চেয়ে প্রাজ্ঞ ও বিবেচকরা আমাকে নিরস্ত করেছেন। রোদ্দুর, বৃষ্টি উপেক্ষা করে বহু বিশিষ্ট নাগরিক, শিল্পী, বুদ্ধিজীবী, লেখক, খেলোয়াড়, সংগীতজ্ঞ, অভিনেতা এবং নাম না-জানা বহু বাংলা ভাষাপ্রেমী যোগ দিয়েছেন সেই অভিযানে। চৌরঙ্গিতে, শ্যামবাজারে, গড়িয়াহাটে, পার্ক সার্কাসে, আরও কয়েক জায়গায়, অনেক বার। কোনও প্রতিষ্ঠানেই খারাপ ব্যবহার পাইনি। অনেক অবাঙালি দোকানদার বিস্মিতভাবে বলেছেন, তাই নাকি, বাংলাতেও নাম লিখতে

হবে? ঠিক আছে, লিখব। কেউ কেউ লিখেছেনও!

দুর্ঘটনা ঘটতেই পারে, সেরকম ঘটেছেও একটি মাত্র জায়গায় এবং তা দুর্ঘটনাই, ইচ্ছাকৃত নয়। চৌরঙ্গির একটি দোকানে ভিড়ের মধ্যে ঠেলাঠেলিতে কাচের শো-কেস ভেঙে যায়। সে জন্য ক্ষমা চাওয়া হয়েছে এবং কাচ মেরামতির খরচও আমরা দিতে চেয়েছিলাম, অথচ সেই তুচ্ছ ঘটনা উপলক্ষ করেই বিভিন্ন সংবাদমাধ্যমে অভিযোগ করা হয়েছে, আমরা অনেক জায়গায় জোর-জবরদস্তি করেছি, হিংসার আশ্রয় নিয়েছি। যদি তেমনই হবে, তবে পুলিশ সেইসব দুষ্কৃতীদের গ্রেফতার করল না কেন? কোনও থানাতেই একটাও অভিযোগ জমা পড়েনি ভাঙচুরের। তবু আমাদের বলা হয়েছে ভাষা-মৌলবাদী। আমরা সবরকম মৌলবাদের বিরুদ্ধে, সামান্য এক-তৃতীয়াংশের দাবিদার, এই অভিযোগ তো আমাদের গায়ে লাগবেই। বরং আমরা বেশি উদার হতে হতে উদাসীন হয়ে পড়েছিলাম।

আমরা এখনও অনেক ব্যাপারেই রবীন্দ্রনাথের দৃষ্টান্ত টেনে আনি। রবীন্দ্রনাথ বহু ব্যাপারে আমাদের পথ নির্দেশক। কিন্তু অনেকে ভুলে যান, রবীন্দ্রনাথ বাংলা ভাষার প্রয়োগের প্রশ্নে আমাদের চেয়েও উগ্র ছিলেন। বাঙালিকে বাঙালির ইংরেজিতে চিঠি লেখা, দুই বাঙালির কথোপকথনে ইংরেজির ব্যবহার তিনি ঘোর অপছন্দ করতেন। সেই ১৯০৫-এর বঙ্গভঙ্গের প্রস্তাবে তাঁর প্রতিক্রিয়া হয়েছিল সবচেয়ে বেশি। যে ঠাকুরবাড়ির ছেলেরা কখনও মোজা ছাড়া জুতো পরত না, সেই ঠাকুরবাড়ির ছেলে হয়ে সব আভিজাত্য বিসর্জন দিয়ে রবীন্দ্রনাথ খালি পায়ে রাস্তায় বেরিয়ে বিরোধী মিছিলে অংশ নিয়েছিলেন, নাখোদা মসজিদের অভ্যন্তরে ঢুকে রাখি পরাতে গিয়েছিলেন মৌলবাদীদের। ১৯৪৭-এর সত্যিকারের বঙ্গভঙ্গের সময় রবীন্দ্রনাথ বেঁচে থাকলে তাঁর মনের অবস্থা কীরকম হত, ভাবলেও বুক কাঁপে। আর এই একবিংশ শতাব্দীর গোড়ায় যদি পাওয়া যেত যুবক রবীন্দ্রনাথকে, তা হলে তিনি নিশ্চয়ই যোগ দিতেন সাইনবোর্ডে বাংলা ভাষার দাবির অভিযানে। শঙ্খ ঘোষের পাশে পাশে হাঁটতেন। আর বাংলার সীমানার বাইরে বাংলা ভাষার প্রসার সম্পর্কে রবীন্দ্রনাথের যা অভিমত ছিল, এখন তা আমরা ভুলেও উচ্চারণ করব না। রবীন্দ্রনাথ এখন উপস্থিত থাকলে তাঁকে বলতাম চুপ, চুপ, গুরুদেব, (না, আমি গুরুদেব সম্বোধন করতাম না। আমি ডাকতাম রবিদাদা) ও-রকম কথা আর এক বারও বলবেন না। পাশের রাজ্যে দাঙ্গা বেঁধে যাবে।

বছর দু-এক আগে এক সাংস্কৃতিক সম্মেলনে মঞ্চে উপস্থিত ছিলেন

মুখ্যমন্ত্রী বুদ্ধদেব ভট্টাচার্য এবং প্রাক্তন মেয়র সুব্রত মুখোপাধ্যায়। ওঁদের সামনেই সমস্ত নামফলকে বাংলা ব্যবহার আবশ্যিক করার জন্য সোজাসুজি আবেদন জানানো হয়। মুখ্যমন্ত্রী নীতিগতভাবে সমর্থন জানান। সুব্রতবাবুও তাঁর ভাষণে আন্তরিকভাবে বলেন, হ্যাঁ, এটা অবশ্যই হওয়া উচিত, আমি দেখছি। কিন্তু তিনি দেখার সময় পাননি।

গত বছরেও ওই একই সম্মেলনে উপস্থিত ছিলেন বুদ্ধদেব ভট্টাচার্য এবং নবীন মেয়র। এ বারেও ওই দাবি উত্থাপিত হয় আরও জোরালো ভাষায়। মুখ্যমন্ত্রী সম্মতি জানিয়েছেন, মেয়রও বাংলা ভাষাপ্রেমী। তিনি একমত হয়েছেন তো বটেই, কার্যকর করার জন্য উদ্যোগ নিতে দেরি করেননি। তাঁকে আবার ধন্যবাদ।

এখনও অনেক কাজ বাকি আছে। তার অন্যতম, পশ্চিমবাংলার সমস্ত বিদ্যালয়ে বাংলা ভাষা শিক্ষা আবশিক করা। না, এটাও জোর-জবরদস্তি কিংবা অন্যের গণতান্ত্রিক অধিকার হরণ কিংবা ভাষা-মৌলবাদ নয়। সুপ্রিম কোর্টের সুস্পষ্ট নির্দেশ। ভারতে অনেক রাজ্যেই স্ব-রাজ্যের ভাষা আবশ্যিক হয়ে গেছে। অতি সম্প্রতি তামিলনাড়ুতে হল সব বিদ্যালয়ে তামিল ভাষা দশম শ্রেণি পর্যন্ত।

পশ্চিম বাংলায় সুপ্রিম কোর্টের এই নির্দেশ পালনে এখনও দ্বিধা কেন?

(আনন্দবাজার পত্রিকা—২৪ জৈষ্ঠ ১৪১৩)

বাংলা আছে, থাকবে

ছেলেবেলায় নেতাজি আমাদের কাছে খুব একজন আদর্শ ছিলেন। স্বাধীনতার আগে স্বদেশি হাওয়া তো ছিলই, স্বাধীনতার পরেও সেই ভাবটা বেশ বজায় ছিল। ছেলেবেলার পয়লা বৈশাখগুলোয় আমরা সব দলবল মিলে প্রভাতফেরিতে বেরোতাম। একটা সময় অবধি বিশ্বাসও করতাম যে নেতাজি ফিরে আসবেন। একটা গান বেশ মনে পড়ে এখনও, 'আদেশ ছিল দিল্লি চলো, দিল্লি মোরা জয় করেছি আজ তুমি কোথা নেতাজি'। খুব বিশ্বাসের সঙ্গে গাইতাম। আমার নেশা ছিল বিউগল বাজানোর দিকে। প্র্যাকটিস করতে করতে একবার খুব কাশি হল। তখনকার দিনে তো কাশি মানেই সবাই ধরে নিত টিবি হয়েছে। বাবা বলতেন, টিবি হয়ে যাবে, আর বিউগল বাজাতে হবে না। আর বাজালাম না বটে, তবে বিউগল-এর প্রতি মনটা পড়েই থাকে। এই নববর্ষ এলে যেমন বেশি করেই একটু মনে পড়ে।

আমি ছেলেবেলায় মোটামুটি আবৃত্তি করতাম। বড় বড় কবিতা গোটা মুখস্ত বলে যেতে পারতাম। আর বড়রা হাসি হাসি মুখে শুনত। আমার এক মাস্টারমশাই ছিলেন, তিনি আমায় অনেক কবির কবিতার সঙ্গে নজরুল ইসলাম-এর কয়েকটি কবিতা মুখস্ত করিয়েছিলেন। পয়লা বৈশাখের দিন নজরুল ইসলাম ধুতিটুতি পরে, গলায় একটা মালা পরে এসে বসতেন আর সবাই তাঁকে দর্শন করে যেত, যদিও তাঁর তখন মানসিক ভারসাম্য আর ছিল না।

একবার আমার মাস্টারমশাই আমায় নিয়ে নজরুলের সঙ্গে দেখা করতে গেলেন। তারপর অনেক করে খোঁচাতে লাগলেন, 'একটা কবিতা শোনা না, শোনা না'। অনেক খোঁচা খেয়ে আমি 'বিদ্রোহী' আবৃত্তি করতে শুরু করেছি। কিছু দূর হওয়ার পর উনি কীরকম অস্বাভাবিক আচরণ করতে আরম্ভ করলেন। গলা মালাগুলো নিজেই ছুড়তে আরম্ভ করলেন। আমার তো ভয়ে হয়ে গিয়েছে। সবাই চলে যাচ্ছে দেখে আমিও ছুটে বেরিয়ে গেলাম, কিন্তু যাওয়ার আগে নজরুলের গলার মালার কিছুটা টুকরো কুড়িয়ে নিয়ে দৌড় লাগালাম। মাস্টারমশাই কবিতাটা পুরো শুনিয়ে যাওয়ার জন্য পেছন থেকে কত ডাকাডাকি, কিন্তু কে তখন কার কথা শোনে? সেই মালার টুকরোটা অনেক দিন অবধি আমার কাছে ছিল।

আরও বড় হলাম, লেখালিখি শুরু করলাম। তখন নববর্ষে নতুন বই প্রকাশ হত। প্রকাশকের অফিসে অফিসে বড় বড় লেখকরা আসতেন। আমরা বন্ধুরা মিলে ভিড় জমাতাম সেইসব জায়গায়। বৈশাখে নতুন বইয়ের গন্ধ দারুণ লাগত। এখনও প্রকাশকদের অফিসে যাই। কিন্তু নতুন বই প্রকাশের সঙ্গে নববর্ষের যে উন্মাদনার যোগ ছিল, সেটা আর নেই।

এখনকার ছেলেমেয়েরা নিশ্চয়ই এখনকার মতো করে নববর্ষ কাটায়। আমার তো বেশ ভালোই লাগে। যার যার যেমন ইচ্ছে, তেমন করে যদি উৎসবের দিন কাটাতে না পারে, তা হলে আর কীসের উৎসব, কীসের আনন্দ? শহরের ছেলেমেয়েদের দেখে মনে হয়, তাদের বাংলায় বিশেষ মতি নেই। কিন্তু শহর দিয়েই তো সবটা নয়। অনেক ছেলেমেয়ে আছে যারা বাংলা নিয়ে পাগল। যারা বাংলা পড়বে না, ক্ষতি তাদের। বাংলা ভাষার নয়। আমি নৈরাশ্যবাদী নই, তাই বাংলা সম্বন্ধে যে গেল গেল রব উঠেছে, সেটা ঠিক নয়। বাংলা আছে, থাকবে।

যদি নীরার সঙ্গে নববর্ষের দিন বেরোই, তা হলে কী করব?

—বলব না।

(আনন্দবাজার পত্রিকা—১৫ এপ্রিল ২০০৯)

বাঙালি ও বাংলা ভাষা

এখন পশ্চিমবঙ্গে বাংলা ভাষা ও সংস্কৃতি সংকুচিত হয়ে আসছে ক্রমশ। গোর্খাল্যান্ডের বদলে গোর্খা হিল কাউন্সিল নামে যা প্রতিষ্ঠিত হয়েছে সেখানে বাংলা সিনেমা দেখার কথা ভাবাই যায় না। লাউডস্পিকার থেকে কানে যে গান ভেসে আসে তাও হিন্দি গান। পশ্চিমবঙ্গের অন্যত্রও এক শ্রেণির বাঙালি যেন বাংলা সংস্কৃতির চিহ্নগুলি নিজেদের শরীর থেকে ঝেড়ে ফেলতে প্রতিজ্ঞাবদ্ধ হয়ে উঠেছে। যেন ব্রাউন সাহেবদের আধিপত্য শুরু হয়ে গেছে। একদল অভিভাবক বলতে ভালোবাসেন, তাঁদের ছেলেমেয়েরা বাংলা বলা তেমন পছন্দ করে না। আসলে কথাটা সত্য নয় মোটেই। সত্যটা হল ওই অভিভাবকরা তাঁদের ছেলেমেয়েদের ভবিষ্যত ভেবে বাংলা পড়তে দিতে চায় না। তাঁরা ভাবছেন কাজের ভাষা ইংরেজি বা অন্য কিছু ভালো করে রপ্ত করলে ভবিষ্যৎ উজ্জ্বল হবে। বাংলার কোনও ভবিষ্যৎ নেই। এই ছেলেমেয়েদের সঙ্গে অভিভাবকদের এইরকম আচরণের ফলে বাংলা বই, বাংলা গানের সঙ্গে সম্পর্ক গুটিয়ে যাচ্ছে। উচ্চবিত্ত পরিবারগুলিতে অনেক ক্ষেত্রেই শোনা যাবে মাইকেল জ্যাকসনের নাকি সুরে চিৎকার। অনেকেই তো আবার প্রবলভাবে সাহেব হওয়ার বাসনায় কাটা চামচ দিয়ে ইলিশ মাছ খাওয়ার প্রাণান্তকর পরিশ্রম করে। ইঙ্গ-বঙ্গ সমাজ গড়ে তোলার জন্য এদের কী মরিয়া চেষ্টা! ইঙ্গ-বঙ্গ সমাজ তো বাংলাদেশেও আছে। সেখানেও জিনস ও গেঞ্জি পরা ছেলে,

সবসময় ইংরেজি বলা মেয়েদের দল দেখা যায়। মা-বাবারা বিদেশি ম্যাগাজিন পড়েন। কিন্তু বাংলার শিল্প সংস্কৃতির সঙ্গে তাদের সম্পর্ক পুরোপুরি বিচ্ছিন্ন হয়ে যায়নি। এদেরই একজন রসিকতা করে আমাকে বলেছিলেন, পয়লা ফেব্রুয়ারি আমরা বাঙালি হয়ে যাই। আবার আঠাশে ফেব্রুয়ারি বাংলা ভুলি। তবুও তো তাঁরা এক মাস বাঙালি সাজতে লজ্জা পান না। আর পশ্চিমবঙ্গে ব্রাউন সাহেবের দল ২৫শে বৈশাখেরও ধার ধারে না। এদের ছেলেমেয়েরা পয়লা বৈশাখ কবে তার হদিস জানে না।

একদিন ধর্মতলায় কী খেয়াল বশে দোকানগুলোর সাইনবোর্ডের দিকে নজর রেখেছিলাম। ধর্মতলা থেকে সেন্ট্রাল অ্যাভিনিউ ধরে অনেকটা দূর পর্যন্ত দোকানগুলোর সাইনবোর্ডে—যা নামফলক বলাই ভালো, বাংলা হরফের চিহ্ন খুঁজে পাইনি। পরে বাংলা ভাষাকে যারা মর্যাদা দিতে চায় তারা নানা সংগঠন গড়ে দোকানগুলোতে নামফলকের একটি অংশে অন্তত বাংলা লেখার দাবি তুলে পথে নেমেছিল। অন্য ভাষা নামফলকে থাকলে আপত্তি করার কিছু নেই। তবে বাংলা থাকাটা জরুরি। এটা রাজ্য সরকার এবং পুরসভাকেও বুঝতে হবে। পুরসভাকে বলা হয়েছিল, তাঁরা যেন 'ট্রেড লাইসেন্স' নবীকরণ করার সময় ব্যবসায়ীদের নির্দেশ দেয় যে, অন্তত নামফলকের তিন ভাগের এক ভাগের জায়গায় যেন বাংলা লেখা থাকে। ওরা নীতিগতভাবে একমত হয়ে জানিয়েছিল যে, এটা করতে গেলে আইন বানাতে হবে। তো আইন বানালেই হয়। বিধানসভায় শাসকপক্ষের বিপুল সংখ্যাগরিষ্ঠতা আছে। বিরোধীপক্ষ এবিষয়ে বাধা দেবে বলেও মনে হয় না। আইনটাইন যা করতে হয় করা হোক। মোট কথা নামফলকে বাংলা থাকাটা জরুরি। সুখের কথা বর্তমান পুরসভা বাংলায় নামফলক লেখার ব্যাপারে কিছু উদ্যোগ নিয়েছে। আন্দোলন এবং ওই উদ্যোগের ফলে এখন অল্প হলেও কিছু পরিবর্তন হচ্ছে।

আসলে সরকার বাংলার মর্যাদা বাড়ানোর ব্যাপারে অনেক প্রস্তাবের সঙ্গে নীতিগতভাবে একমত হয়। তবে সরকারের ওই যা দোষ, কাজটা ঠিকমতো করে হওয়া ওঠে না। যেমন পশ্চিমবঙ্গে সব স্কুলে বাংলা পড়াটা আবশ্যিক করা দরকার। অর্থাৎ বাংলা আবশ্যিক পাঠ্য হবে। বাংলা পরীক্ষায় পাশ করতে না পারলে তাকে ফেল থাকতে হবে। রাজ্য সরকার সব স্কুলে এই ব্যবস্থা করার জন্য আলোচনার সময় একমত হয়েছিল নীতিগতভাবে। কিন্তু কাজটা এক কদমও এগোয়নি। অথচ মহারাষ্ট্রে অর্থের দিক থেকে বিত্তবান গুজরাটি সমাজ মহারাষ্ট্রে তাদের তৈরি স্কুলগুলোতে মারাঠি পড়াতে রাজি ছিল

না। মহারাষ্ট্র সরকার তাদের বিরুদ্ধে মুম্বই হাইকোর্টে মামলা করেছিল। রাজ্য সরকার জিতেছিল। গুজরাটি সমাজ দরবার করেছিল সুপ্রিমকোর্টে। সুপ্রিমকোর্ট তাদের রায়ে পরিষ্কার জানিয়ে দিয়েছিল, মহারাষ্ট্রে স্কুল করতে হলে মারাঠি ভাষা আবশ্যিক করতে হবে। সুপ্রিমকোর্টের এরকম একটি নির্দেশ থাকা সত্ত্বেও পশ্চিমবঙ্গে কেন তা চালু করে বাংলা পড়ানো হচ্ছে না সব স্কুলে, এই প্রশ্নের জবাব পাইনি। হয়তো ভবিষ্যতে পেয়ে যাব। এই না পাওয়ার পেছনে ভোটের কোনও অঙ্ক আছে কি না বা বিত্তবানদের কোনও চাপ আছে কি না আমার জানা নেই।

এই প্রসঙ্গে সরকারি কাজে বাংলা ভাষার ব্যবহারের কথাও উঠে আসে। এ দাবি অনেক দিনের এবং অনেক বিশিষ্ট ব্যক্তি ও সংগঠনের। রাজ্য সরকার এব্যাপারেও নীতিগতভাবে একমত। কিন্তু সরকারের যা হাল, ওই করে উঠতে না পারার জন্য এই বিষয়টাও পুরো এগোয়নি। সরকারের বিভিন্ন কাজে ইংরেজি ব্যবহারের ঝোঁকটা প্রবল। কোনও কোনও মন্ত্রী বা অফিসার মাঝেমধ্যে বাংলায় নোট যে দেন না এমন নয়। তবে সেটা ব্যতিক্রম হিসেবেই থেকে যাচ্ছে। যে কাজগুলোর সঙ্গে সরাসরি সাধারণ মানুষ যুক্ত, সেই কাজগুলোর ক্ষেত্রেও বড় একটা কেউ বাংলা লেখেন না। সাধারণ মানুষও এর ফলে ভাবে যে, ইংরেজিতে না লিখলে তার কাজটা হবে না। কিন্তু মুশকিল হল স্বাধীনতার ৬০ বছর পার হয়ে গেলেও এখনও ১০০-র মধ্যে ৬৮ জনের বেশি মানুষকে আমরা স্বাক্ষর করে তুলতে পারিনি। স্বাক্ষর মানে কোনও মতে নিজের নাম লিখতে পারা, একটু ১ ২ ৩ লেখা ও চিনতে শেখা। এই স্বাক্ষররা বই পড়ায় সড়গড় নয়। বাংলা চিঠি লিখতে হলেও তাদের সাহায্য করার জন্য লোক খুঁজে বেড়াতে হয়। ইংরেজিতে তাদের আবেদনপত্র লিখবেন কী করে, লেখাবেনই বা কাকে দিয়ে। তবু বাংলায় লেখা হলে তারা তাদের বক্তব্যটা মোটামুটি বুঝিয়ে দিতে পারে, কেউ লিখে দিলে সেটা পড়ে শোনাবার পর বেশিরভাগটাই বুঝতে পারে। ইংরেজি হলে তো মস্ত বিপদ। সকলকেই সচেতন হয়ে সরকারি কাজকর্মে বাংলা ব্যবহার করার জন্য কথাবার্তা তোলা উচিত, চাপ তৈরি করা উচিত। সরকারেরও উচিত শুধু নীতিগতভাবে একমত না হয়ে এ ব্যাপারে কাজের কাজ করা। অন্যদিকে কলকাতা থেকে ঢাকা গেলেই প্রথমে মনে হবে এটাই স্বভূমি। নামফলকগুলি এবং বেশিরভাগ বিজ্ঞাপন বাংলায় লেখা। যানবাহনের নম্বর কিংবা গন্তব্য স্থানও বাংলায়। সেখানকার অল্প শিক্ষিত লোকদের সরকারের সঙ্গে কাজকারবার চালাতে ইংরেজির আশ্রয়

নেওয়ার জন্য লোক খুঁজতে হয় না। বাংলাতেই কাজ চলে যায়। যদিও শিক্ষার হারের দিক থেকে তারা পশ্চিমবঙ্গের চেয়ে তেমন এগিয়ে নেই।

শুধু সরকারকে দোষ দিয়ে লাভ নেই। রবীন্দ্রনাথ ঠাকুর বঙ্গভঙ্গ আন্দোলনের সময় বাঙালিদের একটি পরামর্শ দিয়েছিলেন। তিনি বলেছিলেন, বাংলা জানা দুজন মানুষ যেন পরস্পরকে ইংরেজিতে না লেখেন, ইংরেজিতে শুভেচ্ছা বিনিময় না করেন, কথাবার্তা ইংরেজিতে না বলেন। রবীন্দ্রনাথের ইচ্ছে ছিল, বাঙালিরা তাদের জীবনে বাংলা ভাষাকেই অবলম্বন করবে। এই পরামর্শ মেনে চলেন না অনেকেই। একটা ভুল ধারণা বদ্ধমূল হয়ে যাচ্ছে যে, গড়গড় করে ইংরেজি না বললে, শিক্ষিত হিসেবে কল্কে পাওয়া যাবে না। অনেক সময় এমনও দেখা যায় যে, বাংলা মাস্টারমশাই এবং অধ্যাপকরাও এই ধারণা থেকে তাদের কথাবার্তায় খানিকটা ইংরেজি বলে নেন। এটা এক ধরনের হীনমন্যতা। মনে হয় ইংরেজ দাসত্বের রেশ এখনও কাটিয়ে ওঠা যায়নি। এটা দুর্ভাগ্যজনক।

ভারতে এমন কয়েকটি ভাষা আছে যেগুলি সারা পৃথিবীর প্রধান ভাষাগুলির সমপর্যায়ে। চিনে ভাষা নিশ্চয়ই এক নম্বর ভাষ্য। পশ্চিমের দেশগুলি ছোটো ছোটো, কিন্তু সেখানকার অনেক ভাষাই সমৃদ্ধ। তবুও এর কোনও একটি দেশের মাতৃভাষা সংখ্যার বিচারে এশিয়ার ভাষাগুলির কাছাকাছি নয়। ইংরেজ ও স্প্যানিশরা বিভিন্ন মহাদেশে উপনিবেশ তৈরি করে নিজেদের ভাষা চাপিয়ে দিয়েছিল। যেমন আমেরিকা, কানাডা ও অস্ট্রেলিয়ার দখলদার ইংরেজদের ভাষার প্রাধান্যে ইংরেজি এখন পৃথিবীর দ্বিতীয় বড় ভাষা। দক্ষিণ আমেরিকার অনেকগুলি রাজ্য দখল করে নিয়ে স্প্যানিশরা তাদের ভাষাভাষির সংখ্যা বিশ্বের তিন নম্বর স্থানে নিয়ে গিয়েছে। ভারত কখনওই কলোনি বিস্তার করেনি বা চায়নি। তা সত্ত্বেও ভারতের দুটি ভাষা হিন্দি ও বাংলা জনসংখ্যার ভিত্তিতে চতুর্থ ও পঞ্চম স্থান অধিকার করে আছে। সর্বশেষ পরিসংখ্যানে দেখা যাবে স্প্যানিশভাষিরা তৃতীয় স্থানটি থেকে সরে গিয়ে পঞ্চমে চলে যাচ্ছে। হিন্দি ও বাংলা তৃতীয় ও চতুর্থ স্থানে উঠে আসছে। কাজেই বাঙালিদের হীনমন্যতায় ভোগার কোনও কারণ নেই তার ভাষা নিয়ে। বাংলা ভাষায় যে সাহিত্য রচিত হয়েছে এবং হচ্ছে তা বিশ্বমানের চেয়ে পিছিয়ে আছে এমন নয়। বাংলা শিখলে ভবিষ্যতে কাজেকর্মে সাফল্য পাওয়া যাবে না বলে যারা ভাবছেন তাদের মনে রাখা উচিত, ইংরেজি পড়েও সকলে যথেষ্ট সুবিধা করতে পারছে না। আসলে আর্থিক জীবনে সাফল্য আসার পিছনে তো

শুধু ভাষার ব্যাপারই নেই। দেশের অবস্থা উন্নত না হলে, যথেষ্ট শিল্পবিকাশ না হলে আর্থিক সাফল্য পাওয়া সহজ হবে না। ইংরেজি অবশ্যই শিখতে হবে। এখন যেভাবে ইংরেজি শেখানো হয় তার চেয়েও ভালোভাবে শেখাতে হবে। এর সঙ্গে বাংলা ভাষা শেখার কোনও বিরোধ নেই। বিরোধ নেই অন্য কোনও বিদেশি বা ভারতীয় ভাষা শেখারও। যে যার মাতৃভাষাকে পূর্ণ মর্যাদা দিয়ে শিখুক এবং সঙ্গে সঙ্গে যে যে ভাষাকে তার কাজের সাফল্যের ভাষা মনে করে সেটাও শিখুক। এমনই হওয়া উচিত। নিজেদের রাজ্যের ভাষা যাতে নিজেদের রাজ্যে ব্যাপকতা লাভ করে এটা যেমন সব বাঙালিকেই বুঝতে হবে তেমনই সরকারকেও এদিক থেকে সহযোগিতার পরিমাণ বাড়াতে হবে। এ কাজটা খুব শক্ত নয়। অন্য প্রদেশগুলোতে এ কাজ করে দেখিয়েছে অন্যেরা। এ ছাড়া সবচেয়ে বেশি সংখ্যক মানুষ যেখানে বাংলা ভাষায় কথা বলেন সেই বাংলাদেশের উদাহরণ আমাদের হাতের কাছেই রয়েছে।

বাংলাদেশের বাঙালিরা শুধু বাংলায় কথা বলে, সরকারি কাজকর্ম চালিয়ে ক্ষান্ত নেই। তারা বাংলা সংস্কৃতিকে প্রসারিত করার জন্য সবসময় চেষ্টা করে। বাংলাদেশে সবচেয়ে বড় যে উৎসবটা হয় সেটা বর্ষবরণের উৎসব, পয়লা বৈশাখ। ওদেশে কয়েক শতাংশ মানুষ বাদ দিলে ধর্মের দিক থেকে সবাই মুসলমান। ইদ উৎসব তারা পালন করে। কিন্তু পয়লা বৈশাখ তাদের জীবনে সবচেয়ে বড় উৎসবের স্থান দখল করে আছে। এ ছাড়া ২১ ফেব্রুয়ারি বাংলা ভাষার শহীদদের স্মরণে অনুষ্ঠান তাদের জাতীয় জীবনে এক বিরাট মর্যাদা নিয়ে প্রতিষ্ঠিত। তাদের সাংস্কৃতিক জীবনে নানা জেলা থেকে বৈচিত্র্যময় লোকগীতি উঠে আসে। আমাদের দেশে দেশাত্মবোধক গানের চর্চা লুপ্ত হতে চলেছে। অথচ ও দেশে রচিত হচ্ছে আবেগময় দেশাত্মবোধক সংগীত। তারা এক জায়গায় কয়েকজন লোক একত্র হলে যে গান গায় তা হিন্দি বা উর্দু নয়, বাংলা গান। যে-কোনও অনুষ্ঠানেই তারা দেন আলপনা। বাংলাদেশের জন্যই সারা পৃথিবীতে বাংলা ভাষার স্বীকৃতি। বাঙালি শব্দটির বদলে আস্তে আস্তে পৃথিবীতে বাংলাদেশি নামটি পরিচিত হয়ে উঠছে। কারণগুলির মধ্যে একটি অন্যতম বিষয় হল প্রবাসে যে বাঙালিরা থাকেন তারাও সহজে বাঙালিত্ব বিসর্জন দেয় না। তারা এখানকার একদল হিন্দুর মতো বলে না—ওরা হিন্দু, আমরা বাঙালি। যেমন এদেশে শোনা যায়—ওরা মুসলমান। আমরা বাঙালি।

ঈশ্বর কিংবা আল্লাহ্ আমাদের মাথায় থাকুন, ধর্ম থাকুক, ধর্ম থাকুক ঘরে ঘরে, রাজনীতির বিভেদ নিয়ে মত্ত থাকুক রাজনীতিবিদরা। ভাষা এবং সংস্কৃতিকে এসব কিছুর উর্ধ্বে না রাখতে পারলে কোনও জাতি পরিপুষ্ট হতে পারে না। কারণ ভাষা অনেক সময়ই্ জাতীয়তার ভিত্তি। আর সেইসঙ্গে একথা তো মনে রাখতেই্ হবে যে বাঙালি তার আত্ম পরিচয়কে খুইয়ে ফেললে জাতি হিসাবে তার অস্তিত্বটাই লোপাট হয়ে যাবে।

বাঙালি কে? আমি কি বাঙালি?

মাইকেল মধুসূদন একটি কবিতায় প্রশ্ন তুলেছিলেন, কবি ঠিক কাকে বলা যায়? শুধু শব্দে শব্দে যে বিয়ে দেয়, সেই কি সে যম-দমী? এ প্রশ্নের উত্তর তিনি নিজেই একটা দিয়েছিলেন বটে, কিন্তু তা নিয়ে সত্যিকারের মীমাংসা আজও হয়নি। সেইরকমই, এখন অহরহ এই প্রশ্ন উচ্চারিত হয়, বাঙালি কে? এ প্রশ্নও একটা ধাঁধার মতন।

গত দু-এক দশক ধরে বাঙালিবাবুর প্রথাসিদ্ধ চিত্র হচ্ছে, কোঁচা লুটোনো ধুতি পরা, গিলে-করা পাঞ্জাবি গায়ে, বাংলা-বলা, মাছভক্ত এক প্রজাতি। এটা আসলে বাস্তব নয়, ব্যঙ্গচিত্র। ধুতি জিনিসটা খুব একটা পুরোনো নয়, কয়েক শতাব্দী আগেও এর অস্তিত্ব ছিল না, অধিকাংশ স্থানীয় বাসিন্দারাই ছোট আকারের কাপড় দিয়ে নিম্নাঙ্গ ঢাকতেন। শাড়িও তাই, কোনও প্রাচীন চিত্রে বা গুহাগাত্রে শাড়ি-পরা নারী নেই। এমনকী মহাভারতে দ্রৌপদীর বস্ত্রহরণের দৃশ্যে অধিকাংশ মানুষেরই ধারণা যে দুঃশাসন দ্রৌপদীর শরীর থেকে টান মেরে শাড়ি খুলে ফেলার চেষ্টা করেছিল এবং কৃষ্ণ একটা লাটাই থেকে অনবরত শাড়ি সরবরাহ করে গেছেন। আসলে মহাভারতে এরকম কিছু নেই, শাড়ির উল্লেখ একবারও পাওয়া যায় না, শুধু বলা হয়েছে বস্ত্র, এবং লজ্জা নিবারণের জন্য দ্রৌপদী কৃষ্ণের উদ্দেশে প্রার্থনা জানালেও কৃষ্ণ এসে পৌঁছোবার আগেই অন্তরাল থেকে ধর্ম অলৌকিক ভাবে নানারঙিন বস্ত্র পাঠিয়ে

দ্রৌপদীর শরীর ঢেকে দিচ্ছিলেন।

যারা বাংলা বলে, বাংলা যাদের মাতৃভাষা, তারাই শুধু বাঙালি? বাংলা ভাষার বয়েস তো বেশি নয়, অনেকে বলেন হাজার বা এগারোশো বছর। কিন্তু চর্যাপদ ঠিক আদি বাংলাগ্রন্থ কি না, তা নিয়ে বিতর্ক আছে, অন্য ভাষারও দাবি আছে, তাতে বাংলা ভাষার বয়েস আরও কমে যায়। সত্যেন দত্ত লিখেছেন, 'আমাদের সেনা যুদ্ধ করেছে সজ্জিত চতুরঙ্গে/দশাননজয়ী রামচন্দ্রের প্রপিতামহের সঙ্গে।' অর্থাৎ কালিদাসের 'রঘুবংশ' কাব্যে উল্লেখ আছে সুহ্ম এবং বঙ্গের যোদ্ধাদের কথা। মহাভারতেও এক বঙ্গরাজ দুর্যোধনের পক্ষে যোগ দিয়েছিলেন। এঁরা নিশ্চিত বাংলা ভাষার অস্তিত্বের কথাই জানতেন না।

খাদ্য অভ্যেস দিয়ে কোনও জাতির পরিচয় ঠিক করা যায় না। অনেকের ধারণা, ইলিশ বুঝি একটা বাঙালি-মাছ। পৃথিবীর বহু দেশেই ইলিশ পাওয়া যায় বিভিন্ন নামে। আমেরিকায় শ্যাড আমাদের ইলিশের চেয়েও আকারে বড় ও নধরকান্তি, তবে বেশি তৈলাক্ত বলে বাঙালিদের রসনায় ঠিক স্বাদ পাওয়া যায় না, তাই অনাবাসী বাঙালিরা বরফ দেওয়া দেশি ইলিশের খোঁজ করে বাংলাদেশি দোকানে।

রাঢ়, বঙ্গ, বরেন্দ্রভূমি এইসব নিয়ে বর্তমান বাংলাদেশ ও পশ্চিমবাংলা যে মিলিত ভূখণ্ড, সেখানকার অধিবাসীরাই কি শুধু বাঙালি? (এখন ত্রিপুরা এবং অসমের কাছাড় জেলায় অনেকখানি অংশকেই ধরতে হয়।) এক কালের আর্যবর্জিত এই অঞ্চলে বহু মানুষই এসেছে বাইরে থেকে। কোন দল কবে এসেছে, তার ইতিহাস আজও ঠিক ভাবে নির্ণয় করা যায়নি। ঠিক কতদিন আগে কিংবা ক'পুরুষ ধরে এখানে বসবাস করলে তাঁদের বাঙালি বলে গণ্য করা হবে, তার কোনও সীমারেখাও নির্ধারিত হয়নি। এক কালে রাজস্থান কিংবা উত্তর ভারত থেকে যেসব ভাগ্যান্বেষী বাংলা মুলুকে পাড়ি জমিয়ে এখানেই স্থায়ী হয়ে গেছেন, যাঁদের পদবি সিংহানিয়া কিংবা সারাওগি কিংবা দুগার, এবং যাঁরা অনর্গল বাংলা বলতে পারেন, বাংলা-সংস্কৃতি সম্পর্কেও যথেষ্ট অবহিত, তাঁদের কেন বাঙালি বলে মনে করা হবে না? আমি নিজেও কি খাঁটি বাঙালি? শোনা যায়, উপাধ্যায় শ্রেণির কিছু ব্রাহ্মণকে সেন রাজারা আনিয়েছিলেন কনৌজ থেকে। তা হলে তো আমারও কোনও মধ্যযুগীয় পূর্বপুরুষ ছিলেন বাংলা না-জানা এক কনৌজিয়া!

সাধারণত বাঙালিরা পদবি দেখেই বাঙালি না অবাঙালি তা বুঝে নেয়। তা-ও চট্টোপাধ্যায়, বন্দ্যোপাধ্যায়, ঘোষ-বোস-মিত্তির ইত্যাদি কিছু পদবি মাত্র।

অথচ, এই অঞ্চলে বহুদিন যাবৎ বসবাসকারী এবং পুরোপুরি বঙ্গভাষী অন্য অনেকরকম পদবিও আছে। যেমন, গণ, শ, সনাতন, সমশ্রমী, পাহাড়, পড়েল, দণ্ডী এরকম বহু। এবং মুসলমানদের তো কোনও পদবিই থাকে না।

প্রকৃত পক্ষে, ইংরেজি শিক্ষার আগে বাঙালি তার আত্মপরিচয় খোঁজেনি। ইতিহাস নিয়ে মাথা ঘামায়নি বিশেষ কেউ। সীমিত গণ্ডির বাইরে কারও দৃষ্টি যেত না, ধর্মবিশ্বাসেও এসে গিয়েছিল কূপমণ্ডুকের সংকীর্ণতা। রামমোহন-বঙ্কিমের আমল থেকেই জাতীয় চেতনার উদ্ভব। আমরা যাকে নবজাগরণ বলি, দেড়শো বছর আগে তার নেতৃত্ব দিয়েছিলেন উচ্চশ্রেণির হিন্দুরা। তাঁরা অনেক সৎকাজ করেছিলেন বটে, একটা মারাত্মক ভুলও করেছিল। তাঁরা মুসলমানদের কথা একেবারেই মনে রাখেননি! ওই লোকটি বাঙালি না মুসলমান—এই নির্বোধ প্রশ্ন প্রায় সকল শ্রেণির হিন্দুদের মুখে শোনা যেত। (এখনও মাঝে মাঝে শোনা যায়।)

এই প্রশ্নের উত্তরে, পরবর্তী কালে মুসলমানরা এই হিন্দুদের মুখে একেবারে ঝামা ঘষে দিয়েছে বলা যায়। স্বাধীনতার দশ বছর আগেই বোঝা গিয়েছিল, বঙ্গদেশে হিন্দুদের তুলনায় মুসলমানদের সংখ্যা অনেক বেশি। ১৯৩৭সালে বিধানসভার নির্বাচনে মোট ২৫০টি আসনের মধ্যে মুসলমান সদস্যই ১১৭ জন, বাকিদের মধ্যে ইংরেজ, অ্যাংলো ইন্ডিয়ান, ভারতীয় খ্রিস্টান, বৌদ্ধ, জৈন, পার্সি ও ইহুদিদের জন্যও আলাদা আলাদা কোটা, বর্ণহিন্দু মাত্র ৫২টি আসনে। অনেক মুসলমানও আগে নিজেদের বাঙালি বলত না, ধর্মীয় পরিচয়টাই ছিল একমাত্র। কিন্তু এই সময় তাদেরও জাতীয় চেতনা জাগে। হিন্দু সদস্যরা সাহেবি পোশাক পরে এসে বক্তৃতায় ইংরেজির ফুলঝুরি ছোটাতেন, লুঙ্গির ওপর পাঞ্জাবি পরা গ্রামের মুসলমানরা প্রথম বক্তৃতা শুরু করলেন বাংলায়।

মুসলমান না বাঙালি, অনেকটা এই প্রশ্নেই বাংলা ভাগ হল। তারপর কিছু বছর পর ওই দিকের স্বাধীন রাষ্ট্রটি, আমাদের মতামত না নিয়েই নাম গ্রহণ করল বাংলাদেশ। এখন পৃথিবীর অনেক দেশেই ধারণা হতে শুরু করেছে, বাংলাদেশেই শুধু বাঙালিদের বাস। এবং অদূর ভবিষ্যতে কেউ হয়তো জিগ্যেস করতে পারে, ভারত নামে দেশটাতেও বাঙালি থাকে নাকি? কিংবা—হিন্দুরাও বাঙালি হয়?

আর কতদিন সহ্য করব?

আমরা আর পিছোতে পিছোতে কতটা পিছোব? বাংলা ভাষার অবমাননা দেখতে দেখতে আমরা আর কতখানি কাপুরুষের মতন অসহিষ্ণু হব?

কলকাতা শহরে এমন অনেক দোকান আছে, এমন অনেক হোটেল আছে, যেখানে বাংলায় কথা বলা যায় না, বাংলায় কিছু জিগ্যেস করলেও উত্তর পাওয়া যায় না। এমন বহু-অফিস আছে, যেখানে বাংলায় চিঠি কিংবা দরখাস্ত লেখার প্রশ্নই ওঠে না। আমরা সারা বিশ্বে বাংলা ভাষার কেমন সমাদর তা নিয়ে মাথা ঘামাই, অথচ খোদ কলকাতা শহরেই বাংলা ভাষার এই দুর্দশা। চিন-রাশিয়ার কথা তো বলাই বাহুল্য, বুলগেরিয়া কিংবা রোমানিয়ার মতন ছোট্ট দেশেও সেখানকার স্থানীয় ভাষায় সর্বোচ্চ স্তরে মত বিনিময় করা যাবে না, এমন ভাবাই যায় না। এবং আমাদের পাশের দেশ বাংলাদেশেও।

বিশ্বের প্রধান ভাষাগুলির মধ্যে বাংলার স্থান ষষ্ঠ, জনসংখ্যার হিসেবে ফরাসি স্প্যানিশেরও ঊর্ধ্বে, সেই বাংলা আজ যতখানি বরণীয় বাংলাদেশে, ততখানিই অবহেলিত ভারতে।

দিল্লি-বোম্বাই-এলাহাবাদ-কাশী-পাটনার বাঙালি ছেলেমেয়েরা এখন আর কেউ বাংলা পড়ে না। কারণ বাংলা শেখার সঙ্গে জীবিকার যোগ নেই। ওইসব জায়গায় প্রচুর ছেলেমেয়েকে দেখেছি, যারা কোনওক্রমে বাংলায় কথা বলতে

পারে বটে, কিন্তু বাংলা অক্ষরজ্ঞান নেই। বাংলা বই পড়ে না, বাংলা গান শোনে না। বিলেত-আমেরিকায় যেসব বাঙালি পরিবার এক যুগের বেশি স্থায়ী হয়ে গেছে, তাদের ছেলেমেয়েরা আর বাঙালি রইল না বলে আমরা হা-হুতাশ কিংবা হাসিহাসি করি, কিন্তু আমাদের নিজের দেশেও তো প্রায় সেই অবস্থা। এমনকী কলকাতা শহরেও। এই শহরে যেসব লম্বা লম্বা আট-দশতলা বাড়ি উঠেছে, তার যে-কোনও বাড়ির লিফ্‌ট দিয়ে উঠতে উঠতে বাঙালি ছেলেমেয়েদের মুখে বাংলা শোনা যাবে না। হয় ট্যাঁশ ইংরেজি অথবা একটা জগাখিচুড়ি ভাষা। মাতৃভাষা না জানাটা যে একটা লজ্জার ব্যাপার, সেটা বোধটাই চলে যাচ্ছে একটা প্রজন্ম থেকে। দোষ এইসব ছেলেমেয়েদের নয়, তাদের মা-বাবাদের। শিক্ষানীতির। আমাদের শাসকদের সম্মানজ্ঞানের অভাবও এর একটি কারণ। বাংলা মাধ্যম স্কুলগুলির এখন দুয়োরানির ছেলেমেয়েদের মতন অবস্থা। নেহাত বাধ্য না হলে নিম্ন মধ্যবিত্ত পরিবারের বাচ্চাদেরও এখন পাড়ার বাংলা স্কুলে পাঠানো হয় না। যেসব বাবা-মায়েরা নিজেরা বাংলা স্কুলে পড়েছে এবং জীবনে খুব একটা খারাপ কিছু করেনি, তারাও ছেলেমেয়েদের এখন কিছুতেই বাংলা স্কুলে পাঠাবে না। একটু ভালো চাকরির ক্ষেত্রে ফুরফুর করে ইংরেজি বলতে পারাটাই প্রাথমিক যোগ্যতা। নিয়োগকারীরা প্রথমেই দেখে নেয় প্রার্থী কোন স্কুলে পড়াশুনো করেছে। সেন্ট জেভিয়ার্স? ঠিক আছে। তীর্থপতি? মাস্টারির চেষ্টা করুন! আমাদের রাজ্য সরকার, কংগ্রেস বা বামপন্থী, মাঝে মাঝেই হুঙ্কার ছাড়ে, এবার থেকে সব সরকারি কাজ বাংলায় হবে! আসলে কিচ্ছু হয় না! বিধানচন্দ্র রায় পরপর তিনটি বাক্য শুদ্ধ বাংলায় বলতে পারতেন না। সিদ্ধার্থ রায়ের মুখে বাংলা সাহিত্য সম্পর্কে কয়েকটি উক্তি শুনে আমার পক্ষে হাসি চাপা শক্ত হয়েছিল। জ্যোতি বসু অসমাপ্ত বাক্যে বাংলা বক্তৃতা বেশ ভালোই চালিয়ে যান, তিনি বাংলা লিখতে পারেন কি না তা বলতে পারবেন তাঁর ঘনিষ্ঠ ব্যক্তিরা। আমাদের নকশাল বন্ধুদেরও ধন্যবাদ। সত্তরের দশককে মুক্তির দশক করার উন্মাদনায় তাঁরা কিছু কিছু বাংলা স্কুল পুড়িয়ে দিলেন, মফস্বলের বহু স্কুলের লেখাপড়া বন্ধ হয়ে গেল, ইংরেজি-মাধ্যম স্কুলগুলিকে নকশালরা স্পর্শও করলেন না। সেই থেকে অভিভাবকরা ছেলেমেয়েদের হাত ধরে পাগলের মতো ছুটতে লাগলেন ইংরেজি স্কুলগুলির দিকে। ব্যাঙের ছাতার মতন সেইরকম স্কুল গজাতেও লাগল। যাওয়া-আসার পথে দেখতে পাই কোনও বিখ্যাত স্কুলের আশপাশের রাস্তার ফুটপাথে-রকে-গ্যারেজে দুপুর রোদে বসে থাকেন মহিলারা, বহুদূর থেকে ছেলেমেয়েকে সেই

স্কুলে পৌঁছে দিয়ে ফিরে না-গিয়ে, আবার বিকেল বেলা সন্তানদের সঙ্গে নেবার জন্য অপেক্ষা করেন। এইরকম হাজার হাজার মাকে পথে বসিয়েছে আমাদের শিক্ষানীতি। রাষ্ট্রভাষা প্রসারের ছুতোয় হিন্দি ভাষাকে চাপিয়ে দেওয়া হচ্ছে জোর করে। হিন্দি শিখলে ক্ষতি নেই, যে-কোনও ভাষা শিক্ষাই সুফল দেয়, কিন্তু জোর করে চাপানো ভাষা কেউ গ্রহণ করে না। সোভিয়েত ইউনিয়ন ভাঙার অন্যতম কারণ যে অঙ্গ রাজ্যগুলির ওপর রুশ ভাষার জবরদস্তি, তা আমাদের কর্তারা খেয়াল করেন না।

হিন্দি ভাষা ও সংস্কৃতি ও বোম্বাই মার্কা হিন্দি সিনেমা এক নয়। হিন্দি ভাষার ভালো দিকগুলি জানবার আগেই হিন্দি সিনেমার বিকট সংস্কৃতি চেপে বসল আমাদের ওপর। খারাপ টাকা যেমন ভালো টাকাকে বাজার থেকে তাড়িয়ে দেয়, তেমনই বিকৃত রুচির হিন্দি সিনেমা ভালো বাংলা সিনেমাকে একেবারে নির্মূল করছে। সত্যজিৎ-মৃণাল-গৌতম-বুদ্ধদেবের নাম টানার দরকার নেই, পঞ্চাশটা বাংলা ফিল্মের মধ্যে একটি-দুটির বেশি দেখার যোগ্য নয়। ষাটের দশক পর্যন্ত বেশ কিছু পরিচ্ছন্ন বাংলা ছবি তৈরি হত, মহৎ কিছু না হলেও বেশ উপভোগ্য। সেসব বাংলা ছবি গেল কোথায়? গত তিরিশ বছর ধরে কুৎসিত হিন্দি ফিল্মগুলো প্রবল দাপটে এমনকী গ্রামের দর্শকেরও রুচি নষ্ট করে দিয়েছে। এখন আত্মসম্মান জ্ঞানহীন একদল লোক হিন্দির অনুকরণে আরও খারাপ ফিল্ম তৈরি করে। চোখের সামনে আমরা বাংলা ফিল্মের সুস্থ ঐতিহ্য নষ্ট হতে দিয়েছি। মৃণাল-গৌতম-বুদ্ধদেবকেও এখন বাধ্য হয়ে হিন্দি ভাষায় ছবি বানাতে হয়।

বাংলা-ভাষা ও সংস্কৃতির ওপর নবতম আক্রমণ চলেছে টিভি-তে। দূরদর্শন নামটা আক্ষরিক অর্থে সত্যি নয়, রুপালি পরদার ছায়াছবি এখন এসে পড়েছে ঘরের মধ্যে, নিজের বিছানায় বসে অপরের বেডরুম সিন দেখা যায়। ইচ্ছে থাক বা না থাক, টিভি দেখতেই হয়। অল্পবয়সি ছেলেমেয়ে ও বৃদ্ধ-বৃদ্ধাদের তো অবশ্য দ্রষ্টব্য। বাড়িতে একটা টিভি সেট রাখা সামাজিক সম্মানের ব্যাপার হয়ে গেছে। নিম্ন মধ্যবিত্ত বাড়ি, এমনকি বস্তিতেও দেখা যায় টিভি অ্যান্টেনা। এখন ছেলেমেয়েরা ইংলিশ মিডিয়াম স্কুলে পড়তে যায়, বাড়িতে হিন্দি অনুষ্ঠান দ্যাখে। বাংলার স্থান কোথায়?

দূরদর্শনে প্রথম থেকে আঞ্চলিক কার্যক্রম ও রাষ্ট্রীয় কার্যক্রম নামে দুটি ব্যাপার ছিল। রাষ্ট্রীয় কার্যক্রম মানেই হিন্দি বা ইংরেজি। তারপর এল দ্বিতীয় চ্যানেল, যার পুরোপুরি সময়টাই আঞ্চলিক ভাষার প্রাপ্য। কিন্তু তার মধ্যে

হিন্দি খবর শোনা ছিল বাধ্যতামূলক। বাংলা-ইংরেজি-হিন্দি খবরের মধ্যে বিশেষ হেরফের নেই। যার যেটা খুশি শুনবে। কিন্তু বাংলা খবর শুনে যে সবকিছু জেনে নিয়েছে, সে হিন্দি বা ইংরেজি সংবাদও শুনতে কেন বাধ্য হবে? এখন কী একটা উদার নীতি না খোলা নীতির ব্যাপার চলছে, যার ফলে দ্বিতীয় চ্যানেল থেকেও বাংলা প্রায় উধাও! টিভি খোলা থাকলেই দেখা যায় হিন্দি ফিল্মে গানের দৃশ্য, একইরকমের হুটোপুটি নাচ, যৌন আবেদন জাগাবার চেষ্টায় নিকৃষ্টতম অঙ্গভঙ্গি। শিল্পরুচির কোনও চিহ্ন নেই। বাংলার সংগীত শিল্পী, বাংলার নাট্যদল, বাংলার ধারাবাহিক নির্মাতারা রক্তাল্পতায় ভুগছে, ক্রমশ পিছিয়ে যাচ্ছে।

এই অবস্থা আমরা কতদিন সহ্য করব? নাঃ, আবেদন-নিবেদনে আর আমার কোনও বিশ্বাস নেই। পশ্চিম বাংলার দলমত নির্বিশেষে এখনই যদি আমরা সবাই এক সঙ্গে প্রতিরোধে না নামি, তাহলে এই অধোগতির আর কোনও সীমা থাকবে না। আমাদের প্রতিবেশী বাংলাদেশই বাংলা ভাষা-সংস্কৃতির পূর্ণ উত্তরাধিকার নিয়ে নেবে, পশ্চিমবঙ্গ থেকে তা মুছে যাবে।

বাঙালি, বাঙালিত্ব—জাতি ও সংস্কৃতি

অনেক রক্তপাত অনেক চোখের জল আছে এর পেছনে। তবু ১৯৭১ সালে স্বাধীন বাংলাদেশের স্বীকৃতিতে আমাদের ধ্যান ধারণার বাংলার যে চিন্ময়ী রূপটি ছিল তার সম্মান প্রতিষ্ঠা হয়ে গেল।

একদিন রবীন্দ্রনাথ সারা পৃথিবীর কাছে বাংলাদেশের কথা পৌঁছে দিয়েছিলেন আজ মুক্তিবাহিনীর অসম সাহসী তরুণরা পৃথিবীর কাছ থেকে বাঙালি জাতির জন্য অন্য একরকমের সম্মান আদায় করে নিল।

এই জাতটার ওপর দিয়ে কম ঝঞ্ঝা—দুর্দিন যায়নি। বিদেশি শক্তির চক্রান্তে কয়েক শতাব্দীর মধ্যে দুটো বিশাল দুর্ভিক্ষ ঘটিয়ে দেওয়া হয়েছিল, তাতে মারা গেছে লক্ষ-নিযুত মানুষ। ব্রিটিশ আমলে ভয়ংকরভাবে শোষিত ও অত্যাচারিত এই ভূখণ্ড। ১৯০৫ সালে বাংলাকে দু-ভাগ করে দেবার ষড়যন্ত্র হয়েছিল। ১৯৪৭ সালে সত্যিই দু-ভাগ হয়ে গেল। বাংলা বিভাগের দুঃখ হয়তো আমাদের কোনওদিন ঘুচবে না, কিন্তু এতদিন পর তার একটি খণ্ড যে বাংলাদেশ নাম নিয়ে স্বাধীন রাজ্য হতে পারল—এ আনন্দেরও অবধি নেই। ধর্মের প্রশ্নে দেশ ভাগ হয়েছিল, আজ স্বাধীন বাংলাদেশ গণতান্ত্রিক প্রজাতন্ত্র, যেখানে জাতি-ধর্ম-বর্ণ নির্বিশেষে নারী-পুরুষের সমান অধিকার।

আর্য সভ্যতার প্রথম যুগে অবজ্ঞাত এই বাঙালিরা বিভিন্ন আদিবাসী কৌমের সংযোগে গড়ে উঠেছে, তৈরি করেছে নিজেদের আলাদা সংস্কৃতি।

পরবর্তীকালে আর্য ও ইসলাম সংস্কৃতির প্রভাব পড়েছে—কিন্তু বাঙালি তা আত্মসাৎ করেছে। তার মধ্যে হারিয়ে যায়নি। আদি অস্ট্রেলিয় বা ভেড্ডিড, মঙ্গোলীয় শাখার প্যারোইয়ান, ইন্দো-আর্য ও শক-পামিরীয় উপাদান, এবং মালয়-ইন্দোনেশীয়দের সংমিশ্রণে তৈরি হল যে জাত তারা খুব বেশি লম্বাও নয় বেঁটেও নয়, মাথার গড়ন দীর্ঘও নয় গোলও নয়, নাক খুব টিকোলোও নয় থ্যাবড়াও নয়, গায়ের রং খুব ফর্সাও নয়, ঘোর কৃষ্ণবর্ণও নয়। এই জাত সম্পর্কে বিদেশিরা নানারকম ধাঁধায় পড়েছে। কেউ বলেছে এই জাত অতি বুদ্ধিমান কিন্তু ভীরু, খুব খেতে ভালোবাসে অথচ কাজ করে না। অতিরিক্ত বাক্যবাগীশ কিন্তু পরাধীনতা মানে না।

রণ-দুর্মদ জাতি হিসেবে বাঙালিদের কোনও প্রসিদ্ধি নেই, যদিও দশাননজয়ী রামচন্দ্রের প্রপিতামহের সঙ্গে নাকি বাঙালি সৈন্যরা সজ্জিত চতুরঙ্গে যুদ্ধ করেছিল, দ্রৌপদীর স্বয়ম্বর সভায় পাণিপ্রার্থী ছিলেন তিনজন বাঙালি রাজা—যুদ্ধ করেছিলেন কৃষ্ণার্জুনের বিরুদ্ধে। টলেমি লিখেছেন গঙ্গাহৃদি (গংগারিডি) জাতির ঐরাবত বাহিনীর প্রতাপেই নাকি আলেকজান্দার ভারত পরিত্যাগ করেন। তবু গৌরব হয়নি বাঙালির—ভেতো বাঙালি বলেই পরিচিতি। তিতুমীর, সূর্য সেন প্রভৃতির বীরত্ব অনেকটা ব্যক্তিগত কীর্তি হিসেবে চিহ্নিত,—হঠাৎ ১৯৭১ সালে বাঙালিরা দেখিয়ে দিল নিছক সন্ত্রাস সৃষ্টিই নয়, সংঘবদ্ধভাবে তারা কী অসম সাহসিকতার সঙ্গে লড়াই করতে পারে। পঁচিশে মার্চ পূর্ব বাংলায় শুরু হলো তাণ্ডব, তার পরদিন থেকেই তৈরি হয়ে গেল প্রতিরোধ বাহিনী। সুশৃঙ্খল এবং আধুনিকতম অস্ত্রে সজ্জিত নিষ্ঠুর পাকিস্তানি বাহিনীর বিরুদ্ধে প্রায় নিরস্ত্র বাঙালি জাতির এই রুখে দাঁড়ানো পৃথিবীর ইতিহাসে নতুন দৃষ্টান্ত হয়ে রইল। মুক্তিবাহিনীর অপারেশন আমি নিজের চোখে দেখতে গিয়েছি কয়েকবার—দেখেছি কী অসীম মনোবল তাদের, অসম্ভব কষ্ট সহ্য করেও প্রতিজ্ঞা পালনের কী অদ্ভুত দৃঢ়তা। বাঙালি হিসেবে তখন গর্ব অনুভব করেছি। ঠোঁট-কাটা বিদেশি সাংবাদিকরাও মুক্তিবাহিনীর প্রশংসা না করে পারেনি, বিলেতি পত্র-পত্রিকায় প্রতিবেদন বেরিয়েছে যে, কোনও কোনও দিকে বাঙালি গেরিলারা ভিয়েৎনামী গেরিলাদের থেকেও বেশি সার্থক। বাংলাদেশের মানুষ লড়াই করে স্বাধীনতা অর্জন করছে।

বাংলা দু-ভাগ হবার দুঃখ আমরা অনেকেই কোনওদিন ভুলব না, কিন্তু মেনে নেব। ইতিহাসের গতি আঁকাবাঁকা হলেও জোর করে বদলানো যায় না। খণ্ডিত বাংলার এক অংশ বাংলাদেশ নামে স্বাধীন হল। এ পাশে পড়ে রইল যে পশ্চিমবাংলা, সে কি আর তা হলে বাংলা নয়, সেখানকার মানুষ নয় বাঙালি?

ব্রিটিশ আমলে যা ছিল বাংলাদেশ বা বেঙ্গল, ইতিহাসে কোনওদিনই তা স্থায়ী ভাবে এক রাজ্যের অধীন ছিল না, অনেক সময় নামও বদলেছে, পুণ্ড্র, গৌড়, রাঢ়, সুহ্ম, বজ্র, সমতট ইত্যাদি আঞ্চলিক নাম উদ্ভূত হয়েছে। বরং ইতিহাসের সাক্ষ্য প্রমাণ থেকে পাওয়া যায়, পূর্ব বাংলারই বাংলাদেশ নামের ওপর অধিকার বেশি। আকবরের আমলে পূর্ব-পশ্চিম ভূখণ্ড সুবে বাংলা নামে চিহ্নিত হওয়ায় গৌড়-জনবাসীরাও বাঙালি হয়েছিল। যাই হোক, ১৯৪৭-এর পর আমরা মর্মে মর্মে বুঝেছি, বাঙালিত্ব কোনও ভৌগোলিক সীমানার ওপর নির্ভরশীল নয়—ধর্মের প্রশ্নে নয়, সাংস্কৃতিক মিলেই আমরা বাঙালি। এবং এর পরেও তাই থাকব।

একথাও ঠিক, বাঙালি সংস্কৃতিকে অধুনা উজ্জীবিত করেছে পূর্ব বাংলার মানুষই বেশি। দেশ বিভাগের পর, উভয় দেশের রেষারেষির ফলে পূর্ব বাংলার মানুষ বিচ্ছিন্ন হয়ে গিয়েছিল পশ্চিম বাংলা থেকে। কিন্তু অত্যাচারী পাকিস্তানিদের সঙ্গে তাদের রুচি ও সংস্কৃতির এতই অমিল যে ধর্মের দোহাই দিয়েও তারা মিশে যেতে পারেনি শাসকদের সঙ্গে। আত্মরক্ষার জন্যই তারা সংস্কৃতির দিক থেকে সুসংহত হয়েছে, তারা নতুনভাবে আবিষ্কার করেছে রবীন্দ্রনাথ-নজরুল-জীবনানন্দকে। পশ্চিম পাকিস্তানিদের অত্যাচার তাদের কাছে শাপে বর হয়েছে, তারা কৃত্রিমভাবে পাকিস্তানি হয়নি বেশি করে বাঙালি হয়েছে। এদিকে, পশ্চিমবঙ্গের দিকে সমগ্র উত্তর ভারত খোলা, সেখানকার ঢেউ মাঝে মাঝে ঝাপটা দিয়েছে। এদিকে হিন্দি ফিলমের কুরুচি ঢুকে গেছে অনেক গভীরে, আমাদের অনেকের কাছেই বাংলার সংস্কৃতি ঝাপসা।

স্বাধীন গণতান্ত্রিক প্রজাতান্ত্রিক বাংলাদেশের জন্ম হল বাংলাদেশের মানুষ নির্বাচনের মাধ্যমে আত্মনিয়ন্ত্রণাধিকার চেয়েছিল, পাকিস্তানি শাসকরা বর্বর উপায়ে তা দমন করতে চেয়েছিল। বিশ্বের বৃহত্তম গণতন্ত্রী দেশ হিসেবে ভারত প্রতিবেশী রাজ্যের এই গণতান্ত্রিক অধিকার প্রতিষ্ঠায় এগিয়ে এসেছে। গণতন্ত্রের চ্যাম্পিয়ন হিসেবে ঘোষণাকারী আমেরিকা এই সময়ে নিয়েছে ঘৃণিত ভূমিকা। ব্রিটিশের ভূমিকা ক্লীবের মতন। বিশ্বের শোষিত জনগণের নেতা হিসেবে গণ্য হতে চায় যে প্রজাতন্ত্রী চিন—বাংলাদেশের মানুষের ওপর ইতিহাসের জঘন্যতম অত্যাচারের কথা জেনেও মুখ ফিরিয়ে রইল কোন যুক্তিতে জানি না। রাশিয়া অপ্রত্যক্ষ সাহায্য করেছে বলে আমরা কৃতজ্ঞ। ভারত এই ঐতিহাসিক ভূমিকা না নিয়ে যদি কোনওরকম বিচ্যুতি দেখাত—আমাদের লজ্জা রাখবার জায়গা থাকত না। এই বিবেকসম্মত ভূমিকা নিতে পেরেছে বলে আজ আমাদের অসম্ভব গর্ব।

দুই বাংলার বাঙালি

এপার-ওপার মিলিয়ে বাঙালির সংখ্যা এখন কত? সঠিক সংখ্যাটা জানি না, তবে অন্তত ১৬ কোটি তো হবেই। এই ভূখণ্ডে আর যা কিছুরই অভাব থাকুক, মানুষের অভাব নেই! কল্পনা করা যাক, এই ১৬ কোটি মানুষ দুবেলা যথেষ্ট খেতে পায়, সকলেরই নিজস্ব বাড়ি-ঘর আছে, সকলেরই আছে উপযুক্ত পোশাক, সকলেই পায় শিক্ষার সুযোগ, যান-বাহনেরও মোটামুটি সমস্যা নেই, এবং এই মানুষেরা ধর্মের নামে যখন-তখন নিজেদের মধ্যে মারামারি করে না। এটা এমন কিছু কষ্ট কল্পনা নয়, পৃথিবীর সভ্য দেশগুলিতে এই সবই জীবনযাত্রার সাধারণ মান। এইগুলি যদি সত্য হত, তা হলে ১৬ কোটি মানুষের এই বিশাল জাতি হতে পারত কত শক্তিশালী। স্প্যানিশ, ইতালিয়ান, ফ্রেঞ্চদের তুলনায় বাঙালিরা গণ্য হত অনেক বড় জনগোষ্ঠী হিসাবে, পৃথিবীতে বাঙালিরা একটি বিশেষ স্থান আদায় করে নিতে পারত।

ইউনেস্কোর তথ্য অনুযায়ী ভাষা-ভিত্তিক জনসংখ্যার হিসাবে বাঙালিদের স্থান সারা বিশ্বে এখন পঞ্চম। ফরাসি-জার্মান-ইতালিয়ানদের অনেক উপরে। কিন্তু ওই সব ভাষার খ্যাতি ও সমৃদ্ধির তুলনায় বাংলার স্থান নগণ্য। সমস্ত পৃথিবীর শিক্ষিত ও সংস্কৃতিমান সমাজ বাংলা ভাষাকে পাত্তাই দেয় না। অনেকে বাংলা ভাষার অস্তিত্বই জানে না। হাঙ্গেরিতে গিয়ে দেখেছি, রবীন্দ্রনাথের স্মৃতিফলকে লেখা আছে, তিনি একজন 'হিন্দু' কবি, এবং 'হিন্দু' বলেই তারা

ধরে নিয়েছে রবীন্দ্রনাথের রচনার ভাষা হিন্দি।

বাংলায় কথা বললেই কি বাঙালি হয়? এপার-ওপার মিলিয়ে এই যে ১৬ কোটি মানুষ, তিন-চতুর্থাংশই লেখা-পড়ার ধার ধারে না। হালে একটি সাক্ষরতা অভিযান চলছে বটে, অক্ষর জ্ঞান সম্পন্নদের সংখ্যা সম্ভবত কিছু বেড়েছে, কিন্তু তাদেরও ঠিক লেখা-পড়া জানা বলা যায় না। যারা এখনও দুবেলা খেতে পায় না, তাদের মধ্যে লেখা-পড়ার চল হওয়া কি সম্ভব? অনেকে বাংলায় কথা বলে বটে, কিন্তু তারা নিজেরাই জানে না তারা বাঙালি কি না! তারা মানুষ কি না, এই ব্যাপারেও তাদের সন্দেহ আছে। সমাজের উঁচু শ্রেণির লোক যে তাদের সঙ্গে মানুষের মতন ব্যবহার করে না আজও। ডোম-চাঁড়াল-ধোপা-নাপিত-মেথরদের কি আমরা নিজেরাই বাঙালি বলে গণ্য করি? যে-মেথর প্রতিদিন আমাদের বাড়ির মধ্যে ঢোকে, কিংবা যে ধোপা আমাদের জামা-কাপড় নিতে আসে, তাদের নামটাও তো আমরা অনেকে জানি না বা জানার প্রয়োজনও মনে করি না।

যারা অর্ধাহারী, যারা শিক্ষার সুযোগ পায় না, যারা অর্থনগ্ন, তাদের আসলে কোনও জাত নেই। ১৬ কোটি বাঙালি মিলে আমরা বিশাল একটি জাত, এ গর্ব মিথ্যা, মনকে চোখ ঠারা।

দুই বাংলা মিলিয়ে মাধ্যমিক পরীক্ষা দেয় কতজন ছাত্র-ছাত্রী? বড়জোড় ১০ লাখ। শতকরা একজনেরও কম। আধুনিক পৃথিবীতে এ জাতি গর্ব করতে গেলে হাস্যাস্পদ হবে।

ভারত ভেঙেছে, পাকিস্তান ভেঙে বাংলাদেশের জন্ম হয়েছে। বিশ্বের মানচিত্রে বাঙালিদের একটি নিজস্ব দেশ স্থান পেয়েছে, যদিও বড় বড় শক্তিশালী দেশগুলির চোখে সে দেশ করুণার পাত্র। যে দেশ স্বনির্ভর হয়ে নিজস্ব শক্তি অর্জন করতে পারে না, সে দেশকে হীনম্মন্যতায় ভুগতেই হয়। যুদ্ধ-বিধ্বস্ত জাপান কয়েক বছরের মধ্যেই নিজস্ব তেজে দাপিয়ে বেড়াচ্ছে সারা দুনিয়া। ভারত যুদ্ধ-বিধ্বস্ত হয়নি, কিন্তু দাঙ্গা-হাঙ্গামা ও জাত-পাতের লড়াইয়ে অনবরতই বিধ্বস্ত হয়ে চলেছে। ভারতীয় দর্শন, প্রাচীন কাব্য-সাহিত্য, সংস্কৃতি বা অহিংসার বাণীকে কেউ আর এখন তেমন মূল্য দেয় না। যে দেশে গৌতম বুদ্ধ থেকে মহাত্মা গান্ধী পর্যন্ত অহিংসার দর্শন প্রচার করেছেন কতবার, সে দেশে সর্বক্ষণ লকলক করছে হিংসা। ভারত যা পারেনি, চিন তা পেরেছে অনেকটা। সেখানে ধর্মীয় দাঙ্গা হয় না, ভাষা ও খাদ্য ব্যবহার নিয়ে কোনও দ্বন্দ্ব নেই। আঞ্চলিক বৈষম্য ও বাক-স্বাধীনতার অভাব আছে, তা জোর করে

চাপা দিয়ে রাখা হয়েছে। বেজিং-এর তিয়েনয়ানমেন স্কোয়ারে কয়েক বছর আগে গণতান্ত্রিক অধিকারের দাবিতে বিদ্রোহী ছাত্র-ছাত্রীদের উপর ট্যাঙ্ক ও গুলি চালিয়ে তিন হাজার জনকে হত্যা করা হয়েছিল। মানবতার বিরুদ্ধে এটা একটি জঘন্য অপরাধ নিশ্চয়ই। কিন্তু ভারত-পাকিস্তান-বাংলাদেশে প্রায় প্রতিদিনই গুলি চালিয়ে কয়েকজনকে মেরে ফেলা হয়। সারা বছরের হত্যাকাণ্ড যোগ দিলে খুব কম হবে না।

বাংলাদেশ স্বাধীন রাষ্ট্র হিসাবে প্রতিষ্ঠিত হয়েছে বটে, কিন্তু সে-দেশে শান্তি আসেনি। যেসব আদর্শ নিয়ে বাংলাদেশের প্রতিষ্ঠা, তার বিপরীত শক্তিগুলি মাথা চাড়া দিয়েছে এখন। মুক্তিযোদ্ধারা কোণঠাসা। ধর্মনিরপেক্ষতা মুছে দেওয়া হয়েছে সংবিধান থেকে, আরবি মদতে মৌলবাদীরা শক্তিবৃদ্ধি করছে অনেকখানি, প্রাক্তন রাজাকাররাও দখল করছে ক্ষমতার বিভিন্ন শিখর। বিশ্ববিদ্যালয়গুলির প্রাঙ্গণে গুলিগোলা চলে অনবরত।

খণ্ডিত বাংলার পশ্চিম খণ্ডে দেশ বিভাগের ঘা দগদগ করছে এখনও। উদ্বাস্তু সমস্যার পুরো সমাধান আজও হয়নি, রেল লাইনের পাশে, রাজসড়কের দুধারে ঝুপড়িতে মনুষ্যেতর জীবনযাপন করে লক্ষ লক্ষ মানুষ। দণ্ডকারণ্য কিংবা আন্দামানে নির্বাসিত উদ্বাস্তুরা এখনও বাঙালি কি না তা নিয়ে কেউ মাথা ঘামায় না।

এক অদ্ভুত রাজনৈতিক ডামাডোল চলছে পশ্চিমবঙ্গে কয়েক দশক ধরে। যতদিন কংগ্রেস সরকার ছিল, ততদিন ক্ষমতাবানদের ছত্রছায়ায় একদল সমাজবিরোধী দাপিয়ে বেড়িয়েছে, যেখানে যতটুকু শাঁস ছিল তা চুষে খেয়েছে। কংগ্রেসিয়া বিপক্ষ দলগুলিকে গণতান্ত্রিক অধিকার দিতে চায়নি, নেতাদের জেলে ভরেছে যখন-তখন। পশ্চিমবঙ্গীয় কংগ্রেসিদের অবস্থা এক এক সময় মনে হয়েছে হাস্যকর। দিল্লির কাছে তাদের কান বাঁধা। এদিকে বিধান রায়-অতুল্য ঘোষের মতন ব্যক্তিত্বের প্রস্থানের পরে দিল্লির কর্তারা পশ্চিম বাংলাকে নীচু নজরে দেখতে শুরু করেছিল, এককালের আত্মম্ভরী বাঙালিদের টিট করতে চেয়েছিল দিল্লি। খণ্ডিত পশ্চিম বাংলার রাজনৈতিক জোরও ছিল না। দিল্লির কাছ থেকে বঞ্চিত হচ্ছে জেনেও পশ্চিম বাংলার কংগ্রেসিরা মুখ খুলতে পারেনি। আর কেন্দ্রীয় বঞ্চনার কথা তুমুলভাবে প্রচার করে, সেটাকে কাজে লাগিয়েই ক্ষমতায় এসেছে মিলিত বামপন্থী দলগুলি।

বামপন্থী রাইটার্স বিল্ডিং দখল করার পরেই স্কুল-কলেজ, অফিস-কাছারি, পুরসভা মিউনিসিপ্যালিটিতে রাতারাতি নিজেদের লোকজন বসাবার জন্য ব্যস্ত

হয়ে পড়ল। একদা যে-বামপন্থী নেতারা ছিলেন পুলিশের নিন্দায় মুখর, এখন তাঁরাই দু-বেলা পুলিশের গুণগান করেন। সেই একই পুলিশ, একইরকম পুলিশি চরিত্র, সামান্য কারণে গুলি চালিয়ে পুলিশ মানুষ মারে, মুখ্যমন্ত্রী পুলিশের হয়ে সাফাই গান।

পশ্চিম বাংলার যেসব মানুষ কখনও রাজনীতির ধার ধারত না, তারাও রাজনীতি নিয়ে মত্ত হয়ে উঠল। শিক্ষক, অধ্যাপক, ডাক্তার, বৈজ্ঞানিক, লেখক, শিল্পী, নাট্যকর্মী—এঁদের অনেক সময় ব্যয় হয় রাজনীতির চর্চায়। শুধু কথার ফুলঝুরি আর তর্কে টেবিল ফাটানো, আর যাকে তাকে প্রতিক্রিয়াশীল বলে উড়িয়ে দেওয়া। রাজনৈতিক খুঁটি ধরে থাকতে পারলে কাজ করতে হয় না। শিক্ষক-অধ্যাপকদের আর পড়াবার দরকার নেই, পার্টির নামে জয়ধ্বনি দিলেই চলে। আদর্শ-টাদর্শ গোল্লায় গেল, বামপন্থী হওয়াটা স্রেফ স্বার্থের ধান্দা। সত্যিকারের আদর্শবাদী বামপন্থী নেতারাও কেউ বললেন না যে বিশেষ ধরনের কর্মে যাঁরা নিযুক্ত, তাঁদের সর্বক্ষণ রাজনীতি নিয়ে মাথা ঘামাবার দরকার নেই। ফলে, শিক্ষা বিজ্ঞানচর্চা, শিল্প-সাহিত্য-নাটকে অধঃপতন দেখা দিল। নিম্ন মানের সৃষ্টিকে রাজনৈতিক কারণে বাহবা দেওয়া হতে লাগল। কলকাতার ডাক্তারদের একসময় কত সুনাম ছিল, হাসপাতালগুলির এমন হাল হল যে, বাংলার মানুষ সুচিকিৎসার জন্য ছোটে মাদ্রাজ, বোম্বাই; তাতে কারুর হুঁশ নেই।

বিপ্লব শব্দটা হল বাচ্চাদের একটা চুষি কাঠির মতন। কেউ তাতে বিশ্বাস করে না। বিপ্লবের পরে কী হবে সে-সম্পর্কে কোনও স্পষ্ট ধারণা নেই, তবু মিথ্যে মিথ্যে বিপ্লবের স্লোগান দিয়ে ছেলে ভোলাবার পালা চলল। আমেরিকান সাম্রাজ্যবাদ খুব খারাপ জিনিস নিশ্চয়ই, কিন্তু একচক্ষু হরিণের মতন শুধু সেদিকে তাকিয়ে থেকে, সমাজতান্ত্রিক রাষ্ট্রগুলির ভিতরে ভিতরে যে কত ক্ষয় চলছে সেদিকে কেউ লক্ষ করল না। কিংবা জানলেও গোপন করে গেল। সমাজতন্ত্রের পরীক্ষা যে ব্যর্থ হচ্ছে, রাষ্ট্রের নিয়ন্ত্রণে যে উৎপাদন কমে যায়, প্রতিযোগিতা ছাড়া মানুষ অলস হয়ে পড়ে, এইসব কঠোর বাস্তব সত্যগুলিকে উপেক্ষা করে অর্থনীতি চলল ধ্বংসের পথে।

বামপন্থীরা কেউ বাঙালি বা ভারতীয় নয়। মার্কসবাদ তো বিশ্বমানবিক আদর্শ। প্রখ্যাত ঐতিহাসিক টয়েনবি যে বলেছিলেন, কমিউনিজমের প্রধান প্রতিদ্বন্দ্বী হবে ন্যাশনালিজম, তাতে তাঁরা কর্ণপাত করেননি। মার্কসবাদী হয়েও চিন ও রাশিয়া নিজেদের সীমানা সম্পর্কে স্পর্শকাতর, সমাজতন্ত্রী হয়েও যে হাঙ্গেরি ও রুমানিয়ার মধ্যে তিক্ত ঝগড়া লেগেই ছিল, তাও তাঁরা দেখেও

দেখতে চাননি। এবং দেশের উগ্র বামপন্থীরা বাঙালির যা কিছু গর্বের বস্তু, তাকে ভাঙতে বসলেন। রামমোহন সামন্ততন্ত্রের প্রতিভু, বিদ্যাসাগর সিপাহিবিদ্রোহ সমর্থন করেননি সুতরাং প্রতিক্রিয়াশীল, রবীন্দ্রনাথ বুর্জোয়া কবি, সুভাষ বোস ফ্যাসিস্ত! বিবেকানন্দ উল্লেখেরও অযোগ্য। তাঁদের সভা-সমিতিতে মার্কস-লেনিন-স্তালিনের বড় বড় ছবি ঝুলছে, বাঙালি তথা ভারতীয় কেউ স্থান পাননি। এমনকি মুজাফ্‌ফর আহমেদের ছবিও না। মহাত্মা গান্ধী কংগ্রেসের সম্পত্তি, সুতরাং বামপন্থীদের কাছে অচ্ছুত।

উগ্রতর বামপন্থীরা চিনের চেয়ারম্যানকে আমাদের চেয়ারম্যান বলে ঘোষণা করল এবং বিদ্যাসাগরের মূর্তি থেকে মুণ্ডু লুটিয়ে দিল ধুলোয়। স্কুল-কলেজে লেখাপড়া শিখলে শুধু মূর্খ তৈরি হয়, এই স্লোগান আকৃষ্ট করল স্কুল-পালানো ছেলেদের, নানা স্কুলে আগুন লাগতে লাগল, মাস্টারমশাইরা ছুরি খেতে লাগলেন, একজন ভাইস চ্যান্সেলার পর্যন্ত নিহত হলেন ছাত্রদের হাতে। এইসব বিপ্লবীরা কিন্তু শুধু বেছে বেছে বাংলা স্কুল পোড়াতে লাগলেন, ইংলিশ মিডিয়াম স্কুলগুলিতে হাতও দিলেন না। তারপর থেকেই পশ্চিম বাংলার নিম্নমধ্যবিত্ত পরিবারগুলি দৌড় শুরু করল ইংলিশ মিডিয়াম স্কুলগুলির দিকে। সেইসব বাড়ি থেকে বিদায় নিতে লাগল বাংলা বই, বাংলা গান। সেই আমলে কিছু সম্পন্ন চাষি, ছোট ছোট ব্যবসায়ী খুন হতে লাগল এলোপাহাড়ি ভাবে, কিন্তু একজনও অবাঙালি ব্যবসায়ীর গায়ে হাত পড়ল না, পাছে ওইসব বিপ্লবীদের নামে কেউ প্রাদেশিকতার বদনাম দিয়ে ফেলে। কুৎসিত হিন্দি সিনেমা এসে বাংলা ছায়াছবির বাজার ও জনরুচি ধ্বংস করে দিল, তবু শাসকদল কোনও প্রতিবাদের মধ্যে গেলেন না, কারণ তাঁরা তো বাঙালি নন, বিশ্বমানব।

আর পশ্চিম বাংলার হেরে যাওয়া কংগ্রেসিরা এই সময় শুধু ইন্দিরা গান্ধির অন্ধ স্তাবকতা করে গেল। ইন্দিরা গান্ধির ভুরুর সামান্য ইঙ্গিতে কংগ্রেসি নেতারা দিল্লিতে ছুটে যান, কলকাতায় ফিরে এসে নিজেদের মধ্যে মারামারি খেয়োখেয়ি শুরু করে দেন। পশ্চিমবাংলার অর্থনীতি ও শিল্প সংস্কৃতি সম্পর্কে তাঁদের যেন কোনও দায়িত্বই নেই। শ্রমিক আন্দোলনের ধাক্কায় বন্ধ হয়ে গেল অসংখ্য ছোটখাটো কারখানা, বড় বড় কোম্পানিগুলি সরে যেতে লাগল অন্য রাজ্যে, দমদম বিমান বন্দরে বিদেশি বিমান নামা বন্ধ হতে লাগল একটার পর একটা, কলকাতা বন্দরে কমে গেল জাহাজ আসা। পশ্চিমবাংলায় তখন রাজনৈতিক গলাবাজি চলছে শুধু।

ওদিকে, বাংলাদেশে, পূর্ব পাকিস্তানের আমল থেকেই অভ্যুত্থান শুরু

হয়েছিল এক বাঙালি জাতীয়তাবাদের। মুসলমানদের জন্য একটি আলাদা রাষ্ট্রের দাবিতে সৃষ্টি হয়েছিল পাকিস্তান। কিন্তু কিছু দিনের মধ্যেই বোঝা গেল, শুধু ধর্মের আশ্রয়ে বাঁচা যায় না, মুসলমানরাও মুসলমানদের শোষণ ও অত্যাচার করতে পারে। পশ্চিম পাকিস্তানের শাসক শ্রেণি পূর্ব পাকিস্তানের মুসলমানদের শুধু যে শোষণ করে তা-ই নয়, তাদের নীচু চোখে দেখে, অবজ্ঞা করে। তখন থেকে শুরু হল বাঙালি মুসলমানদের স্বদেশ যাত্রা।

মুসলমানরা বাঙালি হতে পারে কি না এই নিয়ে অনেক হিন্দুর মনে বরাবরই একটি সন্দেহ ছিল। 'আমি তো ভেবেছিলাম ও মুসলমান, ও বাঙালি নাকি?' এই ধরনের কথা অনেক হিন্দুর মুখে শুনে অনেক মুসলমানের অপমানে গা জ্বলে যেত। এরজন্য মুসলমানরাও যে একেবারে দায়ী নয়, তা বলা যায় না। অনেক সাধারণ মুসলমান বাংলায় কথা বললেও মনে করত তাদের পিতৃভূমি আরব দেশ। বাংলার অনেক সামাজিক রীতিনীতিকেই তারা মনে করত হিন্দুয়ানি। পুরোনো পুলিশ রিপোর্টে দেখা যায়, যশোরে গ্রামের মুসলমানরা নিজেদের পরিচয় দিতে গিয়ে বলত, এখানে মোট পাঁচ ঘর বাঙালি, বাকি সবাই মুসলমান।

কিন্তু মুসলমানরা যখন বাঙালি হতে শুরু করল, তখন তারা প্রবল ভাবে এগিয়ে যেতে লাগল। জিয়া চেয়েছিলেন গোটা পাকিস্তানে রাষ্ট্রভাষা হবে উর্দু, রুখে দাঁড়াল পূর্ব পাকিস্তানের বাঙালিরা। বাংলা ভাষার দাবিতে পুলিশের গুলি খেয়ে প্রাণ দিল চারজন, ৫২ সালের ২১ ফেব্রুয়ারি। বাংলা সাহিত্যের সিংহভাগ জুড়ে ছিল হিন্দু লেখকরা, কিন্তু বাংলা ভাষার জন্য প্রাণ দিল চারজন মুসলমান যুবক। সেই রক্তদান বৃথা যায়নি। পূর্ব পাকিস্তানে যে সব বাঙালি বেশি বেশি মুসলমান, যারা বাঙালিত্বকে হিন্দুত্বের সমতুল্য মনে করত, তারা পশ্চিম পাকিস্তানি শাসকদের অভিপ্রায়ের সঙ্গে সুর মিলিয়ে ওখানকার লিখিত বাংলায় প্রচুর পরিমাণে উর্দু শব্দ মেশাবার চেষ্টা করল, তার প্রতিক্রিয়া হিসাবে পূর্ব পাকিস্তানের অধিকাংশ লেখক উর্দু শব্দ সম্পূর্ণ বাদ দিয়ে একেবারে বিশুদ্ধ বাংলা লিখতে লাগলেন, উর্দুর বদলে খাঁটি সংস্কৃত শব্দ ব্যবহার করতেও তাঁরা দ্বিধা করেননি। ডক্টর শহীদুল্লাহ পূর্ব পাকিস্তানের কোনও বিশেষ জেলার ভাষার বদলে বাংলা সাহিত্যের আগে থেকেই স্বীকৃত ভাষা হিসাবে কৃষ্ণনগরের ভাষাকেই পূর্ব পাকিস্তানের লিখিত এবং বেতার সম্প্রচারের ভাষা হিসাবে গ্রহণ করার সুপারিশ করছেন। সুতরাং পশ্চিম বাংলা ও পূর্ব পাকিস্তানের প্রবাহিত হতে লাগল একই বাংলা ভাষা। পূর্ব পাকিস্তানে

অনেক শক্তিশালী লেখকের দেখা পাওয়া গেল। পূর্ব পাকিস্তানে রবীন্দ্রসংগীত নিষিদ্ধ হলে তার প্রতিবাদ হিসাবে দারুণ ভাবে শুরু হল রবীন্দ্রসংগীতের চর্চা। অনুরূপ ভাবে শুরু হল থিয়েটার আন্দোলন। সাহিত্য সংস্কৃতির মাধ্যমে সেখানে গড়ে উঠল বাঙালি জাতীয়তাবাদ, যার পরিণতিতে বাংলাদেশের জন্ম।

সেই বাংলাদেশের অর্থনৈতিক উন্নতি হয়নি বটে, ধর্মীয় মাতামাতির জন্য মুক্ত চিন্তা কখনও কখনও ব্যাহত হয়েছে, দেশটাকে পাকিস্তান ও আরব দেশগুলির দিকে টেনে নিয়ে যাওয়ার জন্য একটি শক্তি সক্রিয়, তা হলেও সেখানকার গরিষ্ঠসংখ্যক মানুষ বাঙালি হিসাব গর্বিত, বাংলা ভাষার সমৃদ্ধির জন্য সংস্কৃতিকর্মীরা নিষ্ঠাবান। বাংলাদেশের মানুষ বাঙালি থাকবেন না বাংলাদেশি হবেন, এই নিয়ে একটি টানাপোড়েন চলছে, কিন্তু বাংলার সংস্কৃতি সেখানে উজ্জ্বল ভাবে বিকশিত হচ্ছে দিন দিন।

ভারত সরকার হিন্দির প্রসারে বদ্ধপরিকর বলে বাংলা সমেত অন্যান্য রাজ্যের ভাষাগুলি দিল্লি থেকে কোনও সাহায্য পায় না। কিন্তু কোনও কোনও রাজ্য, যেমন তামিলনাড়ু বা গুজরাত নিজেদের ভাষা সর্বস্তরে কাজে লাগায়। পশ্চিম বাংলায় আজও বাংলা ভাষা সরকারি ভাবে ব্যবহৃত হয় না। বিচিত্র এক শিক্ষানীতির ফলে বাংলা স্কুলগুলিতে পঞ্চম শ্রেণি পর্যন্ত ইংরেজি পড়ানোই হয় না, আর ব্যাঙের ছাতার মতন গজিয়ে ওঠা অসংখ্য ইংরেজি-মাধ্যম স্কুলে বাংলা প্রায় কিছুই শেখানো হয় না, তারা শুধু ইংরেজি শেখে। অর্থাৎ কিছু সংখ্যক ছেলেমেয়ে বাংলা শিখছে না, আর যারা বাংলা স্কুলে প্রাথমিক শিক্ষার পর পড়া ছেড়ে দিচ্ছে, তারা পোস্ট অফিসে গিয়ে একটা মানি অর্ডার ফর্মও ভরতি করতে পারবে না। বাংলা শিখেও তারা অশিক্ষিত থেকে যাবে।

যাঁরা নিজেদের বাঙালি বলে পরিচয় দিতে লজ্জা বোধ করেন, যাঁরা আন্তর্জাতিক মানসকিতার অধিকারী বলে মনে করেন নিজেদের, তারা ভুলে যান যে নিজস্ব ভাষা ও সংস্কৃতি সম্পর্কে পরিপূর্ণ ভাবে অবহিত না হলে কোনও মানুষেরই মানসিক গঠন সম্পূর্ণ হয় না। যার পা দুটি গাঁথা থাকবে নিজের দেশের মাটিতে চোখ থাকবে নিজস্ব পারিপার্শ্বিকে আর চিন্তায় থাকবে সারা পৃথিবীর সভ্যতার ইতিহাস, সেই প্রকৃত আন্তর্জাতিক মানুষ। অ্যারিস্টটল থেকে মাও জে ডং পর্যন্ত অনেকেই এমন কথা বলে গেছেন। বাঙালির ঐতিহ্যকে অগ্রাহ্য করে প্রগতিশীল হওয়া যায় না।

সরকারি ভাবে বাংলা ভাষার পৃষ্ঠকপোষকতা করা হয়নি পশ্চিম বাংলায় রাজনৈতিক দলগুলির মাথা ঘামাবার সময়ই নেই, সেইজন্যই সাধারণ মানুষের

মধ্যেও উদাসীনতার ভাব এসে গিয়েছে। পৃথিবীর নানাদেশে এখন ছড়িয়ে আছে পশ্চিম বাংলার বাঙালিরা, তারা অতি দ্রুত বাংলা ভাষার সঙ্গে সংস্রব ত্যাগ করে, ছেলেমেয়েদের বাংলা শেখায়ই না। চিনারা পৃথিবীর যেখানেই যাক, তারা চিনেই থেকে যায়। যে-ইংরেজ মালয়েশিয়াতে রবার চাষ করে, তার ছেলেমেয়েরা ইংরেজই থেকে যায়। বাংলাদেশের ছেলেমেয়েরাও পৃথিবীর যেখানেই থাকুক, বাঙালিই থাকে, বাংলা সাহিত্য-সংগীতের চর্চা করে। পশ্চিম বাংলায় ছেলেমেয়েদের চেয়ে তারা অনেক বেশি দুঃসাহসী। এখানকার বেকাররা দু-পা দূরে যেতে চায় না। ওখানকার বেকাররা দারুণ ঝুঁকি নিয়ে বিদেশে পাড়ি দেয়। জাপানে পশ্চিমবাংলার বাঙালির সংখ্যা ২০০, বাংলাদেশের বাঙালির সংখ্যা ১০ হাজার।

কলকাতা শহরের গুরুত্ব যত কমে যাচ্ছে, ঢাকা শহরের গুরুত্ব ততই দিন দিন বাড়ছে। কলকাতা একটি নোংরা নগরী হিসাবে আজ সারা পৃথিবীতে কুখ্যাত, ঢাকা সেই তুলনায় অনেক পরিচ্ছন্ন। কলকাতার সাহিত্য সংস্কৃতির সব দিকেই একটা ঝিমোন ভাব, আর ঢাকায় রয়েছে নব যৌবনের উদ্দীপনা।

তবে উদ্দীপনা থাকলেই যে সবসময় উচ্চ মানের সৃষ্টি হবে তার যেমন মানে নেই, সেইরকম পুরোনো বনেদ থাকলে মাঝে মাঝে এক-একটি ব্যক্তিগত সাফল্য দারুণ বিস্ময়ের সৃষ্টি করতে পারে। বাংলা চলচ্চিত্রের মুমূর্ষু দশা হলেও এখানে সত্যজিৎ রায়, মৃণাল সেনের মতন প্রতিভাধরদের বিকাশ সম্ভব।

রবীন্দ্রসংগীত ছাড়া বাংলা গানের সাধারণ মান বেশ নীচে নেমে গেলেও সলিল চৌধুরীর মতন একজনকে পাওয়া যায়। আলি আকবর, রবিশংকর, শম্ভু মিত্ররা এখন কলকাতার গর্ব। ভারতের অন্যান্য ভাষার সাহিত্যিকরা এখনও পশ্চিমবাংলার লেখকদের ঈর্ষা করেন কি অকারণে?

আমার কল্পনা করতে ভালো লাগে, ১৬ কোটি বাংলা ভাষাভাষী মানুষ অদূর ভবিষ্যতেই খাদ্য সমস্যার সমাধান করে ফেলবে, বসন ও বাসস্থান পাবে উচিত মতো, ঘুচে যাবে দারিদ্র্য। তারা গর্ব বোধ করবে মাতৃভাষা ও সংস্কৃতির জন্য। বাংলাদেশ থাক পৃথক একটি স্বাধীন রাষ্ট্র, পশ্চিমবাংলা থাক ভারতের অঙ্গরাজ্য হয়ে, কিন্তু মিলিতভাবে বাঙালিরা সারা পৃথিবীর চোখে একটি শক্তিশালী জাতিগোষ্ঠী হিসাবে গণ্য হবে। নতুন শতাব্দীর শুরু থেকেই শুরু হোক না সেই প্রক্রিয়া, আমি আশাবাদী।

ইতিহাসের পরিহাস

ফ্রাঙ্কফুর্ট শহরে বিশ্ব বইমেলায় যোগ দিতে গিয়ে একবার আমি একটি বাড়িতে পেয়িংগেস্ট হয়েছিলাম। সেই বাড়ির মালিক পরিবারটি জার্মান নয়, কিছুক্ষণ আলাপ পরিচয়ের পর বুঝেছিলাম, তারা ম্যাসিডোনিয়ান এবং নিজেদের মধ্যে নিজস্ব ভাষায় কথা বলে। ম্যাসিডোনিয়া নামটি ইতিহাসের পৃষ্ঠার বাইরে বিশেষ চোখে পড়ে না। আলেকজান্ডারের মৃত্যুর পরেই ম্যাসিডোনিয়ার গৌরব অস্তমিত হয়। একদা ভুবন বিখ্যাত সেই রাজ্যটি টুকরো টুকরো হয়ে গ্রিস, যুগোশ্লোভিয়া ও অন্য দু-একটি রাজ্যের মধ্যে ছড়িয়ে আছে। একবার যুগোশ্লোভিয়ায় গিয়ে আমি সেখানে ম্যাসিডোনিয়ান ভাষার স্বীকৃতির দাবিতে আন্দোলন দেখেছি। ফ্রাঙ্কফুর্টে আমার আশ্রয়দাতা পরিবারটি সব টুকরোগুলো মিলিয়ে স্বাধীন ম্যাসিডোনিয়া রাজ্য স্থাপনের এক আন্দোলনের সঙ্গে যুক্ত। তাঁদের আদর্শ পুরুষ আলেকজান্ডার। সেই পরিবারের একজন ব্যক্তি কোনও চাকরি-বাকরি করেন না, জার্মানিতে যত ম্যাসিডোনিয়ান অধিবাসী রয়েছে, তাদের সংঘবদ্ধ করার কাজে তিনি স্বেচ্ছায় নিযুক্ত। এঁদের সঙ্গে কথা বলে আমি খুবই বিস্মিত হয়েছিলাম। জন্মভূমি কিংবা পূর্বপুরুষদের জন্মভূমির ভাবমূর্তির প্রতি টান এত তীব্র হতে পারে? প্রায় দু-হাজার তিনশো বছর আগে মৃত এক দুঃসাহসী, হঠকারী, দিগ্‌বিজয়ী যুবাকে আদর্শ করে এঁরা আবার এই বিংশ শতাব্দীতে সেই ম্যাসিডোনিয়া রাজ্য স্থাপনের স্বপ্ন দেখছেন, যা প্রায় অসম্ভবের পর্যায়ে পড়ে। এই পরিবারটির কথা শুনে মনে হয়েছিল,

জার্মানিতে বসেও এঁরা ম্যাসিডোনিয়ান অঞ্চল থেকে বিচ্ছেদের বেদনা প্রতিদিন অনুভব করেন।

আমি নিজে দেশ-ভাগের শিকার। নিজের জন্মস্থান এবং পূর্বপুরুষদের ভূমি থেকে উৎখাত হবার আঘাত আমি আজও ভুলিনি। কিন্তু আমি ভেবেছিলাম, এই কষ্ট আমার বাবা-মা এবং আমার পরেই শেষ হয়ে যাবে। আমার ছেলে তার পিতৃপুরুষের জন্মস্থানের কথা চিন্তা করে দীর্ঘশ্বাস ফেলবে না। সে যেখানে জন্মেছে এবং বাল্যকাল থেকে যে পরিবেশে বর্ধিত হয়েছে, সেটাই তার স্বদেশ।

আমার বাবা দেশ-ভাগের দগদগে ক্ষত বুকে নিয়েই মারা গেছেন। ১৯৪৭-এ ভারত দ্বিখণ্ড হবার পর আমরা পূর্ব বাংলায় আমাদের বসতবাড়ি ও সংলগ্ন জমি ত্যাগ করে পশ্চিম দিকে চলে আসি। তারপর আমার বাবা আরও ১৪ বছর বেঁচে ছিলেন কিন্তু কখনও ওদিকে আর ফিরে যাবার চেষ্টা করেননি। মৃত্যুর ঠিক দুদিন আগে গভীর আচ্ছন্ন অবস্থার মধ্যে তিনি কলকাতা এবং কাছাকাছি মানুষজনের কথা একেবারে ভুলে গেলেন। পূর্ববঙ্গে তাঁর জন্মস্থান এবং সেখানকার মানুষদের কথাই বলতে লাগলেন শুধু। শেষ নিশ্বাস ফেলার আগে তিনি বলেছিলেন, 'আমি বাড়ি যাচ্ছি'।

আমার প্রথম যৌবনে আমি প্রায়ই পশ্চিম বাংলার সীমান্তে পদ্মানদীর পারে গিয়ে বসে থাকতাম। বিশাল চওড়া নদীর ওপারেই পূর্ব বাংলা। যেখানে আমাদের ছোট বাড়ি। তার পেছনের বাগান, আমার প্রিয় একটি আমগাছ এবং একটি পুকুর, যেখানে আমি সাঁতার শিখেছি এবং ছিপ দিয়ে অনেক মাছ ধরেছি, সেইসব ছবি স্পষ্ট আমার চোখে ভাসত। কিন্তু সেখানে ফিরে যাবার কোনও উপায় ছিল না।

বার্লিনে উন্টার ডেন লিনডেন নামে অতি সুরম্য রাজপথটি দেখলেই আমার মনে পড়ত আমাদের দেশের যশোর রোডের কথা। যশোর রোড অত সুন্দর না হলেও দুপাশে বিরাট বিরাট প্রাচীন গাছের জন্য ভারী মনোরম। উন্টার ডেন লিনডেন রাস্তাটার মাঝখানে উঠেছিল কঠিন প্রাচীর। আর আমাদের যশোর রোডের মাঝখানে খানিকটা নো ম্যান্‌স ল্যান্ড ও দু-দেশের কাস্টম্‌স। দুটো দেশ আলাদা হয়ে গেলেও দু-দিকেই রাস্তাটির নাম আজও একই। কিন্তু দুই জার্মানির সঙ্গে দুই বাংলার একটি বড় তফাত আছে। জার্মানি বিভক্ত হয়েছিল অন্য কয়েকটি যুদ্ধ বিজয়ী রাষ্ট্রের নির্দেশে, আর বাংলা তথা ভারত বিভাগের ব্যাপারে কলোনিয়াল ব্রিটিশদের প্ররোচনা থাকলেও অভিভক্ত ভারতের নেতারা এটা মেনে নিয়েছিলেন।

জার্মানি বিভাগের মূলে ছিল অর্থনীতি, ধনতন্ত্রের সঙ্গে সমাজতন্ত্রের প্রতিদ্বন্দ্বিতা, আর ভারত বিভাগের মূলে ছিল ধর্ম। ধর্মের সঠিক ব্যাখ্যা দেওয়া যেমন অসম্ভব, ভারতীয় নেতাদেরও তেমনি ধর্মীয় বিভেদের ভিত্তিতে দুটি আলাদা রাষ্ট্রগঠনের ব্যাপারে পরিষ্কার, সুনির্দিষ্ট চিন্তা ছিল না। পাকিস্তানের প্রবল প্রবক্তারা ভারতীয় উপমহাদেশের মুসলমানদের জন্য একটা পিতৃভূমি, একটা নতুন রাষ্ট্র দাবি করলেন কিন্তু সেই রাষ্ট্রের সীমানার মধ্যে বসবাসকারী অ-মুসলমান নাগরিকদের ভাগ্য কী ভাবে নির্ধারিত হবে, সে সম্পর্কে কোনও নীতি ঠিক করা হল না। আর মূল ভারতভূখণ্ডের রাজনৈতিক নেতাদের প্রতিনিধি জওহরলাল নেহরু ধর্মবিভেদের বাস্তবতাকেই পুরোপুরি অস্বীকার করলেন, স্বাধীন ভারতকে তিনি ঘোষণা করলেন ধর্মনিরপেক্ষ, সব ধর্মের মানুষেরই সেখানে সমান অধিকার। আদর্শ হিসেবে নেহরুর নীতি অনেক বেশি আধুনিক এবং মহৎ। এবং সেই মহৎ আদর্শের দাম দিতে কয়েক কোটি মানুষ তাদের বাড়ি-ঘর-সম্পত্তি ছাড়তে বাধ্য হয়েছে। কয়েক লক্ষ মানুষ দাঙ্গায় কিংবা অনাহারে কিংবা রোগ-ভোগে প্রাণ দিয়েছে। আমার বাবা পশ্চিম বাংলার একটি স্কুলে শিক্ষকতা করতেন, আমরা সপরিবারে সেখানেই একটি ভাড়া বাড়িতে থাকতাম। একদিন সকালে ঘুম থেকে উঠে জানলাম, পূর্ব বাংলায় আমাদের নিজস্ব বাড়ি ঘর, বাগান, পুকুর অন্য একটি রাষ্ট্রের মধ্যে পড়ে গেছে। সেখানে ফিরে যেতে হলে আমাদের একটি নবগঠিত রাষ্ট্রের দ্বিতীয় শ্রেণির নাগরিক হয়ে থাকতে হবে। আমরা আর ফিরে যাইনি।

ভৌগিলিক দিক দিয়ে পাকিস্তান একটি অদ্ভুত রাষ্ট্র। যার পূর্ব ও পশ্চিম এই দুই দিকের মধ্যখানের ব্যবধান এক হাজার মাইলেরও বেশি। দু-দিকের মধ্যে রেল বা সড়ক পথে কোনও যোগাযোগ নেই। মানুষের ইতিহাসে এরকম কোনও রাষ্ট্র আগে দেখা যায়নি। পাকিস্তানের এই দু-দিকে চরিত্রও আলাদা। পশ্চিম পাকিস্তানিরা রাজনৈতিক এবং সাময়িকভাবে বেশি শক্তিশালী, আরব দেশগুলির কাছাকাছি অবস্থান বলে তারা ধর্মবিশ্বাসেও অতি কট্টর। আরবের মুসলমান দেশগুলিতে অ-মুসলমানদের নাগরিকত্ব প্রায় দেওয়াই হয় না বলতে গেলে, সুতরাং পশ্চিম পাকিস্তানেও হিন্দু বিতাড়নের জন্য শুরু হয়ে গেল দাঙ্গা-হাঙ্গামা ও খুনোখুনি। সীমান্তের এপারে ভারতেরও দেখা গেল তার প্রতিক্রিয়া। পশ্চিম থেকে এক ট্রেনে ভরতি হিন্দুদের মৃতদেহ এলে এদিক থেকেও পাঠানো হতে লাগল এক ট্রেন ভরতি মুসলমানের লাশ। সঙ্গে সঙ্গে চলতে লাগল দু-দিকের উদ্বাস্তুদের স্রোত। দু-দিকেই বহু নৃশংসতা ও বহু সাংঘাতিক অমানবিক ঘটনার পরেও কিন্তু অচিরকালের মধ্যেই দু-দিকে সম্পূর্ণ নাগরিক বিনিময় ঘটে গেল। দ্বিধাবিভক্ত

পাঞ্জাবের পাকিস্তান অংশে রইল না কোনও হিন্দু, ভারতীয় পাঞ্জাব অংশে রইল না কোনও মুসলমান প্রায়, অর্থাৎ যৎসামান্য।

পূর্ব বাংলায় ঠিক এরকম ঘটনা ঘটেনি। হিন্দু-মুসলমান নির্বিশেষে বাঙালিরা নরম প্রকৃতির, শিল্প-মনস্ক, এবং হিংস্রতায় অনভ্যস্ত। মাত্র কয়েক পুরুষ আগে এখানকার মুসলমানরা ধর্মান্তরিত হয়েছে বলে আরব দেশগুলির সঙ্গে তাদের যোগসূত্র নামমাত্র। দুই বাংলার হিন্দু-মুসলমান বাংলার নিজস্ব সংস্কৃতি এবং গৌরবময় বাংলা ভাষার সমান অংশীদার। সুতরাং পূর্ব বাংলা তথা পূর্ব পাকিস্তানে হিন্দু-মুসলমান মিলে মিশে থাকা অসম্ভব কিছু ছিল না। কিন্তু পূর্ব বাংলার শাসক শ্রেণি পশ্চিম পাকিস্তানি, তারা বাংলার সংস্কৃতিকে মনে করে হিন্দুঘেঁষা এবং বাংলা ভাযার মধ্যেও খুঁজে পায় হিন্দুত্ব, সেইজন্য এই দুটিকেই অবজ্ঞা করে। দুই পাকিস্তানের মধ্যে পূর্ব বাংলার জনগণ সংখ্যাগরিষ্ঠ, তাই শাসকশ্রেণির স্বার্থে এখানে হিন্দু-মুসলমানের বিভেদ ঘটনা এবং যথাসম্ভব হিন্দু বিতাড়ন প্রয়োজন ছিল।

পূর্ব পাকিস্তানে খুব বড় আকারের দীর্ঘস্থায়ী দাঙ্গা কিংবা ব্যাপক গণহত্যা হয়নি। কিন্তু এক শ্রেণির মুসলমান হঠাৎ বুঝতে পারল যে প্রতিবেশী হিন্দুদের ওপর চাপ দিলে কিংবা ভয় দেখালেই তারা ভারতে পালিয়ে যায়। তাদের বাড়ি ও জমি খালি পড়ে থাকে। ক্রমে সেগুলো দখল করে নেওয়া যায়। পুলিশ কিংবা প্রশাসন হস্তক্ষেপ করে না। প্রতিবেশীর বাগান কিংবা জমির প্রতি মানুষের লোভ প্রায় সর্বজনীন। এই লোভের বশেই সাধারণ, নিরীহ মুসলমানরাও তাদের সাধারণ নিরীহ প্রতিবেশীদের তাড়াতে তৎপর হয়ে উঠল। পূর্ব পাকিস্তানের হিন্দুদের মধ্যে একটা ভয় ঢুকে যায় প্রথম থেকেই, মুসলমানদের জন্য প্রতিষ্ঠিত রাজ্যে তারা পূর্ণ নাগরিক অধিকার আশা করেনি। দলে দলে হিন্দু যখন পূর্ব পাকিস্তান ছেড়ে ভারতে চলে আসতে লাগল, অনেক ক্ষেত্রেই কিন্তু তাদের শরীর বা সম্পত্তি ওপর প্রত্যক্ষ কোনও আঘাত আসেনি, কিন্তু যে-কোনওদিন আঘাত আসতে পারে, এই আশঙ্কাটাই তাদের ঘর ছাড়া করছে। দেশ বিভাগের পর থেকেই পূর্ব পাকিস্তান অংশ থেকে যে উদ্বাস্তুদের স্রোত শুরু হয়েছে আজও তা থামেনি।

ভারত থেকে বহু মুসলমান পশ্চিম ও পূর্ব পাকিস্তানে চলে যেতে বাধ্য হয়েছে বিভিন্ন কারণে। পাকিস্তানে সেই উদ্বাস্তু সমস্যা আজও মেটেনি। তাদের ট্র্যাজেডি কম নয়। ইসলামে সম ভ্রাতৃত্বের কথা থাকলেও হিন্দুদের মতনই তাদেরও জাতি ভেদ আছে।

পশুজগতের সঙ্গে মানুষের তফাত শুরু হয়েছে সেই থেকে, যেদিন মানুষ শস্য সংগ্রহ করতে শিখেছে। পশুকে প্রতিদিন খাদ্য খুঁজে নিতে হয়, মানুষকে তা হয় না বলে যাযাবর জীবন ছেড়ে গ্রাম, নগর এবং সভ্যতার পত্তন করেছে। কিন্তু যাযাবর প্রবৃত্তি মানুষের মন থেকে কখনও যায়নি। ঘর-বাড়ি বানিয়ে মানুষ নিরাপত্তা খুঁজেছে বটে, কিন্তু তার মধ্যেও কান পেতে শুনেছে সুদূরের আহ্বান। চেনা গণ্ডির বাইরে মানুষ পা বাড়িয়েছে বারবার। সমুদ্রতীরে দাঁড়ালে আজও আমাদের মনে হয়, এই বিশাল জলরাশির যেন পরপার নেই। কিন্তু বহু যুগ আগে আমাদের যে পূর্বপুরুষ প্রথম সমুদ্র পার হয়ে নতুন দেশের সন্ধানে বেরিয়ে পড়েছিল, কত বড় সাহসী ছিল সে! দুর্লঙ্ঘ্য পর্বত, দিগন্তবিস্তৃত মরুভূমি কিংবা হিংস্র অরণ্যের মতন কোনও বাধাই মানুষ মানেনি। নিজের ঘর-বাড়ি ছেড়ে, দেশ ছেড়ে, দারুণ অনিশ্চয়তার ঝুঁকি নিয়েও মানুষ বসতি স্থাপন করেছে নতুন নতুন ভূমিতে। মানুষের সভ্যতার ইতিহাসের অনেকখানিই এই ভূমি জয়ের ইতিহাস। এই নেশাতেই মানুষ এখনও চাঁদ কিংবা গ্রহ-গ্রহান্তরে পাড়ি দিতে চাইছে।

কিন্তু নিজের ইচ্ছেতে কিংবা দুঃসাহসিক অভিযান স্পৃহায় যখন মানুষ কোনও অচেনা ভূমিকে বাসযোগ্য করে তোলে, তখন সেটা হয় মানুষের অদম্য প্রাণশক্তির গৌরবগাথা। আর যখন একজন মানুষ জোর করে ভয় দেখিয়ে, হিংসার আশ্রয় নিয়ে আর একদল মানুষকে ঘর-ছাড়া, দেশ-ছাড়া করে তখন সেটা হয় এক নিকৃষ্ট ট্র্যাজেডি। মানুষের সভ্যতায় এই দুরকমই চলছে।

বাংলা দু-ভাগ হবার পর পূর্ব দিক থেকে যে লক্ষ লক্ষ উদ্বাস্তু এসেছে, অবর্ণনীয় কষ্ট ও দুর্ভোগ তাদের সইতে হয়েছে প্রথম দিকে। অসংখ্য শিশু ও বৃদ্ধ মারা গেছে, মাঝ পথে বহু নারী ধর্ষিতা হয়েছে। ভারত সরকার এদের জন্য যে রিলিফ ক্যাম্প খুলেছিলেন, তা সংখ্যার তুলনায় যৎসামান্য। অধিকাংশ উদ্বাস্তু এদিকে এসে আশ্রয় নিয়েছে গাছতলায় কিংবা রেলওয়ে স্টেশনে। কিছুদিন পর মরিয়া হয়ে তারা যেখানেই খালি জমি বা বাড়ি দেখেছে, তা জোর করে দখল করে নিয়েছে। ভারত একটা গণতান্ত্রিক রাষ্ট্র হলেও এখানে ব্যক্তিগত সম্পত্তির অধিকার ক্ষুণ্ণ হতে লাগল, পশ্চিম বাংলার যেসব মানুষের জমি কিংবা বাড়ি উদ্বাস্তুরা দখল করে নিল, তারা সরকারের কাছ থেকে কোনও সাহায্য পেল না। এই জন্য পশ্চিম বাংলার সাধারণ মানুষ প্রথম দিকে উদ্বাস্তুদের প্রতি সহানুভূতি সম্পন্ন থাকলেও উদ্বাস্তুদের সংখ্যা যখন লক্ষ থেকে কোটিতে পৌঁছোল তখন তাদের প্রতি সকলেই বিরক্ত ও ক্রুদ্ধ হয়ে উঠল।

দেশের সমস্ত সমস্যার জন্য তারা দায়ী করতে লাগল উদ্বাস্তুদের। চল্লিশের দশকে কলকাতা ছিল একটি সুন্দর পরিচ্ছন্ন, সুশৃঙ্খল শহর। কুড়ি বছরের মধ্যে তার জনসংখ্যা অস্বাভাবিক বৃদ্ধি পেয়ে শহরটা হয়ে পড়ল নোংরা, কুৎসিত অস্বাস্থ্যকর। কলকাতার কাছাকাছি থেকেও এক টুকরো খালি জমি পড়ে রইল না। অন্যের জমি দখল করে যেখানে সেখানে অপরিকল্পিত কলোনি গড়ে তুলতে লাগল উদ্বাস্তুরা, সরকারও তাদের বাধা দিতে পারল না। দুর্বল চেহারা না খেতে পাওয়া উদ্বাস্তুদের বিপুল সংখ্যাই একটা প্রবল শক্তি। কয়েক মিলিয়ান দুর্বল মানুষের বিরুদ্ধে পুলিশও কোনও প্রতিরোধ করতে পারে না। বাংলা ভাগের জন্য কংগ্রেস দলকে দায়ী করে উদ্বাস্তুরা প্রথম থেকেই সরকার বিরোধী; সেই সুযোগ নিল বিরোধী পক্ষ অর্থাৎ কমিউনিস্ট পার্টি। পশ্চিম বাংলায় কমিউনিস্ট পার্টির অভ্যুত্থান ও শক্তিবৃদ্ধির মূলে আছে উদ্বাস্তুরা। ক্রমশ কমিউনিস্টরা পশ্চিম বাংলায় ক্ষমতা দখল করে ওদেরই সাহায্যে, যাদের বলা যেতে পারে 'External Proletariat'।

দেশ বিভাগের সঙ্গে সঙ্গে আমাদের পরিবারটিও উদ্বাস্তু হয়ে গেল বটে, কিন্তু আমরা কোনও সরকারি সাহায্য নিইনি, জবর দখল কলোনিগুলোতেও আশ্রয় নিতে হয়নি। আমার বাবার একটা ইস্কুল মাস্টারির চাকরি ছিল, তখনকার দিনে তার মাইনে ছিল যৎসামান্য। আমাদের চার ভাইবোন ও মা ছাড়াও পূর্ববঙ্গ থেকে আগত কিছু কিছু আত্মীয়স্বজনকে সেই সময় আশ্রয় দিতে হয়েছিল, সবাই মিলে আমরা ভাড়া বাড়িতে থাকতাম, এবং কোনওক্রমে আত্মসম্মান বজায় রেখে বেঁচেছিলাম। আমি তখন ১৩ বছরের কিশোর, দারিদ্র্যের কষ্ট বিশেষ অনুভব করতাম না, কিন্তু বাড়ির বাইরে বেরুলে কিংবা স্কুলে গেলে টের পেতাম, অন্যরা আমাদের বহিরাগত বলে মনে করে। উদ্বাস্তুদের সংখ্যা যখন এক কোটির কাছাকাছি হয়ে গেল, সেই বিরাট সংখ্যার মানুষ সারা পশ্চিম বাংলায় বিশৃঙ্খলা ঘটিয়েছিল, তখন আমার সহপাঠীদের কেউ কেউ আমার দিকে আঙুল তুলে দেখিয়ে বলত, আমিও সেই বিশৃঙ্খলা সৃষ্টিকারীদের একজন। অবিভক্ত বাংলায় আমি ছিলাম যাদের সঙ্গে সমান সমান, বাংলা ভাগ হবার সঙ্গে সঙ্গে আমি হয়ে গেলাম তাদের চোখে অবাঞ্ছিত।

আমাদের কৈশোর হল খুব সংক্ষিপ্ত। আমাদের গুরুজনরা অনবরত বলতেন, যে-কোনও উপায়ে, যে-কোনও একটা জীবিকা জোগাড় করো যত তাড়াতাড়ি সম্ভব। এখানে বাঁচার একমাত্র উপায় খুব দ্রুত উদ্বাস্তু পরিচয়টা মুছে ফেলে মূল স্রোতের সঙ্গে মিশে যাওয়া। স্কুলের ছাত্র অবস্থাতেই আমি

জীবিকা অর্জন শুরু করি কিন্তু উদ্বাস্তু পরিচয়টা কখনও মুছে ফেলতে পারিনি।

যখন আমি যৌবনে পৌঁছোলাম, তখন আমি সমস্তরকম ধর্মবিশ্বাস থেকে মুক্ত। ধর্মের নামে দেশ ভাগ, দাঙ্গা, মারামারি, কাটাকাটি ও অসংখ্য মানুষের অবর্ণনীয় দুর্দশা দেখে ধর্ম জিনিসটার ওপরেই আমার ঘেন্না ধরে গিয়েছিল। ঈশ্বরের নাম নিয়েই পৃথিবীতে সবচেয়ে বেশি মানুষ খুন হয়েছে। আমাকে কেউ হিন্দু বলে সম্বোধন করলে আমার রাগ হত, কিন্তু হিন্দু পরিবারে যে আমার জন্ম তা অস্বীকার করার কোনও উপায় নেই। প্রাচ্য দেশগুলিতে শুধু নাম শুনলেই চেনা যায় কে হিন্দু, কে মুসলমান, কে বৌদ্ধ, কে খ্রিস্টান, এটা একটা বিশ্রী প্রথা। আমি মনে প্রাণে কোনও ধর্মেই বিশ্বাসী নই, তবু সমাজ আমাকে হিন্দু বলে চিহ্নিত করবে। মুসলমান ধর্ম গ্রহণ করলে হয়তো আমি আমার জন্মস্থানে ফিরে যেতে পারতাম, কিন্তু যে ব্যক্তি কোনও ধর্মেই বিশ্বাস করে না, তার পক্ষে ধর্মান্তরিত হওয়াটাই হাস্যকর। দরিদ্র ভারতীয়-পাকিস্তানিদের একমাত্র মুক্তির পথ যে নাস্তিকতা, তা আমি বলার চেষ্টা করলেও কেউ গ্রাহ্য করেনি।

ষাটের দশকে আমরা কলকাতার কাছাকাছি দমদমে একটা ভাড়া বাড়িতে থাকতাম। তখন আমাদের আর্থিক অবস্থা অনেকটা সচ্ছল হয়েছে, পোশাক-পরিচ্ছদ ভদ্রস্থ, আমাদের মুখের ভাষার সঙ্গে খাঁটি কলকাতার ভাষার কোনও তফাত নেই। আমাদের দেখলে উদ্বাস্তু বলে চেনা যায় না। কিন্তু আমাদের সেই বাড়ির খুব কাছেই ছিল কয়েকটি জবরদখল উদ্বাস্তু কলোনি, প্রতিদিন যাওয়া-আসার পথে সেগুলি দেখতাম। বাঁশ-খড়-টিন দিয়ে কোনওরকমে জোড়াতালি দেওয়া সার সার ঘর, এক-একটা ঘরে থাকে পাঁচ-সাত জন, তাদের ছেঁড়া ময়লা পোশাক, প্রতিদিনের খাদ্যের কোনও ঠিক নেই, বাচ্চারা স্কুলে যায় না, ধুলোর মধ্যে খেলা করে, পুরুষরা হন্যে হয়ে ঘোরে যে-কোনও জীবিকার সন্ধানে। যুবতী মেয়েদের দিক বাইরের লোকদের লোভী দৃষ্টি। আমার মনে হত—আমিও ওদেরই একজন। ভাগ্যের সামান্য এদিক ওদিক হবার জন্য আমি এই বস্তির নারকীয় পরিবেশে না থেকে দোতলা পাকা বাড়িতে জায়গা পেয়েছি, তবু আমি ওদের সমগোত্রীয় তো বটেই, কিন্তু ওদের রাগ, তিক্ততা, ঘৃণার অংশ আমি নিতে পারি না। ওদের কোনও সাহায্য করতে গেলেও ওরা আমার দিকে সন্দেহের চোখে তাকায়।

ওই কলোনিগুলির একটি বাড়ি ছিল আমারই এক কলেজের বন্ধু পরিবারের। সেটা এককালে ছিল একটা চমৎকার বাগানবাড়ি, সেখানে ছিল

একটা মস্ত বড় দিঘি, অনেক দুর্লভ ফুল ও ফলের গাছ, একটি অর্কিড হাউজ, মূল বাড়িটির মধ্যে ছিল একটা প্রশস্ত নাচঘর, ঝাড়লণ্ঠন দিয়ে সাজানো। উদ্বাস্তুরা বাড়িটা জোর করে দখল করে নিয়ে একেবারে তছনছ করে ফেলেছে, ভেঙে ফেলেছে অর্কিড হাউজ, মূল্যবান গাছগুলি কেটে ছোট ছোট ঘর বানিয়েছে, নাচঘরটায় তিনটে পরিবার ঠাসাঠাসি করে থাকে। আমার বন্ধুটি অমন সুন্দর বাড়ি হাতছাড়া হয়ে যাওয়ার জন্য উদ্বাস্তুদের নামে আদ্যশ্রাদ্ধ করলে তার প্রতি আমার একবার সহানুভূতি হত, আবার মনে পড়ত ওই একটা বাগানবাড়িতে ৮০টি পরিবার আশ্রয় পেয়েছে, তাদের ধ্বংসের মুখে ঠেলে দেবার অধিকার কারুর নেই, সুতরাং আমি ওদেরই সমর্থক।

আমার পক্ষে ওদের সমর্থন করার একমাত্র হাতিয়ার আমার সাহিত্য। প্রথম জীবনে আমি শুধু কবিতাই লিখতাম। কিন্তু কবিতা খানিকটা abstract হতে বাধ্য, তা বিশেষ কোনও বক্তব্যের বাহন হতে পারে না। আমার প্রথম উপন্যাস আত্মপ্রকাশের পটভূমিকা দেশভাগ ও দেশত্যাগের পরবর্তী শিকড়হীনতা। কিছুদিন পরে আমার বন্ধুর বাগানবাড়িতে জবরদখল উদ্বাস্তু কলোনিটি নিয়ে লিখি আর একটি উপন্যাস 'অর্জুন'। কিন্তু এই চিত্রগুলি খণ্ডিত। পরবর্তী কালে 'পূর্ব পশ্চিম' উপন্যাসে আমি সমগ্র বিষয়টিকে দেখার চেষ্টা করি ইতিহাসের প্রেক্ষাপটে।

বার্লিনের দেওয়াল ভেঙে গেছে, দুই জার্মানি আবার এক হয়েছে। ভারত ও পাকিস্তানের পুনর্মিলনের সুদূরতম সম্ভাবনা এখনও দেখা যাচ্ছে না। পাকিস্তানের একটা অংশ বিচ্ছিন্ন হয়ে বাংলাদেশ হয়েছে। তবু বাঙালি জাতির মিলনের কোনও চিহ্ন নেই, বরং দূরত্ব আরও বাড়ছে। বিংশ শতাব্দী শেষ হয়ে এল, এখনও ধর্মীয় উন্মত্ততা মনুষ্যজাতির প্রধান অসুখ।

ফ্রাঙ্কফুর্টে দেখা সেই ম্যাসিডোনিয়ানদের সেই আন্দোলন আমার অলীক ও অবাস্তব মনে হয়েছিল, কিন্তু আশ্চর্যের ব্যাপার, সমাজতান্ত্রিক দেশগুলির পতনের পর যুগোস্লোভিয়া ভেঙে গিয়ে ম্যাসিডোনিয়া নামে একটি রাজ্যের সৃষ্টি হয়েছে। কিন্তু দুই বাংলার মিলনের সম্ভাবনা অদূর ভবিষ্যতে আছে বলে মনে হয় না। কেউ সে কথা উচ্চারণ করে না। তবে বাংলাদেশে যখন আমাকে বিদেশি অতিথি বলে পরিচয় দেওয়া হয়, তখন কেমন যেন লাগে। না, ঠিক দুঃখ নয়, ইতিহাসের এই পরিহাসের সঙ্গে গলা মিলিয়ে হাসতে ইচ্ছে করে।

ভাষার সূক্ষ্মতা ও সংস্কার

কোনও সাহেব যখন বাংলা শিখতে শুরু করেন তখন গোড়ার দিকে, তাঁকে কতকগুলি সাংঘাতিক অসুবিধের সম্মুখীন হতে হয়। তাঁর পূর্ব অভিজ্ঞতার সঙ্গে এই ভাষার অনেক কিছুই মেলে না। হ্রস্বই, দীর্ঘঈ, হ্রস্বউ দীর্ঘউ, ণ ন, শ ষ স, রেফ, চন্দ্রবিন্দু, হসন্ত ইত্যাদি দেখে তিনি দিশাহারা হয়ে যেতে পারেন। তাঁর বাঙালি শিক্ষক লজ্জিত বিব্রত মুখে বলেন, সত্যিই আমাদের ভাষায় অনেক গণ্ডগোল।

শুধু সাহেব কেন, আমাদের নিজেদের শিশুরাই যখন প্রথম লিখিত ভাষা শিক্ষা করতে শুরু করে, আজও তাদের হিমসিম খেতে হয় কয়েক বছর। বানান ভুলের ভীতি শৈশবের অনেকখানি আচ্ছন্ন করে রাখে। তখন অনেকেরই মনে হয়েছে, তিনটে স যদি না থাকত কিংবা দুটো ন!

এখন কথা হচ্ছে, শিশু বা বিদেশিদের শিক্ষার সুবিধার জন্য কোনও ভাষার আমূল সংস্কারের প্রয়োজন আছে কি না। এরকম প্রস্তাব বারবার শোনা গেছে। প্রস্তাবটি অতিশয় অদ্ভুত। শিশু বা বিদেশিদের সুবিধার্থে ভাষার অতি সরলীকরণ সে ভাষার সমূহ ক্ষতি করতে পারে। কারণ, ভাষা তো শুধু শিক্ষার্থীদের জন্যই নয়, পরিণতবুদ্ধি মানুষের জন্যও, বা জন্যই, প্রধানত। অশিক্ষিত ব্যক্তিরা, শিশুরা বা বিদেশিরা ভাঙা ভাঙা ভাষায়, সীমিত সংখ্যক শব্দ নিয়ে, ভুল ব্যাকরণেও মোটামুটি কাজ চালিয়ে দেয়। কিন্তু ভাষার বিশুদ্ধতা,

সৌন্দর্য ও শিল্প নির্মাণ করেন পরিণত বুদ্ধির এবং পরিশীলিত মানুষেরা। তাঁদের জন্যই ভাষা বাঁচে এবং শ্রীসম্পন্ন হয়। কঠিন পরিশ্রম ও অভিনিবেশ ছাড়া কোনও কোনও ভাষাই সম্পূর্ণ রপ্ত করতে পারে না। যে কারণে, শিক্ষিত ব্যক্তিমাত্রই ভাষা-অভিজ্ঞ নন। চিকিৎসা শাস্ত্রজ্ঞ, ভৌত বিজ্ঞানী বা যন্ত্র-কলাকুশলীরা অনেকেই নিজ নিজ ক্ষেত্রে কীর্তিমান হলেও ভাষাজ্ঞান দীন হতে পারেন। এঁরা হয়তো ভাষা অধ্যয়নে সময় পাননি। অথচ এঁদের সকলের সুবিধের জন্য একটি উন্নত ভাষাকে লঘু ভাষায় পরিণত করা ফিলিস্টিনিজ্‌মেরই নামান্তর।

কিছু কিছু ব্যবহারিক সুবিধের জন্য বানান সংস্কারের দাবি ওঠে। কিন্তু ছাপার হরফ বা টাইপ রাইটারের কথা চিন্তা করে আমাদের বানানের নিয়ম সম্পূর্ণ পরিবর্তন করতে হবে, এটা একটা অদ্ভুত কথা। একটি জীবন্ত ভাষায় লিখিত রূপের প্রয়োজনেই ছাপার হরফ ও টাইপ রাইটারের ব্যবহার। এগুলিকেই সে ভাষার উপযোগী হয়ে উঠতে হবে। মানুষের জন্য পোশাক না পোশাকের জন্য মানুষ? বানান রীতির গুরুতর পরিবর্তন ভাষার মূল কাঠামোকে আঘাত করে। একটা ভাষা বা বানান পদ্ধতি গড়ে ওঠে বহুকালের বিবর্তনের মধ্য দিয়ে। এর গতি বড় বিচিত্র। কোনও বিশেষ একজন বা কয়েকজন লোক মিলে হঠাৎ ভাষার ওপর দর্জিগিরি করা একটা অস্বাভাবিক ঘটনা। কোনও ভাষাই এই স্বৈরতন্ত্র সহ্য করে না। ভাষার শারীরিক পরিবর্তন হয় খুব আস্তে আস্তে, পরিবর্তন হয়েই চলেছে, কিন্তু তক্ষুণি তক্ষুণি সেটা অনুভব করা যায় না। যেমন পৃথিবী ঘুরছে, আমরা বুঝতে পারি না। খুব সন্তর্পণে মাঝে মাঝে দুটো একটা পরিবর্তন চেষ্টা করে করা হয় বটে, তাতেও লক্ষ রাখতে হয়, ভাষার শরীরে যেন আঘাত না লাগে।

সংস্কৃত এবং বাংলা এখন দুটি আলাদা ভাষা, এ কথা ঠিক। আলাদা কিন্তু সম্পূর্ণ সম্পর্কহীন নয়। ত্রিপুরা এবং পশ্চিম বাংলা যেমন দুটি আলাদা রাজ্য। ভারত ও বাংলাদেশ যেমন দুটি আলাদা দেশ। রাজনৈতিক ভাবে এইসব রাজ্য বা দেশের মধ্যে কৃত্রিম উপায়ে সম্পর্ক ছিন্ন করা যায়, কিন্তু সংস্কৃতি বা ভাষার ক্ষেত্রে সেরকম তড়িঘড়ি কোনও কাজ হয় কি? স্বৈরাচারীরাই শুধু সেরকম চেষ্টা করে এবং ভুল করে।

সংস্কৃতের সঙ্গে বাংলার সম্পর্ক এখন জননী আর দুহিতার নয়, কিন্তু কোনও একটা রক্তের সম্পর্ক রয়েই গেছে। হঠাৎ একদিন সিদ্ধান্ত নিয়ে এই সম্পর্ক একেবারে ছিন্ন করা, আমার মতে, বাতুলতা। সংস্কৃত উচ্চারণ থেকে

বাংলা উচ্চারণের অনেক দূরে সরে আসা মানে এই নয় যে মাঝখানে একটা প্রাচীর তুলে দিতে হবে। অন্তত এখনও সে সময় নিশ্চয় আসেনি। আরও দু-চারশো বছর পর অপরিচয়ের দূরত্বে যদি কেউ কারুকে আর না চিনতে পারে, তখন স্বাভাবিক ভাবেই বিচ্ছেদ সম্পূর্ণ হবে।

সংস্কৃত এবং বাংলা উচ্চারণে অনেক তফাত হয়েছে, এবং বাক্য গঠন রীতির অনেক বদল হলেও বাংলা ব্যাকরণ এখনও সংস্কৃতের অনুসারী। শুদ্ধ বাংলা ব্যাকরণ বলে কিছু আছে নাকি? সেরকম ব্যাকরণ রচনার কথা আজও কেউ চিন্তাও করেনি। বাংলা শব্দের বানানকে আমরা সম্পূর্ণ সংস্কৃত প্রভাব থেকে মুক্ত করে তখনও সংস্কৃত অনুসারী ব্যাকরণ পড়ে যাব? এ যে এক ভয়াবহ অবস্থা!

শব্দ সম্পদ বৃদ্ধির জন্য আমরা এখন যে-কোনও ভাষা থেকে শব্দ আহরণ করতে পারি। আরবি, ফার্সি, ইংরেজি, ফরাসি, পর্তুগিজ প্রভৃতি ভাষা থেকে হাজার হাজরা শব্দ এসেছে, এখনও আসছে। মানুষ কখনও গ্রহান্তরে বসতি স্থাপন করলে এবং সেখানে মানুষের মতন কোনও প্রাণী থাকলে তাদের কিছু কিছু শব্দও আমরা বাংলায় নিতে পারব। কিন্তু বাহির বিশ্ব বা বহির্বিশ্ব থেকে শব্দ আহরণ করাই একটা ভাষার পক্ষে যথেষ্ট নয়। সঙ্গে সঙ্গে অনেক নতুন শব্দ তৈরি করতেও হয়। লেখকরা অনেকেই কিছু কিছু নতুন শব্দ উপহার দিয়ে যান তাঁদের ভাষাকে। দেশজ এবং আঞ্চলিক শব্দ থেকেও মাঝে মাঝে এক-একটি নতুন শব্দ আবিষ্কারের আনন্দ পাই। এই আবিষ্কারের বিস্ময় ও আনন্দ যে কতখানি, তা শুধু ভাষাজীবীরাই বুঝবেন।

পরিভাষা খোঁজবার জন্য আমরা এখনও সংস্কৃতের দ্বারস্থ হই। এর অভিজ্ঞতা সবসময় সুখকর হয় না। অনেক সময় অকারণ খটোমটো শব্দ এনে ঝঞ্ঝাট বাড়ানো হয়। আবার এ কথাও ঠিক, এরই মধ্যে থেকে কয়েকটি শব্দ আমাদের মনোমতন হয়ে যায়, এবং থেকে যায়। এবং সরাসরি যাকে আনা হবে, তার সঠিক বানানও রাখতে হবে। Isobar-এর প্রতিশব্দ সমপ্রেষ রেখা। এটাকে শমপ্রেশ রেখা লিখলে কারুর মানে বোঝার সাধ্য থাকবে?

মুখের উচ্চারণ অনুযায়ী শব্দের চেহারা আস্তে আস্তে বদলায়। সেইভাবেই তদ্ভব শব্দগুলি এসেছে। কিন্তু কোনও একদিন মিটিং করে সমস্ত শব্দের বানান একেবারে মুখের উচ্চারণ অনুযায়ী লেখার সিদ্ধান্ত নিয়ে নিতে হবে, এটা একটা অবাস্তব কথা।

কেনই বা সব শব্দ মুখের উচ্চারণ অনুযায়ী হবে? শিশু এবং

অনুদ্যমীদের সুবিধের জন্য? ভাষার নানানরকম সূক্ষ্মতা এবং গোপন সৌন্দর্য সব ছেটে ফেলে তাকে করে ফেলতে হবে অতি সরল এবং নিরেট?

উচ্চারণ বলতেই বা কী বোঝায়? কার উচ্চারণ? কোন সময়ের উচ্চারণ? বাংলার সব জেলার মানুষের উচ্চারণ যে এক নয়, সে সম্পর্কে কিছু বলাই বাহুল্য। এখানে নিশ্চয়ই স্ট্যান্ডার্ড বলে ধরে নেওয়া হচ্ছে কৃষ্ণনগর-শান্তিপুর এবং হুগলির অববাহিকার ভাষা, অধুনা যা কলকাতার শিক্ষিত সমাজের ভাষা বলে স্বীকৃত। ডক্তর শহীদুল্লাও বাংলাদেশে লিখিত বাংলা ভাষা বা চলিত বাংলা ভাষার স্ট্যান্ডার্ড হিসেবে প্রমথ চৌধুরী প্রবর্তিত বাংলাকেই স্বীকৃতি দিয়েছিলেন। সেই জন্যই বাংলাদেশ ও পশ্চিম বাংলার ছাপার অক্ষরে বাংলা ভাষা একইরকম। কিন্তু এদিকে বাঁকুড়া ও ওদিকে চট্টগ্রামে উচ্চারণের তফাত বিস্তর। এই কলকাতার ভাষারই কি কোনও নির্দিষ্ট উচ্চারণের স্ট্যান্ডার্ড আছে? উনিশশো সাতচল্লিশের পর রাশি রাশি বাঙালের প্রাদুর্ভাব হল এই শহরে। প্রথমে ছিল ঢেউ, তারপর শুরু হল বন্যা। বালিগঞ্জ, টালিগঞ্জ, যাদবপুর, যোধপুর প্রভৃতি কলকাতার নতুন বসতিগুলো ভরে গেল বাঙালে। বাংলা উচ্চারণের ক্ষেত্রে শুরু হয়ে গেল এক তাণ্ডব! এখন কলকাতাবাসীদের তুলনায় বহিরাগতদের সংখ্যা নিশ্চিত অনেকগুণ বেশি। আগেকার কলকাতার সুমধুর অনেক শব্দ, যেমন, নেবু, নংকা, নুচি ইত্যাদি এখন আর শোনাই যায় না প্রায়। পরিশীলিত উচ্চারণে এইচি, খেইচি, ডাঁড়িয়ে ইত্যাদি চাপা পড়ে গেল অন্যরকম চ্যাঁচামেচিতে। বললুম আর বললাম, দেখেছিলুম আর দেখেছিলাম ইত্যাদিতে তৈরি হল জগাখিচুড়ি। ওমিয়োবাবুরা রাতারাতি হয়ে গেলেন অমিঅবাবু!

এখনও আমরা নিশ্চিন্ত নই যে ছাত বলব, না ছাদ! কাক না কাগ? ইট না ইঁট? একই শব্দের দুরকম উচ্চারণ অভিধানিক স্বীকৃতি পেতে পারে না বা পাওয়া উচিত নয়। বিশেষত বাংলায় এরকম শব্দের তালিকা, সুদীর্ঘ ইংরেজি ফরাসী অভিধানগুলিতে প্রত্যেকটি শব্দে পাশে উচ্চারণ নির্দেশ দেওয়া থাকে, বাংলা ভাষাকে কি সেই স্তরে আনা যাবে? যদি একটিমাত্র উচ্চারণকেই নির্দিষ্ট করা যায় তা হলে কোনটা নেব? যদি ছাত, কাক বা ইট-এর স্বপক্ষে ভোটো দেওয়া যায়, তাহলে সেটা হবে খাঁটি কলকাতাবাসীদের ওপর বাঙালদের আধিপত্যের উদাহরণ। আমি নিজে বাঙাল হয়ে এই নতুন ঔপনিবেশিক মনোবৃত্তির সমর্থন করতে পারি না। অথবা অনুকরণ করতে হবে সেই সংস্কৃত মূল শব্দের। সেটাও তো এক ধরনের পিছু হাঁটা।

উচ্চারণ ঘন ঘন বদলায়। সুতরাং খাঁটি মুখের উচ্চারণ অনুযায়ী বানান সংস্কার করতে গেলে কুড়ি-তিরিশ বছর অন্তত অন্তর অভিধানগুলি পুরো পালটে ফেলতে হবে এবং বঙ্কিম-রবীন্দ্র রচনাবলী ছাপতে হবে আমূল বদলে।

উচ্চারণের বৈচিত্র্য অনেক সময় ভাষার মধ্যে মজা আনে। গল্প শোনা যায়, ছাপার অক্ষরে লেখা আছে বিড়াল, তবু বরিশাল জেলার ছাত্র সেটাকে পড়ল নেকুর। প্রায় এর কাছাকাছি উদাহরণ অন্য ভাষায় আছে অনেক। লেখা আছে ককবার্ণ কিন্তু উচ্চারণ হয়ে গেল কোবর্ণ, কিংবা স্পষ্ট লেখা থাকে হোম তবু স্যার অ্যালেকের পদবি হিউম। আর ফরাসি শব্দের বানান দেখে ফরাসি উচ্চারণ শিখতে যায় যদি কেউ তাহলে প্রথম বেশ কদিন সে নাকানি চোবানি খেয়ে মরবে।

হঠাৎ কিছু বৈপ্লবিক পরিবর্তন না করে, সামান্য সামান্য সংস্কারের প্রয়োজনের কথা চিন্তা করলে বরং বাংলা ভাষার বেশি উপকার হবে। ফরাসি আকাদেমির ধাঁচে একটি প্রতিষ্ঠান থাকার প্রয়োজনীয়তা আমরা অনেকেই অনুভব করি। কোনও নতুন শব্দ ফরাসিতে ব্যবহৃত হতে শুরু করলে এই আকাদেমি তার সঠিক বানানটি ঠিক করে দেন। আমাদের শাড়ি শব্দটি ফরাসি কাগজে দেখেছিলাম। এই প্রতিষ্ঠানটিকে সর্বজনমান্য হতে হবে। এই দলাদলি ও স্বজনপোষণের দেশে সেরকম কোনও প্রতিষ্ঠান গড়া সম্ভব কি না আমি জানি না। হলে ভালো হত! বিশেষত, হলে, হ'লে, হোলে এই ধরনের বানান বিভ্রাটের ক্ষেত্রে একটা সমতা আনতে বিশেষ প্রয়োজন দেখা দিয়েছে। এরকম কাজ যত শীঘ্র হয় ততই মঙ্গল।

শ, ষ, স-এর বদলে একটা শ, য-জ এর বদলে শুধু জ, ণ ন এর মধ্যে শুধু ন আর হ্রস্রি দীর্ঘী জ্ঞান লোপ পাইয়ে দেবার কথাও অনেকেই আগে আগে বলেছেন। এগুলির সত্যি কি। কোনও তফাত নেই? কোনও বালকের কাছে না থাকতে পারে, শিক্ষাহীন গ্রাম্য লোকের কাছে না থাকতে পারে, কিন্তু ভাষাকে যারা ভালোবাসেন, ভাষার প্রতি যাঁদের মনোযোগ রয়েছে, তাঁদের কাছেও নেই? এটা কি ঠিক কথা হল?

প্রাণ আর গান এই দুটি শব্দের ণ ও ন এর উচ্চারণ কি এক? বিষাণ আর নিশান এর শেষ দুটি অক্ষরের উচ্চারণ দুটি শব্দেই একরকম হতে পারে? তফাতটা অত্যন্ত সূক্ষ্ম বটে, কিন্তু তফাত আছেই। এই সূক্ষ্মতা মুছে ফেলে বাংলাভাষাকে একটা মোটা দাগের ভাষা করে তোলার জন্য আমাদের এত ব্যস্ততা কীসের?

দিন আর দীন, এর উচ্চারণ এখনও পর্যন্ত এক নয়, কিছুতেই নয়, কোনও সুদূর ভবিষ্যতে হবে হয়তো। দীনবৎসল, কোনও রাজা সম্পর্কে এই বিশেষণটি প্রয়োগের পর প্রশ্ন উঠেছিল যে, তিনি গরিবদের রক্ষণাবেক্ষণ করেন, না তাদের বেছে বেছে রোগা গরু দান করেন। দিনবৎসল, এই বানানে এরকম কোনও মজা পাওয়া যাবে?

যুক্তাক্ষর ভেঙে সর্বক্ষেত্রে হসন্ত ব্যবহারের প্রস্তাব দেখে শনিবারের চিঠির সেই পুরোনো রসিকতাটা মনে পড়ল। ছাপার যন্ত্রে অধিকাংশ ক্ষেত্রেই যে হসন্ত ভেঙে উড়ে বেরিয়ে যায়, তা আমরা ভুক্তভোগী মাত্রেই জানি। সেই সুবাদে শনিবারের চিঠিতে লেখা হয়েছিল, সটেশন আর সটিমার। এ কী সটাইল রে বাবা।

(দেশ-৮/৪/১৯৭৮)

আমাদের হ্রস্‌সি দীর্ঘি জ্ঞান

সিউড়ি শহরে একটি ছবির প্রদর্শনী দেখতে গিয়েছিলাম কিছুদিন আগে, নানা বয়সের স্থানীয় শিল্পীদের চিত্রকলা, ভাস্কর্য ও হাতের কাজের সমাবেশ। ঢোকার মুখেই দেখি, বেশ বড় অক্ষরে শিল্পী বানান লেখা আছে শিল্পি। উদ্যোক্তাদের ধমক দিতে যাচ্ছিলাম ভুল বানান লেখার জন্য, সামলে নিলাম শেষ মুহূর্তে। আমি ছবি দেখতে এসেছি, আমার অত জ্যাঠামশাইগিরি করার দরকার কী?

তবু, বাংলা ভাষা ও বাংলা অক্ষর নিয়ে তো জড়িয়ে মড়িয়ে আছি অনেকগুলি বছর। কোথাও ভাষা-ভ্রান্তি দেখলে মনটা খচখচ করে। ঘুরতে ঘুরতে এক সময় আমার হঠাৎ মনে হল, বর্তমান নতুন রীতিতে শিল্পি বানান হয়তো ভুল নাও হতে পারে। এখন যে বানান সংস্কার চলছে, তাতে হ্রস্ব-ই-রই তো জয়যাত্রা, দীর্ঘ-ঈ বেচারির খুবই দুরবস্থা। যেমন রানী হয়েছেন রানি, কাহিনী এখন কাহিনি ইত্যাদি। সুতরাং শিল্পী না শিল্পি, কোনটা সঠিক তা দেখতে হবে তো!

একালের প্রসিদ্ধ ভাষাবিদগণ প্রায় সকলেই একমত হয়ে বানান সংস্কারের কয়েকটি নির্দেশ দিয়েছেন। যেমন, বহিরাগত বা বিদেশি শব্দের সবই হ্রস্ব-ই হবে, দীর্ঘ-ঈ অপ্রয়োজনীয়, বাংলা উচ্চারণেও দীর্ঘ-ঈর প্রচলন বিশেষ নেই। যেসব শব্দ সংস্কৃত থেকে সরাসরি এসেছে অর্থাৎ তৎসম, সেগুলি থাকবে

অপরিবর্তিত। সেগুলিতেও দীর্ঘ-ঈর প্রয়োজনীয়তা থাকুক বা না থাকুক, সংস্কৃতের প্রতি সম্মান জানাতেই বোধহয় সেগুলির বদল হবে না। এ নির্দেশ শিরোধার্য। আর যেসব সংস্কৃত শব্দ কিছুটা রূপান্তরিত হয়েছে, অর্থাৎ তদ্ভব, সেগুলিতে আর দীর্ঘ-ঈ কিংবা দীর্ঘ-উ-র প্রয়োজন নেই। সেই যুক্তিতেই সংস্কৃত রাজ্ঞী থেকে তদ্ভবে হয়েছে আগেকার আমলের রানী। এখনকার বিচারে রানি। সংস্কৃত ব্যাকরণ মতে, স্ত্রীবাচক শব্দের শেষে দীর্ঘঈ-কার কিংবা আ-কার যোগ হয়, কিন্তু বাংলায় তা মানবার দরকার নেই। কারণ, সংস্কৃতের সঙ্গে বাংলার কোনও প্রত্যক্ষ সম্পর্ক নেই। হরপ্রসাদ শাস্ত্রী, রবীন্দ্রনাথ, সুনীতিকুমার চট্টোপাধ্যায় প্রমুখ বলেছেন বাংলা একটি পৃথক ভাষা, তার ব্যাকরণও আজও লিখিত হয়নি বটে, কিন্তু নতুন ভাবে বানান সংস্কার শুরু হয়েছে। এই নতুন বানান-বিধিতেই রচিত হবে পাঠ্য বই।

একটা সংশয় থেকেই যায়। কোন শব্দটি তৎসম আর কোন শব্দটি তদ্ভব, তা বোঝা যাবে কী করে? আমাদের বয়েসি পাঠকরা ছাত্রাবস্থায় বাধ্যতামূলকভাবে কিছু কিছু সংস্কৃত শিখেছি, এখন তো আর সে বালাই নেই। এখনকার ছেলেমেয়েরা সংস্কৃতর ধার ধারে না। তারা একটি নতুন শব্দ পেলে সেটি খাঁটি সংস্কৃত না বাংলা না বিদেশি তা বুঝবে কী করে? এর উত্তর হচ্ছে, তাদের অভিধান মুখস্থ করতে হবে। যেমন ইংরেজিতে সব বানানই মুখস্থ করতে হয়। বাংলায় অবশ্য সেরকম নতুন মানদণ্ডের অভিধান এখনও সংকলিত হয়নি, প্রচলিত পূর্ণাঙ্গ অভিধানগুলিতে পুরোনো বানানই চলছে। এখন কয়েকবছর ছাত্রছাত্রীদের কপালে দুঃখ আছে।

অল্পবিদ্যা ভয়ংকরী বলেই মাঝে মাঝে আমাদের খুব মুশকিলে পড়তে হয়। তৎসম শব্দ কি সবসময় চিনতে পারি? জানি কি তার রূপভেদ? বাল্যকাল থেকেই শিল্পী বানান দেখে আসছি, সব অভিধানেই আছে, তবু কেন সংশয়? হরিচরণ বন্দ্যোপাধ্যায়ের বঙ্গীয় শব্দকোষ দেখার পর মনে হল, শিল্পি বানানও তো চলতেই পারে। শিল্পিন্ থেকে শিল্পী। কিন্তু শিল্পিজন, শিল্পিশালা, শিল্পিসংঘ, এর কোথাও দীর্ঘ-ঈ নেই, তাহলে কি দুরকম বানানই চলবে? তা হলে আর সরলীকরণ হল কোথায়? একই শব্দের দুরকম বানান রাখা যে-কোনও ভাষার পক্ষেই অতি দুর্বলতা। তা হলে কি শিল্পীকে দীর্ঘ-ঈ-তে রাখতে গেলে, সংস্কৃত নিয়ম অগ্রাহ্য করে অন্যগুলিও শিল্পীজন, শিল্পীশালা, শিল্পীসংঘ করা উচিত নয়? নীরেন্দ্রনাথ চক্রবর্তী, পবিত্র সরকার, জ্যোতিভূষণ চাকী প্রমুখ কী বলেন?

একই প্রশ্ন অনেকদিন থেকে উঠেছে মন্ত্রী বিষয়ে, অভিধানে মন্ত্রি এবং মন্ত্রী দুই-ই আছে, দুটিই সিদ্ধ। কিন্তু বাংলায় অনেককাল ধরে শুধু মন্ত্রীই চলছে, বোধহয় দীর্ঘ-ঈ দিলে গুরুত্ব বাড়ে। কিন্তু মন্ত্রিবর, মন্ত্রিমশাই, মন্ত্রিসভা, মন্ত্রিগণ ইত্যাদি বেশির ভাগ শব্দেই হ্রস্ব-ই। দুটোই থাকবে? একমাত্র মুখ্যমন্ত্রীর ক্ষেত্রে দীর্ঘ-ঈ রেখে বাকি সব মন্ত্রিদের দৈর্ঘ্য কমিয়ে দিলে কেমন হয়? সুধী ও কি সুধি হলে ওজন কমে যায়?

একই শব্দের দুরকম বানানের আরও কয়েকটি উদাহরণ মনে পড়ে। মহাদেবের মাথায় চাঁদও থাকে, সাপও থাকে। তাই তাঁর অন্য দুটি নাম শশিভূষণ ও ফণিভূষণ। কিন্তু শুধু চাঁদ হলে শশী, আর শুধু সাপ হলে ফণী। এ তো মহা ঝামেলা। সংস্কৃতের এই সূক্ষ্ম নিয়ম আমরা মানতে যাব কেন? সংস্কৃতের কাছে আমাদের এমনকী দায়বদ্ধতা আছে? একই অর্থবিশিষ্ট কোনও শব্দেরই দুরকম বানান থাকবে না, এরকম নীতি যদি আমরা গ্রহণ করি, তাহলে সাপ ও চাঁদের পক্ষে এখন ফণি এবং শশি হওয়াই যুক্তিযুক্ত। মেঘদূতের পূর্বমেঘে আছে নবশশিভৃৎ।

তৎসম বলতে ঠিক কী বোঝায়, তার বিশদ ব্যাখ্যা প্রয়োজন। কোন সংস্কৃত-সম? সংস্কৃত ভাষারও তো বিভিন্ন স্তর আছে। একই তৎসম শব্দেরও আছে বানানভেদ। তা ছাড়া, তৎসম ভেঙে প্রাকৃত, অপভ্রংশ, অবহট্‌ঠ, সৌরসেনি ইত্যাদি সৃষ্টি হয়, সেই প্রক্রিয়া কি এখন থেমে গেছে? যেসব তৎসম শব্দকে অবিকৃত রাখার কথা, এ যুগেও কি আমরা সেইসব কুলীন সংস্কৃত শব্দগুলিকে কিছু কিছু ভাঙতে পারি না প্রয়োজনে?

একটা উদাহরণ দেওয়া যেতে পারে। কিছু কিছু শব্দের তৎসম এবং প্রাকৃত রূপ দুটিই প্রচলিত আছে। যেমন মাছ এবং মৎস্য। আমরা সবাই মাছ বলি বটে। কিন্তু মৎস্যও দিব্যি চালু আছে। মাছ-মন্ত্রি কি লেখা হয় কখনও? মাছ ধরা যাঁদের জীবিকা, তাঁদের সমিতির নাম মৎস্যজীবী সমিতি। ঠিক আছে, 'মৎস্য' যদি রাখতেই হয়, তার য-ফলাটি কি এখন ত্যাগ করা যায় না? বৎস শব্দে য-ফলা নেই। অথচ ধ্বনির দিক থেকে বৎস এবং মৎস্যর নিখুঁত মিল। মৎস্যের য-ফলাটি নিতান্তই অপ্রয়োজনীয় নয় কি?

মজার ব্যাপার এই যে, যে মাছ ডিম পাড়ে, সেই স্ত্রী জাতীয় মাছ কিন্তু মৎসী। অর্থাৎ য-ফলা লোপ। কেন? কোনও উত্তর নেই। সংস্কৃতে পুরুষবাচক এবং স্ত্রীবাচক শব্দে এরকম অনেক ভেদাভেদ আছে। বলাই বাহুল্য, আমাদের দেবভাষাটি সর্বত্রই পুরুষতান্ত্রিকতার চিহ্নে ভরা। (আমার মনে হয়,

বাংলায় পুংলিঙ্গ এবং স্ত্রী লিঙ্গের বদলে পুরুষবাচক এবং স্ত্রীবাচক শব্দ ব্যবহার করা উচিত। কারণ, আগের শব্দ দুটি দৃষ্টিকটু এবং শ্রবণকটু। সব শব্দই এক একটি ছবি আনে আমাদের মানসে, যেমন আকাশ, যেমন নদী যেমন হরিণ ইত্যাদি। সেই অনুযায়ী পুংলিঙ্গ এবং স্ত্রী লিঙ্গের ছবি যখন-তখন মনে আনা শোভন বা রুচিসঙ্গত নয়।)

সংস্কৃত ভাষায় কতখানি নির্লজ্জভাবে পুরুষ প্রাধান্য, তার একটি প্রকট উদাহরণ 'স্বর্ণগর্ভা'। এর সঠিক অর্থ কী আমরা সবাই জানি? ইন্দিরা গাঁধী কিংবা নবনীতা দেবসেন-এর মা কিন্তু স্বর্ণগর্ভা নন, এঁরা যতই কৃতী হোন না কেন। কারণ,ক এদের কোনও ভাই নেই। স্বর্ণগর্ভা বা স্বর্ণকুমারী অর্থ হল, যে মহিলা তাঁর গর্ভে পুত্ররত্ন ধারণ করেন! আশাকরি বাংলা অভিধানে এর অর্থ বদল হবে।

বাঙালি রমণীদের মধ্যে স্বাতী একটি পরিচিত নাম। মূল বানান স্বাতি এবং পুরুষবাচক। বিকল্পে স্ত্রী-বাচক স্বাতী। এই নক্ষত্র কুঙ্কুম সদৃশ এবং এক তারক। এর অধিদেবতা পবন। এই নক্ষত্রের প্রভাবে জন্মালে নর রূপবান, কান্তার প্রতি প্রীত, অনুরক্ত, প্রসন্ন হয়, এবং মহামতি মহাধনী হয়। নারী হলে কী হয়, তার কোনও উল্লেখ অভিধানে নেই। এই নামটি পুরুষদের পক্ষেই বেশি গ্রহণীয়, এর একটি অর্থান্তর আছে, খড়্গ, তাও পুরুষবাচক। কিন্তু ই-কারান্ত বলে পুরুষরা এই নাম গ্রহণ করে না। বিকল্পটিই জনপ্রিয় হয়ে উঠেছে। যেমন সবিতা অর্থ জলজ্যান্ত সূর্য হলেও আ-কারান্ত বলে মেয়েরা নাম হিসেবে ব্যবহার করে।

স্বামী শব্দটিতে একালের নারীবাদীদের ঘোর আপত্তি আছে। কারণ এতে আছে প্রভুত্বের গন্ধ। কিন্তু স্বামী শব্দটি এতই প্রচলিত যে বাংলা ভাষা থেকে জোর করে বাদ দেওয়া তো যাবে না, বরং এর দীর্ঘ-ঈ-কার হরণ করে গুরুত্ব খানিকটা কমিয়ে দেওয়া যেতে পারে। স্বামি অবশ্যই অভিধানসম্মত। সমাসবদ্ধ হলেই স্বামিন থেকে স্বামি, যেমন স্বামিকার্য, স্বামিসম্বন্ধ, স্বামিদুহিতা, স্বামিস্নেহ, স্বামিস্বভাব লক্ষণ। এছাড়া স্বামিত্ব, স্বামিঘ্ন এরকম উদাহরণ অনেক।

স্বামির পর শ্বশুর। বাংলায় শব্দের প্রথমেই ব-ফলা অধিকাংশ ক্ষেত্রেই অবান্তর, অন্তত উচ্চারণের ক্ষেত্রে। এর উদাহরণ অজস্র। যাই হোক, শ্বশুর-এর স্ত্রীবাচক শব্দ শ্বশ্রূ, এই শব্দটি দেখতেই এমন ভজকট যে অবিলম্বেই বাংলায় তা হয়ে গেল শাশুড়ি, স্বাভাবিকভাবেই খসে গেল বফলা, কিন্তু শ্বশুরের বেলায় রয়ে গেল কেন? অধিকাংশ শ্বশুর, শাশুড়ির থেকে বেশি লম্বা বলে?

শ্বশুর রয়ে গেলেন তৎসম আর শাশুড়ি শুধু তদ্ভব নয়, ড য়ে শূন্য ড় এনে হয়ে গেলেন প্রায় দেশজ। এখন শ্বশুর-এর ব-ফলা খসিয়ে শশুর এবং শাশুড়িকে সম পর্যায়ে আনা উচিত নয় কি!

ছাত্র বয়সে সন্ন্যাসী বানানটি আমার প্রায়ই ভুল হত। ন-এর দ্বিত্ব, তার পরেও একটি য-ফলা থাকার কারণটি মাথা ঘুলিয়ে দিত। বাংলায় যুক্তাক্ষর হয়তো পুরোপুরি বর্জন করা যাবে না। কিন্তু তিনতলা অক্ষর রাখার কোনও প্রয়োজন নেই, বিশেষত কম্পিউটারের যুগে। (এখন যুক্তাক্ষরকে ভেঙে ঠিকঠাক চেহারায় লেখার প্রস্তাব এসেছে। আকাঙক্ষা-কে ভেঙে কীভাবে লেখা হবে আমি জানি না। ক-এ মূর্ধন্য ষ-এ ক্ষ অক্ষরটিই বড়ই বিভ্রান্তিকর, উচ্চারণের দিক থেকে ষ-এর কোনও অস্তিত্বই নেই এর মধ্যে। অথচ ক্ষ এমনই প্রয়োজনীয় এবং বহুব্যবহৃত যে স্বয়ং অক্ষর-এর মধ্যেই সে ঢুকে বসে আছে, সুতরাং এর রূপের পরিবর্তন কীভাবে করা যাবে?) সন্ন্যাসীতে একটি ন অথবা য-ফলা অবশ্যই বর্জন করা সম্ভব, তৎসম ভেঙে তদ্ভব করার প্রক্রিয়ায়। সন্যাসী দেখতে খারাপ লাগে না।

সাক্ষ্য-তে য-ফলার কোনও ভূমিকা নেই। শুধু সাক্ষ হলে প্রথম প্রথম দেখে অস্বস্তি বোধ হতে পারে, পরে হয়তো চোখ সওয়া হয়ে যাবে। দীর্ঘ ঈ-কারের মতন চুল মেলা রানীরা এখন হ্রস্ব চুলের রানি হয়েছে, তা তো এখন দিব্যি মেনে নিয়েছি।

অভিধানের পাতা ওলটাতে ওলটাতে কয়েকটি বিচিত্র ব্যাপার চোখে পড়ে। যেমন যজ্ঞ থেকে উৎপন্না বলে দ্রৌপদীর আর এক নাম যাজ্ঞসেনী, আমরা সবাই জানি। বেশ সুশ্রাব্য নাম। কিন্তু দ্রৌপদীরও আগে তার এক দাদাও উঠে এসেছিল যজ্ঞের আগুন থেকে, তার নাম শিখণ্ডী। সে দাদা না দিদি তা বলা শক্ত। পূর্বজন্মে যে নারী ছিল, এ জন্মেও সে প্রথম পৃথিবীতে আসে বালিকা হয়ে, বর্ধিত হয় পুরুষ হিসেবে। তার বিয়ের পর তার পুরুষত্বের অভাব দেখে বঞ্চনার অভিযোগ ওঠে, যুদ্ধেরও উপক্রম হয় তার শ্বশুর দশার্ণরাজ হিরণ্যবর্মার সঙ্গে রাজা দ্রুপদের। তখন শিখণ্ডী, যে আসলে শিখণ্ডিনী, এক বনে গিয়ে তপস্যা করতে করতে পুরুষত্ব প্রাপ্ত হয়। সে আবার সংসারে ফিরে পুরুষত্বের প্রমাণ দিলে দুই শ্বশুরের মধ্যে দ্বন্দ্ব মিটে যায়। মহাভারতে এই শিখণ্ডীকেও বলা হয়েছে যাজ্ঞসেনি। আর দ্রৌপদী যাজ্ঞসেনী। হ্রস্ব-ই আর দীর্ঘ-ঈর তফাত আছে দুজনের নামে। এই তফাত কি টিকিয়ে রাখা সঙ্গত? বরং শিখণ্ডীর লিঙ্গ সম্পর্কেই যখন সন্দেহ আছে(এখানে লিঙ্গ শব্দটি সঠিক

অর্থে প্রযোজ্য) তখন তাকে হ্রস্ব-ই, দীর্ঘ-ঈ-র এলাকা থেকেই বাদ দেওয়া হোক, বাংলা অভিধানে যাজ্ঞসেনি শব্দটি একেবারে বিলুপ্ত হোক, শুধু যাজ্ঞসেনী হয়ে থাকুন দ্রৌপদী।

এইসব বাদ দেওয়া হবে কোন নিয়মে? তা ঠিক করবেন ভাষাবিদরা। আমরা শুধু দু-একটি প্রশ্ন উত্থাপন করতে পারি। সংস্কৃত ব্যাকরণের খুঁতখুঁতুনি না মেনে এইসব পরিবর্তন হতে পারে বাংলা মতে। সেই জন্যই তো বিশুদ্ধ বাংলা ব্যাকরণ রচনা করা অবিলম্বে অতি প্রয়োজনীয়।

(দেশ-২ জুলাই ২০০৪)

প্রবাসে বাংলা ভাষা

নিউজার্সির রাটগার্স বিশ্ববিদ্যালয়ের নিকোলাস মিউজিক সেন্টারটির নির্মাণশৈলী ভারী চমৎকার। শব্দ প্রক্ষেপণ অতি স্বাভাবিক। দর্শক-শ্রোতাদের মধ্যে অধিকাংশই খয়েরি ও উজ্জ্বল শ্যামবর্ণ বাঙালি এবং কিছু শ্বেতাঙ্গ আমেরিকান। নভেম্বরের শেষ, থ্যাংকস গিভিং-এর ছুটি, বাইরের বাতাস বেশ ঠান্ডা। বেঙ্গল ফাউন্ডেশন অফ আমেরিকার সান্ধ্য অনুষ্ঠানে মঞ্চে শুরু হল অর্কেস্ট্রা, যার নাম দেওয়া হয়েছে 'সার্কল অফ হারমোনি'। ভায়োলিন, স্যাক্সোফোন, বাঁশি, ক্লারিওনেট আর কি-বোর্ডের সামনে বসে আছে বিভিন্ন বয়েসের কয়েকটি ছেলেমেয়ে এবং দুজন প্রৌঢ় পুরুষ, এরা বাজাচ্ছে বাংলা গানের সুর, লোকসঙ্গীত থেকে রবীন্দ্রসঙ্গীত। এরকম তো কতই হয়, এখানকার অনুষ্ঠানটির বৈশিষ্ট্য এই যে যারা বাজাচ্ছে, তারা সকলেই বাঙালি নয়, কেউ কেউ বাংলা ভাষা জানেই না। বাংলা গানের পশ্চিমি স্টাফ নোটেশন করা হয়েছে, তা দেখে দেখে এরা সাবলীলভাবে বাজিয়ে যাচ্ছে। এই অর্কেস্ট্রার পরিচালক এবং প্রকল্পক দুজনের নাম রিচার্ড টরস্ট্রিক আর অ্যান্ডর ক্যারিয়াস।

ইউরোপ-আমেরিকায় বাঙালিদের যেসব অনুষ্ঠান হয়, তাতে শুধু বাঙালিরাই আসে, বাংলাদেশ ও পশ্চিম বাংলার, বড়জোর কোনও বাঙালির মেম বউ বা কোনও মেয়ের সাহেব স্বামী হাসি হাসি মুখ করে না-বোঝার

আনন্দ নিয়ে উপস্থিত থাকে। বেঙ্গল ফাউন্ডেশনের উদ্দেশ্য কিছুটা পৃথক, তারা বাংলা সংস্কৃতি পশ্চিমি মানুষদের মধ্যে ছড়িয়ে দেবার ব্রত নিয়েছে। এদের অনুষ্ঠান হয় বাংলা ইংরেজি দুটি ভাষাতেই যুগপৎভাবে। বাংলা কবিতা কেউ পাঠ করলে সঙ্গে সঙ্গে শুনিয়ে দেওয়া হয় তার ইংরেজি অনুবাদ, আমেরিকান শ্রোতাদের কিছু না বুঝে বসে থাকতে হয় না, কেউ কেউ সবিস্ময়ে বলে ওঠে, বাংলা ভাষায় যে এত আধুনিক চিন্তাধারার কবিতা লেখা হয় তা তো আমরা এতদিন জানতুম না! বাংলা গানের অর্কেস্ট্রাতেও তাদের অনেকের অন্তর স্পর্শ করে। স্টাফ নোটেশনের অভাবে এর আগে তারা শুধু রবীন্দ্রসঙ্গীত শুনে রসগ্রহণ করতে পারেনি। বেঙ্গল ফাউন্ডেশনের প্রতিষ্ঠাতা নূপুর লাহিড়ী। বহুকাল প্রবাসী, পেশায় চিকিৎসক এবং সার্থক চিকিৎসক। সার্থক হলেই ব্যস্ততা খুব বেশি হয়। কিন্তু তা সত্ত্বেও এই রমণী গান-বাজনা, ছবি আঁকা, কবিতা লেখা, নাটকে অভিনয়ে সময় ব্যয় করেন মহানন্দে। বাংলার সংস্কৃতি গেঁথে আছে তাঁর মর্মমূলে।

বেঙ্গল ফাউন্ডেশন সদ্য প্রতিষ্ঠিত। কয়েক বছর আগেই নূপুর গড়ে তুলেছেন একটা বাংলা বইয়ের লাইব্রেরি। নিজের বাড়িতে, তাঁর বাবার নামে। ওঁর বাবা ছিলেন বিশিষ্ট সাহিত্যিক নির্মল গঙ্গোপাধ্যায়। তাঁর ভ্রমণ ও ইতিহাসমূলক রচনাগুলি খুবই উঁচু মানের। 'দেশ' পত্রিকাতেও তাঁর রচনা ধারাবাহিকভাবে প্রকাশিত হয়েছে। নির্মল গঙ্গোপাধ্যায়ের দুটি বই আমার খুব প্রিয়, 'শংকর-নর্মদা' এবং 'খাজুরাহো চান্দেল্ল স্মৃতি'। নির্মলবাবুর চার ছেলেমেয়ের মধ্যে তিনজনই আমেরিকা প্রবাসী। তবু দেশ ছেড়ে বিদেশে যাবার কোনও আগ্রহ ছিল না তাঁর। বড় মেয়ের খুব অনুরোধে একবারই তিনি আমেরিকা পাড়ি দিয়েছিলেন, কিন্তু আমেরিকায় তাঁর কিছুই দেখা হয়নি। নিরিবিলিতে বসে বাবা লিখবেন বলে নূপুর চেয়ার টেবিল সাজিয়ে রেখেছিলেন, কিন্তু সেখানে নির্মলচন্দ্রের বসা হল না। ওদেশে পৌঁছোবার চব্বিশ ঘণ্টার মধ্যেই নির্মলচন্দ্র শেষনিশ্বাস ত্যাগ করেন।

এখন প্রিন্সটনের নির্মল পাঠাগারে আছে এক হাজার বাংলা বই, এবং দুশো বাংলা সাহিত্য সম্পর্কিত ইংরেজি বই। এমন সুনির্বাচিত গ্রন্থরাজি খুব কম জায়গাতেই দেখা যায়। যে-কোনও আগ্রহী পাঠক বিনা চাঁদায় এই পাঠাগার ব্যবহার করতে পারে। বেঙ্গল ফাউন্ডেশন থেকে কিছু কিছু বাংলা বইয়ের ইংরিজি অনুবাদেরও পরিকল্পনা নেওয়া হয়েছে। নিউ ইয়র্কের অতগুলি রঙ্গ মঞ্চে কোথাও না কোথাও বিদেশি নাটকেরও অভিনয় হয়, বাংলা নাটক কেন

হবে না? নূপুরের এই প্রশ্ন। তাঁর জেদ, ব্রডওয়েতে কোনও বাংলা নাটক মঞ্চস্থ করতেই হবে, তাই তিনি নিজেই রবীন্দ্রনাথের 'রক্তকরবী'-র আধুনিক ইংরিজি অনুবাদ শুরু করেছেন।

আমেরিকার পূর্ব উপকূলে যেসব বাঙালি লেখক, বুদ্ধিজীবী রয়েছেন, তাঁদের একটি অংশ বেঙ্গল ফাউন্ডেশনের কার্যক্রমে উৎসাহের সঙ্গে অংশগ্রহণ করেছেন। ছিলেন জ্যোতির্ময় দত্ত, মীনাক্ষী দত্ত। অনেক অভিযানের নায়ক জ্যোতি এখন কর্মসূত্রে 'ইন্ডিয়া অ্যাব্রড' পত্রিকার সঙ্গে জড়িত হয়ে নিউইয়র্কে বসবাস করলেও কলকাতা থেকে বাংলা পত্রিকা প্রকাশের উদ্যোগ চালিয়ে যাচ্ছেন। ওই অনুষ্ঠানে অংশগ্রহণকারী ও সহায়কদের মধ্যে আরও ছিলেন লেখিকা আলোলিকা মুখোপাধ্যায় আর তাঁর সুগায়ক স্বামী ভবানী মুখোপাধ্যায়, অধ্যাপক শিবাজী সেনগুপ্ত, সমাজতাত্ত্বিক ডক্টর মণি নাগ এবং করবী নাগ, টেগোর সোসাইটির অন্যতম আদি সদস্যা স্নিগ্ধা মুখোপাধ্যায়, ডাক্তার শ্যামশ্রী সেনগুপ্ত, কবিতা-পাগল গৌতম দত্ত, যিনি নিজের বাড়িতে প্রায়ই কবিতা পর্বের আসর জমান, নাট্য পরিচালক সুদীপ্ত ভৌমিক, লালী বিশ্বাস, আঞ্জুম হোসাইন, মেহরিন হোসাইন, ধ্রুবনারায়ণ কুণ্ডু, মেরি অ্যান উইলিয়ামস, প্যাট উইস্টার ডেভিডসন, এডোয়ার্ড জাজ, চার্লি ডোরিয়া, অ্যান্ডর কেরিয়াস প্রমুখ।

বিশেষ করে বলতে হয় শেযোক্তজনের কথা। জার্মানি-জাত এই আমেরিকান পুরুষটির নাম Andor আসলে And/or, বাংলায় এবং অথবা। নিজেই এ নাম গ্রহণ করেছেন। এর মধ্যে রয়েছে তাঁর জীবনদর্শন। বিশ্বসংস্কৃতির সঙ্গে ব্যক্তির সংযোগ। তিনি যে দেশেই যান, সে দেশের ভাষা তার নাম হয় এবং/অথবা, যেমন জাপানে সোশিতে/মাতা! তিনি বিশ্বাস করেন, প্রত্যেক মানুষই নিজস্ব সংস্কৃতি বজায় রেখে বিশ্বসংস্কৃতির সঙ্গে মিলিত হতে পারে। আমেরিকায় বহু ভাষা, বহু জাতি, বহু সংস্কৃতির মানুষ এসে মিশেছে, যাকে বলা হয় মেল্টিং পট। এটা অ্যান্ড অর-এর পছন্দ নয়, ফুটন্ত পাত্রে সবকিছু তালগোল পাকিয়ে যায়, তিনি বরং উপমা দিতে চান স্যালাড-এর সঙ্গে। স্যালাডে যেমন সবক'টি উপাদানই আলাদা থাকে, অথচ সব মিলিয়ে একটা স্বাদ হয়, তেমনই আমেরিকাতেও বাংলাভাষী এবং অন্যান্য ভাষাভাষী বহিরাগতরা নিজস্ব ভাষা-সংস্কৃতি অক্ষুণ্ণ রেখে আমেরিকান সংস্কৃতির সঙ্গে যুক্ত হতে পারে। অ্যান্ড অর নানারকম বাদ্যযন্ত্রে পারদর্শী। ছবি আঁকতে পারেন, গাইতেও পারেন। বাঁশিতে তিনি দিব্যি বাজিয়ে দেন নানারকমের বাংলা গান। 'একী লাবণ্যে পূর্ণ প্রাণ প্রাণেশ হে'র মতন কঠিন গান গেয়ে ওঠেন যখন-তখন।

তাঁর সবচেয়ে প্রিয় গান অবশ্য, 'ডুব ডুব ডুব ডুবসাগরে আমার মন'।

নিউ ইয়র্কের জ্যাকসন হাইট অঞ্চলে ঢুকে পড়লে মনে হয়, এ যেন এক বাঙালিটোলা। অনেক দোকানের নামই বাংলায় লেখা। রাস্তায় শোনা যায় বাংলায় কথাবার্তা, পাওয়া যায় বাঙালি রান্নার গন্ধ। তিনটি বাংলা বই ও বাংলা গানের ক্যাসেটের দোকানও আছে। 'মুক্তধারা' নামে বইয়ের দোকানটিতে কখনও কখনও ঢাকা বা কলকাতা থেকে কোনও কোনও খ্যাতিমান লেখক যান, ক্রেতাদের বইতে স্বাক্ষর দেন। সে খবর পেলে শত শত মানুষ ছুটে আসে, অনেকে অফিসের কাজে ছুটি নিয়ে, কেউ কেউ একদিনের উপার্জন নষ্ট করে। লেখক স্বাক্ষরিত বাংলা বই সংগ্রহ করার জন্য এঁদের উৎসাহ-উদ্দীপনা দেখবার মতো। এঁদের অধিকাংশই অবশ্য বাংলাদেশি। পশ্চিম বাংলার বাঙালিদের মধ্যে এমন উৎসাহীর সংখ্যা দিন দিনই কমে আসছে। অনেকগুলি পত্র-পত্রিকাও প্রকাশিত হয় এখান থেকে, শুধু লিটল ম্যাগাজিন নয়, পূর্ণাঙ্গ পত্রিকা। খবরের কাগজের সাইজের একটি পত্রিকার নাম 'বাংলা কাগজ'। টিউব ট্রেনে সবাই খবরের কাগজ পড়তে পড়তে যায়, তার মধ্যে কারুর হাতে একটি বাংলা খবরের কাগজ দেখলে বিস্ময়ের সঙ্গে গর্ববোধও যুক্ত হয়।

টেগোর সোসাইটি নিউ ইয়র্কের একটি পুরোনো প্রতিষ্ঠান। এটা শুধু বাঙালিদের জন্য নয় যদিও, কিন্তু বাঙালি সদস্যদেরই প্রাধান্য। বর্তমানে এর প্রেসিডেন্ট একজন মার্কিন মহিলা। বঙ্গ সম্মেলন নামে একটি বাৎসরিক বিরাট উৎসব হয় উত্তর আমেরিকার বিভিন্ন শহরে। প্রায় পাঁচ-ছ'হাজার বাঙালি নারী-পুরুষ সমবেত হন সেখানে, এক সঙ্গে এত বাঙালির সমাবেশ আমাদের দেশের কোনও সভা-সমিতিতেও দেখা সম্ভব নয়। এই সম্মেলনের উদ্যোক্তা পশ্চিমবঙ্গের বাঙালিরা, বাংলাদেশিরা কোথাও কোথাও যোগ দেন। কোথাও কোথাও দূরে থাকেন। তাঁদের উদ্যোগে আলাদা সম্মেলনও হয় প্রায়ই। পশ্চিম উপকূলে, এবং মধ্যবর্তী অনেক শহরেই বাংলা সাহিত্য-সংস্কৃতির অনেক প্রতিষ্ঠান আছে, প্রায় সবগুলির উদ্যোক্তা বাংলাদেশের বাঙালিরা। এখন কিছু কিছু স্কুলে বাংলা পড়ানো হচ্ছে দ্বিতীয় ভাষা হিসেবে, সেরকম একটি স্কুলের সঙ্গে যুক্ত আছেন মীনাক্ষী দত্ত। তাঁর অভিজ্ঞতা থেকে জানা যায়, বাংলার ছাত্রছাত্রীরা প্রায় সকলেই বাংলাদেশ থেকে আগত ছেলেমেয়ে।

ক্যানাডার টরেন্টো শহরে বেঙ্গলি ক্লাবের একটি বিশেষ কৃতিত্ব আছে। এঁরা নিজস্ব বেশ বড় একটা বাড়ি নির্মাণ করেছেন। সারা বছরই নানারকম সাংস্কৃতিক অনুষ্ঠান হয় সেখানে। টরেন্টো বিশ্ববিদ্যালয়েও এখন সাউথ এশিয়ান

স্টাডিজ-এ বাংলা পঠনপাঠন স্বীকৃত হয়েছে। ১৯৯১ সাল থেকে শুরু হয়েছে এই কার্যক্রম। প্রধান উদ্যোগ নিয়েছিলেন এবং অর্থসাহায্য করেছিলেন দীপক মজুমদার এবং তাঁর স্ত্রী পলিন। গতবছর মহাদেব চক্রবর্তী নামে এক সহৃদয় প্রাক্তন বঙ্গবাসী ষাট হাজার ডলার দান করে এই বিশ্ববিদ্যালয়ে বাংলা নিয়ে গবেষণার জন্য স্কলারশিপ প্রবর্তন করেছেন। আমেরিকার যে-কোনও শহরের তুলনায় লন্ডনে বাংলাভাষীর সংখ্যা অনেক বেশি। পূর্ব লন্ডনেই অধিকাংশ বাঙালির বসতি। টাওয়ার হ্যামলেট এলাকায় কয়েকটি রাস্তার নাম বাংলায় লেখা দেখে প্রথমবার বেশ পুলকিত হয়েছিলাম। ব্রিক লেনে হাঁটতে হাঁটতে শোনা যায়, কোনও রেস্তোরাঁ থেকে ভেসে আসছে বাংলা গান।

লন্ডনের বেশ কিছু স্কুলে বাংলা পড়ানো হচ্ছে অনেকদিন থেকেই। এখন 'ও' লেভেল পর্যন্ত বাংলা স্বীকৃত। বাঙালিদের নিজস্ব অনেকগুলি স্কুল আছে, প্রতি রবিবার সকালে কোনও একটা জায়গায় মিলিত হয়ে ছেলেমেয়েদের বাংলা শেখাবার চেষ্টা হয়। ও-দেশে যারা জন্মেছে, যাদের বলা হয় সেকেন্ড জেনারেশন, সেইসব ছেলেমেয়ে যাতে বাংলা সম্পর্কে একেবারে অজ্ঞ না থাকে, সেই জন্যই বাবা-মায়েদের এই উদ্যোগ। হ্যারোতে এইরকমই একটি ক্লাবের নাম মিতালি, এদের সান্‌ডে স্কুল থেকেই বাংলা পড়াবার উপযুক্ত সিলেবাস তৈরি করা হয়। ১৯৮২ সালে প্রতিষ্ঠিত এই স্কুলটি যখন আমি দেখতে গিয়েছিলাম, তখন এর সভাপতি ছিল আমার বাল্যবন্ধু ভাস্কর দত্ত। স্বভাবে সে বেশ অলস ও অগোছালো। তবু যে সে এরকম একটা দায়িত্ব নিয়ে মনোযোগী হয়েছে, তা দেখে বিস্মিতই হয়েছিলাম।

শুধু লন্ডন নয়, পুরো ইংল্যান্ডেই এরকম ক্লাব ও সান্‌ডে স্কুল অনেকগুলি। বাংলাদেশের ছেলেমেয়েরাই সিংহভাগ ছাত্রছাত্রী। বাংলা ভাষার মর্যাদা রক্ষার দাবি বাংলাদেশ নামে নবীন রাষ্ট্রটি সৃষ্টির অন্যতম কারণ। এই বাংলাদেশের মানুষ পৃথিবীর বিভিন্ন দেশে ছড়িয়ে পড়লেও ভাষার কথা ভোলে না। পশ্চিমবঙ্গীয় বাঙালিদের অনেকেরই ছেলেমেয়ে বাংলা একেবারেই শেখে না, না শেখার জন্য লজ্জাবোধও করে না। (ব্যতিক্রম অবশ্যই আছে।) কিন্তু আমি স্বীকার করতে বাধ্য হচ্ছি, এমন কোনও বাংলাদেশি পরিবার আমি দেখিনি, যার ছেলেমেয়েরা বাংলা জানে না।

যারা বাংলায় কথা বলে, বাংলা বই পড়ে, জন্ম যেখানেই হোক, তারাই বাঙালি। কিন্তু দ্বি-খণ্ডিত বাংলার একটি দিকের নাম এখন পশ্চিমবঙ্গ, অন্য দিকে কিন্তু পূর্ববঙ্গ নেই, সেখানে এখন স্বাধীন, সার্বভৌম বাংলাদেশ নামে

রাষ্ট্র। পাকিস্তানি আমলে এই দু-দিকের বাঙালিদের মধ্যে যোগাযোগ অনেকখানিই বিচ্ছিন্ন হয়েছিল, এখন আর সেরকম পরিবেশ নেই, তবু যেন খানিকটা দূরত্ব তৈরি হয়েই গেছে। লন্ডনে পশ্চিমবঙ্গীয় ও বাংলাদেশি বাঙালিদের মেলামেশা অবাধ নয়। দু-দিকের মানুষদেরই ভিন্ন ভিন্ন প্রতিষ্ঠান আছে, কিন্তু পরস্পর মিলিতভাবে তেমন কিছু নেই। বাংলাদেশের কেউ কেউ অভিযোগ করেছেন, তাঁরা তবু পশ্চিমবঙ্গীয়দের মাঝে মাঝে আমন্ত্রণ জানান, কিন্তু বিশেষ সাড়া পান না, অপরপক্ষে পশ্চিমবঙ্গীয়রা তাদের আদৌ আমন্ত্রণই জানান না।

দু-দিকের বাঙালিদের উৎসবের তারতম্য আছে। পশ্চিমবঙ্গীয়, তথা ভারতীয় বাঙালিদের দারুণ উৎসাহ দুর্গাপুজোয়। লন্ডন শহরে ধুমধাম করে দুর্গাপুজো হয় অনেকগুলি। বেলসাইজ পার্কের পুজোর আয়োজন তো বিশাল। এই ধর্মীয় উৎসবে মুসলমানদের যোগ দেবার প্রশ্নই ওঠে না। সরস্বতী পুজো, এমনকী সত্যনারায়ণের সিন্নিতেও পশ্চিমবঙ্গীয়দের যথেষ্ট আগ্রহ আছে। অপরপক্ষে, বাংলাদেশের লোকেরা মেতে ওঠে নববর্ষ উৎসবে, প্রতি বছর নিয়মিত পালন করে একুশে ফেব্রুয়ারি। তা বলে কি তারা ঈদ বা সবে-বরাত পালন করে না? তা নয়, তাও অবশ্যই করে, এবং ধর্মের সঙ্গে সম্পর্কহীন নববর্ষ ও একুশে ফেব্রুয়ারিও বিশেষ গুরুত্ব দিয়ে মান্য করে।

সাহিত্যচর্চাও বাংলাদেশিরাই করে বেশি। পশ্চিমবঙ্গীয় হিরণ্ময় ভট্টাচার্য 'সাগর পারে' নামে একটি পত্রিকা প্রকাশ করছেন অনেকদিন থেকে, বেশ উন্নতমানের পত্রিকা। কিন্তু সম্প্রতি হিরণ্ময় ভট্টাচার্যের সঙ্গে দেখা হবার পর জানা গেল, তিনি আর সে পত্রিকাটি চালিয়ে যেতে পারছেন না। বাংলাদেশিদের উদ্যোগে পাঁচ-ছটি পত্রিকা চলছে রমরমিয়ে। তার মধ্যে দু-একটি পত্রিকা এমনই মজবুত যে সেখানে যোগ দিয়ে কয়েকটি তরুণ জীবিকা নির্বাহ করে। এদের ব্যবস্থাপনায় সাহিত্য আলোচনা ও কবিতা পাঠের আসর বসে লন্ডনের পাড়ায় পাড়ায়। একটি বাংলাদেশি সংস্থার উদ্যোগে প্রতি বছর বড় আকারে সাহিত্য সম্মেলন হয়, ঢাকা এবং কলকাতা থেকে কয়েকজন সাহিত্যিককে তাঁরা আমন্ত্রণ জানিয়ে, বিমান ভাড়া দিয়ে নিয়ে যান। পশ্চিমবঙ্গীয়দের উদ্যোগে লন্ডনে এরকম কোনও সাহিত্য সম্মেলনের ব্যবস্থা করার কথা শুনিনি, অন্তত দশ-পনেরো বছরের মধ্যে তাঁরা কলকাতা-ঢাকা থেকে কোনও সাহিত্যিককে আমন্ত্রণ জানিয়েছেন, এরকম আমার জানা নেই। এঁদের বেশি ঝোঁক গান-বাজনার

দিকে। যে ছেলেমেয়েরা পরিষ্কার বাংলায় কথা বলতে পারে না, তারাও দু-একটি রবীন্দ্রসঙ্গীত শেখে। অবশ্য লন্ডনেও আছে টেগোর সোসাইটি, বেশ সম্ভ্রান্ত প্রতিষ্ঠান, এঁদের গ্রন্থাগারটি খুব সমৃদ্ধ, সুষ্ঠুভাবে পরিচালিত। বিলিতি পত্র-পত্রিকায় রবীন্দ্রনাথ বিষয়ক যাবতীয় সংবাদ ও রচনার একটি মূল্যবান সংকলন এঁরা প্রকাশ করেছেন। রবীন্দ্রভক্তরাও লন্ডনে দ্বিধাবিভক্ত। টেগোরিয়ান নামে আছে একটি পৃথক প্রতিষ্ঠান।

শুধু পত্র-পত্রিকা নয়, লন্ডন থেকে এখন কিছু কিছু বইও প্রকাশিত হচ্ছে। কেউ কেউ দাবি করছেন, অদূর ভবিষ্যতে কলকাতা ও ঢাকার পর বাংলা বই প্রকাশনার তৃতীয় কেন্দ্র হবে লন্ডন। কমপিউটারের কল্যাণে এখন যে-কোনও জায়গা থেকেই বাংলা মুদ্রণের কোনও অসুবিধে নেই।

ইন্টারনেটে বাংলা পত্রিকাও শুরু হয়ে গেছে। 'পরবাস' সম্ভবত পৃথিবীতে প্রথম ইন্টারনেট বাংলা পত্রিকা। বস্টনের ইন্দ্রনীল দাশগুপ্ত, জাপানের মনিরুজ্জামান, টেক্সাসের পারমিতা দাশ ও সৌম্য দাশগুপ্ত, নিউ জার্সির সম্বিৎ বসু, সমীর ভট্টাচার্য, অনুব্রত চক্রবর্তী, ওহায়োর অর্ণব গুপ্ত, ওয়াশিংটন ডিসি-র ইন্দ্রাণী দাশগুপ্ত, নিউ ইয়র্কের সুদীপ্ত চট্টোপাধ্যায়—এঁরা সকলে সকলকে সাক্ষাতে চেনেন না। কিন্তু কমিপিউটারের মাধ্যমে এই পত্রিকার পরিকল্পনাকে বাস্তব রূপ দিয়েছেন। বাংলাদেশ, ভারত এবং পৃথিবীর যে-কোনও জায়গা থেকেই ইন্টারনেটে এই পত্রিকাটি পাওয়া যাবে, এর মধ্যে তৈরি হয়ে গেছে চারটি সংখ্যা, যাতে আছে ধারাবাহিক উপন্যাস, গল্প, প্রবন্ধ—রম্যরচনা এবং অবশ্যই কবিতা, সঙ্গে রঙিন ছবি। অভিনব ব্যাপার নিশ্চিত। সম্পাদক সমীর ভট্টাচার্য এবং বাকি সকলেরই পেশা বিজ্ঞান, তবু বাংলা সাহিত্যের প্রতি আছে নাড়ির টান। পরবাসের ইলেকট্রনিক ঠিকানা ঃ http://www.Parabas Com।

আজ পৃথিবীতে বাঙালির সংখ্যা কুড়ি কোটি কিংবা তারও বেশি। এই জনসংখ্যার দুই তৃতীয়াংশই বাংলাদেশি। পশ্চিমবঙ্গ এবং ত্রিপুরা, ভারতের এই দুটি রাজ্যের ভাষা বাংলা, কিন্তু বাংলাদেশ নামে স্বাধীন দেশটির বাংলা হল রাষ্ট্রভাষা। সেই সুবাদে বাংলা এখন বাংলাদেশের ভাষা হিসাবেই ক্রমে ক্রমে পরিচিত হচ্ছে সারা পৃথিবীতে। অন্যান্য দেশে ইমিগ্রান্টদের মধ্যে ভারতীয় বাঙালিদের তুলনায় বাংলাদেশিদের সংখ্যা অনেক বেশি। জাপানে গিয়ে শুনেছিলাম, সেখানে ভারতীয় বাঙালিদের সংখ্যা দুশো আর বাংলাদেশিদের সংখ্যা দশ হাজার। এতটাই তফাত! ভবিষ্যতের অনিশ্চয়তা, আর্থিক ঝুঁকি, এমনকী জীবনের ঝুঁকি নিয়েও বাংলাদেশের বেকার যুবকরা দেশ ছেড়ে বেরিয়ে

পড়ে, বিদেশে গিয়ে অনেক কষ্টের মধ্য দিয়ে জীবিকার সন্ধান করে, তারপর কোনও না কোনওভাবে পায়ের তলায় মাটি পেয়ে যায়। এই অ্যাডভেঞ্চারস্পৃহা ভারতীয় বাঙালি বেকারদের মধ্যে দেখা যায় না। এদিক থেকে যারা যায়, তারা চাকরির নিরাপত্তা কিংবা পড়াশুনো চালিয়ে যাবার ব্যবস্থা নিয়ে যায়, সেই জন্যই এত সংখ্যাল্পতা। বাংলাদেশের ছেলেরা প্রবাসে গিয়ে যখন অনেক কষ্ট করে গ্রাসাচ্ছাদন চালায়, তখনও কিন্তু তারা তাদের ভাষা-সংস্কৃতি ভোলে না। এক ঘরে গাদাগাদি করে চার-পাঁচজন থাকে। নিজেরাই ভাত-ডাল ফুটিয়ে খায়, তবু তাদেব বাংলা বই পড়া চাই-ই। এক জায়গায় কয়েকজন মিলিত হলে বাংলা সাহিত্য নিয়ে আলোচনা বা তর্ক করে, এবং একটি পত্রিকা বার করে। জাপানে প্রখ্যাত রবীন্দ্রবিশেষজ্ঞ কাজুও আজুমা মহাশয় টোকিও-তে বাংলা সাহিত্য-সংস্কৃতির চর্চা অব্যাহত রেখেছেন। সেখানে মাঝে মাঝে সাহিত্যসভা ও সেমিনারের ব্যবস্থা হয়। তাঁর সহযোগী হিসেবে একবার কবীর নামে বাংলাদেশি এক যুবককে দেখেছিলাম, যার ঘর-সংসার, চাকরি, টাকা-পয়সা কোনও দিকে মন ছিল না, শুধু নিজস্ব পত্রিকা প্রকাশ ও ওই সম্মেলনের সাফল্যের জন্য নিবেদিতপ্রাণ ছিল। তুলনামূলকভাবে প্রবাসী ভারতীয় বাঙালিদের বাংলা সাহিত্যের প্রতি এমন আন্তরিকতা দুর্লভ। অনেকেই হয়তো বই সংগ্রহ করে পড়েন। কিন্তু বাংলা সাহিত্যের প্রসারের জন্য সংঘবদ্ধভাবে উদ্যোগ খুবই কম। বাংলাদেশিদের মধ্যে লেখকের সংখ্যা ও উচ্চমানের লেখা ক্রমশই বাড়ছে, প্রবাসী বাংলাদেশিরা তাদের সাহিত্য-সংস্কৃতিকে আঁকড়ে ধরে থাকে, কিছুকাল পরে ঢাকাই হবে বাংলা সাহিত্য প্রকাশনা এবং সংস্কৃতির প্রধান কেন্দ্র। ভারতীয় বাঙালিরা যেন ইচ্ছে করেই হেরে যাওয়ার খেলা খেলছেন।

রেষারেষি বা প্রতিযোগিতা নয়, কুড়ি কোটি বাঙালি যদি বাংলা সাহিত্য ও সংস্কৃতির উন্নতি ও প্রসারের জন্য মিলিতভাবে উদ্যোগ নিত, তাহলে অনায়াসেই এই সাহিত্য-সংস্কৃতি এক সময় ফরাসি, ইতালিয়ান, জার্মান, স্প্যানিশ ভাষার পাশাপাশি স্থান করে নিতে পারত। কিন্তু তা হবার নয়। এই কুড়ি কোটি বাঙালির সকলেরই যদি অন্নবস্ত্রের সংস্থান করা যেত, যদি সকলেই পেত শিক্ষার সুযোগ, সকলেরই যদি থাকত কিছু কিছু ক্রয়ক্ষমতা, তাহলে এই বাঙালিরা হয়ে উঠত বিশ্বের অন্যতম শক্তিশালী জাতি। কিন্তু সে সুখস্বপ্ন আমাদের ইহজীবনে বাস্তব হবে কি?

আমাদের এখানে অনেকেরই ধারণা, যারাই বিদেশে চলে যায়, তারা ধীরে ধীরে বাংলার সঙ্গে সম্পর্কচ্যুত হয়, তাদের ছেলেমেয়েরা একেবারেই

বাংলা শেখে না। বিদেশে কেন স্বদেশেই দিল্লি, মুম্বই, চেন্নাইয়ের বাঙালি পরিবারগুলির কী অবস্থা? সেখানকার দ্বিতীয় প্রজন্মের ছেলেমেয়েরা বাংলা লিখতে পড়তে জানে না, তাদের শেখাবার কোনও ব্যবস্থা নেই, এবং ব্যবহারিক জীবনে প্রয়োজন নেই বলে তারা শিখতেও চায় না। পরাধীন ভারতে বাংলা ভাষায় যে সর্বভারতীয় মর্যাদা ছিল স্বাধীন ভারতে তা হুহু করে কমে আসছে। আপাতত সে আলোচনায় আর যাচ্ছি না। প্রবাসে সম্পূর্ণ চিত্রটাই যে নৈরাশ্যজনক নয়, তা বোঝাবার জন্যই কয়েকটি দেশের কয়েকটি সমষ্টিগত দৃষ্টান্ত দিলাম। এরকম অন্যান্য দেশে নিশ্চিত আরও অনেক আছে, সব জানা তো আমার পক্ষে সম্ভব নয়! দিল্লি, মুম্বইতে বাঙালির সংখ্যা কম নয়, কিন্তু ওই দুই শহরের তুলনায় ইউরোপ-আমেরিকার কোনও কোনও শহরে বাংলা ভাষা-সাহিত্য নিয়ে মাতামাতি বেশি হয়। বিদেশ থেকে ইদানীং যত বাংলা পত্র-পত্রিকা প্রকাশিত হয়, তিরিশ বছর আগে তা কল্পনাও করা যেত না।

একটা মজার গল্প দিয়ে শেষ করি। গল্প নয়, ঘটনা। সুইজারল্যান্ডে এক বাঙালি পরিবারের কর্তা এক কঠোর নিয়ম জারি করেছেন, বাড়ির চৌহদ্দির মধ্যে ছেলেমেয়েদের সর্বক্ষণ বাংলা বলতে হবে। বাড়ির বাইরে তারা ফরাসি, জার্মান বা ইংরাজি, যা খুশি বলুক, বাড়িতে থাকার সময় বাংলা ছাড়া অন্য ভাষার একটি অক্ষরও উচ্চারণ করা যাবে না। সে বাড়ির বড় ছেলে একদিন বাইরে থেকে হন্তদন্ত হয়ে বাড়ি ফিরছে, তার বাবাকে কোনও জরুরি ব্যাপার জিগ্যেস করতে হবে। দরজা খুলেও সে থমকে দাঁড়িয়ে গেল চৌকাঠের ওপরে। একটি জার্মান শব্দের বাংলা প্রতিশব্দ তার কিছুতেই মনে পড়ছে না। সে তখন অসহায়ভাবে বলল, বাবা এই জার্মান কথাটার আমি বাংলা জানি না, তা হলে কি বাড়ির মধ্যে ঢুকতে পারব না?

(দেশ—২১/২/৯৮)

প্রবাসী বাঙালি ঃ সার্থকতা ও পরের প্রজন্ম

নিউ জার্সিতে আলোলিকা ও ভবানী মুখোপাধ্যায়ের বাড়িতে প্রথম আলাপ হয়েছিল ধ্রুব কুণ্ডুর সঙ্গে। কুড়ি-একুশ বছর আগের কথা, সে তখন সুঠাম, স্বাস্থ্যবান যুবক, অত্যন্ত সুপুরুষ এবং বলশালী, কিছুটা সংগ্রামের পর ওখানকার জীবনে সুপ্রতিষ্ঠিত, ক্যাডিলাক (সম্ভবত, আমি গাড়ির নাম মনে রাখতে পারি না) গাড়ি চালায় এবং জীবনরসে ভরপুর। সেই সময়েই কথা প্রসঙ্গে সে বলেছিল, আমি বুড়ো হয়ে এদেশে মরতে রাজি নই, এখানে আমার সবকিছু আছে, তবু আমি দেশে ফিরে যাব! এরকম কথা অনেকেই বলে, অনেকেই কোনও কোনও আবেগময় রাতে খুব শিগগিরই দেশে ফিরে যাবার সঙ্কল্প নিয়ে ঘুমোতে যায়, পরদিন সকালে উঠে ওই ধরনের চিন্তাই ছেলেমানুষি মনে হয়। যারা ভাগ্যান্বেষণে বিদেশে যায়, সেখানে বিদ্যা ও অর্থ দুটোই ভালোভাবে অর্জন করতে পেরে যায়। ওদেশের সুখ-সম্ভোগে অভ্যস্ত হয়ে পড়ে, তারাই আবার সমস্যাসঙ্কুল স্বদেশে ফিরে আসার জন্য হঠাৎ হঠাৎ উতলা হয়ে ওঠে কেন? এর কোনও সহজ উত্তর নেই। দেশপ্রেম? মা-বাবা কিংবা বন্ধু-বান্ধবদের টান? কোনওটাই তেমন জোরালো নয়। এর পরেও থাকে বিস্ময়, নিজস্ব, অতি ব্যক্তিগত ভালো-লাগা বা ভালো-না-লাগা। তারও কোনও ব্যাখ্যা নেই।

ধ্রুব কুণ্ডু যৌবন বয়েসেই ফিরে এল। যাদবপুর বিশ্ববিদ্যালয় থেকে

ফার্মেসির ডিগ্রি নিয়ে সে আমেরিকার ওষুধ কোম্পানিতে ভালো কাজ পেয়েছিল, এ দেশেও ওষুধ কোম্পানিতে উচ্চপদ পেতে তার অসুবিধে হল না। কিন্তু বনিবনা হল না সে চাকরিতে, কিছুদিন পরেই সে ফিরে গেল। এটাও একটা পরিচিত ফর্মুলা। আবেগের বশে যারা দেশে ফিরে আসে, তারা গ্রিন কার্ড কিংবা ফেরার পথ খোলা রাখে, এদেশের গরম যেমন তাদের সহ্য হয় না, তেমনই বুরোক্র্যাটদের মেজাজ, সরকারি দফতরগুলিতে গয়ংগচ্ছ ভাব, এমনকী ব্যাঙ্কে হয়রানি, ট্রেন বা প্লেনের টিকিট পেতেও ঝামেলা ইত্যাদি তাদের দুর্বিষহ মনে হয়, বুকের মধ্যে রাগ বা অভিমান নিয়ে তারা ফিরে যায়।

ধ্রুব কুণ্ডু গেল বটে, কিন্তু আর চাকরি নিল না। আসলে চাকরি তার ধাতে নেই, তাদের পরিবারে কেউ কখনও চাকরি করেনি। সে হুগলির ইটাচুনার জমিদার বাড়ির সন্তান, এখন আর জমিদারির ঠাটবাট নেই বটে, কিন্তু ইটাচুনার বিশাল প্রাসাদটি অটুট আছে, কলকাতাতেও তাদের সুরম্য হর্ম্য। পরের অধীনে কাজ করতে পারবে না বলে সে আমেরিকায় শুরু করল ব্যাবসা, মূলত চামড়ার ব্যাগের, কলকাতার আর্ট কলেজের ছাত্ররা নতুন নতুন ডিজাইন এঁকে দেয়। কুণ্ডুদেরই কারখানায় তৈরি ব্যাগ বিদেশে বিক্রি হয়। এ ব্যবসায়ে সার্থকতা আসতে দেরি হয়নি, ম্যানহাট্নে ও নিউ জার্সিতে তার দুটি আউট-লেট, তবু হঠাৎ আবার তার মন উচাটন হল, সেসব ছেড়েছুড়ে ফিরে এল দেশে। ধ্রুবর স্ত্রী বৃতিও খুব গুণী মেয়ে, সে বেশ ঈর্ষণীয় চাকরি করে, স্বামীর সঙ্গেই না ফিরে সে ঠিক করেছিল, আরও দু-এক বছর চাকরি চালিয়ে ভালো টাকা জমিয়ে নিয়ে আসবে। তা ছাড়া তার বাবা-মায়ের কাছে কিছু কিছু অর্থ পাঠাবার দায়িত্ব নিয়েছিল। মাঝে মাঝেই সে টেলিফোনে দুঃসংবাদ দেয়। কাঁদো কাঁদো গলায় বলে, তার আবার একটা প্রমোশন হয়েছে, এত উপার্জন ছেড়ে কি হুট করে চলে আসা যায়?

ধ্রুব এখন কলকাতায় দিব্যি জমিয়ে বসেছে। গ্রামের বাড়িতে পোলট্রি আর কলকাতায় ওষুধের দোকান খুললেও কোনও ধরাবাঁধা কাজের সঙ্গে সে আর যুক্ত নয়। তার দিন ও রাত্রিগুলি স্বাধীন, সে যখন-তখন স্বেচ্ছাচারী হতে পারে। বছরে অন্তত দুবার সে আমেরিকায় গিয়ে স্ত্রীর সঙ্গে কয়েকটি সপ্তাহ কাটিয়ে আসে, বৃতিও বছরে একবার কলকাতা ঘুরে যায়। তাদের দাম্পত্য সম্পর্কে কোনও ফাটল নেই। শুধু টেলিফোনের বিল খুব বেশি দিতে হয়।

আমি প্রথমেই ধ্রুব কুণ্ডুর কথা লিখলাম, তার কারণ, যত প্রবাসী বা

অনাবাসী বাঙালি আমি দেখেছি তাদের মধ্যে ওর দৃষ্টান্তটি অনন্য। (কমও তো দেখলাম না, আমি আয়ওয়া বিশ্ববিদ্যালয়ে যোগ দিতে গিয়েছিলাম ১৯৬৩ সালে, এবছর সেই ঘটনার চল্লিশ বর্ষপূর্তি হল। এর মধ্যে ওদেশে গেছি আরও বেশ কয়েকবার, কোনও-না-কোনও বিশ্ববিদ্যালয় বা সংস্থার আমন্ত্রণে, আমেরিকার বঙ্গ সম্মেলনেও যোগ দিয়েছিলাম প্রথম বছরেই। পরিচয় ও সখ্য হয়েছে কত মানুষের সঙ্গে, আতিথ্য পাবার সৌভাগ্য হয়েছে বেশ কিছু পরিবারের) অবশ্য ধ্রুব কুণ্ডু যে এমন ব্যতিক্রম হতে পেরেছে, তার দুটি কারণ, আর্থিক অসচ্ছলতার কোনও আশঙ্কা ছিল না, এবং এই দম্পতি স্বেচ্ছায় নিঃসন্তান।

ছেলেমেয়েদের কথা চিন্তা করেই অনেকে নিজেদের ইচ্ছেটাকে ঘুম পাড়িয়ে আর পাকাপাকি দেশে ফিরতে পারে না। ছেলেমেয়েদের চোখ ফুটলে আর স্কুলে যাওয়া শুরু করলে সে দেশটাকেই তারা আপন জ্ঞান করে, বাবা-মায়ের দেশে এসে তারা স্বস্তি বোধ করে না। একটু বড় বয়েসে এসে এ দেশের স্কুল-কলেজে ভরতি হলে তারা অকূল পাথারে পড়ে, সব কিছুই আলাদা এবং ভাষার ব্যবধানে তারা দিশেহারা হয়ে যায়। সেটা তাদের প্রতি অবিচার হয়।

টরেন্টোর নীলাদ্রি চাকী একটা চমৎকার কথা বলেছিল। পঞ্চাশ বছর বয়েসে নীলাদ্রি সবকিছু গুটিয়ে সপরিবারে ফিরে এসেছিল কলকাতায়। ওই দম্পতির দুটি ছোট মেয়ে এখানকার ইস্কুলে ভরতি হয়ে বাংলা ভাষাতেও বেশ সচ্ছন্দ হয়ে গেল। কলকাতায় ফ্ল্যাট কিনে সাজিয়েগুছিয়ে বসেছিল, নীলাদ্রিকে কেউ যদি জিগ্যেস করত, তুমি ফিরে এলে কেন, তার উত্তরে সে সহাস্যে বলত, জীবনের পঁচিশ বছর পড়াশুনো করেছি, তার পরের পঁচিশ বছর জীবিকার জন্য কঠোর পরিশ্রম করেছি (নীলাদ্রি ইঞ্জিনিয়ার), আর যদি পঁচিশ বছরও বাঁচি, তাহলে আর কোনও কাজ করব না, আড্ডা দেব, বই পড়ব, থিয়েটার-ছবির প্রদর্শনী দেখব, গানের জলসায় যাব, বেড়াব। নীলাদ্রি কলকাতার সাংস্কৃতিক জগতের সঙ্গে বেশ যুক্ত হয়ে পড়েছিল, তার নিজস্ব শখ ছিল দুর্লভ কোনও আর্টের উপাদান সংগ্রহ করা। তার মেয়েরা খানিকটা বড় হবার পর কিছু একটা সমস্যা হল, তা আমি ঠিক জানি না। প্রায় সাত-আট বছর পর আবার নীলাদ্রি এদিককার সব পাট চুকিয়ে ফিরে গেল কানাডায়, সেখানে তাকে নতুন করে ঢুকতে হল জীবিকার জগতে।

কবি উৎপলকুমার বসু ঠিক করেছিল তাদের একমাত্র সন্তানকে বিদেশি আবহাওয়ায় মানুষ করবে না, ছেলের তিন-চার বছর বয়েসেই সে ও তার

স্ত্রী সান্ত্বনা লন্ডনের সংসার গুটিয়ে ফিরে আসে কলকাতায়। তাদের উদ্দেশ্য সার্থক হয়েছে, ছেলে এখানে মানিয়ে নিতে পেরেছিল, সেই ছেলে এখন রবীন্দ্র ভারতীর অধ্যাপক।

এককালে 'উচ্চ শিক্ষার্থে বিদেশ যাত্রা' এই শিরোনামে সংবাদপত্রে খবর কিংবা বিজ্ঞাপন ছাপা হত, তার সঙ্গে পোস্টেজ স্ট্যাম্পের সাইজের সেই কৃতী ছাত্র বা ছাত্রীর ছবি। এখন আর এসব দেখা যায় না, কারণ প্রতি বছর রাশি রাশি ছেলেমেয়ে উড়ে চলে যাচ্ছে অন্য দেশে। আমরা প্রাচ্যদেশীয় হলেও আমাদের মুখ পশ্চিম দিকে। আমরা চিন বা জাপান সম্পর্কে যতটুকু জানি, সেই তুলনায় ইউরোপ, আমেরিকা সম্পর্কে প্রায় সবজান্তা। চায়ের দোকানে বা রকের আড্ডায় একটা কথা চালু ছিল, বি এন জি এস, অর্থাৎ 'বিলেত-না-গিয়েও-সাহেব'।

সত্যিই কেউ কেউ লন্ডনের রাস্তাঘাটের নামও বলে দিতে পারত কলকাতায় বসে। আর এখন দশবার বিলেত ঘোরা কাউকেও সাহেব বলে পাত্তা দেওয়া হয় না।

বিদেশ যাওয়ার ঝোঁক হঠাৎ খুব বেড়ে যায় ষাটের দশকে। শিক্ষিত বেকারের সংখ্যা তখন লক্ষ থেকে নিযুতে পৌঁছে যাচ্ছে, এমনকী ডাক্তারি-ইঞ্জিনিয়ারিং পাস করলেও উপার্জনের নিশ্চয়তা ছিল না, তাই যাদের পক্ষে জাহাজ ভাড়ার টাকা জোগাড় করা সম্ভব হত, তারাই পাড়ি দিতে শুরু করল পশ্চিমের ধনাঢ্য দেশগুলিতে। এখন ভিসায় এত কড়াকড়ি, কিন্তু শুনলে অবিশ্বাস্য মনে হবে, দু'দশক আগেও ইংল্যান্ড, জার্মানি, সুইডেন, কানাডায় ভারতীয়দের কোনও ভিসার প্রয়োজন হত না। আমেরিকার ভিসাও ছিল সহজলভ্য, এই তো সেদিনও আমেরিকার ভিসার জন্য একটা পয়সাও খরচ লাগত না। যুদ্ধোত্তর জার্মানিতে পুরুষের সংখ্যা এত কমে গিয়েছিল যে অন্য দেশ থেকে আগত শিক্ষিত-অশিক্ষিত, দক্ষ-অদক্ষ কর্মী সকলেরই কিছু না কিছু কাজ জুটে যেত সেখানে। জার্মান পুরুষদের তুলনায় নারীর সংখ্যা অনেক গুণ বেশি, সুতরাং বিবাহযোগ্য পাত্রীরা গিসগিস করছে, সেই জন্য সে আমলের বহিরাগতদের প্রায় সকলেরই জার্মান বউ। তবে ভারতের থেকেও আরব দেশগুলি থেকে পুরুষ কর্মী জার্মানিতে গেছে অনেক বেশি, পরে তাদের নিয়ে নানা সমস্যাও হয়েছে, ফাসবিন্ডারের চলচ্চিত্রে তা প্রতিফলিত হয়েছে।

কানাডা বিশাল দেশ। অথচ জনসংখ্যা খুবই কম। সে দেশ গড়ার জন্যও নানাধরনের কর্মী প্রয়োজন। মধ্য ষাটে কানাডা হাট করে তার দরজা

খুলে দিয়ে দু-হাত বাড়িয়ে অতিথিদের আহ্বান করেছে। উন্নততর নতুন সুযোগের সন্ধানে জার্মানি থেকে অনেক ভারতীয় তথা বাঙালি পাড়ি দিয়েছে কানাডায়। ইংল্যান্ড থেকেও অনেক গিয়েছে। ইস্টবেঙ্গল-মোহনবাগানের মতন জার্মানি থেকে আসা আর ইংল্যান্ড থেকে আসা বাঙালিদের মধ্যে কিছুটা রেষারেষির ভাব কানাডায় ছিল অনেকদিন।

জাহাজ ভাড়া কিংবা বিমান ভাড়া না দিয়েও দেশ ছেড়ে গেছেন কেউ কেউ। তারা খুব সাহসী, তাদের বুকে ছিল অভিযানস্পৃহা। 'সাইকেলে বিশ্বভ্রমণ' কিংবা 'পদব্রজে ইউরোপ', এরকম সংবাদ প্রায়ই বেরুত। সামান্য টাকা সম্বল করে ও শুভার্থীদের দেওয়া ফুলের মালা গলায় নিয়ে বেরিয়ে পড়তেন তাঁরা, পথে বিপদের সম্ভাবনা অগ্রাহ্য করে। বিখ্যাত রামনাথ বিশ্বাস কিংবা বিমল মুখোপাধ্যায়ের মতন দু-চারজন ফিরেও এসেছেন, আবার অনেকে ফিরে আসেননি, থেমে গেছেন মাঝপথে।

এরকম দু-একজনকে আমি চিনি। বেলঘরিয়ার ছেলে দীপ্তেন্দু চক্রবর্তী কেরানি হিসেবে জীবিকাজীবন শুরু করেছিল। এ দেশের কেরানিরা শেষজীবনে বড় জোর খুদে অফিসার হয়, কিন্তু দীপ্তেন্দু সেভাবে জীবন কাটাতে রাজি ছিল না। সে অন্য ধাতুতে গড়া। একটা সাইকেল নিয়ে সে বেরিয়ে পড়ল অনিশ্চিত ভবিষ্যতের রাস্তায়। দিল্লিতে পৌঁছবার পর লেখক-সাংবাদিক নিমাই ভট্টাচার্যের সহায়তায় দেখা করতে পারল ইন্দিরা গাঁধীর সঙ্গে, তিনি তাকে উৎসাহ দিয়ে শংসাপত্র দিয়েছিলেন। ওরকম দু-একটা পরিচয়পত্রের দরকার হয়, না হলে কোনও প্রতিকূল দেশে গুপ্তচর সন্দেহে গ্রেফতার হওয়ার বা মারধর খাওয়ার সম্ভাবনা থাকে। দীপ্তেন্দুর স্বভাবটা ডাকাবুকো ধরনের। তাই অনেক বাধা অনায়াসে পেরিয়ে সে পৌঁছয় লন্ডনে। তাই সাইকেলটি তখন অচল হয়ে গেছে। লন্ডনে নানারকম টুকটাক কাজ করার পর সে আটলান্টিক পেরিয়ে এল কানাডায়। সেখানেও সে প্রথম দিকে জীবিকার জন্য কোনও পেশাই অগ্রাহ্য করেনি, এমনকী পুলিশের কাজও করেছে। তবে এসব ছেলে ধরাবাঁধা চাকরিতে মানানসই হয় না। শুরু করল রিয়েল এস্টেটের ব্যাবসা, জমি কেনা-বেচা, বাড়ি বানানো, এক সময় অনেক সম্পদের অধিকারী হল, আবার সে ব্যবসায়ে হঠাৎ খুব নিম্নগতি হলেও হার মানেনি, এখন সে স্বাধীনভাবে চালাচ্ছে ট্র্যাভেল এজেন্সি! বিবাহিত, সংসারী দীপ্তেন্দুর মন কিন্তু যখন-তখন উড়ে যায় দেশের দিকে, প্রতিদিন ইন্টারনেটে দেশের সমস্ত খবর খুঁটিয়ে পড়ে, নিজে বাংলা-ইংরিজিতে দেশের পত্র-পত্রিকায় লেখে, কী করে পশ্চিম বাংলার উন্নতি

হবে সবদিক দিয়ে, এই চিন্তায় সে এক-একদিন বেশি নেশা করে ফেলে।

নকশাল আমলেও অনেক ছেলেমেয়ে বিদেশে পাড়ি দিয়েছিল। তাদের মধ্যে একটি মেয়ের কাহিনি চমকপ্রদ। কৃষ্ণকলি সরকারের (আসল নাম নয়) জন্ম বামপন্থী রাজনৈতিক পরিবারে। নকশাল আন্দোলনে জড়িয়ে পড়েছিল, পুলিশ তাকে খোঁজাখুঁজি করছে এবং ধরতে পারলে কী অবস্থা হবে তা অনুমেয়, সেই অবস্থায় উনিশ বছরের তরুণীটি দেশ ছেড়ে পালায়। হিচ হাইকিং করে সে আফগানিস্তান পেরিয়ে আরবের মরুভূমির মধ্য দিয়ে গেছে একা একা, কখনও দস্যুদলের সঙ্গেও রাত কাটিয়েছে। সে এক রোমহর্ষক কাহিনি। তা নিয়ে উপন্যাস লিখলে মনে হবে অবাস্তব, অবিশ্বাস্য। অসম্ভব মনের জোর সে যুবতীর, কোনওক্রমে পৌঁছল লন্ডনে, কিছুদিন পর আমেরিকায়। সেখানে হরেকরকম জীবিকার সঙ্গে যুক্ত থেকেছে। আমার সঙ্গে তার যেবার প্রথম দেখা হয়, তখন সে একজন বিখ্যাত আমেরিকান লেখকের গবেষণা-সহায়িকা। ও দেশের জনপ্রিয় ঔপন্যাসিকরা এরকম তিন-চারজন রিসার্চ অ্যাসিস্ট্যান্ট রাখেন।

দেশ ছেড়ে বিদেশে, বিশেষত পশ্চিমি দেশে যাওয়ার মূল কারণ অবশ্যই দুটো। উচ্চতর বিদ্যালাভ এবং অর্থ উপার্জন। তবে বিদ্যালাভ শেষ করার পর বেশি অর্থের লালসায় সবাই ওসব দেশে থেকে যায়, এটা মনে করা ঠিক নয়। অনেকেই স্বদেশে এসে অধীত বিদ্যার প্রয়োগে আগ্রহী, তার জন্য উপার্জন কিছু কম হলেও মেনে নিতে পারে। কিন্তু দেশে ফিরে যদি সুযোগও না পাওয়া যায়, তখন মন ভেঙে যায়, তারা আবার ফিরে যায়, কেউ কেউ দেশের প্রতি বিদ্বেষী হয়ে ওঠে। এরকম অনেককে দেখেছি, কলকাতা বা পশ্চিমবঙ্গে রাস্তাঘাট থেকে শুরু করে সমস্ত ব্যবস্থা কত খারাপ, সেই নিন্দেতে অক্লান্ত। এই খারাপ ব্যবস্থা বদলাবার কোনও দায়িত্ব অবশ্য তাঁদের নয়, তাঁরা বিদেশের নিশ্চিন্ত জীবন পেয়ে গেছেন।

পরাধীন আমলে বা তারও কয়েক দশক পর পর্যন্ত অনেকেই কিন্তু দেশে ফিরে আসতেন। আমরা এক সময় কত বিলেতফেরত ডাক্তার দেখেছি, কত এম আই টি থেকে পাশ করো ইঞ্জিনিয়ার, কত অক্সফোর্ডের ডিগ্রিধারী অধ্যাপক। তখন এঁদের জন্য জায়গা খালি ছিল, এখন যে-কোনও কাজের জন্য নিদারুণ প্রতিযোগিতা! আমার এক দূর সম্পর্কের বন্ধু ইউরোপ ও উত্তর আমেরিকায় প্রায় পনেরো বছর বিজ্ঞানের অধ্যাপনা করার পর ঝোঁকের মাথায় দেশে ফিরে এলেন, দেশের ছেলেমেয়েদের পড়াবেন। সায়েন্স কলেজে পুরোনো

মাস্টারমশাইয়ের কাছে গিয়ে জানালেন তাঁর মনোবাসনা। বিভাগীয় প্রধান জানালেন যে তাঁকে একটি জুনিয়ার লেকচারারের পদ দেওয়া যেতে পারে। এ কী অদ্ভুত প্রস্তাব! সাহেবদের দেশে পনেরো বছর পড়াবার অভিজ্ঞতার কোনও মূল্য দেওয়া হবে না। তাঁকে শুরু করতে হবে প্রথম থেকে? বন্ধুটি মনঃক্ষুণ্ণ তো হতেই পারেন। সায়েন্স কলেজের এক অধ্যাপক তাকে বললেন, ভাই, তুমি আশা করছ, আমাদের কয়েকজনকে ডিঙিয়ে তোমাকে রিডার কিংবা প্রফেসার পদ দেওয়া হোক। তোমার আর আমার রেজাল্ট ছিল একইরকম। তুমি বিদেশে চলে গেলে, আর আমার বিধবা মা একা থাকতে পারবেন না বলে ওদেশের দু-একটা বিশ্ববিদ্যালয় থেকে সুযোগ পাওয়া সত্ত্বেও আমি যাইনি। আমার এই বিদেশ না-যাওয়াটা কি অপরাধ? এটাও অকাট্য যুক্তি।

এখন সরকারি নিয়ম হয়েছে যে বিদেশে ডিগ্রিধারী ডাক্তারদের আলাদা কোনও বিশেষ স্বীকৃতি দেওয়া হবে না। ইঞ্জিনিয়ার, অধ্যাপকদের সম্পর্কেও সম্ভবত এ নিয়ম প্রযোজ্য। বিদেশে শিক্ষাপ্রাপ্তদের এখন আর না ফিরে আসার সিদ্ধান্তের এটাই বোধহয় বড় কারণ।

ইংল্যান্ড বা জার্মানির তুলনায় আমেরিকা-কানাডায় যাবার ঝোঁকই এখন খুব বেশি। কারণ, ওই দুই দেশে উপার্জন অনেক বেশি। কাজ পাওয়াও কঠিন নয়। কিন্তু আমেরিকায় যাওয়ার সুযোগ পেয়েও যায়নি এমন একজনকে জানি। তার নাম অসীম রায়। কলকাতায় বিএসসি পাশ করে অসীম চাকরি পেয়েছিল স্টেট ইলেকট্রিসিটি বোর্ডে, পোস্টিং হয়েছিল বর্ধমানের একটি গ্রামে। সেখানে একটা ছোট ঘর ভাড়া করে থাকত, খেতে হত নিজে রান্না করে, পরে একটা রান্নার লোকও বোধহয় জুটেছিল, ঘুরতে হত গ্রামে গ্রামে। এরকম তো অনেকেই এখানে চাকরি করে, তাদের মধ্যে দু-একজনের মনই হঠাৎ ছটফটিয়ে ওঠে। অসীম হঠাৎ সে চাকরি ছেড়ে কোনওক্রমে গিয়ে পড়ল ইংল্যান্ডে। সেখানে চাকরি করতে করতে পড়াশুনা, ক্রমে ইঞ্জিনিয়ারিং ডিগ্রি লাভ। প্রায় আট বছর সেখানে কাজ করার পর তার ইচ্ছে হল দেশ বদলাবে। আমেরিকা থেকে সে ডাক পেয়েছিল, কিন্তু চলে এল ফ্রান্সে। আমেরিকায় সে গেল না কেন? ওখানে ছুটি কম। ফরাসিদের জীবনযাত্রা অনেকটা ঢিলেঢালা, সেখানকার সাংস্কৃতিক পরিবেশও অসীমের পছন্দ হয়ে গেল। এখন সে ফরাসি নাগরিক। অসীমের এক বন্ধু কোকো মুখার্জি কিন্তু ব্রিটিশ নাগরিক হয়েও ফিরে এসেছেন দেশে। আস্তানা গেড়েছে শান্তিনিকেতনে, এখন আলস্যই তার বিলাস। আড্ডাতেই তার আরাম, বিলেতের কথা উচ্চারণই করে না।

অন্যান্য দেশের তুলনায় ফ্রান্সে পশ্চিমবঙ্গীয় বাঙালিদের সংখ্যা বেশ কম। একটি ছোট গোষ্ঠী, তবু তাদের নিজস্ব পাঠাগার ও ক্লাব আছে। ইংলন্ডে বহুদিন প্রবাসী অথচ ইংরিজি সাহিত্য সম্পর্কে কিছুই জানে না, এমন বাঙালির সংখ্যা যথেষ্ট। কিন্তু ফরাসি দেশে যারা থাকে, তাদের পেশা যাই-ই হোক, সে দেশের শিল্প-সাহিত্য সম্পর্কে তারা সচেতন, এমনই একটা সামাজিক বাতাবরণ। যেমন ডক্টর ভূপেশ দাশ, তিনি বিশিষ্ট বিজ্ঞানী, কিন্তু সংস্কৃতির বিভিন্ন শাখা সম্পর্কে অবহিত। শিল্পী শক্তি বর্মন আন্তর্জাতিক খ্যাতি পেয়েছেন। ওদেশেই থেকে গেছেন চল্লিশ-বেয়াল্লিশ বছর, কিন্তু এখনও বাংলা সাহিত্য, বাংলা গান সম্পর্কে যেমন আগ্রহী, তেমনই ফরাসি শিল্প-সাহিত্যে নিমজ্জিত। বাঘা যতীনের নাতি পৃথ্বীন্দ্রনাথ মুখোপাধ্যায় বহুবছর ধরে ফরাসি ও বাংলা সংস্কৃতির সেতুবন্ধন করে আসছেন। ব্যবসায়িক সাফল্য পেয়েছেন সম্বিৎ সেনগুপ্ত, তিনিই আবার শিল্পী ও গীতিকার। বহরমপুরের মেয়ে প্রীতি আর ময়মনসিং-এর ছেলে বিকাশ সান্যাল প্যারিসে কাটিয়ে দিলেন তিন দশকের বেশি সময়। বিকাশ এক সময় নরেন্দ্রপুর রামকৃষ্ণ মিশনের অধ্যক্ষ ছিলেন, এখন প্যারিসে ইউ এন-এর শিক্ষা উপদেষ্টা। পৃথিবীর বহু ছোটবড় দেশে তাঁকে ঘুরে বেড়াতে হয়। সেসব জায়গার শিক্ষা সংস্কারের কাজে, এমনকী যুদ্ধ পরবর্তী আফগানিস্থানেও। ইংরেজিতে বই লিখেছেন অনেকগুলো, ফরাসি ভাষা জানেন জলের মতন, এবং তিনি মনেপ্রাণে এখনও খাঁটি বাঙালি ও বাঙাল। ময়মনসিং-এর নাম শুনলেই তাঁর মনটা হু-হু করে। প্রীতি একজন গদ্য লেখিকা এবং কবি। 'দেশ' পত্রিকায় বহুদিন 'প্যারিসের চিঠি' লিখেছেন। নিজের উৎসাহে ফরাসি সাহিত্য ও শিল্পের খুঁটিনাটি তথ্য সংগ্রহ করেন, এখন মেতেছেন অকালমৃত পর্তুগিজ কবি ফের্নান্দো পেসোয়াকে নিয়ে। বিকাশ মেইজোঁ দ্য ল্যাঁদ, অর্থাৎ ইন্ডিয়া হাউজেরও পরিচালক। এই দম্পতির আন্তরিক আতিথ্যের কথা সুবিদিত।

প্যারিসের আর একজন শিল্পী সাহাবুদ্দিনও যেমন খ্যাতিমান তেমনই আকর্ষণীয় ব্যক্তিত্ব। তবে প্রবাসী বাংলাদেশিদের কথা আমাদের আলাদা করে অন্য সময় লিখতে হবে। পশ্চিম বাংলার বাঙালিদের চেয়ে বাংলাদেশের জনসংখ্যা দ্বিগুণ। কিন্তু বিদেশে, অনেকগুলি দেশে, পশ্চিমবঙ্গীয় বাঙালিদের তুলনায় বাংলাদেশিদের সংখ্যা অনেক গুণ বেশি। একটা হিসেব পেয়েছিলাম জাপানে। টোকিও শহরে বাংলাদেশিদের দশ হাজার! তার কারণ কি, আমাদের এদিককার বাঙালিরা ঘরকুনো, ঝুঁকি নিতে ভয় পায়? কত বেকার ছেলে নিষ্কর্মা

হয়ে থেকে থেকে বুড়ো হয়ে যাচ্ছে, তবু দেশের বাইরে যেতে চায় না। আমার এক বন্ধু কয়েকটি হাত কচলানো বেকার যুবককে বলেছিল, আমার চাকরি দেবার ক্ষমতা নেই। কিন্তু তোমাদের আন্দামানে যাবার জাহাজ ভাড়া দিচ্ছি। সেখানে গিয়ে দেখো না কিছু চেষ্টা করে। সেখানে কাজ জুটে যেতে পারে। আন্দামান শুনেই চোখ গোল গোল করে তারা পিছিয়ে গেছে।

ইউরোপ-আমেরিকায় যেসব পশ্চিমবঙ্গীয়দের দেখা যায়, তারা অধিকাংশই ভালো ছাত্রছাত্রী, প্রথম দিকে পড়াশুনো ও নতুন চাকরিতে প্রচুর পরিশ্রম করতে হলেও কিছুদিন পরে সুপ্রতিষ্ঠিত হয়ে যায়। কিন্তু বাংলাদেশের ভালো ছাত্রছাত্রী ও বিদ্বানদের সঙ্গে সঙ্গে তেমন লেখাপড়া না জানা হাজার হাজার মানুষ চরম অনিশ্চয়তা নিয়েও দেশ ছেড়ে বেরিয়ে পড়ে, দারুণ কষ্ট সহ্য করতে পারে, রেস্তোরাঁয় বাসন মাজার মতন যে-কোনও ছোট চাকরি নিতেও রাজি হয়ে যায়। তাদের মধ্যে কিছু সংখ্যক পরবর্তী জীবনে সাফল্যও অর্জন করে।

বাংলাদেশির মধ্যে অনেক খ্যাতিমান চিকিৎসক, স্থপতি, অধ্যাপক আছেন। পশ্চিমবঙ্গের বাঙালিরা ব্যাবসা-বাণিজ্যে উদ্যোগী হয় না। প্রায় সবাই চাকুরিজীবী, বাংলাদেশিরা অনেকরকম ব্যবসা শুরু করে। নিউ ইয়র্কের জ্যাকসন হাইট নামে অঞ্চলটি প্রায় বাংলাদেশিরাই দখল করে নিয়েছে। ইন্ডিয়ান রেস্টুরেন্ট নামে যেগুলি চলে, তার অনেকগুলিরই মালিক বাংলাদেশি কিংবা পাকিস্তানি। সাহেবরা ইন্ডিয়ান ফুড চেনে, বাংলাদেশি বা পাকিস্তানি ফুড নামে কিছু এখনও জনপ্রিয় হয়নি। কোনও পাকিস্তানি শিল্পী উচ্চাঙ্গ সঙ্গীত গাইলেও তা ইন্ডিয়ান মিউজিক। আমরা সবাই ইন্ডিয়ান সাবকন্টিনেন্টের মানুষ, এই ভৌগোলিক পরিচয়টা মেনে নিলেই ঝামেলা চুকে যায়, কিন্তু অনেকের 'ইন্ডিয়ান' শব্দটি উচ্চারণেই আপত্তি।

অন্যান্য দেশের তুলনায় আমেরিকায় ছুটি কম, কাজ বেশি। মাইনে বেশি দেয়, তাই প্রচুর খাটিয়ে নেয়। চাকরির কোনও নিরাপত্তা নেই। যত উঁচু পদের কাজই হোক, যে-কোনওদিন ছাঁটাই হতে পারে যে কেউ। কোম্পানি তিন মাসের মাইনে ধরিয়ে দিয়ে বলবে, কাল থেকে আর আসতে হবে না। সেই জন্য প্রত্যেক দিনই নিজের যোগ্যতার প্রমাণ দিতে হয়। ধ্রুব কুণ্ডু বলেছিল, আমেরিকায় সকাল বলে কিছু নেই, হয়তো সেই কারণেই সে আমেরিকায় থাকতে চায়নি। আমাদের এখানকার সকাল অনেক প্রলম্বিত, বিছানায় শুয়ে চা খাওয়া, অনেকক্ষণ ধরে খবরের কাগজ পড়া, তারপর থলি হাতে বাজার যাওয়া, যাওয়া-আসার পথে এর-তার সঙ্গে কুশল বিনিময়, সংক্ষিপ্ত আড্ডা,

তারপর বাড়ি ফিরে অফিস যাওয়ার প্রস্তুতি, অনেকেই বাইরে লাঞ্চের বদলে ভাত-ডাল-মাছের ঝোল খেয়ে যায় বাড়ি থেকে। আর আমেরিকায় ভোরবেলা ঘুম ভাঙার পরই তড়াক করে লাফিয়ে নামতে হয় বিছানা থেকে। নিজেকেই বানাতে হয় চা কিংবা কফি, তাতে চুমুক দিতে দিতেই দাড়ি কামানো, তারপর টয়লেট, তারপর স্নান। চলতি ভাষায় যাকে বলে শেভ, শিট অ্যান্ড শাওয়ার, সবই অতি দ্রুত। তারপর একটা স্যান্ডুইচ কোনওক্রমে নাকেমুখে গুঁজে দৌড়। সে বাইরে ঝড়-বৃষ্টি হোক বা অবিরাম তুষারপাত, যেতেই হবে। বছরে বেশ কয়েক মাস এই সময়টা বাইরে অন্ধকার থাকে। অনেককেই গাড়ি চালিয়ে যেতে হয় এক ঘণ্টা বা তারও বেশি, অর্থাৎ কর্মস্থল পঞ্চাশ-ষাট মাইল দূরে, একটু বেলা করে বেরুলেই প্রবল ট্রাফিক জ্যামের সম্ভাবনা, তা নিয়ে প্রতিদিনের উৎকণ্ঠা। হয়তো এই জন্যই অনাবাসীদের মধ্যে হৃদরোগীদের সংখ্যা তুলনামূলকভাবে বেশি। স্বামী-স্ত্রীর সংসারেরও এই একই রুটিন, শতকরা পঁচানব্বইটি পরিবারে দুজনেই কাজে যায়, দুটি গাড়ি, একইরকম ব্যস্ততা। মেয়েদের অবশ্য দাড়ি কামাতে হয় না, কিন্তু তাদের চুল আঁচড়াতে বেশি সময় লাগে।

ভোরের আলো ফোটার আগেই যারা বেরিয়ে যায়, তারা ফেরে দিনের আলো শেষ করে। আসা-যাওয়াতেই যে সময় লাগে অনেক। তারপর ক্লান্ত শরীরে অন্য কিছু করার আর উদ্যম থাকে না, কিছুটা রান্নাবান্না করতেই হয়। আহারপর্ব শেষ করেই ঘুমের সাধনা, কেননা, পরদিন আবার ভোরে উঠতে হবে। রবিবারেও ছুটি নেই। অন্য কোনও কাজের লোক তো নেই, তাই বাগানের ঘাস ছাঁটা (না ছাঁটলে প্রতিবেশী বাঁকা মন্তব্য করবে কিংবা নিজের লন মোয়ার ধার দিতে চাইবে) থেকে শুরু করে রান্নাঘর পরিষ্কার, কার্পেটের ওপর ভ্যাকুয়াম ক্লিনার চালানো, (ঠান্ডার দেশ বলে মেঝেতে কার্পেট পাততেই হয় এবং নিয়মিত কার্পেটের ধুলি-মুক্তি না ঘটালে হাঁপানি হবার সম্ভাবনা থাকে) জামা-প্যান্ট কাচা, বাথরুমের কল সারানো, এমনকী ছাদের টালি মেরামত, এরকম হাজারটা কাজ থাকে। রবিবারই যেন পরিশ্রম বেশি।

এ তো এক যান্ত্রিক জীবন। অনেকেই এই যান্ত্রিকতা মেনে নেয়। মানুষের সভ্যতার যা শ্রেষ্ঠ ফসল, শিল্প, সাহিত্য, সঙ্গীত, এসব থেকে তারা বঞ্চিত। তুলনামূলকভাবে পশ্চিমবঙ্গীয়দের চেয়ে বাংলাদেশিরা যে জাতীয় সংস্কৃতি ও ভাষাকে ধরে রাখার ব্যাপারে অনেক বেশি নিষ্ঠার পরিচয় দেয়, তা অবশ্য স্বীকার্য। তারা ছেলেমেয়েদের বাংলা শেখায়, বাড়ির মধ্যে ইংরেজি

বলে না। পশ্চিমবঙ্গীয়রা ছেলেমেয়েদের বাংলা শেখাবার চেষ্টাই করে না অনেকে, আর অনেকে প্রথম প্রথম একটু চেষ্টা করে হাল ছেড়ে দেয়, ছেলেমেয়েদের সঙ্গে শুধু ইংরিজিতে কথা বলে, স্বামী-স্ত্রীর ঝগড়াও পুরো ইংরিজিতে। মন্ট্রিয়েলে রাজ্জাক হাওলাদারের কিশোর পুত্র লম্বা একটা বাংলা কবিতা মুখস্থ শুনিয়ে আমাকে তাক লাগিয়ে দিয়েছিল। কোনও প্রবাসী পশ্চিমবঙ্গীয়র বাড়িতে এমন অবাক হবার সৌভাগ্য আমার হয়নি।

ব্যতিক্রম অবশ্যই আছে। আলোলিকা এবং ভবানী মুখোপাধ্যায়ের একমাত্র কন্যার মুখে আমি কখনও কবিতা শুনিনি বটে কিন্তু তার বাংলা একেবারে নির্ভুল, উচ্চারণ নিখুঁত। ইঞ্জিনিয়ার হয়েও ভবানীর ওপর কাজের চাপের কোনও ছাপ পড়েনি। সদা প্রফুল্ল, আপন মনে গুনগুন করে গান গায়, সে তার ব্রাহ্মণত্বও বজায় রেখেছে, অনেক পুজোর পুরোহিত, আবার নাটকদলে বিশিষ্ট অভিনেতা। আলোলিকা বাচ্চাদের নাচ-গান শেখায়, অনেক সাংস্কৃতিক প্রতিষ্ঠানের সঙ্গে যুক্ত, এবং নিয়মিত লেখিকা, বাংলার পাঠকদের কাছে সে পরিচিত।

ওয়াশিংটন ডিসি-র রমেন পাইন, জুলি তাদের দুই মেয়েকে যত্ন করে বাংলা শিখিয়েছে। ছোট মেয়েটি নৃত্যশিল্পী। রমেন-জুলি এক সময় চলে এসেছিল দেশে, এখানে টেলিভিশনে সংবাদ পাঠক হিসেবে প্রায়ই দেখা যেত রমেনকে। কিন্তু তার এক ছেলে প্রতিবন্ধী, তার চিকিৎসার প্রয়োজনেই ওরা আবার ফিরে গেছে। তার জন্য রমেনের মনোবেদনা রয়ে গেছে এখনও। আমেরিকার তুষারপাত দেখতে দেখতে রমেনের মনে পড়ে কোলাঘাটের কাছে কোথাও রাস্তার ধারে চায়ের দোকানে বসে ভাঁড়ের চা খাওয়ার কথা। প্রতি বছর সে আসে দেশে।

নূপুর লাহিড়ি অত্যন্ত ব্যস্ত ডাক্তার। নিজস্ব চিকিৎসা প্রতিষ্ঠানও চালাতে হয়, তবু সাহিত্য-সঙ্গীতের সঙ্গে তার সম্পর্ক অবিচ্ছেদ্য। সে কবিতা-গল্প লেখে, নিজের গানের ক্যাসেট আছে, বাড়িতে বাংলা বইয়ের লাইব্রেরি করেছে, বেঙ্গল ফাউন্ডেশন নামে প্রতিষ্ঠান গড়ে সে ওদেশের মানুষদের মধ্যে বাংলা সংস্কৃতি প্রচারের চেষ্টা চালিয়েছে। আবার ঘণ্টার পর ঘণ্টা আড্ডাও দিতে পারে, চোখের নিমেষে রেঁধে ফেলতে পারে দশ-পনেরো জনের সুখাদ্য, তার এক শরীরে যেন পাঁচ রমণীর জীবনীশক্তি। একবার কলকাতায় এসে এয়ারপোর্ট থেকে সে সোজা চলে এসেছিল বইমেলায়। দীর্ঘ বিমানযাত্রার পর ক্লান্ত শরীরে বাড়ি গিয়ে বিশ্রাম নেবার বদলে বইমেলা দেখতে যাবার মতন ইচ্ছে এবং

জীবনীশক্তি সারা পৃথিবীতে বোধহয় একমাত্র নূপুরেরই আছে। সেবার বইমেলায় আগুন লেগেছিল, বহু স্টল পুড়ে যায়। পরে, ক্ষতিগ্রস্ত প্রকাশকদের সাহায্যকল্পে কিছু পোড়া বই নিলাম হয়েছিল, সর্বোচ্চ দাম দিয়ে একটি অর্ধদগ্ধ গ্রন্থ এই নূপুর লাহিড়িই কিনে নিয়ে যায় সুভেনির হিসেবে।

এবং গৌতম দত্ত। পেশায় ইঞ্জিনিয়ার, তবে চাকরির বদলে তার নিজস্ব প্রতিষ্ঠান। খুবই ব্যস্ত থাকার কথা, তবু সে কবিতা লেখে, কবিতার আলোচনায় মশগুল হয়ে যায়। এবং তার প্রবল নেশা নাটকে। শুধু অভিনয় নয়, পরিচালনা এবং প্রযোজনায়। ইংরিজি এবং বাংলা নাটক। গত বছরই সে 'প্রথম আলো' নামে একটি নাটকের প্রযোজনা ও পরিচালনার দায়িত্ব নেয়, বিরাট লম্বা নাটক, অভিনেতা-অভিনেত্রী প্রায় তিরিশজন। কর্মব্যস্ত এতগুলি মানুষকে জড়ো করে মাসের-পর-মাস রিহার্সালের ব্যবস্থা করা কম কথা নয়, তারপর পূর্ব উপকূলের সাতটি শহরে, এর মধ্যে খোদ নিউ নিয়র্কের ম্যানহাট্‌নেও ঘুরে ঘুরে হয়েছে এই নাটকের অভিনয়। পুরো সেট ও লটবহর নিয়ে যেতে হয়েছে ট্রাক ভাড়া করে ও নিজেরা ট্রাক চালিয়ে, প্রত্যেক জায়গায় মঞ্চসজ্জা ও তা গুটোনার ভারও নিতে হয়েছে নিজেদের, এসব নিদারুণ পরিশ্রমসাধ্য কাজ। অবশ্য গৌতমকে সবসময় সাহায্য করেছে তার কয়েকজন ঘনিষ্ঠ বন্ধু। দেশের ছেলেরা দেশে থাকলে এত পরিশ্রম করতে চায় না, হয়তো আবহাওয়ারই দোষ, বিদেশে গিয়ে তারা কোনও পরিশ্রমের কাজেই পিছু-পা হয় না। গৌতম ও তার বন্ধুরা যে এত খাটাখাটনি করেছে, তাতে তাদের অন্য কোনও লাভের প্রশ্ন নেই, নিছক নাটকের প্রতি ভালোবাসা ও বন্ধুত্বের টান। শুধু অভিনয় নয়, এঁদের অনেকের সঙ্গীতপ্রতিভাও বিস্ময়কর। গৌতমের স্ত্রী মুনিয়া এমনই অসাধারণ অভিনয় করে যে দেশে থাকলে সে অনায়াসে সিনেমার হিরোইন হতে পারত।

অনেক আসরে কারও কারও গান শুনে কিংবা নাচ দেখে মনে হয়েছে, দেশে থাকলে তাদের প্রতিভা আরও বিকশিত হত, বিখ্যাতও হতে পারত। কারও কারও কবিতা বা গল্প দেখেও মনে হয়, আরও একটু চর্চা থাকলে তারা সার্থক লেখক হতে পারত, বিদেশে বসে তার সুযোগ খুব কম।

জ্যোতির্ময় দত্তর কথা মনে পড়লেই আমার এক ধরনের কষ্ট হয়। সাধারণত অধিকাংশ ছেলেমেয়েই দেশ ছেড়ে যায় অল্প বয়েসে, জ্যোতি দত্ত আর মীনাক্ষী গেলেন প্রায় মধ্য বয়েসে। জ্যোতির বিদেশে থিতু হওয়ায় বাংলা সাংবাদিকতায় ও সাহিত্যে এক দারুণ ক্ষতি হয়ে গেল! জ্যোতি ওখানেও

ইংরিজি সাংবাদিকতা করছেন, কিন্তু সেরকম তো আরও কতই আছেন, কিন্তু কলকাতায় তিনি ছিলেন এক অনন্য রঙিন ব্যক্তিত্ব। সবসময়ই তিনি কিছু-না-কিছু অভিনব পরিকল্পনায় শহর মাতিয়ে রাখতেন। মীনাক্ষীও কলকাতার একটি বিশেষ আকর্ষণীয় ব্যক্তিত্ব ছিলেন। বুদ্ধদেব বসু-প্রতিভা বসুর বাড়ির আড্ডা চালিয়ে যাচ্ছিলেন মীনাক্ষী, চলে গেলেন নিউ ইয়র্ক। অবশ্য মীনাক্ষী ওখানকার টেগোর সোসাইটির সঙ্গে যুক্ত হয়েছেন।

উজ্জ্বল ব্যতিক্রমী কিছু কিছু মানুষ ছড়িয়ে আছেন এত বড় দেশে, তাঁদের অনেকের কথাই আমি জানি না। যেমন ইংল্যান্ডে আমি অনেকবারই গেছি বটে, কিন্তু সেখানকার বেশি বাঙালিদের সঙ্গে আমার পরিচয়ের সুযোগ ঘটেনি। আমার বাল্যবন্ধু ভাস্কর দত্ত প্রতিবার এয়ারপোর্টে এসে খপ করে আমার হাত ধরে টেনে নিয়ে যেত তার বাড়িতে। তারপর আর ঘোরাঘুরি করা হত না। ভাস্কর চরম আড্ডাবাজ, সে বলত বোস না, কোথায় যাবি? মলয় ঠাকুর, অমলেন্দু বিশ্বাসের মতন কয়েকজন এসে যোগ দিত সেই আড্ডায়। ১৯৬৫ সালে দেশ ছাড়ার সময় ভাস্কর বলেছিল, বিলেতে আমার নামে একটা রাস্তা করে তারপর দেশে ফিরব। ওর নামে রাস্তা হয়নি বটে, কিন্তু ভাস্কর দুটো কারখানা কিনেছিল, সেখানকার ইংরেজ কর্মচারীরা ভাস্করকে দেখে সসম্ভ্রমে উঠে দাঁড়িয়ে গুড মর্নিং মিস্টার ডাটা বললে ভাস্কর আমার দিকে তাকিয়ে চোখ টিপত। আমরা পরাধীন আমলে জন্মেছি, তাই বিলেতে গিয়ে সাহেব মুচি দিয়ে জুতো পালিশ করিয়ে পরম শ্লাঘা বোধ করেছি। চাকরিজীবনে ভাস্কর যখন-তখন আমাদের পেয়ে গেলেই বলত, আজ আর অফিস যেতে ভালো লাগছে না। কারখানার মালিক হবার পর আর ওকে পায় কে, আমি নানা কারণে ফ্রান্স, জার্মানি কিংবা বেলজিয়ামে গেলে ভাস্করও সেখানে উপস্থিত। উদ্দেশ্য, স্রেফ আড্ডা।

আর কখনও কখনও গিয়ে থেকেছি রাখী ও নবকুমার বসুর বাড়িতে। সেটা অবশ্য লন্ডন শহর থেকে অনেক দূরে—স্ক্যানথর্প নামে একটি জায়গায়। এই দম্পতি দুজনেই ডাক্তার। নবকুমারের মতো বাংলা সাহিত্য সঙ্গীতকে এমন প্রাণের সঙ্গে আঁকড়ে ধরার মতো উৎসাহ কম লোকেরই দেখা যায়। ব্যস্ত ডাক্তার হয়েও সে প্রতিদিন লিখতে বসে। এ ছাড়া সে চমৎকার গান গায়, তবলা ও হারমোনিয়াম বাজায়। সুতরাং তার বাড়িতে গেলে চমৎকার সময় কাটে। রাখী ডাক্তার হিসেবে ব্যস্ততর। তবু সে ফাঁকে ফাঁকে যেমন রান্না করে, তেমনই বাংলা বই ও বাংলা সাহিত্যের সব খবর রাখে।

তবু এর মধ্যে অক্সফোর্ডে একবার গিয়েছিলাম নীরদচন্দ্র চৌধুরীর বাড়িতে। তখন তাঁর বয়েস চুরানব্বই। তাঁর পাণ্ডিত্য ও স্মৃতিশক্তির চেয়েও তাঁর শারীরিক তৎপরতার অহংকার বেশি বিস্মিত করেছিল। একটা হাতলহীন চেয়ার দেখিয়ে তিনি জিগ্যেস করেছিলেন, কিছু না ধরে এই চেয়ারে উঠে দাঁড়াতে পারবেন? আমরা (সঙ্গে বাদল বসু ও ভাস্কর) চেষ্টা করারই সাহস পাইনি, চুরানব্বই বছর বয়স্ক গ্রন্থকীটটি কিন্তু সেটা অনায়াসে করে দেখালেন।

ওঁরই প্রতিবেশী ছিলেন প্রখ্যাত দার্শনিক বিমলকৃষ্ণ মতিলাল। দুই প্রতিবেশীর মধ্যে তেমন সৌহার্দ্য ছিল না বোধ হয়। নীরদচন্দ্র যেমন প্রতি কথায় টুকটুক করে আদিরসাত্মক ইয়ার্কি ঢুকিয়ে দিতেন, সে তুলনায় বিমলকৃষ্ণ মতিলাল শান্ত, লাজুক ধরনের। কীভাবে মৃত্যুকে জয় করা যায়, এ বিষয়ে খুব সুন্দর আলোচনা করেছিলেন। তিনি জানতেন, তাঁর মৃত্যু আসন্ন।

বৈদগ্ধ্য ও পাণ্ডিত্যের জন্য যিনি আন্তর্জাতিক প্রসিদ্ধি পেয়েছেন, সেই তপন রায়চৌধুরী ঘরোয়া আলাপে তাঁর পরিচিতদের নানান রসিকতায় মুগ্ধ করে রাখেন। তাঁকে বলা যায় সৈয়দ মুজতবা আলীর উত্তরসুরি। এক দিকে যেমন রচনা করেছেন, 'ইউরোপ রিকন্সিডারড', তেমনই বাংলায় লিখেছেন চমৎকার উপভোগ্য বই, 'রোমন্থন অথবা ভীমরতিপ্রাপ্তর পরচরিতচর্চা'। তাঁর সঙ্গে আমার সাক্ষাৎ পরিচয় অবশ্য যৎসামান্য।

অপর এক ইতিহাসবিদ রণজিৎ গুহ সাবলর্টান হিস্ট্রির জন্য প্রসিদ্ধ, থাকেন ভিয়েনায়। আমি কখনও অস্ট্রিয়ায় যাইনি, ওঁর সঙ্গে একবার মাত্র দেখা হয়েছে কলকাতায়। আমাকে অবাক করে উনি আলোচনা করেছিলেন বাংলা কবিতা এবং কৃত্তিবাস পত্রিকা বিষয়ে। ইতিহাস বিষয়ে যে আমি একেবারেই অজ্ঞ, তা উনি কী করে যেন বুঝে গিয়েছিলেন। পাতলা চেহারা, ছোটখাটো মানুষটি, বয়েস হয়েছে, তিনি দুবার বললেন, আমার বোধহয় আর ইহজীবনে কলকাতায় আসা হবে না। সে কথাটা আমার কানে এখনও বাজে।

জার্মানিতেও আমার পরিচয়ের পরিধি খুব কম। গেলে প্রধানত দেখা হয় অলোকরঞ্জন দাশগুপ্তর সঙ্গে। কিংবা বার্লিনে পঙ্কজ চট্টোপাধ্যায়, মাধুরীর বাড়িতে। এবং ফ্রাঙ্কফুর্টের হাবিবুল্লাহ বাবুল আমি যেখানেই থাকি তার বাড়িতে ধরে নিয়ে যাবেই। তারপর সে আর তার স্ত্রী বকুল কত কী যে রান্না করবে তার ঠিক নেই, দলে দলে এসে পড়বে ওদের বাংলাদেশি বন্ধুরা। তখন আমিও বাংলাদেশি হয়ে যাই। জন্মসূত্রে সে দাবি তো আমার আছেই।

ষাট সত্তরের দশকে যাঁরা বিদেশে পাড়ি দিয়েছিলেন, তাঁরা অনেকেই

এখন পরবর্তী প্রজন্ম সম্পর্কে চিন্তিত। ওদেশে জন্ম, ওদেশে স্কুল-কলেজে শিক্ষা, সেইসব ছেলেমেয়েদের গায়ের রং ছাড়া আর কোনও বাঙালি বা ভারতীয় পরিচয় কি অবশিষ্ট থাকবে? মাতৃভাষা কিংবা পিতৃভাষা প্রায় কেউই শেখে না, কেউ কেউ কথা বলতে পারলেও অক্ষর জ্ঞান হয় না, সুকুমার রায় বা রবীন্দ্রনাথের স্থান থাকবে না তাদের জীবনে? অনেক পরিবারেই বাবা-মায়েরা হাল ছেড়ে দিয়েছেন, আবার সুইজারল্যান্ডের পূর্ণেন্দু চৌধুরীর মতনও কেউ কেউ আছেন, যিনি তাঁর ছেলেকে কঠোর নির্দেশ দিয়ে রেখেছিলেন, বাইরে থেকে এসে সদর দরজা পেরিয়ে বাড়িতে ঢুকলেই সমস্ত কথা বাংলায় বলতে হবে। তাঁর স্ত্রী শিখা একদিন হাসতে হাসতে বলেছিলেন, একদিন ছেলেটা দরজার কাছে এসে দাঁড়িয়েছে, কী একটা বাংলা কথা মনে পড়ছে না, সেজন্য ভেতরে ঢুকতেই পারছে না।

কোথাও কোথাও অভিভাবকরা রবিবার সকালে নিজস্ব একটা স্কুল চালাবার চেষ্টা করেন। কাছাকাছি বাঙালি পরিবারের ছেলেমেয়েদের জড়ো করে শেখানো হয় বাংলা ভাষা, বাংলা গান, তাদের দিয়ে অভিনয় করানো হয় ছোট ছোট নাটক যদি এর কিছু অন্তত পরবর্তী জীবনে মনে রাখতে পারে। নিউ ইয়র্কের লং আয়ল্যান্ডে ডাক্তার কুমারশঙ্কর মণ্ডলের সমুদ্রের ধার ঘেঁষা বাড়িতে তাঁর বন্ধুবান্ধবদের সহায়তায় এরকম একটি স্কুল চলে, সেখানে ছোট ছেলেমেয়েদের আবৃত্তি, নাচ ও নাটক দেখেছি। ব্যস্ত ডাক্তার, তাঁর বন্ধুরাও ব্যস্ত, তবু ছেলেমেয়েদের মধ্যে কিছুটা অন্তত বাংলা সংস্কৃতির ছোঁয়া রাখতে তাঁদের পরিশ্রমের ক্লান্তি নেই। বিদেশে বসে বাংলা পত্রিকাও প্রকাশ করেছেন কেউ কেউ। লন্ডনের হিরণ্ময় ভট্টাচার্য বহুদিন ধরে সম্পাদনা করেছেন 'সাগর পারে'। ওহায়ো'র কলম্বাস থেকে তনুশ্রী ভট্টাচার্য ও প্রভাত দত্ত এক সময় বার করেছেন অতলান্তিক। নিয়মিতভাবে পত্রিকা প্রকাশ করা খুবই শক্ত, অর্থসংকটের চেয়েও ভালো লেখা সংগ্রহ করা বেশ কঠিন। এখন ক্যালিফোর্নিয়া থেকে দেবী ও সুকান্ত ঘোষ প্রকাশ করে চলেছেন উৎসব। বলাই বাহুল্য, এ ব্যাপারে বাংলাদেশিদের উদ্যম অনেক বেশি। শুধু নিউ ইয়র্ক অঞ্চল থেকেই প্রকাশিত হয় ওঁদের ন'টি বাংলা পত্রপত্রিকা, পশ্চিমবঙ্গীয়দের একটাও নয়।

পশ্চিমবাংলার বাঙালিরা ব্যাবসা করে না, এ কথাটা লেখা আমার ভুল হয়েছে। অন্তত তিনজন বড় আকারের বাঙালি ব্যবসায়ীর সঙ্গে আমার দেখা হয়েছে কানাডায়, তাঁদের কারখানা কিংবা অফিসও দেখেছি। টরেন্টোর গোরা আদিত্যকে সবাই এক ডাকে চেনে। সুপুরষ গোরা আদিত্য প্রথম জীবন শুরু

করেছিলেন সাধারণ কেমিস্ট হিসেবে, এখন এক কোটি ডলারের ব্যাবসা প্রতিষ্ঠানের মালিক। তাঁর মেড-কেম ল্যাবরেটরিজ-এ কর্মচারীর সংখ্যা পাঁচশোরও বেশি এবং অন্টারিও প্রদেশে এটি দ্বিতীয় বৃহত্তম ক্লিনিক। খুব ফরসা রং, প্রথম দর্শনে তাঁকে দেখে মনে হয় পাক্কা সাহেব, কিন্তু অসম্ভব প্রীতি আছে রবীন্দ্রসঙ্গীত। এবং কলকাতার প্রতি প্রবল টান।

আবার দীপ্তি দত্তর চেহারায় একটুও সাহেবি ছাপ নেই, খাঁটি বাঙালি মুখ, কিন্তু একটাও বাংলা কথা উচ্চারণ করেন না। তাঁর পরিচালনায় এম অ্যান্ড আই পাওয়ার কর্পোরেশন একটি বৃহৎ প্রতিষ্ঠান, বিদ্যুৎ উৎপাদনের বয়লার বিশেষজ্ঞ দীপ্তি দত্ত খুবই সার্থক, সারা পৃথিবীর বড় বড় কোম্পানির কাছ থেকে অর্ডার পাচ্ছেন, খুবই ব্যস্ত, তবু তিনি পশ্চিমবাংলার মান্ধাতার আমলের বয়লারগুলির মেরামতি এবং বিদ্যুৎ উৎপাদন ব্যবস্থার উন্নতিতে সাহায্য করার জন্য এগিয়ে এসেছিলেন স্বতঃপ্রবৃত্তভাবে, লাভের চিন্তা না করে। কারণ, তিনি এক সময় গরিব অবস্থায় ছাত্রজীবন কাটিয়েছেন এই কলকাতায়, সেই ঋণ শোধ করতে চান। কিন্তু সরকারি বিভাগের গড়িমসি ও ফাইল চালাচালিতে তিনি বিরক্ত, ক্রুদ্ধ ও বেদনার্ত। আমাকে তিনি বললেন, কলকাতার রাইটার্স বিল্ডিংসের লোকেরা একের পর এক চিঠি লিখে যাচ্ছে, তারা চিঠি লিখতে ভালোবাসে, আমি বুঝি কাজ। চিঠি লেখা মানে সময় নষ্ট, সময় নষ্ট মানেই আর্থিক ক্ষতি।

দীপ্তি দত্ত একটাও বাংলা বলছিলেন না কেন? এমনকী কথা প্রসঙ্গে হঠাৎ শরৎচন্দ্রের কথা এল, অর্থাৎ তিনি বাংলা বই পড়েছেন, তবু সে কথাও ইংরিজিতে। ইনি নিশ্চয়ই বাংলা ভুলে যাননি, ষোলো বছর বয়েস পর্যন্ত মানুষ যে ভাষায় কথা বলে, তা সারা জীবনে ভোলে না। তাঁর আদি নিবাস ছিল পূর্ববঙ্গে, আমার মনে হল, তাঁর বাংলা উচ্চারণে খুব সম্ভবত বেশিরকমের পূর্ববঙ্গীয় (বাঙাল) অ্যাকসেন্ট রয়ে গেছে, বিশেষত সিলেট ও চিটাগাং-এর মানুষদের থেকে যায়, সেই জন্যই অন্যদের সামনে বাংলায় মুখ খুলতে চান না।

শঙ্কর সরকার আবার খাঁটি বাঙালি। তাঁর জেনারেল ইলেকট্রিক সুইচ অ্যান্ড গিয়ার বেশ বড় কারখানা, তিনি একার উদ্যমে গড়ে তুলেছেন। কারখানার শেডে বিরাট বিরাট যন্ত্রে উৎপাদন চলছে, তিনি ঘুরে ঘুরে দেখালেন, যেন সেসব তাঁর স্বপ্নের সার্থকতা। অনেক বাঙালিকে সেখানে কাজ দিয়েছেন তিনি। নিজের ছেলেকেও বসিয়েছেন। আমাকে ও দীপ্তেন্দু চক্রবর্তীকে নিয়ে তিনি দুপুরবেলা খেতে গেলেন এক রেস্তোরাঁয়, শোনালেন তাঁর ভবিষ্যতের

অনেক পরিকল্পনা, তাঁর কথাবার্তা যেন অনেকটা কোনও ধুতি-পাঞ্জাবি পরা অধ্যাপকের মতন। কয়েকদিন পরেই হঠাৎ শুনলাম, শঙ্কর সরকার পৃথিবী ছেড়ে চলে গেছেন। এখনও রয়ে গেছে তাঁর স্বপ্ন।

বাঙালিয়ানার প্রশ্নে আমার এমন একজনের কথা মনে পড়ে, যাঁর তুল্য মানুষ আমি পৃথিবীতে আর একজনও দেখিনি। তাঁর নাম কান্তি হোর। ১৯৯২ সালে তিনি ছিলেন টরেন্টোর বঙ্গ সম্মেলনের সভাপতি। এই বঙ্গ সম্মেলনের বিভিন্ন শহরে আমি কয়েকবার গেছি, কিন্তু কান্তি হোরের নেতৃত্বে সেবারের উৎসব ছিল সবচেয়ে সুশৃঙ্খল এবং আকর্ষণীয়। সেই থেকে তাঁর সঙ্গে আমার নিয়মিত যোগাযোগ রয়ে গেছে।

আমার চেনাজানাদের মধ্যে কান্তিবাবুর প্রবাসজীবনই সবচেয়ে দীর্ঘ, পঞ্চাশ বছরেরও বেশি তিনি দেশ ছাড়া। এর মধ্যে বেশ কিছু বছর তিনি কাটিয়েছেন ইকুয়েডরের মতন এমন জায়গায়, যেখানে একজনও বাঙালি নেই। অথচ কান্তিবাবুর বাংলা এখনও নির্ভুল ও সাবলীল, তিনি ইংরিজি ও জার্মান ভাষার মতন স্প্যানিশও জানেন খুব ভালো, অথচ বাংলা বলার সময় অন্য ভাষা মিশিয়ে ফেলেন না। এই টেলিফোন ও ই-মেলের যুগেও কান্তিবাবু চিঠি লিখতে ভালোবাসেন, পৃথিবীর বিভিন্ন দেশ থেকে তাঁর চিঠি পাই বাংলায়, নির্ভুল বাংলায় এবং তাঁর হস্তাক্ষর সত্যিই মুক্তোর মতন। অর্ধেক শতাব্দীরও বেশি সময় দেশের বাইরে থেকে তিনি বাংলা ভাষাকে এরকমভাবে ধরে রাখতে পেরেছেন, আশ্চর্য, আশ্চর্য! মানুষটি দারুণ আড্ডাপ্রিয়, বয়েস সত্তর ছাড়িয়ে গেছে, তবু যুবকের মতন রাত্রি জাগরণ, আড্ডা, বিয়ার পান ও ধূম্র পানে তাঁর জুড়ি নেই। কলকাতায় বেশি আসতে পারেন না। তবু তিনি এখানকার সাহিত্য, থিয়েটার, সিনেমার সব খবর রাখেন এবং ভদ্রতার প্রতিযোগিতায় তাঁর সঙ্গে খুব কম মানুষই এঁটে উঠতে পারবেন।

স্বভাবে মিল নেই, তবু কান্তিবাবুর সঙ্গে এখন বিশেষ বন্ধুত্ব হয়েছে মন্ট্রিয়েল ছেড়ে টরেন্টোতে আসা অশোক চক্রবর্তীর। ইনি কবিতা লেখেন, তবে মানুষটি ছটফটে ধরনের, ধূমপান বিরোধী এবং অ্যালকোহলেও বিশেষ আসক্তি নেই। বিপরীত স্বভাবের হলেই বোধ হয় বন্ধুত্ব বেশি হয়। মিলও আছে এক জায়গায়। অশোক চক্রবর্তী বাংলা ভাষার প্রসার ও মর্যাদা বৃদ্ধির জন্য বিশেষ উৎসাহী, ওঁর স্ত্রী ভারতীয় শিল্প-সাহিত্যের গুণগ্রাহী এবং অতিথিবৎসল। কান্তি হোড় অবশ্য চিরকুমার।

ক্যালিফোর্নিয়ার ডাক্তার মদনগোপাল মুখোপাধ্যায়ও জাগতিক বিষয়ে

অত্যন্ত সার্থক হয়েও কায়-মন-বাক্যে খাঁটি বাঙালি রয়ে গেছেন। ওঁর স্ত্রী ডলিও সুযোগ্যা সহধর্মিণী, ছেলে মেয়ে দুটিও স্বাভাবিকভাবে বাংলা বলে, ওঁদের প্রাসাদোপম বাড়িতে বেশ বাংলা বাংলা পরিবেশ। মদন খুবই ব্যস্ত ডাক্তার। তবু তিনি বাংলা সাহিত্যে নিমগ্ন, সুদীর্ঘকাল 'দেশ' পত্রিকায় আমেরিকা চিঠি লিখেছেন, তাঁর নাটকের বইও আছে।

আমেরিকা যৌবনের দেশ। বুড়ো-বুড়িদের অবস্থা অনেক ক্ষেত্রেই করুণ, কেউ খোঁজখবর নেয় না। আমাদের অনাবাসীরা অনেকেই মধ্যজীবনে ভেবেছেন যে রিটায়ার করার পর লক স্টক অ্যান্ড ব্যারেল ফিরে যাবেন দেশে। কেউ কেউ সল্ট লেকে ফ্ল্যাট বা শান্তিনিকেতনে বাড়ি করে রেখেছেন। কিন্তু সেরকমভাবে অনেকেরই ফেরা হয় না। ছেলেমেয়েরা প্রতিষ্ঠিত হয়ে গেলে, তাদের জন্য বা নাতি-নাতনিদের জন্য মায়া থেকে যায়। বৃদ্ধ বয়েসে অনেকের আরও মনে হয়, অসুখবিসুখ হলে দেশের চিকিৎসা খুবই খারাপ, হাসপাতালগুলোর যা বীভৎস অবস্থা, তার থেকে ওইসব দেশে চিকিৎসার জন্যই থেকে যাওয়া ভালো। অবশ্য আমেরিকায় চিকিৎসা যেমন ব্যয়সাধ্য, সেরকম টাকা খরচ করলে এদেশে রাজার হালে থাকা যায়, ডাক্তার আসবে বাড়িতে, চব্বিশ ঘণ্টার নার্স রাখা যাবে।

অনেকে পাকাপাকি না ফিরে শীত-গ্রীষ্মের অবস্থান দুরকম করে নিয়েছেন। ওদেশে শীতের সময় বেশ কষ্ট হয়। এদেশে শীত বেশ উপভোগ্য। এদেশের গরম অসহ্য, তখন ওদেশ বেশ মনোরম। প্রতিবছর তিন মাস দেশে কাটিয়ে গেলে দেশের স্বাদ-গন্ধ, টাটকা সবজি ও মাছের স্বাদ পাওয়া যায়, এখানকার শীতকালেই তো নানারকম সাংস্কৃতিক উৎসব হয়।

সেরকমই প্রতি বছর আসেন করবী নাগ ও মণি নাগ। মাস কয়েকের জন্য তাঁরা কলকাতা বা শান্তিনিকেতনের নানান অনুষ্ঠানে হাজিরা দেন। মণিদা কিছু কিছু সামাজিক কাজের সঙ্গেও যুক্ত এখানে। শান্তিনিকেতনের রাস্তায় বাচ্চু রায়কে (হিতব্রত রায়, রজনীকান্ত সেনের নাতি, নিজেও চমৎকার গান করেন) হাঁটতে দেখলেই বোঝা যায় ভার্জিনিয়ার দিকটায় শীত পড়ে গেছে, তিনি সেখান থেকে উড়ে এসেছেন। বাচ্চু রায়কে মনে হয় চিরতরুণ, তিনি গানে-গল্পে মাতিয়ে রাখেন সবাইকে। দেখতে পাওয়া যায় লন্ডনের নিমাই ভট্টাচার্যকে। তিনিও খুব আড্ডাবাজ। অলোকরঞ্জন দাশগুপ্ত তাঁর স্ত্রী ট্রুডবার্টাকে নিয়ে শীতকাল ছাড়াও কোনও কোনও গ্রীষ্মকালেও এসে পড়েন। যেমন ব্রুকলিনের যামিনী মুখোপাধ্যায়। সাহিত্য ও শিল্প দুটোতেই সমান আকর্ষণ। কলকাতার

শিল্পীমহলে তিনি বিশেষ পরিচিত। তাঁর স্ত্রী সুমিত্রা চলে গেলেন পৃথিবী ছেড়ে সম্প্রতি, অনেকেরই তিনি খুব প্রিয় ছিলেন। আরও আসেন অনেকেই। এঁদের বলা হয় শীতের পাখি। এঁদের আগমনে কলকাতা শহরটা বর্ণময় হয়ে ওঠে।

বাঙালিদের মধ্যে ঐশ্বর্য ও খ্যাতিতে অনেকেই খুব উচ্চস্থানে উঠেছেন। তাঁদের সঙ্গে আমার পরিচয়ের সুযোগ হয় না। দু-হাজার সালে কলকাতায় বিশ্ব বঙ্গ সম্মেলন অনুষ্ঠিত হয়েছিল। তাতে সারা বিশ্বের সব দেশ থেকে কৃতি বাঙালিদের এখানে আহ্বান করে আনার কথা ছিল। সে উৎসব অবশ্য শেষ পর্যন্ত তেমন জমেনি। সেই উপলক্ষে একটি বৃহদাকার স্মারকগ্রন্থ সম্পাদনার ভার পড়েছিল আমার ওপর। কবি সুবোধ সরকারের সহায়তায় উৎসবের শুরুতেই সেটি প্রকাশ করতে পেরেছিলাম, সেটাই এক মাত্র। আরও অনেক পরিকল্পনা বাতিল হয়ে গিয়েছিল। সেই স্মারকগ্রন্থটিতে বহু কৃতি বাঙালির পরিচিতি ও ছবি আছে। তাঁরা প্রায় সকলেই ডাক্তার কিংবা বিজ্ঞানী কিংবা ব্যবসায়ী বা ব্যবসায়ী প্রতিষ্ঠানের উচ্চ পদাধিকারী। সেই সময় রটে গিয়েছিল যে আমেরিকার বাঙালিদের মধ্যে সবচেয়ে ধনাঢ্য ব্যক্তি ড. মণিলাল ভৌমিক। বাংলায় তাঁর একটি জীবনীগ্রন্থও বেরিয়ে গেল। তাঁর উত্থানকাহিনি রূপকথার মতন। তমলুকের কাছে একটি অকিঞ্চিৎকর গ্রামে তাঁর জন্ম, স্কুলে যেতেন খালি পায়ে। মেধা ও পরিশ্রমের সহযোগে আজ তিনি বিশিষ্ট এক বিজ্ঞানী। পঞ্চাশের ওপর গবেষণাপত্র এবং এক ডজন মার্কিন পেটেন্ট। বহু সম্মানে যেমন তিনি ভূষিত, তেমনই এসেছে প্রচুর অর্থ।

আমাদের স্মারকগ্রন্থটির জন্য খরচ হয়েছিল প্রচুর। তার কমিটি মেম্বাররা ঠিক করেছিলেন অনাবাসী সম্পন্ন বাঙালিদের কাছ থেকে ব্যক্তিগত বিজ্ঞাপনের বিনিময়ে ভালোরকম অর্থ আদায় করা হবে। যে-কোনও প্রকাশনার চতুর্থ মলাটটিই বিজ্ঞাপনের জন্য সবচেয়ে দামি, আমরা সেই মলাটটি ড. মণিলাল ভৌমিকের জন্য ধার্য করে রেখেছিলাম, একেবারে শেষ মুহূর্তে ফ্যাক্স বার্তা এল, ওই জায়গায় নাম যাবে ডাঃ কালীপ্রদীপ ও সুনন্দা চৌধুরীর। ইনিই নাকি ধনসম্পদ অধিকারী হিসেবে এক নম্বর। ডঃ. মণিলাল ভৌমিক ফিজিক্স-এর বিজ্ঞানী, আর ডাঃ. কালীপ্রদীপ চৌধুরী আগে ছিলেন চিকিৎসক, পরে বেশ কয়েকটি হাসপাতাল ও চিকিৎসা প্রতিষ্ঠানের মালিক, রিয়েল এস্টেট এবং বিনোদন শিল্পেও তাঁর বাণিজ্য বিস্তৃত। ক্যালিফোর্নিয়ার হ্যামেট ভ্যালিতে তাঁর নামে একটি রাস্তা হয়ে গেছে, চৌধুরী সার্কল।

হলদিয়া পেট্রোকেমিক্যালস এবং অন্যান্য কয়েকটি প্রতিষ্ঠানে বিনিয়োগের

জন্য পূর্ণেন্দু চট্টোপাধ্যায়ের নাম এখানে যথেষ্ট পরিচিত। আমাদের এখানকার আই আই টি-র ছাত্র এবং বার্কলে বিশ্ববিদ্যালয়ের পি এইচ ডি পূর্ণেন্দু চট্টোপাধ্যায় তুলনামূলকভাবে অল্প বয়েসেই শিল্প-বাণিজ্যের জগতে তাঁর মেধার জোরে খুব বড় ভূমিকা নিতে পেরেছেন। আবার এ দেশে অনেকেই যাঁর নাম জানেন না, কিন্তু হলিউডের তারকারা যাঁর কাছে ছুটে যান, সেই বাঙালিটির নাম বিক্রম চৌধুরী। যোগাসনের শিক্ষার জন্য তিনি প্রসিদ্ধ। এলিজাবেথ টেলর, মাইকেল জ্যাকসন, ব্রুক শিল্ড প্রমুখ তাঁর রুগি। বেভারলি হিল্‌স-এ তাঁর যোগাসন কলেজ।

সার্থক বাঙালি হিসেবে পরিতোষ চক্রবর্তী, ডাঃ ব্রজদুলাল মুখার্জি, ডঃ কানু চ্যাটার্জি, ডঃ শান্তনু দাশ, দিলীপ মল্লিক, ডঃ কিরণময় দাশ, স্বাতী এল মৈত্র, রণজিৎকুমার দত্ত, কৃষ্ণা লাহিড়ী, অজিতকুমার রক্ষিত প্রমুখদের নাম দেখেছি, কিন্তু এঁদের ব্যক্তিজীবন সম্পর্কে বিশেষ কিছুই জানি না।

আর অমর্ত্য সেন? তাঁর কথা এর কোনও তালিকাতেই আঁটানো যায় না। তিনি অনন্য। এবং এখনও তিনি ভারতের নাগরিক। কিংবা বলা যায়, বাঙালি হয়েও বিশ্ব নাগরিক।

এই পর্যন্ত লেখার পর মনে পড়ল, অস্ট্রেলিয়া সম্পর্কে তো কিছু লেখা হল না। এখন সে-মহাদেশেও বহু সংখ্যক বাঙালি ও বাংলাদেশির বসতি। তাঁদের অনেকের মতে ইউরোপ-আমেরিকার চেয়েও অস্ট্রেলিয়ার জীবনযাত্রা অনেক বেশি আরামের এবং টেনশন কম। বর্ণবিভেদ এবং জাতিগত বিভেদ অনুভবই করা যাবে না। কেউ কেউ এখন আমেরিকা ছেড়ে চলে আসছেন অস্ট্রেলিয়ায়। যেমন শ্রীমন্ত মুখোপাধ্যায়, এক সময় থাকতেন বস্টনে, এখন সিডনিতে। শ্রীমন্ত মুখোপাধ্যায়ের আমন্ত্রণে আমি সস্ত্রীক সিডনিতে গেছি, তার স্ত্রীর নাম মিষ্টি (ভালো নাম নিশ্চয়ই একটা আছে, কিন্তু এই নামটাই তাকে ঠিক ঠিক মানায়) আমাদের কত যত্নই না করেছে। ওদের ব্যবস্থাপনায় আমরা অস্ট্রেলিয়ায় বেশ কয়েকটি জায়গায় ঘুরেছি, বহু বাঙালির সঙ্গে পরিচয় হয়েছে। অনেকের আন্তরিকতায় মুগ্ধ হয়েছি। অনেকেই সেখানে কৃতি হয়েছেন। তাঁদের কথা লিখতে হলে আর একটি স্বতন্ত্র অধ্যায় দরকার। কিন্তু আর সময় নেই যে! বারান্তরে দেখা যাবে।

(দেশ)

কিন্তু মাতৃভাষা ছাড়া কি সাহিত্যসৃষ্টি সম্ভব?

জোসেফ কনরাড জাতে পোলিশ, কিন্তু ইংরেজি সাহিত্যের প্রতিষ্ঠিত লেখক। নবোকভ আগে লিখতেন রুশ ভাষায়, কিন্তু দেশত্যাগ করার কিছুদিন পর দিব্যি ইংরেজিতে লিখতে শুরু করলেন। 'লোলিটা উপন্যাসটির বিশেষ আকর্ষণই হল এর ভাষার খেলা। জর্জ বার্নার্ড শ কথ্য ইংরেজি মুখস্ত করতে করতে যুবা বয়সে লন্ডনে এসেছিলেন, তারপর তিনি ইংরেজি ভাষায় দিগ্‌বিজয় করেন। বস্তুত বেশ কয়েকজন আইরিশ নিজেদের মাতৃভাষা কেলটিক ছেড়ে ইংরেজি সাহিত্যের মহারথী। ইয়েটস, জেমস জয়েস—এরকম কত নামই তো করা যায়। আর এক আইরিশ, স্যামুয়েল বেকেট আবার তাঁর বিশ্ববিখ্যাত বইগুলি লেখেন ফরাসি ভাষায়। তবু এগুলোকেও ব্যতিক্রম বলেই গণ্য করতে হয়। মাতৃভাষা ছাড়া সাহিত্য সৃষ্টি হয় না। এরকমই তো আমাদের বিশ্বাস। অন্য ভাষা শিখে প্রবন্ধ কিংবা দুর্বোদ্য, নীরস গবেষণাপত্র রচনা করা যায়। কিন্তু রসসাহিত্য সৃষ্টি করতে পারে ক'জন? আমাদের চোখের সামনেই তো বহুকাল ধরে জাজ্জ্বল্যমান উদাহরণ মাইকেল মধুসূদন।

টি এস এলিয়টের নির্বাচিত কবিতার শেষ দিকে তাঁর লেখা কয়েকটি ফরাসি কবিতা আছে। আমার ফরাসি জ্ঞান নেই, তবে আমার এক ফরাসি বান্ধবী বলেছিল এ কবিতাগুলোতে ঘামের গন্ধ কবিত্বকে ছাপিয়ে গেছে।

রবীন্দ্রনাথ নিজের কিছু কবিতা ইংরেজিতে অনুবাদ করেছিলেন, সেগুলো বিষয়গুণে তখন বিদেশের বহু মানুষকে আকৃষ্ট করেছিল কিন্তু মৌলিক ইংরেজি কবিতা হিসেবে গ্রাহ্য হয়নি। সারা জীবনে একটা ভাষাই শিখে শেষ করা যায় না, দ্বিতীয়, তৃতীয়, চতুর্থ ভাষা কাজ চালাবার জন্য শেখা যেতে পারে, কিন্তু সেই সব ভাষায় কলম চালানো অনেক সময় ছেলেখেলার পর্যায়ে পড়ে। কিন্তু ইংরেজ, ফরাসি, স্প্যানিশ কলোনিগুলিতে ওই সব ভাষার উচ্ছিষ্ট টুকরো পড়ে থাকবেই। আমরা সেই টুকরোগুলো পরিবর্ধন করেছি। পরাধীন আমলে আমাদের যে দেশাত্মবোধ ছিল, আমরা যে 'এক জাতি, এক প্রাণ, একতা' বলে গান গেয়েছি, ইংরেজ চলে যাবার পর আমরা হঠাৎ আবিষ্কার করলুম যে আসলে আমরা এক জাতি নই! সারা ভারতবর্ষকে এখনও বেঁধে রেখেছে ইংরেজি ভাষা! দক্ষিণ ভারত কিংবা গুজরাটে গেলে ইংরেজি বাদ দিয়ে অনেকের সঙ্গে একটি বাক্য বিনিময়ও সম্ভব নয়। তাই ইংরেজি হল ভারতের অন্যতম রাষ্ট্রভাষা, সঙ্গত কারণেই। আগেকার তুলনায় এখন অনেক বেশি ইংলিশ মিডিয়াম স্কুল, ইংরেজিতে যারা ফ-র-র-র-ফ-র-র-র করে কথা বলতে পারে না এখনকার ভারতবর্ষের কোনও ক্ষেত্রেই তারা কল্কে পাবে না। প্রাক্তন রাষ্ট্রপতি জ্ঞানী জৈল সিং ভালো ইংরেজি বলতে পারতেন না বলে অনেক পত্রপত্রিকায় বিদ্রূপ করা হয়েছিল। তবু, ইংরেজিকে আমরা কাজ চালাবার ভাষা বলেই গণ্য করি। কিন্তু অনেকে মাতৃভাষা ছেড়ে ইংরেজিতে গল্প, উপন্যাস, কবিতাও লেখে, আমার মনে হত ওসব এক ধরনের হ্যাংলামি, সাহেবদের দৃষ্টি আকর্ষণের চেষ্টা কিংবা এক লাফেই সর্বভারতীয় পরিচিতি আদায় করার বাসনা। আমরা ভাবতুম, ইংরেজি গল্প, উপন্যাস পড়তে হলে সাহেবদের লেখাই পড়ব, শুধু শুধু নেটিভদের ইংরেজি পড়ে সময় নষ্ট করি কেন?

কিন্তু স্বাধীনতার পর এত দিনে একটা দ্বিতীয় প্রজন্ম এসে গেছে। ইংরেজির গুরুত্ব এবং বাজার দর এত বেশি বলে অনেক বাবা-মা এখন ছেলেমেয়েদের মাতৃভাষা শেখার ব্যাপারে জোরই দেন না, তারা শুধু ইংরেজি শেখে, বাবা-মাকে ইংরেজিতে চিঠি লেখে, ইংরেজি গান গায়, সেই সঙ্গে নাচে, ইংরেজিতে স্বপ্নও দেখে বোধহয়। দিল্লি এয়ারপোর্টে একটি এক বছরের হামাগুড়ি দেওয়া শিশুকে তার পাঞ্জাবি মা বেবি, কাম হিয়ার, ডোন্ট গো দ্যাট সাইড ইত্যাদি বলছিল, তাই শুনে আমার মনে হল, জন্মসূত্রে ভারতীয় হলেও এই শিশুটির মাতৃভাষাই তো ইংরেজি! স্কুলে গেলেই ইংরেজি শিখতে হবে, তাই তার মা তাকে আর পারিবারিক ভাষা শেখানোর ঝামেলাই নিচ্ছে না।

আমরা পছন্দ করি না করি, এটা একটা বাস্তব ঘটনা। একটা প্রজন্ম তৈরি হয়ে গেল, তারা ইংরেজিতেই ভাবনা-চিন্তা করে এবং তাদের মধ্যে কেউ কেউ যদি সাহিত্য, সংগীত রচনা করতে চায়, সেটাও আশ্চর্যের কিছু নয়।

বিদেশে কেউ পাত্তা পেলে তখন দেশে আমাদের টনক নড়ে। এই দ্বিতীয় প্রজন্মের ভারতীয় বা বাঙালি লেখকদের মধ্যে দু-একজন মাঝে মাঝে বিদেশে সাড়া জাগায়। 'টাইম' সাপ্তাহিকের প্রচ্ছদে একবার বাঙালি লেখিকা ভারতী মুখার্জির ছবি ছাপা হয়েছিল। ভারতী অবশ্য এখন আর বাঙালি বা ভারতীয়ও নয়, মুখার্জিও নয়, তার পদবি ব্লেইজ, স্বামী ক্যানেডিয়ান। 'দা গোল্ডেন গেইট' লিখে হঠাৎ বিখ্যাত বিক্রম শেঠ-এর জন্মই শুধু কলকাতা, সে বাংলা জানে কিনা সন্দেহ। কিন্তু সম্প্রতি দুজন বাঙালি লেখক ইংরেজি উপন্যাস লিখে যথেষ্ট সার্থক হয়েছেন।

অমিতাভ ঘোষ-এর 'দা সার্কল অফ রিজ্‌ন' উপন্যাসটি আমি পড়তে শুরু করেছিলুম খানিকটা হেলাফেলার সঙ্গে। কিন্তু কয়েক পাতা পড়ার পরই বোঝা যায়, এই লেখক প্রকৃত লেখক। তাঁর ইংরেজি ভাষা কোথাও প্রকটভাবে ইংরেজি নয়। স্বাভাবিক, সাবলীল ইংরেজি। এই উপন্যাসের নায়কের নাম আলু এবং প্রয়োজনে বাংলা শব্দ ব্যবহার করতে তিনি দ্বিধা করেননি। একজন তরুণ লেখকের প্রথম উপন্যাস হিসেবে এই বইটি বিস্ময়কর রকমের পরিণত।

উপমন্যু চ্যাটার্জির 'ইংলিশ, অগাস্ট—অ্যান ইন্ডিয়ান স্টোরি'-ও এক তরুণ আই এ এস অফিসারের প্রথম উপন্যাস। ইংরেজিতে লেখা হলেও এই উপন্যাসের নায়ক রবীন্দ্রসংগীত শোনে, কাকাকে 'আংকল' বলে না, কাকুই বলে, এর চরিত্ররা ব্যথা পেলে 'উঃ' বলে, 'আউচ্‌' শব্দ করে না। ভারতীয় মাটিতে যে লেখকের শিকড় তা অস্বীকার করেননি। পড়তে পড়তে মনে হয়, আমেরিকান ইংরেজি, অস্ট্রেলিয়ান ইংরেজি তৈরি হয়ে গেছে, ভারতীয় ইংরেজি তো এইরকমই হওয়া উচিত। ইংরেজি ভাষা ভারতে প্রতিষ্ঠিত হয়ে গেছে, এখন ভারতীয় ইংরেজিতে সাহিত্য সৃষ্টির বাধা থাকার কথা নয়।

বাংলায় এখন যে ধরনের গল্প-উপন্যাস লেখা হয়, তার সঙ্গে এই উপন্যাস দুটির তুলনা মনে এসেই যায়। এই বাঙালি পদবিধারী লেখকদ্বয় যদি বাংলাতেই বই দুটি লিখতেন, তা হলে তা কতটা উল্লেখযোগ্য হত? আমার মতে, বাংলাতেও বই দুটি যথেষ্ট আলোড়ন সৃষ্টি করত। সাম্প্রতিক বাংলা সাহিত্যে এমন জোরালো উপন্যাস লেখা হয়নি বলা যেতে পারে। আমি জোরালো বলেছি, গভীর বলতে পারছি না, কারণ, দুটি উপন্যাসই বর্ণনামূলক,

আধা-বাস্তব ভঙ্গিতে লেখা প্রথমটি খানিকটা বিমূর্তও বটে, দ্বিতীয়টিতে ইয়ার্কি বিদ্রূপের স্টাইল, কিন্তু হৃদয়ের কথা তেমন বলা নেই, মানুষের সঙ্গে মানুষের সম্পর্কের জটিলতা বিশেষ স্থান পায়নি। সেখানেই তো উপন্যাসের প্রকৃত মর্ম। লেখকদ্বয় যে ওইসব বিষয় নিয়ে লিখতে পারেন না, তা বলছি না, কিন্তু প্রথম উপন্যাসে ওই দিকে যাননি।

উপমন্যু চ্যাটার্জির উপন্যাসটি প্রথম থেকেই টানে। আজকাল ইংরেজিতে চার অক্ষরের কথা, কিংবা যৌন চিন্তা যা খুশি লেখা যায়, বাংলায় এসব এখনও অব্যবহার্য। ধারালো বিদ্রুপের জন্য যদৃচ্ছ শব্দ ব্যবহার যথেষ্ট প্রয়োজন, বাংলায় তার সীমাবদ্ধতা আছে। উপন্যাসটি আমার খুবই ভালো লাগলেও একটি ব্যাপারে ব্যক্তিগত আপত্তি আছে। নায়কের কলকাতার বান্ধবীর নাম নীরা কেন? ওই নামটি ব্যবহার করা উচিত হয়নি।

২৫/০৯/১৯৮৮

আনন্দবাজার পত্রিকা

বাঙালি সংস্কৃতির উত্তরাধিকার

ঢাকার এক বন্ধু একদিন জিগ্যেস করলেন, পশ্চিম বাংলায় সবচেয়ে বড় উৎসব নিশ্চয়ই দুর্গাপুজো, আমাদের বাংলাদেশে সবচেয়ে বড় উৎসব কী বলুন তো? এর উত্তরে ঈদ বলেই আমি বোকা বনে যেতাম, তাই ধাঁধার উত্তর জানার ভঙ্গিতে তাকিয়েছিলাম বন্ধুরই দিকে। বন্ধুটি সহাস্যে বললেন—নববর্ষ।

বাংলাদেশের নাগরিকদের মধ্যে শতকরা নব্বইজন মুসলমান, তারা ঈদের উৎসব করেন অবশ্যই, অনেকে রোজা রাখেন, মসজিদে কিংবা মাঠের জমায়েতে নামাজ পড়েন, কিন্তু দুর্গাপুজোর মতন পাড়ায় পাড়ায় ম্যারাপ বেঁধে, ঢাক-ঢোল-সানাই বাজিয়ে উৎসব হয় না। অথচ প্রায় সেইরকমই বাংলাদেশে, নববর্ষের সময় অনেক ছোটখাটো শহরেও সেই উৎসবে কোনও ধর্মীয় ব্যাপার থাকে না, হয় গান বাজনা, কবিতা পাঠ, নৃত্যনাট্য ইত্যাদি। পশ্চিম বাংলায় আবার নববর্ষে কোনও মাতামাতি নেই, ওই দিনটিতে ছুটি থাকে বটে কিন্তু উদযাপন করার ব্যাপারে কারও বিশেষ ছাড় নেই। সবদিক দিয়ে পয়লা জানুয়ারিই তো এখন প্রকৃত নববর্ষের দিন। পরাধীন ভারতে এইসব ছিল জাতীয়তাবাদের প্রকাশ। স্বাধীনতার পরেও কিছু বছর তার রেশ থেকে গিয়েছিল, এখন পশ্চিম বাংলায় জাতীয়তাবাদ শব্দটাই কেমন যেন অদ্ভুত শোনায়।

পাকিস্তানি আমলে পূর্বপাকিস্তানের মানুষ নিজেদের বাঙালিত্বের ওপর

জোর দেবার জন্যই বাংলা নববর্ষের উৎসব পালনের প্রতি জোর দিয়েছিলেন। আজ সেখানকার বাঙালিদের নিজস্ব রাষ্ট্রের প্রতিষ্ঠা হয়েছে, তবু এইসব উৎসব ম্লান হয়ে যায়নি।

বাংলাদেশের আর একটি অসাম্প্রদায়িক উৎসব হল একুশে ফেব্রুয়ারি, শহিদ দিবস। মূলত ছাত্রছাত্রীরাই এই দিনটিকে মেতে ওঠে বটে, কিন্তু এই উৎসবের ছোঁয়া লাগে সারা দেশে। দলমত নির্বিশেষে পশ্চিম বাংলার সব ছাত্ররা কোনও একটা বিশেষ উপলক্ষে উৎসবে মাতবে, পশ্চিম বাংলায় এটা এখন প্রায় অকল্পনীয়। আমাদের এদিককার ছাত্ররা এখন বড় আকারে কোনওরকম সাংস্কৃতিক উৎসবের আয়োজন করে কি? রাজনীতিই এখন একমাত্র সংস্কৃতি।

বাংলাদেশে একুশে ফেব্রুয়ারি উৎসবে আমি দেখেছি ব্যাংক কর্মচারী সমিতি কিংবা কৃষিজীবী সমবায় ইত্যাদি প্রতিষ্ঠানের সদস্যরাও মিছিল করে আসে। সে দেশের রাষ্ট্রপতিও যেমন প্রতি বছর এই দিনটিকে স্মরণ করেন, তেমনি অনেক সাধারণ গৃহস্থ বউ-ছেলে-মেয়ের হাত ধরে শহিদ বেদি পর্যন্ত দর্শন করতে আসেন। বাংলা ভাষার অধিকার প্রতিষ্ঠার দাবিতে বাহান্ন সালের একুশে ফেব্রুয়ারি চারজন তরুণ প্রাণ দিয়েছিল ঢাকায়। সেই অনুসারে এই শহিদ দিবসটি শোক দিবস হিসেবে প্রতি বছর পালিত হবার কথা ছিল। কিন্তু এখন সেটা জয় দিবস কিংবা ভবিষ্যতের জন্য শপথ নেবার দিন। আজকের যারা তরুণ-তরুণী, যাদের বয়স কুড়ি-একুশ, তারা সেই বাহান্ন সাল দেখেনি তো বটেই, বাংলাদেশ স্বাধীনতা যুদ্ধের স্মৃতিও তাদের নেই, তবু একুশে ফেব্রুয়ারির উৎসব উদযাপনে বাংলা ভাষা ও সংস্কৃতির মহিমা বিবর্ধনের জন্য তাদের আবেগ ও উন্মাদনা দেখে অভিভূত না হয়ে পারা যায় না। হিন্দু জনপ্রতিনিধিরা সাহেবদের উচ্চারণ নকল করে জ্বালাময়ী ইংরেজিতে বক্তৃতা দিলেই আত্মশ্লাঘা বোধ করতেন। উচ্চশিক্ষিত মুখ্যমন্ত্রী (তখন প্রধানমন্ত্রী বলা হত) ফজলুল হক সাহেবও মাঝে মাঝে বাংলা বাক্য উচ্চারণ করতেন সাহেবদের নাকের ডগায়। পাকিস্তান সৃষ্টির পর বাহান্ন সালেরও অনেক অনেক আগে কায়েদ-এ-আজম জিন্না এক জনসভায় আব্বাসউদ্দিনের গান সম্পর্কে আপত্তি তুলেছিলেন। তখন সাধারণ মুসলমান শ্রোতারা পাকিস্তানের মহামহিমের বিরুদ্ধে প্রতিবাদের শোরগোল তুলেছিল। শেষ পর্যন্ত আব্বাসউদ্দিনের গান দিয়েই সভা শুরু হয়েছিল।

আজ পশ্চিমবাংলায় বাংলা ভাষা ও সংস্কৃতি সংকুচিত হয়ে আসছে

ক্রমশ। গোর্খাল্যান্ডের বদলে গোর্খা হিল কাউন্সিল নামে যা প্রতিষ্ঠিত হয়েছে সেখানে বাংলা সিনেমা দ্যাখার কথা কেউ কল্পনা করতেই পারে না। লাউড স্পিকারে বাজে শুধু হিন্দি গান। এই ঠুঁটো পশ্চিম বাংলাতেও এক শ্রেণির বাঙালি বাংলা সংস্কৃতির সব চিহ্ন গা থেকে মুছে ফেলতে বদ্ধপরিকর। চতুর্দিকে এখন ব্রাউন সাহেবদের আধিপত্য। বাংলা বই সম্পর্কে মন্তব্য—আমারও স্ত্রী পড়েন মাঝে মাঝে, তবু স্ত্রীরা এখনও পড়ছেন, তাদের ছেলেমেয়েদের সঙ্গে বাংলা বই, বাংলা গানের সব সম্পর্ক ঘুচে গেছে। উচ্চবিত্ত সমাজের বাড়িতে গেলেই শোনা যাবে এখন মাইকেল জ্যাকসনের নাকি সুরের চিৎকার। কোনও কোনও বাড়িতে আমি কাঁটা চামচ দিয়ে ইলিশ মাছ খেতে দেখেছি! ওঃ সে কী পরিশ্রম।

বাংলাদেশেও কি ইঙ্গ-বঙ্গ সমাজ নেই? আছে। জিনস ও গেঞ্জি পরা ছেলে, সবসময় ইংরেজি বলা মেয়েদের দল, বিদেশি ম্যাগাজিন পড়া মা-বাবা, এরকম একটা শ্রেণি আছে সেখানে।

কিন্তু বাংলা শিল্প-সংস্কৃতির সঙ্গে তাদের সম্পর্ক পুরোপুরি বিচ্ছিন্ন হয়ে যায়নি। তাদের একজন রসিকতা করে আমাকে বলেছিলেন, পয়লা ফেব্রুয়ারি বাঙালি হয়ে যাই, আবার ২৮শে ফেব্রুয়ারি বাংলা ভুলে যাই। তবু তো একটা মাস তারা বাঙালি সাজতে লজ্জা পান না। আমাদের এখানকার ব্রাউন সাহেবরা অনেকে ২৫ বৈশাখেরও তোয়াক্কা করেন না। বাংলা নববর্ষ কবে, সে ধাঁধার উত্তর তাদের ছেলেমেয়েরাও দিতে পারবে না।

বাংলাদেশের ইঙ্গ-বঙ্গ সমাজটি বিশেষ বড় নয়। তার বাইরে যে বিশাল জনসংখ্যা তারা বাংলা সংস্কৃতিতে লালিত হচ্ছে। তাদের মুখের ভাষাই হয়ে উঠেছে প্রকৃত বাংলা। অনেক বাঙালি হিন্দুরই একটা নির্বোধ অভিযোগ আছে, মুসলমানেরা জলকে পানি বলে কেন? ওদের কথায় আরবি-ফরাসি শব্দ থাকে কেন? আসলে কিন্তু মুসলমানরা জলকে পানি বলে না, পানিকেই পানি বলে, যেমন সারা ভারতের হিন্দু-মুসলমান নির্বিশেষে সবাই পানিকে পানিই বলে। বাঙালি হিন্দুই একমাত্র জল শব্দটি আঁকড়ে বসে আছে। আমার মতে, বাঙালি হিন্দুদের লেখায় জল এবং পানি দুটোই ব্যবহার করা উচিত। বাংলাদেশের মুসলমান লেখকরা অনেকেই লেখার মধ্যে জল শব্দটি ব্যবহার করতে দ্বিধা করেন না। অন্যান্য বৈদেশিক শব্দের মতো প্রচুর আরবি-ফারসি শব্দ বাংলা ভাষাকে সমৃদ্ধ করেছে, আরও নতুন নতুন শব্দ যোগ হলে এই ভাষারই উপকার হবে। আরবি-ফারসি শব্দ বাদ দিয়ে পরপর আট-দশটি বাংলা

বাক্যরচনা করা এখন সংস্কৃত পণ্ডিতদের পক্ষেও দুঃসাধ্য। আমি নিজেই একবার সে চেষ্টা করে বিপদে পড়েছি। সপ্তম শতাব্দীর পটভূমিকায় কাশ্মীরের রাজা জয়াপীড়কে নায়ক করে একটি ঐতিহাসিক উপন্যাস লিখতে গিয়ে এই বিপদ ঘটেছিল. বাংলাদেশে মৌলবাদীদের সংখ্যা বাড়ছে, ধর্মনিরপেক্ষ রাষ্ট্র হিসেবে বাংলাদেশের জন্ম হয়েছিল। এখন সেটাকে ইসলামি রাষ্ট্র হিসেবে ঘোষণা করা হয়েছে, অথচ সেখানকার মানুষ নববর্ষ ও একুশে ফেব্রুয়ারির মতন দুটি অসাম্প্রদায়িক উৎসব নিয়ে মাতামাতি করে, এটা খুব আশ্চর্যের নয়?

ইসলামি রাষ্ট্র হিসেবে সরকারিভাবে ঘোষিত হলেও বাংলাদেশের সব মানুষ তা মেনে নেয়নি। আওয়ামি লিগ তো বটেই, অন্যান্য সব বিরোধী দলগুলোই এর বিপক্ষে। ইসলামি রাষ্ট্রের সব রীতিনীতি প্রযুক্ত হলে শুধু যে সংখ্যালঘু হিন্দু-বৌদ্ধদেরই দ্বিতীয় শ্রেণির নাগরিক হয়ে থাকতে হবে তাই নয়, মুসলমান সমাজেও প্রগতির পথ রুদ্ধ হবে, মেয়েদের শিক্ষা-সংস্কৃতির স্বাধীনতা খর্ব হবে। আরবের টাকার চাপে বাংলাদেশ সরকারকে অনেক কিছু মেনে নিতে হচ্ছে বটে, কিন্তু বাঙালি মুসলমান পুরোপুরি আরবের অনুসরণ করবে না কখনও।

মৌলবাদীরা মাথা চাড়া দিচ্ছে ঠিকই তার পিছনে উস্কানি ও প্ররোচনা আছে। কিন্তু কিছু পত্র-পত্রিকায় মৌলবাদীদের বেশ হুঙ্কার শোনা যায়, কিন্তু সেইসব মৌলবাদীরাও নববর্ষ ও একুশে ফেব্রুয়ারির অনুষ্ঠানে যোগ দেয়। নববর্ষ সম্পর্কে তাদের আপত্তিরও কিছু থাকার কথা নয়, ইচ্ছে করলে তারা এই দিনটিকে উৎসব বলে মানতে পারে, বাংলা নববর্ষের সঙ্গে ইসলামেরও যোগ কম নয়। আর একুশে ফেব্রুয়ারি সম্পর্কে আপত্তি তুলবে এমন বুকের পাটা বাংলাদেশে কারও নেই।

পশ্চিমবাংলায় একমাত্র অসাম্প্রদায়িক উৎসব বলতে পঁচিশ বৈশাখ। হ্যাঁ, এখন জেলায় জেলায় গ্রামে গ্রামেও পঁচিশে বৈশাখের উৎসব হয়। ভাগ্যিস রবীন্দ্রনাথ এত গান, গীতিনাট্য, নৃত্যনাট্য লিখে গিয়েছিলেন। নজরুল এবং সুকান্তরও জন্মদিন পালিত হচ্ছে নানা জায়গায়, সেই তুলনায় বঙ্কিম কিংবা শরৎচন্দ্র তেমন কল্কে পান না। দেখা যাচ্ছে কবিদেরই শেষ পর্যন্ত জয় হয়। বাংলাদেশেও রবীন্দ্রনাথকে নিয়ে মাতামাতি হয় যথেষ্ট, সেখানকার অনেক শিল্পীর কণ্ঠের রবীন্দ্রসংগীত অতি চমৎকার, রবীন্দ্রনাথের একটি গান ওদেশের জাতীয় সংগীত, নজরুল ওদের জাতীয় কবি এবং সুকান্ত চর্চার একটা কেন্দ্রও আছে ঢাকায়, আমি নিজে দেখেছি। দেশভাগ হলেও বাংলাদেশিরা সমগ্র বাংলা

সাহিত্য-সংস্কৃতিরই উত্তরাধিকারী। সেই তুলনায় এদিকে আমরা ওদিকে সাহিত্য-সংস্কৃতির কতটা অগ্রগতি হচ্ছে তার কিছুই প্রায় খবর রাখি না। ইদানিং টিভিতে বাংলাদেশের অনুষ্ঠান দেখে কেউ কেউ অবাক হয়ে বলে আরে ওরা তো বেশ ভালো নাটক করে, ওদের গান এত ভালো?

যুক্ত বাংলায় এতকাল হিন্দু-মুসলমান পাশাপাশি থাকলেও কিছুতেই যেন সাংস্কৃতিক মেলবন্ধন ঘটেনি। তার জন্য অনেকটাই দায়ী হিন্দু উন্নাসিকতা। বাঙালি হিন্দুরা বহুকাল ধরে বলে এসেছে—আরে ওই লোকটা তো মুসলমান, ও আবার বাঙালি নাকি? যেন মুসলমানরা বাঙালি হতে পারে না। অধিকাংশ হিন্দুই জানে না কিংবা খেয়াল করে না যে বাংলা ভাষার সম্মান রক্ষার যাবতীয় লড়াই বাঙালি মুসলমানরাই করেছে। একটু আগে থেকে শিক্ষা পাবার সুযোগে হিন্দুদের মধ্যে অনেক বড় বড় লেখক জন্মেছেন বটে, কিন্তু সংঘবদ্ধভাবে বাঙালি হিন্দুরা বাংলা ভাষার জন্য কিছুই করেনি। মুসলমানরা সেটা শুরু করেছে পাকিস্তানি আমলেরও অনেক আগে, সেই উনিশশো সাইত্রিশ সাল থেকে। সেবারই প্রথম সম্প্রদায়ের ভিত্তিতে নির্বাচন হল। যশোর, খুলনা, রাজশাহী থেকে অনেক লুঙ্গি বা ধুতি পরা মুসলমান নির্বাচিত হয়ে এলেন কলকাতার বিধানসভায়। সেই সময়, সেই ব্রিটিশ আমলেই তারা দাবি তুলেছিলেন তাদের বাংলা ভাষায় বক্তৃতা করতে দিতে হবে।

বাংলাদেশে শিক্ষিত মানুষেরা কথ্য ভাষায় পরিচিত আরবি-ফারসি শব্দ কদাচিৎ ব্যবহার করেন, লিখিত ভাষায় তৎসম শব্দই বেশি। সেই তুলনায় আমরা অনেক অপ্রয়োজনীয় ইংরেজি শব্দ ব্যবহার করি। ইচ্ছে করে কিছু আরবি-ফারসি শব্দ মিলিয়ে চমৎকার এক বাংলা লিখতেন সৈয়দ মুজতবা আলী। তিনি বাংলা গদ্যের এক প্রধান লেখক। গদ্যের স্টাইলে তিনি প্রমথ চৌধুরীর সমতুল্য।

আজ পশ্চিমবাংলায় বাংলা গানের এক অদ্ভুত অবস্থা। বাংলা গান যারা ভালোবাসতেন, তাদের অবলম্বন রবীন্দ্রসংগীত কিংবা নজরুলগীতি, অতুলপ্রসাদ-রজনীকান্ত-দ্বিজেন্দ্রলালের গান ফিরে আসছে। পুরাতনী বাংলা গানও আসর জমাচ্ছে, কিন্তু নতুন গান কোথায়? অন্তত দু-দশকের মধ্যে কোনও নতুন বাংলা গান জনপ্রিয় হয়নি। পল্লিগীতির নামে যেগুলো চলে, সেগুলো শহুরে বাবুদের লেখা। এ যেন একতরফের ভালোবাসা, আমরা বাংলা গান ভালোবাসতে চাই, কিন্তু নতুন গান নেই। বাংলাদেশেও আধুনিক গান তেমন উচ্চাঙ্গের নয়, কিন্তু নানা জেলা থেকে বৈচিত্র্যময় লোকগীতি উঠে আসছে। রচিত হচ্ছে

আবেগময় দেশাত্মবোধক গান, (আমাদের এখানে তো দেশাত্মবোধক গান উঠেই গেছে) তারা এক জায়গায় কয়েকজন সমবেত হলে হিন্দি, উর্দু গান না করে বাংলা গানই গায়। যে-কোনও অনুষ্ঠান প্রাঙ্গণে ওদের আলপনা অনেকক্ষণ তাকিয়ে দেখার মতো, আমাদের কলেজের ছেলেমেয়েরা আলপনা দিতে এখনও শেখেনি। বাংলাদেশের জন্যই সারা পৃথিবীতে বাংলা ভাষার স্বীকৃতি। বাঙালি শব্দটির বদলে আস্তে আস্তে বাংলাদেশি নামটি পরিচিত হয়ে উঠেছে। প্রবাসে যেসব বাংলাদেশি থাকে, তারাও সহজে বাঙালিত্ব বিসর্জন দেয় না। বাঙালি বলবে না, পাবর্ত্য চট্টগ্রামে যে চাকমারা সরকারের বিরুদ্ধে লড়াই করেছে, তারাও কিন্তু বাঙালি, তারা বাংলা ভাষার মাধ্যমে লেখাপড়া শেখে। বাংলাদেশের একজন অল্পশিক্ষিত চাষিকে মানি অর্ডার ফর্ম পূরণ করার জন্য অন্যের সাহায্য নিতে হয় না। কলকাতা থেকে ঢাকায় গেলে প্রথমেই সকলের মনে হয় এটাই বাংলার স্বভূমি। দুদিকে বাংলার সাংস্কৃতিক আদানপ্রদান না হলে ক্ষতি হবে পশ্চিমবাংলারই বেশি। বাংলাদেশের সংস্কৃতিতে আমাদের আগ্রহে দিন দিন না বাড়ালে আমাদের সংস্কৃতিও শুকিয়ে যাবে। নচেৎ আজ থেকে তিরিশ কিংবা পঞ্চাশ বছর পর বাংলাদেশিরা যদি বলে—ভারতে বাঙালি থাকে সে আবার কী—তাতে আশ্চর্য হবার কিছু নেই।

ঈশ্বর কিংবা আল্লা আমাদের মাথায় থাকুন, ধর্ম থাকুক, ধর্ম থাকুক ঘরে ঘরে, রাজনৈতিক বিভেদ নিয়ে মত্ত থাকুক রাজনীতিবিদরা। ভাষা এবং সংস্কৃতিকে এসব কিছুর ঊর্ধ্বে না রাখতে পারলে কোনও জাতিই জাতি হিসেবে পরিপুষ্ট হতে পারে না। জার্মানিও দু-ভাগ হয়েছিল, সেই দুই অংশের মধ্যে যাতায়াত ভারত-বাংলাদেশের চেয়েও কঠিন ছিল, তবু জার্মান জাতের মধ্যে সমভ্রাতৃত্ববোধ কখনও নষ্ট হয়নি। বার্লিনের যে দেয়াল লিখনটি এ সম্পর্কে প্রাসঙ্গিক, সেটি এখানে উদ্ধৃত করার বাসনা সংবরণ করতে পারছি না ঃ Live alone and free, like a tree, but in the brotherhood of the forest.

(বঙ্গ সংস্কৃতি উৎসব ১৪১২)

আগামী প্রজন্মের বাঙালি

বাণিজ্য বিস্তারের নামে অস্ত্রধারী ইংরেজ হানাদারেরা ভারতে এসেছিল সমুদ্রপথে। মাদ্রাজ উপকূলে এবং বঙ্গোপসাগর দিয়ে গঙ্গা নদীতে ঢুকে অরক্ষিত স্থানে তারা প্রাথমিক উপনিবেশ স্থাপন করে। ভারতের রাজধানী দিল্লি পর্যন্ত পৌঁছতে তাদের অনেক সময় লেগেছিল।

সাম্রাজ্য জয়ের বাসনা তারা স্বপ্নেও স্থান দেয়নি প্রথম দিকে, বাণিজ্যের নামে শোষণ ও লুণ্ঠনই ছিল তাদের উদ্দেশ্য। কিন্তু দিল্লির কেন্দ্রীয় শক্তি ছিল তখন খুবই দুর্বল, সারা দেশ জুড়ে অরাজক অবস্থা। বাংলার সিংহাসনে তখন এক অতি তরুণ, মূর্খ, দুশ্চরিত্র ও রাজনৈতিক জ্ঞান শূন্য নবাব। তার সভাসদ ও অন্য সবাই চরম বিক্ষুব্ধ তার বিরুদ্ধে। আড়ালে চলেছে প্রাসাদ ষড়যন্ত্র। সেই সুযোগ নিয়ে ইংরেজ বণিকরা অনায়াসেই বাংলার ক্ষমতা দখল করে নেয়। এমন সস্তায়, এত সামান্য যুদ্ধে এত বড় রাজ্য জয়ের ঘটনা ইতিহাসে বিরল।

ক্রমে ইংরেজরা গোটা ভারতবর্ষ অধিকার করে নিয়েও দিল্লির বদলে কলকাতার মতন একটা তুচ্ছ, অর্বাচীন, ক্ষুদ্র শহরে রাজধানী স্থাপন করে। এটাকে বলা যায় ঐতিহাসিক নিয়তি। কেন না, এর আগে, বহু শতাব্দী ধরে বাংলা বা বাংলার কোনও শহরেরই কোনও সর্বভারতীয় গুরুত্ব ছিল না। ইংরেজ শাসনের প্রধান কেন্দ্র হয়ে ওঠায় কলকাতার দ্রুত শ্রীবৃদ্ধি হতে থাকে,

অচিরেই কলকাতা হয়ে ওঠে ব্রিটিশ সাম্রাজ্যের দ্বিতীয় প্রধান নগরী, 'প্রাসাদ-নগরী' হিসেবেও এর খ্যাতি হয়। পশ্চিমী শিক্ষা ও বিজ্ঞানের সংস্পর্শে এসে বাঙালি জাতির মধ্যেও এক নবজাগরণ ঘটে। ব্যাবসা-বাণিজ্যে, শিক্ষা-দীক্ষায়, সংস্কৃতিতে ও আধুনিক মনস্কতায় বাঙালিরা হয়ে ওঠে সারা ভারতে অগ্রগণ্য। বাঙালি শিক্ষক, চিকিৎসক, আইনজীবী ও সাংবাদিকরা ছড়িয়ে পড়ে ভারতের সর্বত্র। এই শতাব্দীর গোড়ায় রাজনৈতিক নেতৃত্বেও বাঙালিরা প্রধান ভূমিকা নেয়।

১৯১১ সালে ভারতের রাজধানী কলকাতা থেকে দিল্লিতে স্থানান্তরিত হলেও কলকাতার গৌরব কিছু মাত্র কমেনি। কলকাতা হয়ে ওঠে প্রকৃত অর্থে এ যুগের মেট্রোপলিস। সারা পৃথিবীতে দিল্লির তুলনায় কলকাতার গুরুত্ব ছিল বেশি। সারা বিশ্ব থেকে গুণী-জ্ঞানী, ব্যবসায়ী, সৌভাগ্য সন্ধানীরা কলকাতায় এসে ভিড় জমিয়েছে।

ব্রিটিশ ভারতে কলকাতার এক গৌরবময় স্থান অব্যাহত থাকলেও হঠাৎ তার বিপরীত অবস্থা এসে যায় স্বাধীনতার পর। ভারতবর্ষ পেল স্বাধীনতা, আর বাংলা পেল দেশ বিভাগের চরম আঘাত। স্বাধীনতা আন্দোলনে বাঙালির ছিল প্রধান ভূমিকা, তার প্রতিদানে বাঙালি জাতি হয়ে গেল দু-টুকরো, বহু লক্ষ বাঙালি হল বাস্তুচ্যুত এবং চরম ট্র্যাজেডির সম্মুখীন। অন্য অনেক রাজ্যের তুলনায় পশ্চিমবাংলা হয়ে গেল সংখ্যালঘু, দিল্লির শাসকদের মধ্যেও বাঙালিদের বিশেষ স্থান হল না। এক কোটির বেশি উদ্বাস্তুদের আগমনে পশ্চিমবাংলা যখন জর্জরিত, হঠাৎ অতিরিক্ত জন সংখ্যার চাপে কলকাতার নাগরিক জীবন বিপর্যস্ত, তখন এসব কিছুর সুরাহা ও সাহায্য করার কোনও উদ্যোগ নেয়নি কেন্দ্রীয় সরকার। পশ্চিমভারতে পাঞ্জাবও দ্বিখণ্ডিত হয়েছে, কিন্তু সেই দু-খণ্ডের নাগরিক বিনিময়ও হয়ে গিয়েছিল, তাই সেই ক্ষত শুকোতে খুব বেশি সময় লাগেনি। বাংলার দুদিকে নাগরিক বিনিময় হতে দেওয়া হয়নি, পূর্ব বাংলা থেকে জনস্রোত এসেছে পশ্চিমবাংলায়, এখনও তা অব্যাহত, ফলে পঞ্চাশ বছরেও মেটেনি উদ্বাস্তু সমস্যা।

পশ্চিমবাংলা ও তার প্রাণকেন্দ্র কলকাতার এই দুঃসময়ে দিল্লি থেকে আন্তরিক সাহায্যের হাত বাড়িয়ে দেবার বদলে মাঝে মাঝে ছুড়ে দেওয়া হয়েছে ব্যঙ্গ-বিদ্রুপ। কেউ বলেছেন, 'মিছিল নগরী', কেউ বলেছেন 'দুঃস্বপ্নের শহর', কেউ বলেছেন 'মুমূর্ষু নগরী'!

ভারতের রাজনীতি ও বাণিজ্যিক ক্ষমতা এখন যাদের হাতে, তারা

অনেকেই দিনে একবার বাঙালিদের নিন্দে না করে জল খান না। এ এক ধরনের হীনমন্যতা চাপা দেবার চেষ্টা, এক সময় বাঙালিরা সব বিষয়ে আধিপত্য করেছে বলে এখন যে-কোনও প্রকারে তাদের নীচে ঠেলে দেবার উদ্যোগ চলেছে। বাংলায় প্রবাদ আছে 'হাতি কাদায় পড়লে ব্যাঙেও লাথি মারে', অনেকটা যেন সেইরকম অবস্থা। নানানভাবে প্রচার করে এমন একটি ধারণা তৈরি করে দেওয়া হচ্ছে, যেন বাঙালি জাতটা একেবারেই অধঃপতনে গেছে।

বাঙালি অধঃপতনে যায়নি, তবে অবস্থার অনেক অবনতি হয়েছে, তা অনস্বীকার্য। এ জন্য আত্মসমীক্ষারও প্রয়োজন আছে। এযুগে রাজনৈতিক ক্ষমতা ও উৎপাদন—বাণিজ্যের অগ্রগতি না থাকলে কোনও জাতির শিল্প-সংস্কৃতিরও শ্রীবৃদ্ধি হতে পারে না। ওই প্রধান দুটি বিষয়েই বাঙালি এখন দুর্বল। এর জন্য অনেকটা নিজেরাই দায়ী। বাঙালির অনেক গুণ থাকলেও একটি বড় দোষ এই যে, তারা জানে না কাকে বলে 'একতা'। সমবেত ভাবে কিছু করা তাদের ধাতে নেই। এ জন্যই বাঙালিদের মধ্যে অনেক একক ব্যক্তিত্বের উত্থান হয়েছে, যাঁরা বিশ্ববরেণ্য, কিন্তু সামগ্রিক উন্নতির দৃষ্টান্ত প্রায় নেই। রাজনীতিতে শুধু দলাদলি নয়, পারস্পরিক খুনোখুনিও এখানেই সবচেয়ে বেশি ঘটে। বড় বড় শিল্প-বাণিজ্য সংস্থাগুলি যখন পশ্চিমবাংলা থেকে তাদের কেন্দ্র সরিয়ে নিয়ে যেতে শুরু করে, তখনও দলাদলিতে মত্ত থেকে আমরা রোধ করার কোনও চেষ্টাই করিনি। তার ফলে সমস্যা বেড়েছে, জাতিগত ভাবে দুর্বলতা ও রক্তশূন্যতা এসে গেছে।

বাঙালির আর একটা দোষ, তারা যতটা অতীত বিলাসী, ততটা ভবিষ্যৎমুখী নয়। গত শতাব্দী নিয়ে বাঙালিরা গৌরব করে, আগামী শতাব্দী সম্পর্কে তাদের কোনও পরিকল্পনা নেই। একসময়ে বাঙালিরা সর্বভারতীয় নেতৃত্ব দিয়েছে। কিন্তু অন্যান্য রাজ্যের মানুষও এগিয়ে আসবে, এটাও তো স্বাভাবিক। শিক্ষিতের হারে বাঙালিরা যে দক্ষিণ ভারতীয়দের তুলনায় অনেক পিছিয়ে গেছে, এটাও বাস্তব সত্য।

তবে, ইতিহাস সরলরেখায় চলে না, তা অনেকটা ঢেউয়ের মতন। উত্থান ও পতন চলতেই থাকে। অবস্থার বিপাকে বাঙালির অনেকখানি পতন হলেও আবার যেন একটা উত্থানের সূচনা দেখতে পাওয়া যাচ্ছে। এটা নিছক আশাবাদ নয়। খাদ্য উৎপাদনে পশ্চিমবাংলা অনেকখানি এগিয়েছে, শিল্প-বাণিজ্যেরও খানিকটা পুনরুত্থান দেখা যাচ্ছে, দাঙ্গা-হাঙ্গামা প্রায় নির্ধারিত। বাঙালিদের যারা নিন্দে করে, ভুল সমালোচনা করে, তাদের উত্তর দেবার এই তো যোগ্য সময়।

প্রথম প্রয়োজন, হীনমন্যতা কাটিয়ে ওঠা। গালাগালি খেতে খেতে অনেক বাঙালির ধারণা হয়ে গেছে যে তারা চিরকালের মতন হেরে গেছে। অনেক বাঙালি পরিচয়টাই লুকোতে চায়। আবার অনেক অবাঙালিও বাংলাকে ভালোবেসে, কিংবা কাজকর্মের সূত্রে বাংলার জীবনের সঙ্গে একাত্ম হয়ে গেছে। এই পঞ্চাশ বছরে বাঙালির জনসংখ্যাও অনেক বেড়েছে। ত্রিপুরায়, অসমে, ওড়িশায়, বিহারে বহু বাঙালি ছড়িয়ে আছে। এইসব বাঙালিদের মধ্যে কারুর কোনও কৃতিত্বের পরিচয় পাওয়া গেলেই তা প্রচার করা উচিত। স্কুল-কলেজের প্রতিভাবান ছেলে-মেয়েদের নিয়ে আসা দরকার পাদপ্রদীপের আলোয়। বেশ কিছু ফাউন্ডেশনের দরকার, যেখান থেকে স্কলারশিপ দেওয়া হবে বিজ্ঞান, শিল্প, সাহিত্য, সঙ্গীতে কৃতী তরুণ-তরুণীদের। বর্তমান প্রজন্ম পরবর্তী প্রজন্মের কাছে দায়বদ্ধ। যদি এমন একটা উদ্দীপনার সঞ্চার করা যায় যে কেউ যদি কোথাও কোনও ভালো কাজ করে তবে তার স্বীকৃতি পাওয়া যাবে, তা হলে ভালো কাজ করতে অনেকেই এগিয়ে আসবে। কলকাতা থেকে বিশেষজ্ঞ ও বুদ্ধিজীবির দল যদি বছরে একবারও মফস্‌সলের কলেজের ছাত্র-ছাত্রীদের মধ্যে গিয়ে তাদের মনোবল জাগাবার ভার নেন, তাতে অনেক কাজ হতে পারে।

ক্যাচ দেম ইয়াং। সেই কাজটাই এতদিন করা হয়নি।

বাঙালি অনেক, মুছে যাচ্ছে বাংলা

প্রথমবার গিয়েছিলাম প্রায় ছাব্বিশ-সাতাশ বছর আগে। কোনও আমন্ত্রণে নয়, সেখানে আমার পরিচিত কেউ নেই, আমার মুখখানাও তখন পাঠকদের কাছে চেনা হয়নি। সে সময় পর্যটন শিল্পকে উৎসাহ দেওয়া হত না, হোটেলের সংখ্যা ছিল নগণ্য আর আমাদের মতন প্রতিবেশী রাজ্যের মানুষকেও আন্দামানে যেতে হলে সেখানকার শাসন-কর্তৃপক্ষের কাছ থেকে আগে অনুমতি নিতে হত। যথাবিহিত সেসব নিষ্পন্ন করে আমি একদিন জাহাজের টিকিট কেটে ভেসে পড়েছিলাম বঙ্গোপসাগরে। আমার বন্ধুবান্ধবদের মধ্যে কেউই তখনও পর্যন্ত আন্দামান দ্বীপপুঞ্জ দ্যাখেনি, সঠিক ধারণাও নেই, কয়েকজন আমাকে জিগ্যেস করেছিল, হঠাৎ একা একা আন্দামান যাচ্ছ কেন? আমি সঠিক উত্তর এড়িয়ে গেছি, অনায়াসে বলা যেত বিকজ ইট ইজ দেয়ার। আসল কারণ হল, আমাদের স্বাধীনতা-সংগ্রামের সশস্ত্র বিপ্লবীদের মধ্যে যাঁরা আন্দামানে দণ্ডিত হয়েছিলেন এবং তাঁদের মধ্যে যাঁরা তখনও বেঁচে আছেন, তাঁদের নিয়ে একটি উপন্যাস রচনা করার বাসনা আমার মনে ঘুরঘুর করছিল। নিজেই ঠিক করেছিলাম, কুখ্যাত সেলুলার জেলটি স্বচক্ষে না দেখে এরকম রচনায় হাত দেওয়া উচিত নয়।

সেই মুখ্য উদ্দেশ্যটি ছাড়াও ভ্রমণের টান তো ছিলই। সঙ্গীবিহীন অপরিকল্পিত ভ্রমণের স্বাদই আলাদা, আমি উপভোগ করেছিলাম খুবই।

ইচ্ছেমতন এক-একটা দ্বীপে গিয়ে থেকেছি। এমন গাঢ় নীল সমুদ্র, এমন বৃষ্টির লুকোচুরি খেলার আকাশ, এমন নিবিড় অরণ্য, যেদিকে তাকালে মনে হয় ব্রহ্ম-স্বাদের মতন অনুচ্ছিষ্ট। শুনেছি জারোয়াদের সম্পর্কে অনেক রোমাঞ্চকর গল্প, দেখেছি পাল পাল হরিণ, নির্জন বেলাভূমিতে কতরকম ঝিনুক ও শঙ্খ।

একটিই মাত্র ভদ্রগোছের সরকারি হোটেল ছিল, সেখানে আমি জায়গা পেয়েছিলাম বটে, তবে বেশ মজার শর্তে। প্রত্যেকদিন দুপুরবেলা বারোটা থেকে চারটে পর্যন্ত ঘর ছেড়ে দিতে হবে। কারণ ওই সময় ইন্ডিয়ান এয়ারলাইনসের ফ্লাইট আসে, পাইলট ও অন্য কর্মীরা স্নান খাওয়াদাওয়া করে ওই হোটেলে কিছুক্ষণ বিশ্রাম নেন, পুরো হোটেলটা তাঁদেরই দখলে থাকে (ঘর ছিল মাত্র ছ'-সাতখানা)। অর্থাৎ প্রতিদিন চার ঘণ্টা আমি উদ্বাস্তু।

তখন অনেক জায়গাতেই দেখা যেত বাঙালি মুখ, পথেঘাটে শোনা যেত বাংলা কথাবার্তা। অতুল স্মৃতি সমিতি নামে বাঙালিদের একটি পুরোনো প্রতিষ্ঠানে যেতাম খবরের কাগজ পড়তে। অনেকের মুখেই খেদোক্তি শুনেছি, এই আন্দামান দ্বীপপুঞ্জ অনায়াসেই একটি বাঙালিপ্রধান রাজ্য হতে পারত, ত্রিপুরার মতন। পঞ্চাশ ও ষাটের দশকে পূর্ব পাকিস্তান থেকে লক্ষ লক্ষ উদ্বাস্তু আসছিল, পশ্চিমবঙ্গের তখন উপচে ওঠার মতন অবস্থা। তাদের আর স্থান দেওয়া যাচ্ছিল না। বিধানচন্দ্র রায়ের উদ্যোগে, কেন্দ্রীয় সরকারের সম্মতিতে বাঙালি উদ্বাস্তুদের আন্দামানে পাঠাবার পর বিরোধী পক্ষ দারুণ কোলাহল ও প্রতিবাদ শুরু করে দেয়। যেন বেড়াল পার করার মতন বাঙালি উদ্বাস্তুদের কালাপানি পার করে পাঠানো হচ্ছে নির্বাসনে। প্রতিবাদের ফলে আন্দামানে উদ্বাস্তু পাঠানো বন্ধ করে পাঠানো শুরু হয় দণ্ডকারণ্যে।

আন্দামানের মতন দণ্ডকারণ্যের উদ্বাস্তু শিবিরগুলিও ঘুরে ঘুরে দেখার প্রত্যক্ষ অভিজ্ঞতা আমার আছে। দণ্ডকারণ্যেই আসলে বাঙালি উদ্বাস্তুরা প্রকৃত নির্বাসিত এবং উপেক্ষিত। সেই কঠিন পাথুরে মাটির পরিবেশে বাঙালি উদ্বাস্তুরা ফসল ফলাতে পারেনি, দশকের-পর-দশক তারা সরকারের গলগ্রহ এবং ডোল-নির্ভর থেকেছে, এক সময় বেপরোয়া হয়ে তারা দলে দলে ছুটে এসেছিল সুন্দরবনের মরিচঝাঁপিতে, তাদের ঘাড় ধাক্কার চেয়েও বেশি অপমান করে বিতাড়িত করা হয়েছে। অপরপক্ষে আন্দামানে যে কয়েক ব্যাচ উদ্বাস্তু পাঠানো হয়েছিল, তারা চতুর্দিকে জল ও নরম মাটি পেয়ে মাছ ধরা ও চাষবাসে স্বাবলম্বী হয়ে উঠেছে অবিলম্বে। অনেকে রীতিমতো স্বচ্ছল। গুজব শুনেছি, কোনও কোনও প্রাক্তন উদ্বাস্তু নাকি প্লেন চার্টার করে পশ্চিমবঙ্গে বিয়ে করতে আসে। সত্যি হতেও পারে।

যদি আরও লাখ দু-এক উদ্বাস্তুকে পাঠানো যেত আন্দামানে, তাদের জন্য অঢেল জায়গা ছিল। এটা আমাদের বিরোধী পক্ষের অদূরদর্শিতা তো বটেই। বিরোধী পক্ষের দু-চারজন প্রতিনিধি যদি আন্দামানে গিয়ে স্বচক্ষে সেখানকার পরিবেশ দেখে আসতেন, তা হলে নিশ্চিত এমন প্রতিবাদ কিংবা কালাপানি সম্পর্কে কুসংস্কারের পরিচয় দিতেন না।

সাতাশ বছর বাদে আমি ফিরে গেলাম আন্দামানে, এবারে এক ত্রিভাষা সাহিত্য সম্মেলনে যোগ দিতে, সস্ত্রীক। প্রথমটায় আমার হতভম্ব হওয়ার মতন অবস্থা, পোর্টব্লেয়ার শহরটি যেন চিনতেই পারছি না। আমার স্ত্রীকে যা গল্প বলেছিলাম, তার কিছুই প্রায় মেলে না। এখন প্রচুর দোকানপাট, প্রচুর বাড়ি, কোনও কোনও এলাকা বেশ ঘিঞ্জি, বেশ কয়েকটি হোটেল ও গেস্টহাউস হয়েছে, তার মধ্যে চার-পাঁচ তারা হোটেলও আছে। এখন পর্যটনকেও উৎসাহিত ও প্রবর্ধিত করা হচ্ছে, ফরসা ফরসা বিদেশি মুখও দেখা যায়।

উন্নতি হয়েছে অবশ্যই, তবে পিছু হটে গেছে বাঙালিরা। আগে শিক্ষক, চিকিৎসক, সরকারি অফিসারদের মধ্যে বাঙালির সংখ্যাই বেশি দেখেছিলাম, এখন তামিল, তেলুগু, মালয়ালি, এমনকী পাঞ্জাবিই অধিকাংশ। যেমন কলকাতা থেকে আন্দামানের জাহাজ ছাড়ে, তেমনই জাহাজ আসে চেন্নাই ও ভাইজাগ থেকে। দক্ষিণ ভারতীয়দের উদ্যম বেশি, অধিকাংশ দোকানের মালিক তাঁরাই। সুদূর পাঞ্জাব থেকে এসে অনেকে এখানে ব্যাবসা-বাণিজ্য চালাচ্ছে, রীতিমতো পাঞ্জাবি সেটলমেন্ট। একসময় কলকাতা বন্দরে জাহাজ ধর্মঘটে মাসাধিককাল আন্দামানের জাহাজ বন্ধ ছিল, সেই সুযোগে চেন্নাইয়ের তৎপরতা বেড়ে গেছে। জারোয়ারাও আর তেমন নেই, কেউ কেউ শহরে এসে ভিক্ষা করে।

এক সময়ে এখানকার স্কুল-কলেজগুলি ছিল কলকাতা বিশ্ববিদ্যালয়ের অধীনে। এখন তা চলে গেছে পণ্ডিচেরিতে। বিচারব্যবস্থা শুধু রয়ে গেছে কলকাতার উচ্চ আদালতের আওতায়। প্রথমবার যখন আসি, এখানকার জঙ্গলে হরিণের সংখ্যা খুব বেড়ে গিয়েছিল। মূল ভূখণ্ড থেকে হরিণ এনে ছাড়া হয়েছিল, বাঘ-সিংহ নেই বলে হরিণের বংশবৃদ্ধি হচ্ছিল হুহু করে। ফসলের খেত ধ্বংস করত, তাই হরিণ মারা নিষিদ্ধ ছিল না। যত্রতত্র হরিণের মাংস ও চামড়া বিক্রি হত। মাংস ছিল চার টাকা কিলো। তখন চিংড়িও ছিল চার টাকা। এখনও হরিণের মাংস পাওয়া যায়, পঞ্চাশ থেকে ষাট টাকা কিলো। শুনলাম, চিংড়ি বেশ দুর্লভ আর সবজির খুব দাম। ফুলকপি ষাট টাকা, কাঁচা লঙ্কা কখনও দুশো টাকা কিলোও হয়।

সরকারি ভাষা মূলত ইংরেজি ও হিন্দি। দ্বিতীয়বার পৌঁছবার পরই

একটা করুণ কাহিনি শুনেছিলাম। পোর্টব্লেয়ার কলেজের বাংলা অনার্স ক্লাসে দুটি মাত্র ছাত্রী ছিল, তারা হঠাৎ বাংলা ছেড়ে অন্য বিষয়ে চলে গেছে। দুজন অধ্যাপক আছেন, একজনও ছাত্রছাত্রী নেই। আগের বছরও এমন হয়েছিল। এর পরে বাংলা বিভাগটি যদি তুলে দেওয়া হয়, তাতে বিস্ময়ের কিছু থাকবে না। নতুন প্রজন্মের ছেলেমেয়েরা বাংলা পড়তে চায় না। কারণ, প্রয়োজন ছাড়াও বাংলার সাংস্কৃতিক পরিবেশও নেই। একটি ছেলে আমাকে বলল, সে আগে বাংলা কবিতা লিখত, এখন লেখে উর্দুতে। উর্দু ভাষার বিরুদ্ধে আমার বলার কিছুই নেই, শুনতে বেশ ভালোই লাগে। কিন্তু যারা মাতৃভাষা ছাড়ে, তারা সাধারণত ইংরেজি গ্রহণ করে, তার বদলে উর্দু হলে একটু তো খটকা লাগবেই।

ম্রিয়মাণ অবস্থার মধ্যেও কিছু কিছু বাঙালি বাংলার সংস্কৃতি ও ভাষাকে এখনও আঁকড়ে ধরার চেষ্টা করে যাচ্ছেন। বাংলা সিনেমা এখানে অতি দুর্লভ, আদিত্য নাট্য আকাদেমি নামে একটি সংস্থা মাঝে মাঝে মঞ্চস্থ করে নাটক। অনিয়মিত হলেও বেরোয় কয়েকটি সাময়িক পত্রিকা, যেমন বাকপ্রতিমা, দ্বীপবাণী, সমুদ্রমেখলা, আহেলী। রয়েছেন রবীন রায়চৌধুরীর মতন গ্রন্থকার। একটি বাংলা গ্রন্থাগার আছে, পৃষ্ঠপোষকের অভাবে বেশ মলিন। এই বাঙালিদের কি আমরা একেবারেই দূরে সরিয়ে রাখব? এরা চিরতরে বিচ্ছিন্ন হয়ে যাবে বাংলা সংস্কৃতি থেকে? পশ্চিমবঙ্গ সরকারের উচিত, অবিলম্বে পোর্টব্লেয়ারে একটি সংস্কৃতি কেন্দ্র স্থাপন করা। সেটা তথ্যকেন্দ্র ও বাংলা আকাদেমির মিলিত রূপ হতে পারে। ছোট আকারের হলেও পশ্চিমবঙ্গ সরকারের উপস্থিতি স্থানীয় বাঙালিদের মনে ভরসা জোগাবে।

'বাকপ্রতিমা'-র সম্পাদক অনাদিরঞ্জন বিশ্বাস আমাকে এমন একটা কথা বলেছিল, যা আমার বুকে গেঁথে আছে। বিবাহিত গৃহস্থ, পরিবার তেমন সচ্ছল নয়। কষ্ট করে, নিছক ভালোবাসার টানে পত্রিকাটি প্রকাশ করে। সে বলেছিল, বাংলাভাষার মর্যাদা রক্ষার জন্য এক সময়ে ঢাকায় প্রাণ দিয়েছে চার জন, শিলচরে প্রায় দিয়েছে এগারো জন। যদি আবার বাংলাভাষার ওপর তেমন আক্রমণ আসে, তীব্র আন্দোলনে পুলিশের গুলিতে আবার প্রাণ দিতে হয়, তা হলে, সুনীলদা, অনুগ্রহ করে আমাকে একেবারে সামনে দাঁড়াবার সুযোগ দেবেন। প্রথম গুলিটায় আমি প্রাণ দিতে চাই।

হিস্ট্রি চ্যানেল হিন্দিতে কেন, বাঙালি আজও সর্বংসহা

আমি হিন্দি ভাষার মোটেই বিরোধী নই। কোনও ভাষারই বিরোধী নই। কিন্তু কিছু কিছু ঔচিত্যবোধের কথা তো বলতেই হবে! কলকাতা তথা পশ্চিমবাংলায় বাংলায় ফিল্মের তুলনায় হিন্দি ফিল্ম অনেক বেশি সংখ্যায় দেখানো হয়, কিন্তু তা জোর করে বন্ধ করার কোনও প্রশ্নই তোলা উচিত নয়। সরকার কিংবা শাসকদল সে বিষয়ে নীতি নির্ধারণ করবেন অথবা করবেন না। বাংলা ফিল্মের কলাকুশলীরা সে ব্যাপারে আন্দোলন করবেন অথবা করবেন না। ফিল্মের ব্যবসা সম্বন্ধে আমি মতামত দেবার অনধিকারী।

টিভি চ্যানেলগুলিতে হিন্দি অনুষ্ঠানেরই আধিক্য। সে বিষয়েও বলার কিছু নেই, দর্শকদের চাহিদা মেটাতেই বোধহয় ব্যবসায়ীরা সে উদ্যোগ নেয়। বাংলা, এমনকী ইংরেজি পত্রিকাগুলিতেও ইদানীং হিন্দি অনুষ্ঠানের আলোচনা এবং ছবি ফলাও করে ছাপা হয়, সেটাও নিশ্চয়ই জনরুচির ব্যাপার। হিন্দি ভাষাতে বেশ কিছু উৎকৃষ্ট ফিল্মও তৈরি হয়, কিন্তু নিকৃষ্ট ফিল্মের সংখ্যাই বেশি। নিকৃষ্টগুলিই প্রাধান্য পায়। সমাজের গতিই তো সেই দিকে। আমার মতন চুটোপুঁটি তা রোধ করতে পারবে না। তবে একটা মজার কথা উল্লেখ করা যেতে পারে। টিভির চ্যানেল ঘোরাতে ঘোরাতে দেখা যায়, দশটার মধ্যে ছ'-সাতটাতেই একদল ছেলেমেয়ে অবিকল একই ভঙ্গিতে নাচছে, যদি তাকে

নাচ বলা যায়। ভারতীয় জনগণের মধ্যে নাচ যে এত জনপ্রিয় তা তো বাস্তব চক্ষু মেলে দেখতে পাইনি কখনও।

টিভি-তে অন্যান্য ভাষার অনুষ্ঠানও থাকে। সেটাই সঙ্গত। বিভিন্ন ভাষাভাষী মানুষ নিজেদের পছন্দ মতন অনুষ্ঠান বেছে নিতে পারবে। সেটাই স্বাভাবিক। হিন্দি যদি বেশি জনপ্রিয় হয়, তা হলে হিন্দি অনুষ্ঠান বেশি থাকবে।

ইংরেজি ইংরেজিই থাকুক

আমার আপত্তি, সম্প্রতি ইংরেজি অনুষ্ঠানগুলিও যে হিন্দিতে পরিবেশন করার ঝোঁক দেখা যাচ্ছে, সে বিষয়ে। বিষয়টি গুরুতর। ডাবিং সম্পর্কে কিছু নির্দিষ্ট বিধি আছে। বাংলা অনুষ্ঠান হিন্দিতে কিংবা হিন্দি অনুষ্ঠান বাংলায় ডাব করা চলে না। ইংরেজি অনুষ্ঠান বিষয়ে বুঝি কোনও নীতি নেই? ইতিহাস ও বিজ্ঞান বিষয়ক অনেক অনুষ্ঠান আসে বিদেশ থেকে। সেগুলির হিন্দিকরণ রীতিমতন অন্যায়। বাংলায় ডাব করলেও অন্যায় হত। কলকাতা শহরে বাঙালি, হিন্দিভাষী ছাড়াও বহু বহু অন্য ভাষাভাষী মানুষ তাকে, ইংরেজি অনুষ্ঠানগুলি তাঁদের সকলের জন্য। পটনা কিংবা ইলাহাবাদের মতন শহরে ইংরেজির বদলে হিন্দি চালাবার চেষ্টা করা হলে তবু মানে বোঝা যায়, কিন্তু কলকাতা একটি কসমোপলিটান শহর। এখানে সব ভাষার মানুষেরই অনুষ্ঠান নির্বাচনের স্বাধীনতা থাকা উচিত।

ডাবিং ব্যাপারটাই আমার হাস্যকর লাগে। পৃথিবীর অন্যান্য দেশেও এর চল কমে যাচ্ছে। কল্পনা করুন তো, গ্রেগরি পেক কথা বলছেন চিনে ভাষায় আর মেরিলিন মনরো প্রেম করছেন তামিলে। মনে আছে, একবার ব্যাঙ্কক শহরের হোটেলে শুয়ে টিভি-তে স্যার লরেন্স অলিভিয়েরের মুখে তাই ভাষা শুনে হাসতে হাসতে আমার চোখে জল এসে গিয়েছিল। কোনও হিন্দিভাষীরও নিশ্চয়ই একই অবস্থা হত। ছবিটি ছিল খুবই সিরিয়াস। এখানেও ইতিহাস-বিজ্ঞানের অনুষ্ঠানগুলিতে সাহেব-মেমদের মুখে হিন্দি শুনলে শুধুমাত্র ওই ভাষার মানুষরা পুলকিত হতে পারেন, কিন্তু অন্যদের হাস্যকর মনে হবেই।

বরং সাবটাইটল চলতে পারে

ডাবিং-এর বদলে তবু সাব টাইটল বসানো যেতে পারে। সেটাই সর্বস্বীকৃত রীতি। এখানকার কেবল-অপারেটররা যদি হিন্দি ভাষায় অত্যুৎসাহী হন, তা হলে হিন্দি সাবটাইটেল ব্যবহার করুন। কেউ আপত্তি করবে না। যদি কেউ কেউ বলেন যে, টিভির অনুষ্ঠান চোখে দেখার ও কানে শোনার জন্য, সেই জন্যই যাঁরা লেখাপড়া তেমন জানেন না, তাঁদের জন্যই ডাবিং করা হচ্ছে, তা হলে এই যুক্তি মূর্খতার ধার ঘেঁষে যাবে। অল্পশিক্ষিত কিংবা অশিক্ষিতদের জন্য অনুষ্ঠানের ধরনটাই অন্যরকম হওয়া দরকার। ইতিহাস-বিজ্ঞানের অনুষ্ঠানগুলি অ-আ-ক-খ থেকে শুরু হয় না। যাঁরা হাব্‌ল টেলিস্কোপ বা ব্ল্যাক হোলের কথা কিছুই জানেন না, কিংবা মেসোপটেমিয়ার নাম শোনেননি, তাঁরা মহাকাশ বিজ্ঞান কিংবা ইতিহাসের অনুষ্ঠান শুধু হিন্দি ভাষায় দেখে কী বুঝবেন? তাঁরা ওই সব অনুষ্ঠান দেখবেনই না, তাঁরা নাচ-গান দেখবেন।

আমি হিন্দি ভাষা অনেকটা বুঝি, উত্তর ভারতে গেলে হিন্দিতেই কথা বলি। কিন্তু বিজ্ঞান ও ইতিহাসের সূক্ষ্ম বিষয় ইংরেজিতেই পড়তে শুনতে অভ্যস্ত। তা ছাড়া, চোখের সামনে যখন দেখি সাহেব-মেমরা ঠোঁট নাড়ছে আর কথা ভেসে আসছে হিন্দিতে (অযথা নাটকীয় ভাবে), তখন ক্রমশই বিরক্তি জমতে থাকে। তার পর বন্ধ করে দিই। আমার ধারণা, হিন্দি ভাষার বিদগ্ধ ব্যক্তিরাও অন্য কোনও ভাষাকে দমন করে তার ওপর হিন্দি ভাষাকে চাপিয়ে দেওয়া পছন্দ করেন না। দক্ষিণ ভারতে কী হয়? তারা জোর করে হিন্দি অনুষ্ঠান বন্ধ করে দেয় বলে এই অত্যুৎসাহীরা তাদের ভয় পায়। বাংলা কত দিন সর্বংসহা হয়ে থাকবে? আমার মতন নিরীহ মানুষেরও এক এক সময় ইচ্ছে হয়, দলবল জুটিয়ে নিয়ে এই সব প্রচার দফতরে ভয় দেখাতে!

বিশ্ব বইমেলা এবং প্রবাসে বাংলা

প্রথম দিন

আগের বার প্রায় দিন দশেক ছিলাম, তাই ফ্রাঙ্কফুর্ট শহরটি বেশ চেনা হয়ে গিয়েছিল। ট্রামে চেপে বইমেলায় যাতায়াত করতাম। এইবারেও ১৬ নম্বর ট্রামে চেপে নামলাম 'বুক মেসে' বা বইমেলার গেটের সামনে। কিন্তু নেমে আর গেট খুঁজে পাই না। মাত্র তিন বছরে অনেক কিছু বদলে গেছে, প্রবেশ দ্বারটি এখন অন্যত্র এবং সুবিশাল। পাশেই গম্বুজের মতন একটি বহুতল বাড়ি উঠছে, সেটাও বইমেলার অন্তর্গত হবে।

আগেরবার ছিলাম আমন্ত্রিত, এবার রবাহুত দর্শক মাত্র। তবে বিদেশ থেকে কেউ এলেই তাকে একটি সিজন কার্ড দেওয়া হয় বিনামুল্যে, এই সৌজন্যটুকু বইমেলা কর্তৃপক্ষ প্রদর্শন করেন। পাসপোর্ট দেখিয়ে কার্ড সংগ্রহ করে ভেতরে ঢুকতে যেতেই সশস্ত্র প্রহরীর সম্মুখীন। মনটা বিবশ হয়ে গেল। বইমেলার মধ্যেও পিস্তল-বন্দুক। আজকাল বিমান ভ্রমণে এতরকম সিকিউরিটির ঝঞ্ঝাট যে সব আনন্দই মাটি হয়ে যায়। হুমদো হুমদো চেহারার লোকেরা গায়ে হাত দিয়ে টিপে টিপে দেখে, আমি আবার পুরুষ মানুষের স্পর্শ একেবারে সহ্য করতে পারি না। বইমেলাতেও সেই উৎপাত! শুধু যে হাত-ব্যাগই পরীক্ষা করে দেখা হচ্ছে তাই-ই নয়। প্রহরীদের সামনে শ্রীগৌরাঙ্গের চ্যালাদের মতন হাত তুলেও দাঁড়াতে হচ্ছে।

ফ্রাঙ্কফুর্টের মেলা এলাকাটা এবার যেন আরও বড় মনে হল। অনেকগুলি প্রকাণ্ড প্রকাণ্ড হল, তিন-চারতলা করে। সেগুলির এক-একটি ঘুরে দেখতেই পা ব্যথা হয়ে যায়। মেলার এক প্রান্ত থেকে অন্য প্রান্ত পর্যন্ত বিনা পয়সার বাস চলে, হলের সিঁড়িগুলি চলন্ত, তবু হাজার হাজার বইয়ের স্টলের গোলকধাঁধার মধ্যে পথ হারিয়ে ফেলতে হয়। প্রথমে ঢুকে তো আমি ভারতীয় প্রকাশকদের জন্য নির্দিষ্ট অংশটি খুঁজেই পাই না। চর্তুদিকে নতুন বইয়ের গন্ধ।

ভারতীয় বিভাগটির ব্যবস্থাপনার দায়িত্ব ন্যাশনাল বুক ট্রাস্টের। ভারতের বিভিন্ন অঞ্চলের প্রকাশকদের বই তাঁরাই নিয়ে যাওয়ার ব্যবস্থা করেন, তারপর প্রকাশকরা ওখানে গিয়ে আলাদা আলাদা দোকান সাজিয়ে বসেন। ন্যাশনাল বুক ট্রাস্টের নিজস্ব একটি প্রদর্শনীও থাকে। ভারতীয় প্রকাশকদের মধ্যে দিল্লিরই আধিপত্য, কিছু বম্বের, মাদ্রাজ অঞ্চলের প্রকাশকদের সংখ্যা খুবই কম। কলকাতার বেশ কয়েকজন প্রকাশক আছেন বটে, তবে অধিকাংশই ইংরিজি বইয়ের, এঁদের মধ্যে সদাব্যস্ত বিমল ধরের উপস্থিতি সর্বত্র বিরাজমান। ভারতীয় স্টলগুলির মধ্যে একটিতে এক ঝকঝকে ধারালো চেহারার রমণীর দিকে বারবার চোখ চলে যায়, কেমন যেন চেনা চেনা লাগে। পরে জানা গেল, ইনি নর্তকী ও অভিনেত্রী মল্লিকা সারাভাই, পিটার ব্রুক্সের মহাভারতে দ্রৌপদীর ভূমিকায় অভিনয় করে যিনি বিশ্বখ্যাতি পেয়েছেন। মল্লিকাদেরও পারিবাকির প্রকাশনা ব্যবসা আছে, এবছর তাঁরা ইংরিজি মহাভারতের একটি সংস্করণও প্রকাশ করেছেন।

ছিয়াশি সালে এসে বাংলা বইয়ের অনেকগুলি দোকান দেখেছিলাম। সে বছর মেলা-কর্তৃপক্ষ ভারতকে মুখ্য আকর্ষণ বলে ঘোষণা করেছিলেন। এ বছরের মুখ্য আকর্ষণ যেমন ফ্রান্স। সেবারে কলকাতার অধিকাংশ চেনা প্রকাশককে দেখেছিলাম এই মেলায়, এ বছর বাংলা বই টিমটিম করছে মাত্র দুটি স্টলে, আনন্দ পাবলিশার্স ও ফার্মা কে এল মুখোপাধ্যায়ের। ভারতীয় এলাকার বাইরেও বাংলা বই রয়েছে অন্যত্র আরও দুটি জায়গায়, থার্ড ওয়ার্লড কান্ট্রির এলাকায়, যেখানে কলকাতার মন্দিরা নামে এক প্রকাশক এবং বাংলাদেশের এক প্রকাশক আমন্ত্রিত।

এত বৃহৎ বিশ্ব বইমেলায় ভারতের স্থান নগণ্য, বাংলা বইয়ের উপস্থিতি নিতান্ত অকিঞ্চিৎকর বলা যেতে পারে। যদিও বাংলা সারা পৃথিবীর সপ্তম প্রধান ভাষা। এই বইমেলায় পশ্চিমী দেশগুলির বই-ব্যবসাই প্রধান, তাদেরই

রমরমা। আনন্দ পাবলিশার্সের বাদল বসু প্রতি বছর এই মেলায় বাংলা বই সাজিয়ে বসে থাকেন। একটা প্রেস্টিজ-এর ব্যাপার আছে ঠিকই, এই এলাহী বইমেলায় কলকাতার বাংলা বইয়ের প্রকাশক অকুতোভয়ে অংশগ্রহণ করছেন, বিশ্ব প্রকাশকদের তালিকায় তাঁদেরও নাম স্থান পাচ্ছে, কিন্তু ব্যবসায় কোনও সুরাহা হয় বলে মনে হয় না। এখানে বইয়ের খুচরো বিক্রির প্রশ্ন নেই, হোল সেল বিক্রির চুক্তি এবং অনুবাদের শর্ত বিনিময় হয়। বাংলা বইয়ের ক্ষেত্রে এ পর্যন্ত সেরকম কিছু ঘটেছে বলে শুনিনি।

প্রায় ছেলেবেলা থেকেই আমি বইয়ের জগতের সঙ্গে জড়িত, মাছ যেমন জলের মধ্যে সাবলীল থাকে, সেইরকমই এত নতুন বইয়ের প্রদর্শনী আমাকে মুগ্ধ করে রাখে, যেসব ভাষা বুঝি না, সেইসব ভাষারও বইয়ের মলাট দেখে দেখে সময় কাটাই।

অনেক দেশের বড় বড় প্রকাশকরা কিছু কিছু উপহারও দেয়। যেমন কলম কিংবা পেপার ওয়েট কিংবা নানারকম ঝোলানো ব্যাগ। ব্যাগের আকর্ষণই বেশি। বিনা পয়সায় কিছু পেতে শুধু যে আমাদের মতন গরিবদেশের মানুষদেরই উৎসাহ তাই-ই নয়, সচ্ছল শ্বেতাঙ্গরাও ঘুরে ফিরে সেইসব সংগ্রহ করে, কোনও কোনও স্টলের অতি সুদৃশ্য ব্যাগ কেউ কেউ নানা ছলে একাধিকও সংগ্রহ করে।

ভারতীয় কোনও স্টলেই কোনও উপহার নেই, বইয়ের মলাট ও ছাপা-বাঁধা পশ্চিমী প্রকাশকদের তুলনায় ম্লান, তাই এই তল্লাটে ভিড়ও কম।

একসময় এসে পড়লাম পেঙ্গুইন স্টলের সামনে। এবারে পেঙ্গুইন যেন কিছুটা আত্মগোপন করে আছে। ভাইকিং-এর সঙ্গে ভাগাভাগি করে একটা মাঝারি আকারের স্টলে বইগুলি সাজানো, কর্মীদের মুখে চোখে চাপা উদ্বেগ। কাছাকাছি সেপাই শান্ত্রীদের জমায়েত না দেখে একটু অবাক লাগছিল, পরে দেখি যে অনেক সশস্ত্র পারী-প্রহরী এখানে-সেখানে আত্মগোপন করে আছে।

পেঙ্গুইনের ওপর একটা আক্রমণের হুমকি সর্বক্ষণই রয়েছে। যদিও এঁরা সালমন রুশদির বিতর্কিত বইটি এবার রাখেননি।

মানুষের সভ্যতার ইতিহাসে একখানি বই ও তার লেখককে নিয়ে এত আলোড়ন আগে কখনও ঘটেনি। এই লেখকের মৃত্যু দণ্ডাজ্ঞা প্রকাশ্যে ঘোষিত হয়েছে, আততায়ীকে বিপুল পুরস্কার দেবার প্রতিশ্রুতি দিয়েছে বিভিন্ন দেশ ও ব্যক্তি। অনেকগুলি দেশের রাষ্ট্রনায়ক এই লেখকের পক্ষে বা বিপক্ষে বিবৃতি

দিয়েছেন, কূটনৈতিক সম্পর্ক বিপন্ন বা ছিন্ন হয়েছে এই একখানি বইকে কেন্দ্র করে। এক বছরেরও অধিককাল সেই লেখক প্রাণ ভয়ে আত্মগোপন করে আছেন।

এবারের বইমেলার প্রবেশ দ্বারে সিকিউরিটির এত কড়াকড়ির মর্ম ক্রমশ জানা গেল।

স্যাটানিক ভার্সেস বইটির জার্মান অনুবাদ এই সময়ে প্রকাশের কথা ছিল। পশ্চিম জার্মানির সরকার গোলমালের আশঙ্কায় এই অনুবাদের প্রকাশ নিষিদ্ধ করতে চেয়েছিলেন, কিন্তু ওসব গণতান্ত্রিক দেশে কোনও বই নিষিদ্ধ করা সহজ কথা নয়। জার্মান প্রকাশকদের সংস্থা সরকারের বিরুদ্ধে মামলা করে দেয়, বাক-স্বাধীনতার ওপর এই হস্তাক্ষেপ আদালতে গ্রাহ্য হয়নি। মামলায় জিতে সেই অনুবাদের প্রকাশক বইটি এবারের বইমেলাতেই সাড়ম্বরে উদ্বোধন করতে চেয়েছিলেন।

বইমেলা কর্তৃপক্ষ পড়ে যান বিপদে। বহু ফ্যানাটিক সংস্থা এবং রাষ্ট্র হিসেবে ইরান এখনও প্রতিশোধ গ্রহণের জন্য উন্মুখ। বইমেলার মধ্যে বোমাবাজি হলে সাংঘাতিক ভয়ের ব্যাপার, চতুর্দিকে কাগজের সমুদ্র, একবার আগুন লেগে গেলে সেই বহ্ন্যুৎসব হবে পৃথিবীর সবচেয়ে লজ্জাজনক ঘটনা।

মেলাকর্তৃপক্ষ সেইজন্য জার্মান প্রকাশকদের সঙ্গে একটা আপোসে এসেছেন। স্যাটানিক ভার্সেস-এর জার্মান অনুবাদ মেলার মধ্যে উদ্বোধন করা হবে না, পরে যে-কোনও একদিন হতে পারে। এর বিনিময়ে, কর্তৃপক্ষ এই মেলা থেকে ইরানকে বিতাড়িত করেছেন। ইরান যতদিন না একজন লেখকের ওপর থেকে মৃত্যুদণ্ডাজ্ঞা তুলে নেয়, ততদিন ইরানকে বিশ্ব বইমেলায় অংশগ্রহণ করতে দেওয়া হবে না।

তবু চোরা-গোপ্তা আক্রমণের ভীতি রয়ে গেছে। তা ছাড়া গোপন সূত্রে নাকি খবর পাওয়া গেছে যে পুরুষের বদলে সশস্ত্র নারী গেরিলারা এবার পেঙ্গুইন বা অন্য স্টলের ওপর আক্রমণ চালাতে পারে। তাই ঢোকার মুখে এবার মেয়েদেরই বেশি তল্লাশ করা হচ্ছে। বিভিন্ন হলেও মেয়ে-পুলিশদের প্রাধান্য।

শেষ পর্যন্ত অবশ্য কোনও আক্রমণের উদ্যম দেখা যায়নি। তবে একটি স্টল দেখে আমি আশ্চর্য হয়ে গেছি। নরওয়ে-র স্টলে পৃথিবীর বহু লেখকের ছবি টাঙানো রয়েছে, তার মধ্যে রুশদির ছবি! বহু বিতর্কিত বইটির নরওয়েজিয়ান অনুবাদও অকুতোভয়ে তাঁরা সাজিয়ে রেখেছেন। কোনও কোনও

দেশে যেমন যখন-তখন বই নিষিদ্ধ করা হয়, তেমনই বিপরীত ভাবে স্ক্যান্ডিনেভিয়ান দেশগুলিকে বাক স্বাধীনতা কিংবা যা খুশি লেখার ও পড়ার অধিকারের দাবি অত্যন্ত উগ্র।

এক একসময় ক্লান্ত হয়ে বাংলা বইয়ের স্টলে এসে বসি। অন্য দেশীয়দের জনস্রোত পাশ দিয়ে চলে যায়, বাংলা বইয়ের র‍্যাকগুলির দিকে তাদের চোখ থামে না। বাংলা ভাষা কিংবা বাংলা সাহিত্য সম্পর্কে যেন কারুর কোনও আগ্রহ নেই। অন্যদের আকৃষ্ট করার মতন তেমন উদ্যোগও নেওয়া হয়নি। ইংরিজি ও জার্মান ভাষায় উল্লেখযোগ্য বাংলা বইগুলির সিনঅপসিস, লেখক-পরিচিত, কিংবা সাধারণতভাবে বাংলা সাহিত্য নিয়ে ভালোভাবে প্রচারের ব্যবস্থা করা উচিত সমবেতভাবে বাংলা প্রকাশকদের। আনন্দ পাবলিশার্স একটি ইংরিজি ক্যাটালগ এনেছেন। কিন্তু সেটাও যথেষ্ট নয়। আরও অনেক তথ্যপূর্ণ, চকচকে, ঝকঝকে তালিকার প্রয়োজন।

ক্বচিৎ দু-একজন বাংলা জানা জার্মান আসেন, কিংবা অন্য কোনও দেশের প্রকাশক সত্যজিৎ রায়ের বইয়ের অনুবাদের জন্য আগ্রহ দেখান। পশ্চিমবাংলার কোনও কোনও বাঙালি আসেন আড্ডা দিতে কিংবা আত্মীয়-বন্ধুদের খোঁজ নিতে, আর আসেন বাংলাদেশীয়রা।

প্রবাসে বাংলা সাহিত্যপ্রেমী

হফ্‌ট বানহফ অর্থাৎ প্রধান রেল স্টেশনের সিঁড়ি দিয়ে একদিন উঠে আসছি, একটি যুবক আমার পাশে এসে ইংরিজিতে বিনীতভাবে জিগ্যেস করল, আপনার নাম কি অমুক? নিশ্চিন্ত হয়ে সে অতি উৎসাহের সঙ্গে ডেকে আনল তার বন্ধুদের, এবং প্রায় জোর করেই আমাকে, বাদল বসুকে এবং ফার্মা কে এল-এর রণজিৎ মুখার্জিকে নিয়ে গেল তার বাড়িতে।

ছেলেটির নাম বাবুল। সে এবং তার অতি তরুণী সুন্দরী স্ত্রী থাকে বইমেলার কাছেই এক অ্যাপার্টমেন্টে। বাবুল ও তার বন্ধুরা আমাদের রান্নাবান্না করে খাওয়ালো এবং কয়েকটা দিন হইচই ও আড্ডায় মাতিয়ে রাখল। এইসব বাংলাদেশের ছেলেমেয়েরা বিভিন্ন পেশায় নিযুক্ত, কেউ ডাক্তার বা ইঞ্জিনিয়ার, কেউ ফটোগ্রাফার, কেউ বা হোটেলে কাজ করে। কিন্তু বাংলা সাহিত্য নিয়ে তাদের উৎসাহ সবসময় টগবগ করছে। সেই তুলনায় পশ্চিম বাংলার বাঙালিরা

দুর্গাপুজো কিংবা গান বাজনার জলসায় যতটা আগ্রহী, সাহিত্য সম্পর্কে তেমন নয়। একজন ফিল্ম স্টার কিংবা গায়ক-গায়িকাদের নিয়ে তাঁরা মাতামাতি করতে পারেন, কিন্তু সাহিত্যকদের খোঁজ খবর তাঁরা বিশেষ রাখেন বলে মনে হয় না। পৃথিবীর বড় বড় শহরগুলিতে এখন অনেক বাঙালি থাকেন, তাঁদের অবস্থাও মোটামুটি সচ্ছল, কিন্তু তাঁরা সাহিত্য নিয়ে কোনও অনুষ্ঠানের আয়োজন করছেন, এমন কটা শোনা যায়?

বাবুল ও তার বন্ধুরা আমাদের সঙ্গে এমন আন্তরিক ব্যবহার করতে লাগল, যেন আমরা তাদের অনেক কালের আত্মীয়। আমরা তিনজনেই উঠেছিলাম এক জার্মান পরিবারে পেয়িং গেস্ট হয়ে, কিন্তু বাবুলরা এমন করতে লাগল, যেন আমাদের খাওয়ানো/পরানোর দায়িত্বও ওদের। ওদের প্রত্যেকের বাড়িতেই বেশ কিছু বাংলা বই রয়েছে, বাংলা পত্রিকা রাখে, কথায় কথায় বাংলা সাহিত্য থেকে নানারকম উদ্ধৃতি দেয়, প্রবাসী হয়েও মাতৃভাষার সেবা ও সম্মান করতে তারা একটুও ভোলেনি।

হাইডেনবার্গের কাছাকাছি হিসবার্গ শহরে থাকেন অলোকরঞ্জন দাশগুপ্ত। ইনি বহুকাল ও-দেশবাসী হলেও দেশের সঙ্গে পুরোপুরি সংযোগ রেখেছেন, প্রত্যেক বছর কলকাতায় এসে বেশ কিছুদিন কাটিয়ে যান। এখানকার কোন লিটল ম্যাগাজিনে কী লেখা বেরিয়েছে, সে সম্পর্কে অলোকরঞ্জন এতসব খবর রাখেন, যত আমিও জানি না। অলোকরঞ্জন জার্মানিতে অক্লান্তভাবে বাংলা সাহিত্যের জন্য পরিশ্রম করে যাচ্ছেন। বিভিন্ন বিশ্ববিদ্যালয়ে ও সেমিনারে তিনি বাংলা সাহিত্য সম্পর্কে বলেন, নিজে অনেক অনুবাদ করেছেন এবং অন্যদের অনুবাদে উদ্বুদ্ধ করাচ্ছেন। এসবই অশোকরঞ্জনের ভালোবাসার পরিশ্রম।

অলোকরঞ্জন আমাকে ও বাদল বসুকে ধরে নিয়ে গেলেন তাঁর বাড়িতে। সেখানে তাঁর পত্নী ট্রুডবার্টার আদরযত্ন এবং তাঁর জননীর স্নেহচ্ছায়ায় আমার অবস্থা যেন অতি প্রশ্রয় পাওয়া কোনও বালকের মতন। ট্রুডবার্টা এক অসাধারণ রমণী, যেমন বিদূষী ও বুদ্ধিমতী, তেমনি তাঁর কর্মক্ষমতা। তিনি চারবেলা নানারকম রান্নাবান্না করে আমাদের খাওয়াচ্ছেন, তারই মধ্যে আমাদের সঙ্গে গল্প করছেন, আবার কখনও গাড়ি চালিয়ে আমাদের নিয়ে বেড়াতে যাচ্ছেন। ট্রুডবার্টা বাংলা সাহিত্য সম্পর্কেও অনেক খবর রাখেন, বাংলা গান ও ভারতীয় মার্গসঙ্গীত তাঁর প্রিয়, গাড়ি চালাতে চালাতে সেই সব গান-বাজনা শোনেন।

ট্রুডবার্টার সেবা যত্নেরও তুলনা নেই। আমার শীতে কষ্ট হবে, ঠান্ডা লেগে যাবে ভেবে (শীত লাগছিল না) তিনি প্রায় জোর করেই তাঁর ক্লোসেট

থেকে একটি ওভারকোট আমাকে পরিয়ে দিলেন। মাসিমার পায়ে ব্যথা, সেই জন্য ট্রুডবার্টা হাঁটু গেড়ে বসে তাঁর শ্বাশুড়ির পায়ে একদিন জুতো পরিয়ে দিচ্ছিলেন, সেই দৃশ্যটি দেখে আমার মনে হচ্ছিল, শরৎচন্দ্রের উপন্যাসে এরকম বর্ণনা পাওয়া যেতে পারে, কিন্তু ইদানিং এমন দৃশ্য দুর্লভ।

ওই বাড়িতে একদিন মধ্যাহ্নভোজে আমন্ত্রিত হয়েছিলেন লোথার লুৎসে। ইনি শুধু আমার নন, অনেক ভারতীয় লেখকেরই পূর্ব পরিচিত। লোথার হিন্দি খুব ভালো জানেন, বাংলা জ্ঞানও যথেষ্ট। ভরাট স্বাস্থ্য, উৎসাহে সর্বক্ষণ টগবগ করছেন, ইনি দাশগুপ্ত পরিবারের একজন বিশিষ্ট বন্ধু।

এক বিশেষ ধরনের সুস্বাদু জার্মান স্যাপে চুমুক দিতে দিতে লোথার আমাকে জিগ্যেস করলেন, সুনীল, তুমি তোমার কোন বইয়ের উদ্বোধন অনুষ্ঠানে এসেছ?

আমি বললাম, সেরকম কিছু না তো। আমার কোনও বইয়ের অনুবাদ তো বেরুচ্ছে না।

লোথার জিগ্যেস করলেন, তা হলে তুমি এসময় ফ্র্যাঙ্কফুর্টে এসেছ কেন?

আমি বললাম, এমনিই। বন্ধুবান্ধবদের সঙ্গে দেখা করতে।

লোথার আমার দিকে বিমূঢ়ভাবে তাকিয়ে রইলেন।

ফ্রান্স ও ইংল্যান্ডে আমার কিছু কাজ আছে, যাবার পথে আমি ফ্রাঙ্কফুর্টের বইমেলা ঘুরে যাচ্ছি, কারণ, এতে অতিরিক্ত বিমান ভাড়া লাগবে না। শুধু এই কারণে এসেছি, তা লোথার লুৎসের কাছে বিশ্বাসযোগ্য মনে হয় না। ফ্রাঙ্কফুর্ট বইমেলায় লেখকরা বিশেষভাবে আমন্ত্রিত না হলে আসেন না। কোনও কোনও প্রকাশক নতুন বই প্রকাশ উপলক্ষে সেই লেখককে নিয়ে আসেন, তাঁকে নিয়ে কোনও অনুষ্ঠানের আয়োজন করে প্রচার মাধ্যমগুলির দৃষ্টি আকর্ষণের চেষ্টা করেন। বাংলা বইয়ের লেখকদের নিয়ে সেরকম কোনও অনুষ্ঠানের সম্ভাবনা নেই এখানে, বাংলা বইয়ের অনুবাদও হয় কদাচিৎ, তাও অনেকটা যেন উপরোধে ঢেঁকি গেলার মতন। অনুবাদ বেরুলেও বিক্রি হবে কেন? বাংলা সাহিত্য সম্পর্কে অন্যান্য দেশের পাঠকদের মধ্যে আগ্রহ সঞ্চারের কোনও ব্যবস্থা নেই। বাংলা ভাষার নামই এখনও অনেকে জানে না।

লোথার লুৎসে বইমেলাতে একদিনও যাননি, তার কারণ ওই মেলায় বাণিজ্যই প্রধান। নতুন বই বিক্রিরও কোনও ব্যবস্থা নেই।

সত্যি, ফ্রাঙ্কফুর্টের বিশ্ব বইমেলা দেখলে মনে হয়, মোটর গাড়ি, ফ্রিজ,

টিভি ইত্যাদির মতন বই নিয়েও এক বিশাল বাণিজ্য চলছে। সেই বাণিজ্য প্রায় পুরোপুরিই পশ্চিমী প্রকাশকদের আওতায়। তথাকথিত তৃতীয় বিশ্বের দেশগুলির (এই তৃতীয় বিশ্ব আখ্যাটা শুনলেই আমার গা জ্বলে যায়।) প্রকাশকদের অবস্থা যেন নেমন্তন্ন বাড়িতে হরিজনদের মতন।

লন্ডনে বাংলা সাহিত্য

অন্য কোনও দেশে যাওয়া-আসার পথে লন্ডনে থেকে যাওয়া সহজ। তা ছাড়া আমার খুব ছেলেবেলার বন্ধু ভাস্কর দত্ত এখানে থাকেন, তাঁর সঙ্গে একবার দেখা না করে কোথাও যেতে ইচ্ছে করে না, সেই জন্য আমি বেশ কয়েকবার লন্ডনে গেছি।

এই প্রথম আমি লন্ডনে এলাম আমন্ত্রিত হয়ে। না, ঠিক প্রথম নয়, বহুকাল আগে একবার এসেছিলাম, ইংলন্ডেশ্বরীর আমন্ত্রণে, শুনতে গালভারি শোনালেও সেটা আসলে অতি ফর্মাল ব্যাপার ছিল। এবারে এসেছি বাংলা ভাষাভাষীদের ডাকে।

এবারে যেন দেখলাম এক নতুন লন্ডন। আমার কাছে এক সম্পূর্ণ নতুন অভিজ্ঞতা। এখানকার ক'জনই বা জানেন যে কলকাতা ও ঢাকার পর বাংলা ভাষা ও সাহিত্যের তৃতীয় কেন্দ্র এখন লন্ডন।

'বাংলা সাহিত্য পরিষদ' নামে একটি সংস্থা নেমন্তন্ন করেছেন শামসুর রাহমান এবং আমাকে। তিন দিনের সাহিত্য সম্মেলন এবং একদিন টেমস নদীতে বজরা ভ্রমণের ব্যবস্থা। এই সংস্থার সভাপতি কাদের মাহমুদ এবং সম্পাদক সৈয়দ শাহীন।

প্যারিস থেকে ভাস্কর, বাদল বসু ও আমার লন্ডনে পৌঁছোনোর কথা সকাল সাড়ে ন'টায়, বিমানের গণ্ডগোলে আমরা হিথরো এয়ারপোর্টে পা দিলাম বিকেল পাঁচটায়। সেই সকাল ন'টা থেকে সৈয়দ শাহীন ও তার বন্ধু বেলাল এয়ারপোর্টে ঠায় বসে আছে। তাদের অকৃত্রিম আন্তরিকতার সেই প্রথম পরিচয়।

ভাস্কর তার বাড়িতে আমাকে নিয়ে যাবেই। কিন্তু শাহীনদের দাবি, তারা আমাকে আমন্ত্রণ করেছে, সুতরাং এবার তাদের কাছেই আতিথ্য নিতে হবে। দু-একদিন পরে গিয়ে অবশ্যই থাকব, এই কথা দিয়ে সেদিনকার মতন ছাড়া পাওয়া গেল।

অন্যান্যবার লন্ডনে এসে পরিচিত ও বন্ধু-বান্ধবদের সঙ্গে দেখা হয়েছে। কিছু কিছু বাঙালি গোষ্ঠী যে সানডে স্কুল বা রবিবারের বাংলা স্কুল খুলেছেন, সে খবরও জানি, ভাস্করের সঙ্গে গিয়ে একটা স্কুল দেখেওছি। এখানে আছে টেগোর সোসাইটি ও টেগোরিয়ান নামে সংস্থা। দেশ থেকে গান-বাজনা-নাচের দল প্রায়ই ইংলন্ডে গিয়ে অনুষ্ঠান করে আসেন। কিন্তু আধুনিক বাংলা সাহিত্য নিয়ে বড় ধরনের কোনও অনুষ্ঠান কিংবা কবি সম্মেলনের ব্যবস্থা লন্ডনের বাঙালিরা কখনও করেছেন বলে শুনিনি।

লন্ডনে পশ্চিমবঙ্গীয় বাঙালিদের তুলনায় বাংলাদেশিদের সংখ্যা অনেক বেশি। তাদের উপস্থিতি সর্বত্র টের পাওয়া যায়, দক্ষিণ লন্ডনের কোনও কোনও পাড়ায় সিলেটিদের পাড়া বলা যেতে পারে। সেখানকার স্কুলগুলিতে বাংলা পড়ানো হয়, অনেক জায়গায় বিভিন্ন সরকারি নোটিশ লেখা থাকে বাংলায়।

এখানকার বাংলাদেশি লেখকদের মধ্যে কয়েকজন আমার বন্ধুস্থানীয়, বিবিসি-র বাংলা বিভাগের অনেকের সঙ্গে আড্ডা হয় বুশ হাউজে গেলে। কিন্তু বাংলাদেশিরা যে বাংলা নিয়ে এখানে এত কর্মকাণ্ড ঘটিয়ে চলেছেন, সে সম্পর্কে আমার বিশেষ ধারণা ছিল না।

এখন ইংল্যান্ড থেকে সাতখানি বাংলা পত্রিকা বেরোয় নিয়মিত। সেগুলি সখের পত্রিকা কিংবা লিটল ম্যাগাজিন নয়, রীতিমতো ব্যবসায়িকভাবে চলে, অনেক ছেলেমেয়ে সেখানে কাজ করে, সেটাই তাদের জীবিকা। লন্ডনে বাংলা ছাপারও কোনও অসুবিধে নেই আর, এইসব পত্রিকা মূলত রাজনীতি এবং সংবাদমূলক, সাহিত্যের জন্য আলাদা পৃষ্ঠাও বরাদ্দ আছে। অদূর ভবিষ্যতে লন্ডন থেকে কোনও বাংলা দৈনিক পত্রিকা প্রকাশিত হলেও আশ্চর্য হবার কিছু নেই।

লন্ডন থেকে বাংলা বই ছাপাও শুরু হয়ে গেছে। ওখানকার লেখকদের আর কলকাতা কিংবা ঢাকার ওপর নির্ভর না করলেও চলবে। এর মধ্যে প্রায় ষাটখানি বাংলা বই প্রকাশিত হয়েছে লন্ডন থেকে। প্রবন্ধ, স্মৃতিকথা, উপন্যাস জাতীয় কয়েকটি বই আমি দেখেছি, ছাপা-টাপা বেশ ভালো। পশ্চিমবাংলা ও বাংলাদেশের পরবর্তী প্রজন্মের কিছু কিছু লেখকের বইও প্রকাশিত হতে পারে লন্ডন থেকে।

এইসব কিছুরই উদ্যম বাংলাদেশিদের। পশ্চিমবাংলার বাঙালিদের কেমন যেন উদাসীন মনে হয়। অনেকেই বাংলা বইটই পড়েন না। তবে, তাঁরা কিছুই করছেন না, এটা বলাও ঠিক নয়। হিরণ্ময় ভট্টাচার্যের 'সাগর পারে' একটি

সুপরিচিত পত্রিকা, আরও কয়েকজন বই লিখে লন্ডন থেকে প্রকাশ করছেন।

বন্ধুবর আবদুল গাফ্‌ফর চৌধুরীর সঙ্গে দেখা হল অনেকদিন পর। তিনি সহৃদয়ভাবে আলিঙ্গন করলেন আমাকে। আমি বললাম, আপনি 'পূর্ব-পশ্চিম' উপন্যাসের একটি চরিত্র, তিনি বললেন, আমিও আপনাকে নিয়ে একটি গল্প লিখেছি। দেখা হল প্রাবন্ধিক হাসন মুরশেদ এবং সম্পাদক শফিক রেহমান এবং আরও অনেকের সঙ্গে। নতুন পরিচিত বহু অল্পবয়েসি ছেলেমেয়েদের উৎসাহ দেখে আমি মুগ্ধ। কয়েকজন কী চমৎকার আবৃত্তি করে। বাইশ থেকে তিরিশ বছর বয়স্ক প্রবাসী পশ্চিমবঙ্গীয়রা অনেকেই ভালো করে বাংলায় কথাই বলতে পারে না, বাংলা কবিতা পাঠ তো দূরের কথা।

প্রথম অনুষ্ঠানটি হল লন্ডন ইউনির্ভাসিটির ম্যানিং হলে। প্রেক্ষাগৃহটি বিশেষ বড় নয়, কিন্তু একসময় সব আসন পূর্ণ, কিছু কিছু লোকজন দাঁড়িয়েও ছিল। আজকাল বিদেশের সাহিত্য অনুষ্ঠানগুলিতে লোকজন বিশেষ হয় না, এখানে এই জনসমাগম দেখে হকচকিয়ে যাবার মতন অবস্থা। গোটা অনুষ্ঠানটি আগাগোড়া বাংলায়, দু-একজন সাহেব আলো-মাইক ঠিক করছিল, না হলে বোঝবারই উপায় নেই যে ব্যাপারটা লন্ডন শহরে ঘটছে।

পরবর্তী দুটি অনুষ্ঠান বাংলাদেশ সেন্টার ও টয়েনবি হলে। যদিও শনি-রবিবার ছুটির দিনে ব্যবস্থা, কিন্তু ঝিরঝির করে বৃষ্টি হচ্ছিল, সেই সঙ্গে নভেম্বরের শীতল বাতাস। লন্ডনের এক প্রান্ত থেকে অন্য প্রান্ত বহুদূর, তবু উৎসাহীদের সংখ্যা কম নয়। কলকাতা ও ঢাকা থেকে আমরা দুজন, আর বিলেতের অনেক লেখক-প্রাবন্ধিক শিল্পী অংশগ্রহণ করলেন। প্যারিস প্রবাসী বাংলাদেশের মূকাভিনয় শিল্পী পার্থপ্রতিম মজুমদারও দুর্দান্ত মূকাভিনয় দেখালেন একদিন।

লম্বা বক্তৃতায় বদলে আমি কিছুটা সময় প্রশ্নোত্তরের প্রস্তাব করেছিলাম। বক্তৃতা দিয়ে সাহিত্যের কোনও সুরাহা হয় না। শ্রোতা ও দর্শকদের মধ্য থেকে প্রশ্ন এলে বোঝা যায়, তাঁরা সাহিত্য সম্পর্কে কতদূর খোঁজ খবর রাখেন, সাম্প্রতিক লেখাজোখার সঙ্গে কতটা ওয়াকিবহাল। এখানে অনেকেই বেশ পড়াশুনো করেছেন মনে হল। শামসুর রাহমানের সঙ্গে শ্রোতাদের প্রশ্নোত্তর বেশ জমে উঠেছিল। শামসুর চমৎকার কবিতা পাঠ করেন, সুবক্তাও বটে।

অনুষ্ঠানের উদ্যোক্তা এবং অংশগ্রহণকারী অধিকাংশই বাংলাদেশি তো বটেন, দর্শক-শ্রোতাদের মধ্যেই তাই! অনিন্দ্য রায় কিংবা অমলেন্দু বিশ্বাসের মতন দু-একজন কবির যথেষ্ট উৎসাহ আছে বটে কিন্তু অন্য অনেককেই এই

সব অনুষ্ঠানে দেখা গেল না। বাংলাদেশিদের সঙ্গে পশ্চিমবাংলার বাঙালিদের ঝগড়া নেই বটে, ব্যক্তিগতভাবে এদিকের সঙ্গে ওদিকের কারুর কারুর বন্ধুত্বও আছে, কিন্তু সমবেতভাবে কোনও কিছু করার বিশেষ প্রয়াস দেখা যায় না। আমি অনেক সময় বলি, আর কিছুদিন পর বাংলা সাহিত্য ও সংস্কৃতির ধারক হবেন বাংলাদেশিরাই, ভারত থেকে বাংলা ক্রমশ মুছে যাবে। এতে অনেকে চটে যান। কিন্তু পৃথিবীতে এখন বাংলা ভাষা বাংলাদেশের রাষ্ট্রভাষা হিসেবেই ক্রমশ পরিচিত হয়ে উঠছে, ভারতের এই প্রাদেশিক ভাষা সম্পর্কে অনেকের খেয়াল থাকে না। ভারতীয় বাঙালিরা মাতৃভাষাকে তেমন মর্যাদা দিচ্ছেন কোথায়? প্রবাসের সচ্ছল বাঙালিরা কতটুকু সময় দান করছেন মাতৃভাষার জন্য? কিন্তু পৃথিবীর বহু দেশেই বাংলাদেশিরা মাতৃভাষার জন্য গর্বিত, এই ভাষার প্রসার ও সম্মানবর্ধনের জন্য যত্নশীল।

দু-একজন বাংলাদেশি তরুণ অভিমান ভরে আমাকে বলেছেন, ভারতীয় বাঙালিরা তাঁদের অনুষ্ঠানে বাংলাদেশিদের আমন্ত্রণ জানান না। কিন্তু বাংলাদেশিদের অনুষ্ঠানে ভারতীয় বন্ধুদের আমন্ত্রণ জানানো হয়, কার্ড পাঠানো হয়, তবু প্রায় কেউই আসেন না। এই অভিযোগ কতদূর সত্য তা আমি জানি না, আমি কতটুকুই বা দেখেছি। কিন্তু আমার মনে হয়, ভারত আর বাংলাদেশের মধ্যে রাজনৈতিক ব্যবধান যাই-ই থাকুক, অন্যান্য ব্যাপারে যতই মতবিরোধ ঘটুক, সাহিত্য-সংস্কৃতির ক্ষেত্রে দুনিয়ার সমস্ত বাংলা ভাষা-ভাষীদের এককাট্টা হয়ে থাকা উচিত। দুই বাংলার বাঙালিরা একসঙ্গে বাংলা সাহিত্য ও সংস্কৃতির সমৃদ্ধির জন্য প্রয়াস চালালে, বিশ্বের কাছে এই ভাষা সংস্কৃতির গৌরব বর্ধন হবে, তাতে তো সকলেরই লাভ। এটা আমার আশা, সকলে যে মানবেন তার কোনও মানে নেই!

স্বাধীন বাংলাদেশ

সবুজ রঙের বনেদ—অর্থাৎ শস্য শ্যামল ভূ-প্রকৃতির প্রতীক, মাঝখানে উজ্জ্বল লাল রঙের বৃত্ত—দেশের জন্য প্রাণ উৎসর্গীকৃত শহীদের রক্ত চিহ্ন, তার ওপরে সোনালি রঙে আঁকা পূর্ব বাংলার মানচিত্র। এই পতাকা উড়ছে এখন স্বাধীন বাংলাদেশে। সেখানকার নতুন জাতীয় সঙ্গীত, 'আমার সোনার বাংলা, আমি তোমায় ভালোবাসি'। আমাদেরও সবার ভালোবাসা যুক্ত হয়ে আছে বাংলাদেশের সঙ্গে।

একজন উত্তরপ্রদেশীয় ভদ্রলোক আমার প্রশ্ন করলেন কয়েকদিন আগে, ওপারের ওরা যে নিজেদের দেশকে পুরোপুরি বাংলাদেশ নাম দিয়েছে, তাহলে ওইটুকুই কি শুধু বাংলাদেশ? বাঙালি বলতে বাংলাদেশের মানুষকে বোঝায়, তাহলে ওরাই শুধু বাঙালি? ভারতবর্ষের পশ্চিমবঙ্গের অধিবাসী যারা, সেই তোমরা তা হলে কী?

সরাসরি উত্তর না দিয়ে, আমি পালটা প্রশ্ন করলুম, আগে বলুন, ওদিকের ওরা যে স্বাধীনতা ও মনুষ্যত্বের অধিকারের জন্য জীবন মরণ লড়াই করছে, আপনি সেটা সমর্থন করেন তো?

কথাবার্তা হচ্ছিল অপরিস্ফুট ইংরেজিতে কারণ উত্তর প্রদেশীয় ভদ্রলোকটি বাংলা জানেন না, 'আমি হিন্দি জানি না। আমার প্রশ্ন শুনে তিনি রীতিমতন উত্তেজিত হয়ে বললেন, নিশ্চয়ই! শুধু সমর্থন কেন, যে-কোনওরকম সাহায্য

করতেও আমরা প্রস্তুত। পূর্ব বাংলার স্বাধীনতার লড়াইয়ের প্রতি সারা ভারতবর্ষ মাদ্রাজ থেকে পাঞ্জাব সবাই তো সমর্থন জানিয়েছে একবাক্যে। ধিক্কার জানিয়েছে ইয়াহিয়া চক্রকে।

আমি বললাম, তাহলে আপনার প্রথম প্রশ্নের উত্তর জানাই। পূর্ব বাংলা যখন 'বাংলাদেশ' নাম নিল, তখন পশ্চিম বাংলার প্রায় কেউই আপত্তি জানায়নি, কেউ ঈর্ষা প্রকাশ করেনি। কারণ, ওদের অস্তিত্ব বিপন্ন, বাঙালিত্বের গর্ব বা পরিচয়ই ওখানকার মানুষকে এক করতে পারে, পেরেছে। আমাদের অস্তিত্ব সেরকমভাবে বিপন্ন হয়নি এখনও। তা ছাড়া, যখন ওদিকের নাম ছিল পূর্ব পাকিস্তান এবং এদিকের নাম পশ্চিমবঙ্গ—তখনও ওদিকের এদিকের আমরা সবাই বাঙালিই ছিলাম। এর পরেও থাকব। পশ্চিমবঙ্গের নাম বদলে এর পরে আমরা 'বাংলা রাজ্য' করে নিতে পারি। তাড়াহুড়োর কিছু নেই।

উত্তরপ্রদেশীয় ব্যক্তিটিকে বিনয়ের সঙ্গে সঙ্গে আমি আরও বললাম, আর একটা কথা জানেন তো? আপনি বা আমি যদিও একই দেশের নাগরিক, কিন্তু আপনার সঙ্গে আমার যতটা সম্পর্ক—তার চেয়ে অনেক বেশি নিকট সম্পর্ক ওই অন্যদেশ, বাংলাদেশের যে-কোনও মানুষের সঙ্গে। কারণ, আমরা বাঙালি আমরা একই বাংলা ভাষাতে কথা বলি।

তিনি বললেন, তোমরা বাঙালিরা বড্ড ভাবপ্রবণ।

আমি তৎক্ষণাৎ মেনে নিয়ে জানালাম, হ্যাঁ, সে কথা ঠিক। এই ভাবপ্রবণতা আমাদের একটা দোষ, আবার এই ভাবপ্রবণতাই আমাদের বন্ধন। প্রত্যেক সচেতন মানুষই নিজের মাতৃভাষাকে ভালোবাসে। কিন্তু বাঙালির মতন বাংলা ভাষা নিয়ে এতটা বাড়াবাড়িও আর কেউ করে না। এটা তৈরি হয়ে উঠেছে ইতিহাসের কয়েকটি বিশেষ পাকচক্রে।

বিরলে বসে চিন্তা করলে টের পাই, আমি নিজে যেমন, তেমনি অধিকাংশ বাঙালিই প্রখর যুক্তিবাদী নয় একটু বেশি ভাবপ্রবণ। এদেশে যে তীক্ষ্ণ যুক্তিবাদী কেউ নেই তা নয়, আছেন কিছু কিছু কিন্তু তাঁদের কথায় জনচিত্তে এমন তুমুলভাবে সাড়া জাগায় না। বাংলাদেশের স্বাধীনতার যুদ্ধে পশ্চিমবঙ্গে এই যে প্রবল উদ্দীপনা, দলমত নির্বিশেষে সবাই এখানে ওদের সাহায্যের জন্য বদ্ধপরিকর, হাজার হাজার যুবক মনে মনে পোটেনশিয়াল সৈনিক হয়ে আছে, এর মর্ম কী? এই রচনা লেখার মুহূর্ত পর্যন্ত ভারত সরকার স্বাধীন বাংলাদেশকে স্বীকৃতি দেয়নি বটে, কিন্তু পশ্চিম বাংলার সরকার কার্যত স্বীকৃত জানিয়ে অনুরূপ অনুরোধ জানিয়েছে কেন্দ্রের কাছে। পৃথিবীর আর

কোথাও কি এমন হতে পারত? কয়েকটা প্রশ্ন তো উঠতই—কূটনৈতিক সুবিধে অসুবিধে, বিশ্বে শক্তির ভারসাম্য টসকায় কি না কিংবা এতে আমাদের নিজস্ব কোনও লাভ আছে কি না। এখানে সেসব কিছু চিন্তা করার অবকাশই আসেনি, শেখ মুজিবুর রহমান বাংলাদেশের স্বাধীনতা ঘোষণা করার সঙ্গে সঙ্গে আমাদের হৃদয়ের জাগরণ হল, বিনা দ্বিধায় আমরাও বলে উঠলাম, ওই স্বাধীনতা অর্জনের জন্য যতদিন লড়াই চলবে, ততদিন আমরাও সঙ্গে আছি। বাঙালি হিসেবে আমরাও সহযোদ্ধা।

স্বাধীন বাংলাদেশের সঙ্গে আমাদের সম্পর্ক মোটেই শুধু পাশাপাশি রাষ্ট্রের নয়, তার চেয়েও অনেক বেশি। মুজিবুর বলেছেন, আমাদের সম্পর্ক ভৌগোলিক নয়, ঐতিহাসিক।

স্বাধীন বাংলাদেশ আলাদা রাষ্ট্র হিসেবে সমৃদ্ধ হয়ে উঠুক, আমরা তার জন্য গর্ব বোধ করব। ওই দেশ আমাদেরও দেশ। তেইশ বছরের দুঃস্বপ্নের পর বাংলাদেশ আবার বাংলাদেশ। 'পূর্ব পাকিস্তান' এই নাম আর সে কখনও বহন করবে না। পাকিস্তান ধারনার মৃত্যু হয়েছিল সেইদিন—শেখ মুজিবুর স্বাধীনতা ঘোষণা করার অনেক আগে—যেদিন আওয়ামী লিগ থেকে সিদ্ধান্ত নেওয়া হয়েছিল যে, বাংলাদেশ আর ইসলাম রাষ্ট্র থাকবে না, বাংলাদেশ হবে ধর্মনিরপেক্ষ। ধর্মরক্ষার নামেই পাকিস্তানের জন্ম। নতুন সংবিধানে যদি সেই গোঁড়ামিকে আর প্রশ্রয় না দেওয়া হয়, তাহলে দেড় হাজার মাইল ব্যবধানে বিচ্ছিন্ন দুটি আলাদা ভূখণ্ডে সম্পূর্ণ আলাদা জাতি চরিত্র ও সংস্কৃতিসম্পন্ন মানুষের একই রাষ্ট্র পতাকার তলে থাকার কৃত্রিম চেষ্টার মানে কী?

কিংবা পাকিস্তানের মৃত্যুসূচিত হয়েছিল তার জন্মের অব্যবহিত পরেই, যখন পাকিস্তানের সবেসর্বা জিন্না কড়া গলায় বলেছিলেন, আমি মহম্মদ আলি জিন্না বলছি, পাকিস্তানের রাষ্ট্রভাষা হবে উর্দু। তখন ঢাকার ছাত্ররা নির্ভীকভাবে উত্তর দিয়েছিল না! আমরা বাংলা ভাষা চাই। ধর্মকে ছাপিয়ে সংস্কৃতির অধিকারের সেই গোড়া পত্তন। তারপর থেকে পূর্ব বাংলার বুদ্ধিজীবী ও সুস্থ লেখক সমাজ একবারও ভুল করেননি।

আমি হিন্দু নই, যেমন মুসলমান হিসেবে পরিচিত আমার কয়েকজন বন্ধুও মুসলমান নন্। আমি ঈশ্বর মানি না, কোনও পরম ব্রহ্ম বা সূক্ষ্ম শক্তিও মানি না। শুধু মানি না বলব না, ওসব ব্যাপার নিয়ে মাথাও ঘামাতে চাই না। আমার ওই কয়েকজন বন্ধুও তাই। ঈশ্বর-উদাসীন ব্যক্তিদের হিন্দু বা মুসলমান বা খ্রিস্টান নামে অভিহিত করার কি কোনও যুক্তি থাকতে পারে?

সীমান্তে দুবার

এর মধ্যে দুবার আমি পূর্ব পাকিস্তানের সীমান্তে ঘুরে এলুম। গত একুশ বছরের মধ্যে আমি আর সীমান্তের ওপারে যাইনি, সীমান্তও দেখিনি।

প্রথমবার গেলাম জগন্নাথ লালার সঙ্গে। জগন্নাথ একটি চমৎকার ছেলে, কুড়ি-বাইশ বছর বয়েস, কুচকুচে কালো রং, কালো রঙের মলাটে সে 'অসুখ' নামে পত্রিকা বার করে, জগন্নাথের মুখে একটুও শহুরে ছাপ পড়েনি—কথায় বেশ বাঙাল টান, লেখাপড়া খুব বেশি করেছে বলে মনে হয় না—সে প্রায়ই আমার স্ত্রীর কাছে এসে বলে, বউদি, আমাকে একটু ফ্রেঞ্চ ল্যাঙ্গোয়েজ শিখিয়ে দিন না! একদিনে কয়েক ঘণ্টার মধ্যেই সে ফরাসি শিখে নিতে চায়—তারপরই কোনও একদিন সে ফরাসি দেশে চলে যাবে। হয়তো জগন্নাথের ধারণা, একমাত্র পাকিস্তান ছাড়া পৃথিবীর আর কোনও দেশে যেতেই পাসপোর্ট লাগে না, কিংবা কোনও বাঁধা আসতেই পারে না! পূর্ব বাংলা থেকে কিছুদিন আগে মাত্র এসেছে—এখনও ফাঁক পেলেই জগন্নাথ বর্ডার পেরিয়ে ওপার থেকে ঘুরে আসে।

জগন্নাথের বাড়ি বনগাঁয়। গত বছর এক রবিবার সেখানে বেড়াতে গিয়ে চলে গেলাম হরিদাসপুরের চেকপোস্ট দেখতে। দমদমে যে যশোর রোডের কাছে আমার বাড়ি সেই যশোর রোডই হরিদাসপুর পেরিয়ে ওপাশে পাকিস্তানে ঢুকে গেছে, রাস্তার মাঝখানে দু-দেশের সীমান্ত ঘাঁটি। নো ম্যানস্

ল্যান্ডের পাশে আমরা দাঁড়িয়ে ছিলাম, জগন্নাথ একেবারে ছটফট করছে, আমাকে অনবরত দ্যাখাচ্ছে—ওই যে দেখুন পাকিস্তানের বাস, ওই যে বাঁশবন তার অর্ধেকটা এদিকে, অর্ধেকটা ওদিকে—যাব, এক দৌড়ে ছুটে যাব?

ওপাশে পাকিস্তানি কাস্টম্‌স্‌ ও পুলিশের লোকেরা বেশ হাসি-মস্করা করছেন, কলকাতার কী একটা খেলার রেজাল্টও জানতে চাইলেন। জগন্নাথও চেঁচিয়ে চেঁচিয়ে জিগ্যেস করতে লাগল, আহসান হাবীব কেমন আছেন? রফিকুল আমেদ?

জগন্নাথের তুলনায় আমি অনেক পোড়খাওয়া মানুষ ওরকম চাঞ্চল্য আমাকে মানায় না। কিন্তু কিছুক্ষণ আমিও জগন্নাথের সমবয়েসি হয়ে গিয়ে, ওরই মতন উত্তেজনা বোধ করছিলুম।

সেখান থেকে ফিরে আমরা একটা মরা রেলস্টেশন দেখলাম। সে জায়গাটায় গিয়ে আমি সত্যিই অভিভূত হয়েছিলাম—কারণ, এরকম কোনও নির্জন দৃশ্য আমি আগে কখনও দেখিনি। এখন বনগাঁতেই রেললাইন শেষ, কিন্তু যখন সরাসরি ট্রেন ঢুকে যেত যশোরে—তখন বনগাঁর পরেও আর একটি স্টেশন ছিল—সেটা এখন সম্পূর্ণ পরিত্যক্ত। বুকিং কাউন্টার, ওয়েটিং রুম, সিগনাল পোস্ট সবই আছে একটাও লোক নেই, লাইনের মাঝখানে আসশ্যাওড়ার জঙ্গল, প্ল্যাটফর্মে দুব্বো গজিয়েছে, সিগন্যাল জড়িয়ে রয়েছে ধুধুলের লতা। গম্‌গমে আওয়াজ ও মানুষগুলোর চিৎকারের স্মৃতি আছে বলেই জায়গাটা অদ্ভুত ধরনের নিস্তব্ধ মনে হল। দেশভাগ হয়ে যাবার পরেও—পাসপোর্ট চালু হবার আগে জগন্নাথ এখানে ট্রেনে যাতায়াত করেছে। ওর স্পষ্ট মনে আছে যশোর থেকে ট্রেন এ-পাশে এলেই চা-গ্রাম এর সঙ্গে সঙ্গে হকারের চিৎকার শুনতে পেল, ইন্ডিয়া চানাচুর! ইন্ডিয়া চানাচুর!

ফেরার পথে মিলিটারি পুলিশ পোস্ট থেকে আমাদের পরীক্ষা করে ছেড়ে দিল। একজন বিশালাকায় কনস্ট্রেবল, ধপধপে ফরসা রং, ভাজহীন পোশাক ও মাথায় সুরেঠা রাজপুত বলে মনে হয় তাকে—অদ্ভুত সরল তার মুখ—সে বলল ভাঙা বাংলায়, শুধু দেখার জন্য চার টাকা রিকশা ভাড়া দিয়ে গিয়েছিলেন হরিদাসপুরে; কী দেখার আছে ওখানে? কিছু নয়! বাঙালিরা অদ্ভুত লোক!

আমিও পরে ভাবছিলুম, সত্যিই, এতখানি আবিষ্টতা কি বাড়াবাড়ি নয়? দৈবাৎ জন্মেছিলুম পূর্ববঙ্গের এক গ্রামে, কিন্তু কলকাতা আমার নিয়তি ছিল, পাকিস্তান না হলেও থাকতাম কলকাতাতেই—ক্কচিৎ কখনও হয়তো দেশের

যদিও কিছু কিছু পারিবারিক বা সামাজিক আচরণ থেকেই যায়—কিন্তু সেটা ধর্ম নয়, সংস্কৃতির অঙ্গ। আধুনিককালের উভয় বাংলার শিক্ষিত হিন্দু মুসলমানের মধ্যে সেইরকম আচরণগত বিভেদ কতটুকু? এই সরল সত্যকে উপেক্ষা করে বিংশ শতাব্দীর দ্বিতীয় ভাগেও ধর্মের নামে একটি রাষ্ট্র চালানোর চেষ্টা কী অসম্ভব মূঢ়তা! যারা বন্দুক-কামান নিয়ে ঘাঁটাঘাঁটি করে তারা কালচার নামে ব্যাপারটাকে একেবারে গ্রাহ্যই করতে চায় না। কোনও জাতির কালচারও যে বন্দুক-কামানের প্রবল প্রতিপক্ষ হতে পারে, এটা তাদের মনেই আসে না কখনও। পাকিস্তানের সামরিক শাসকরা নানান দেশ থেকে অস্ত্রশস্ত্র সংগ্রহ করেছে—টাকা শুষেছে পূর্ব বাংলা থেকে। তারা খবর রাখেনি, বাঙালিদের মধ্যে একটা হাজার বছরের পুরোনো সংস্কৃতি আছে—এর ভিত্তি আজ এত সুদৃঢ় যে ধর্ম বা সামরিক জিগির তুলে কিছুতেই একে ভাঙা যাবে না। দরিদ্র, শিক্ষাহীন এবং দুর্বল মানুষদের ধর্মের আফিমে ঘুম পাড়িয়ে রাখার চেষ্টা অনেক পুরোনো। কিন্তু বাঙালিরা দরিদ্র এবং কিছুটা দুর্বল হলেও সংস্কৃতিহীন নয় বলেই সাংস্কৃতিক ঐক্যের চেয়ে ধর্মের বিভেদকে শেষ পর্যন্ত বড় করে দেখতে পারে না। বদরুদ্দীন ওমর এক জায়গায় এই ব্যাপারটাই সুন্দর ভাবে বলেছেন ঃ 'এ সংকট উত্তীর্ণ হওয়ার একমাত্র পথ সাম্প্রদায়িকতাকে সর্বস্তরে এবং সর্বভাবে খর্ব করা এবং উত্তীর্ণ হওয়া। এ প্রচেষ্টায় সফলকাম হলে, আমরা বাঙালি, না মুসলমান না পাকিস্তানি—এ ধরনের অদ্ভুত প্রশ্ন বাঙালি মুসলমানরা আর কোনওদিন নিজেদের কাছে উত্থাপন করবে না। এবং তখনই তারা সঠিকভাবে নির্ণয় করতে সক্ষম হবে নিজেদের জাতীয় এবং সাংস্কৃতিক পরিচয়।'

ধর্ম মানুষের ব্যক্তিগত ব্যাপার হয়ে থাকুক। ধর্মের আর কোনও সামাজিক ভূমিকা নেই পৃথিবীতে। ধর্মের নামে এ পর্যন্ত পৃথিবীতে কোটি কোটি মানুষ খুন হয়েছে। সব ধর্মেরই মূলকথা সাম্য ও মৈত্রী, কিন্তু তার জন্যই এত নররক্তপাত! অহিংসার কথা সবচেয়ে বেশি আছে খ্রিস্টান ও বৌদ্ধ ধর্মে কিন্তু ওই দুই ধর্মাবলম্বী দেশগুলিই পৃথিবীতে ঘটিয়েছে দুটি মহাযুদ্ধ। কমিউনিজম না ইহুদি নিধন—এই দোটানায় পড়ে গিয়ে রোমান ক্যাথলিকদের ধর্মগুরু পোপ ইহুদি নিধনই সমর্থন করেছিলেন। এই খুনের বিষাক্ত নেশা কত সাংঘাতিক যে ধর্ম বাদ দিয়ে অন্য কোনও আদর্শ অবলম্বন করলেও মানুষ তা ভুলতে পারে না। ধর্মকে বাদ দিয়ে যে আদর্শ সাম্য ও মৈত্রীকেই প্রধান বলেছে, অর্থনৈতিক বৈষম্য ও শ্রেণি বৈষম্যই পৃথিবীর সব সংঘর্ষের মূল কারণ

বলে যেখানে সঠিকভাবে নির্ধারিত করা হয়েছে সেখানেও এই আদর্শ প্রতিষ্ঠার জন্য লক্ষ লক্ষ মানুষকে খুন না করলে চলে না। অনেক সময় আদর্শের চেয়ে খুনোখুনিই বড় হয়ে যায়। এখন পৃথিবীতে তারাই মহৎ রাষ্ট্র নায়ক, যাদের হাত মানুষের রক্তে রঞ্জিত।

পূর্ব বাংলা স্বাধীন বাংলাদেশে পরিণত হবার জন্য যে যুদ্ধে নেমেছে, ইতিহাসে তার কোনও তুলনা নেই। ধর্মের নামে নয়, পররাজ্য আক্রমণের লোভে নয়, স্বজনধ্বংসী বিপ্লবের নামে নয়—শুধু সংস্কৃতির বন্ধনে যে একটা দেশের সাড়ে সাত কোটি মানুষ ঐক্যবদ্ধ হতে পারে—তার নতুন দৃষ্টান্ত স্থাপিত হল পৃথিবীতে। প্রমাণিত হল, সৎ নেতৃত্ব ও সৎ আহ্বান পেলে একটা দেশে সকল শ্রেণির মানুষ প্রাণ তুচ্ছ করে উঠে দাঁড়াতে পারে। সামরিক শিক্ষা না পেয়েও সাধারণ গ্রামবাসী প্রবল শত্রুর বিরুদ্ধে তুলে ধরতে পারে অস্ত্র। পারে, কারণ এই সংগ্রামের যুক্তির মধ্যে কোনও ভেজাল নেই। ভিয়েতনামে এই শতাব্দীর যে মহৎ লড়াই চলছে, তারই নবতর রূপ প্রকাশিত হল স্বাধীন বাংলায়।

দাবি আদায় করার জন্য বাংলাদেশের মানুষ শান্তিপূর্ণ পথের সবক'টিই পরীক্ষা করে দেখেছে। কে কবে ভাবতে পেরেছিল যে গণতান্ত্রিক নির্বাচনের মাধ্যমে দেশের একজন নেতা দেশের সমস্ত মানুষের হৃদয়ের সমর্থন পেতে পারে? দেশের সকলে একটি মাত্র দলের পতাকার তলায় দাঁড়ায়? স্বৈরাচারের এর চেয়ে বড় জবাব আর কী হতে পারে? গণতান্ত্রিক নির্বাচন ব্যবস্থারও এক নতুন রূপ সূচিত হল। নির্বাচন ব্যবস্থার অনেক ত্রুটি আছে—টাকার খেলা, ভয় দেখানোর খেলা অনেক কিছুই চলে। হিটলারও ভোটাভুটির খেলা খেলে দেশের সর্বময় কর্তৃত্ব নিয়েছিল। হিটলার ভোট পেয়েছিলেন বন্দুকের নল উঁচিয়ে, আর এখানে শেখ মুজিবুরের দিকেই বন্দুকের নল তোলা ছিল। দেশের সামরিক শাসক স্পষ্টত শেখ মুজিবুরের বিপক্ষে এবং টাকাওয়ালা লোকেরা অবশ্যই সামরিক শাসকদের পক্ষে—তবু শেখ মুজিবুরের পাশে দাঁড়াল, তাঁর দেশের শতকরা ৯৯ জন মানুষ। যে মুসলিম লিগ পাকিস্তান সৃষ্টি করেছিল, সেই মুসলিম লিগই পূর্ব বাংলায় নিশ্চিহ্ন হয়ে গেল। পৃথিবীর রাষ্ট্রনৈতিক ইতিহাসে এবার নতুন অধ্যায় জুড়তে হবে।

নিরঙ্কুশ সংখ্যাগরিষ্ঠ দলের নেতা হয়েও শেখ মুজিবুরকে ক্ষমতা দেওয়া হল না। তখনও তিনি সামরিক শাসকদের সঙ্গে আলাপ-আলোচনার পথ খোলা রেখে ছিলেন। অনেকে এই আলাপ-আলোচনার ব্যাপারটা পছন্দ করেননি। আমার কিন্তু সর্বান্তঃকরণ সমর্থন আছে। রক্তপাত এড়ানোর সবক'টি পথই

শেষ পর্যন্ত দেখা উচিত। তার জন্য সম্পূর্ণ অধিকার পেতে যদি কয়েকটি স্তর পার হতে হয়—যদি দু-এক বছর দেরি হয়ে যায়, তাতেও মহাভারত অশুদ্ধ হয়ে যায় না। যারা কথায় কথায় রক্তপাথের পথ দেখায়, নিজে বেঁচে থেকে অপরের মৃত্যুতে উল্লাস করে, তাদের অসুস্থ, হিস্টিরিয়া রোগি মনে হয় আমার। শেষ পর্যন্ত পরীক্ষা করে দেখার জন্যই সামরিক শাসকগোষ্ঠীর মুখোশ সম্পূর্ণ খুলে গেল, দস্তানা খোলা হাতে দেখা গেল বাঘ নখ। আলোচনা চালাতে অস্বীকার করে শেখ মুজিবুর হঠাৎ এক তরফা স্বাধীনতা ঘোষণা করলে, দেশের একটা অংশের মানুষের মনে হয়তো এমন খটকা লাগা অস্বাভাবিক ছিল না যে ইয়াহিয়া খাঁ বোধহয় শেষ পর্যন্ত নিজেই ক্ষমতা ছেড়ে দিতেন, শেখ মুজিবুরের হঠকারিতার জন্যই খুনোখুনি লেগে গেল। কিন্তু এখন আর কোনও মোহ রইল না।

ঘরে আগুন লাগলে কেউ স্বপ্ন দেখে না। বাংলাদেশে এখন বাস্তবযুদ্ধ। আত্মরক্ষা ও অধিকার অর্জনের জন্য বাঙালি আজ যুদ্ধ করছে, যুদ্ধের অন্য কোনও কলঙ্ক তাকে স্পর্শ করেনি। পৃথিবীর যেসব দেশ গণতন্ত্রের গর্ব করে যারা ব্যক্তি স্বাধীনতা ও মত প্রকাশের স্বাধীনতার সমর্থক, তারা যদি আজ বাংলাদেশের স্বাধীনতা রক্ষা করতে এখনি না এগিয়ে আসে, তা হলে পৃথিবীর আসরে তারা যেন আর কোনওদিন ওসব কথা বলতে না আসে। যেসব দেশের নাগরিকদের গলা ধাক্কা দিয়ে ঢাকা থেকে তাড়িয়ে দিল সামরিক বাহিনী, সেসব দেশের নীরবতার মর্মোদ্ধার কে করবে? যেসব দেশ এতকাল বলে এসেছে তারা নিপীড়িত জনগণের সবসময় পক্ষে—তারা আজ কোথায়? তাদেরই দেওয়া অস্ত্রে নৃশংস পশ্চিমী সৈন্যরা লক্ষ লক্ষ বাঙালিকে খুন করছে। বাংলাদেশে আজ কে অত্যাচারী আর কে অত্যাচারিত সে কথা জলের মতন স্পষ্ট—কোনও থিয়োরি বা অঙ্ক কষার দরকার নেই—তবু অত্যাচারিতের পাশে এসে সেই সব রাষ্ট্র দাঁড়ায়নি। আরও কি প্রমাণ দরকার যে শেষ পর্যন্ত কোনও আদর্শই আন্তর্জাতিক নয়? সবাই নিজের দেশের স্বার্থ আগে দ্যাখে দর কষাকষি করে কোন দিকে গেলে তার বেশি সুবিধা। আমি যে রাজনীতি বুঝি না তার প্রমাণ আমি কিছুতেই ভুলতে পারি না, কী করে ইয়াহিয়া খাঁর বর্বর বাহিনীর হাতে একইসঙ্গে মার্কিন দেশ ও চিনের অস্ত্র থাকতে পারে! মার্কিন ও চিনা অস্ত্রে বাংলা দেশের হাজার হাজার মানুষ প্রাণ হারিয়েছে এ কথা বাঙালি কখনও ভুলতে পারবে?

আমাদের কাছে এটা অন্য দেশের ব্যাপার নয়। আমরা ভাবপ্রবণ, তাই আমাদের কাছে এটা বাঙালিদের লড়াই। বাঙালি আজ যুদ্ধ করছে। এমন গৌরবময়

যুদ্ধ বাংলাদেশে কখনও হয়নি। আমার কাছে এটা যেমন প্রবল গৌরবের, তেমন লজ্জারও। আমিও জন্মেছি পূর্ববাংলায়। ওই নদী প্রান্তর, পাট খেত, ধান খেত আমার স্মৃতিতে জ্বলজ্বলে হয়ে আছে। আমারই ভাই ও বন্ধুরা ওখানে প্রাণপণ লড়াই করছে এখন আমি অংশ গ্রহণ করতে পারলাম না। যুদ্ধ দীর্ঘদিন চললে নিশ্চয়ই আমাকেও যেতে হবে। ধর্মভিত্তিক পূর্ব পাকিস্তান আমি ছেড়ে এসেছি, গত আট ন'বছরের মধ্যে অনেকবার যেতে ইচ্ছে হয়েছে, ধর্ম নিরপেক্ষ স্বাধীন বাংলায় আবার ফিরে যাব। আমি যুদ্ধনীতির বিরোধী, কিন্তু বাংলাদেশের এই যুদ্ধে প্রাণ দেওয়া যে-কোনও বাঙালির পক্ষেই গৌরবের।

গত আট-দশ বছর ধরে পশ্চিম বাংলার চেহারা দেখতে দেখতে কী বীভৎস হয়ে গেল! কী সাংঘাতিক নৈতিক অধঃপতন! এখানকার একজন নেতাকেও শ্রদ্ধা করা যায় না, এখানে কেউ সত্যি কথা বলে না, কেউ ভুল স্বীকার করে না, কেউ দোষ করলে ক্ষমা চায় না। উদ্দেশ্য সিদ্ধির জন্য যে-কোনও অসৎ পথ অবলম্বন করতেও দ্বিধা নেই কারুর। দিনের পর দিন মন খারাপ হয়েছে আমাদের। আর এই ক'বছরেই পূর্ব বাংলার চেতনা ক্রমশ বিশুদ্ধ হয়ে উঠেছে।

স্বাধীন বাংলাদেশে হিন্দু-মুসলমান এক সঙ্গে মরছে, এক সঙ্গে লড়াই করছে। স্বাধীন বাংলাদেশ ধর্ম নিরপেক্ষতার নীতি নিয়েছে। এরপর যেন আমাদের পশ্চিমবাংলাতেও ধর্মভেদ বা সাম্প্রদায়িকতার কথা কোনওদিন না ওঠে। আজ বাঙালি হিসেবে একাত্ম হবার যে সুযোগ এসেছে তা যেন আর কোনওদিন না হারাই এই তেইশ বছরের মধ্যে অনেকবার আমরা নিজেদের মধ্যে হানাহানি করেছি, সেসব কথা আর মনে করার দরকার নেই। পুরোনো কথা থাক, এখন নতুন দিন এসেছে।

এ লড়াই কতদিন চলবে জানি না। যতদিনই চলুক এর পরিণতি একটাই, স্বাধীন বাংলাদেশের প্রতিষ্ঠা। এই লড়াইতে অংশ গ্রহণ করার জন্য পশ্চিম বাংলার অসংখ্য যুবকের প্রাণ ছটফট করছে। কিন্তু অসংগঠিতভাবে ছুটে গেলে যুদ্ধের কোনও সাহায্য হয় না। লড়াই জোরদার করার জন্য এখনই দরকার স্বাধীন বাংলাদেশকে ভারত সরকারের স্বীকৃতি দেওয়া। ভারত সরকার বাংলাদেশকে আলাদা দেশ হিসেবে স্বীকৃতি দিলে তখন আর পাকিস্তানের ঘরোয়া ব্যাপারে হস্তক্ষেপের অজুহাত টিকবে না। তখন স্বাধীন বাংলার সরকারের আহ্বানে এবং প্রয়োজনে এখানকার স্বেচ্ছাসেবক বাহিনী অনায়াসে যেতে পারবে ওদিকে। আমরা অনেকেই যাব।

বাড়িতে বেড়াতে আসতাম। আসলে নিষেধ থেকেই এত যাতনা! এখন যখন ইচ্ছে হলেই দুমক্‌া কিংবা পূর্ণিয়ায় বেড়াতে যাই—তেমনি ঢাকা কিংবা বরিশালে যেতে পারি না বলেই অসন্তোষ। শুধু কি তাই? বনগাঁ থেকে ফেরার পথে আমার মনের মধ্যে একটা চাপা অভিমানবোধ রয়েই গেল—যেন কেউ কথা দিয়ে কথা রাখেনি। যাদের জন্ম পূর্ব বাংলায় নয়, তারা এই অনুভূতিটা হয়তো ঠিক বুঝতে পারবে না।

আমি পৃথিবীর অনেক জায়গা ঘুরেছি। বিদেশ থেকে ফেরার পর আমি প্রায়ই একটা অদ্ভুত স্বপ্ন দেখতাম, জানি না, মনস্তাত্ত্বিকরা এর কী ব্যাখ্যা দেবেন। আমি স্বপ্নে দেখতাম আমি একটা নতুন শহরের পথে পথে ঘুরছি, যে শহরের প্রত্যেকটি বাড়িই গোল গোম্বুজের মতন—প্রত্যেকটা বাড়ির গবাক্ষে হাসিমাখা নারী-পুরুষের জীবন্ত মুখ—রাস্তাগুলো বুনো মোষের গায়ের মতন মসৃণ—হাঁটতে হাঁটতে আমার মনে হয়—যতগুলো জায়গা দেখলাম তার মধ্যে এই শহরটাই সবচেয়ে ভালো। এই শহরের কোনও রাস্তাই আমার অচেনা নয়! অন্তত তিনবার আমি ওই স্বপ্নটা দেখেছি কিন্তু ওরকম কোনও শহর আমি সত্যিই দেখিনি—পৃথিবীতে ওরকম কোনও শহরের অস্তিত্ব আছে কিনা জানি না। লন্ডন বা প্যারিস, রোম-নিউইয়ক নিয়ে আমি কোনও স্বপ্নে দেখিনি। এ ছাড়া, ওসব জায়গা ঘুরে আসার পর, মাত্র দু-তিনবছরের মধ্যেই আমি লন্ডন, রোম বা আথেন্সের রাস্তাঘাটের কথা মনশ্চক্ষে দেখতে পাই না, সব রাস্তা হারিয়ে ফেলেছি। কিন্তু চব্বিশ বছর আগে দেখা ফরিদপুরে একটা গ্রামের রাস্তাঘাট আমার হুবহু মনে আছে—এমনকী শাপলাভরা বিলের মধ্যে কোনাকুনি ঠিক কোন পথে নৌকো যেত তাও মনে আছে। আমি পশ্চিম বাংলা ও বিহারের অনেক গ্রাম অঞ্চলে ঘুরেছি, কিন্তু লেখার সময় কোনও গ্রামের দৃশ্য ভাবলেই বারবার সেই চব্বিশ বছর আগে দেখা গ্রামের কথাই মনে পড়ে। এ একেবারে গাঁথা হয়ে গেছে, আর তাড়ানো যাবে না। আট বছর আগে, আমার বাবা মৃত্যুর ঠিক দু-একদিন আগে বলেছিলেন, জানিস হঠাৎ স্পষ্ট দেখলাম, আমি মাদারিপুরে স্টিমার থেকে নামলাম, এবার বাড়ি যাব বাড়ির রাস্তা সেই একইরকম আছে, চৌধুরী কাকার সঙ্গে দেখা—স্বপ্ন নয়, একেবারে সব স্পষ্ট। বলার সময় বাবার মুখ চোখ যেরকম হয়েছিল, তাতেই বুঝেছিলাম ওঁর মৃত্যুর আর দেরি নেই বোধহয়। মৃত্যুর আগে অনেকে স্বর্গের কথা ভাবে, আমার বাবা দেশের বাড়ির কথা ভেবেছিলেন এখানে এটুকু ও বলা দরকার—পূর্ব পাকিস্তানে আমরা কোনও সম্পত্তি ফেলে আসিনি সেখানে ছিল আমাদের

অতি দরিদ্র অবস্থা—আমার ঠাকুর্দা ছিলেন পাঠশালার পণ্ডিত, মাটির ঘরে থাকতাম—জমিজমা কিছুই ছিল না—সুতরাং পার্থিব সম্পত্তি যা হারিয়েছি—তা অতি নগণ্য। তবু, কেন এই টান?

কয়েকদিন আগে মুর্শিদাবাদ গিয়েছিলাম আমি আর ইন্দ্রনাথ মজুমদার। এ পৃথিবীর সমস্ত ছোটখাটো জায়গাই ইন্দ্রনাথের চেনা—এবং সবখানেই তার বন্ধু আছে। এ-বেলা লালবাগ, ও-বেলা আজিমগঞ্জ এইভাবে ঘুরছি, ভগবানগোলা ও লালগোলা নাম দুটো পড়েছি নাটকে ও শিকার কাহিনিতে—সে জায়গাও দেখা হয়ে গেল। লালগোলায় এসে ইন্দ্রনাথ বলল, সামনেই পদ্মা, ওপারে পাকিস্তান—দেখবে নাকি? ইন্দ্রনাথ আর আমি দুজনেই জন্মেছি ওপার বাংলায়, দুজনের চিনচিনে টান—দুজনেই ইমোশন লুকোতে জানি।

রেলস্টেশন থেকে একটুদূর হেঁটেই নদীর পার। কতদিন পদ্মা দেখিনি পদ্মার ওপর দিয়ে বাল্যকালে স্টিমারে চেপে যাওয়ার কথা অবিকল মনে আছে—সেই বিশাল নদী, ইলিশ ধরা নৌকো, চরের মাঝখানে রোদা পোহাতো কচ্ছপের ঝাঁক আর মেছো কুমির। এবার পদ্মা দেখা গেল না। পদ্মার মাঝখানে বিশাল চর উঠেছে—সেখানে চাষবাস হচ্ছে, এ-পাশে নদীর ধারা শুকিয়ে গেছে, শুকনো খাতে উলটে আছে গুটি কয়েক নৌকো চরের মাঝামাঝি এলাকা থেকে পাকিস্তান, ঘন গাছপালায় কিছু দেখা যায় না। হেঁটে হেঁটে চরের ওপর দিয়ে যাব কিনা ভাবছিলুম, একজন চাষি বলল, আমরা সে চেষ্টা করলেই পুলিশে ধরবে। বিনা পাসপোর্টে অনেকেই যায় অবশ্য, কিন্তু তারা আমাদের মতন বাবুর পোশাক পরে না, তারা চাষা সেজে চাষাদের সঙ্গে যায়। অতটা গরজ নেই। শুকনো পদ্মার পারে একটু ছায়া খুঁজে নিয়ে ঘাসের ওপর বসলুম আমরা দুজনে। ইন্দ্রনাথ ঝোলা থেকে রামের বোতল বার করল। পূর্ব বাংলার দিকে মুখ করে আমরা দুজনে রাম টানতে লাগলুম।

চলো, আমরাও যাই

যার সঙ্গেই দেখা হয়, তাকেই বলতে শুনি ইচ্ছে হয়, এক্ষুণি চলে যাই ওদের পাশে দাঁড়িয়ে লড়াই করি। চেনা-অচেনার কোনও বিভেদ নেই। চায়ের দোকানে, পানের দোকানের সামনে রাস্তার মোড়ে মোড়ে, যুবকদের মুখে মুখে একই কথা, চলো আমরাও যাই। ওইসব যুবক কে কোন পার্টির সমর্থক? জিজ্ঞাসে কোন জন? বঙ্গবন্ধু শেখ মুজিবর আজ কান্ডারি।

বাঙালির মধ্যে এমন অকৃত্রিম আকাঙ্ক্ষা ও উত্তেজনা বহুদিন দেখা যায়নি। ইদানীং বাংলাদেশে দেশপ্রেম কিংবা নিজস্ব সংস্কৃতিকে উপেক্ষার চোখে দেখার হুজুগ এসেছিল। কিন্তু আজ প্রমাণিত হল বইপড়া তত্ত্ব কিংবা শুকনো অঙ্কের মতন হৃদয়হীন যুক্তি শুধু নিজেদের মধ্যে হানাহানিই ঘটাতে পারে— কিন্তু দেশ ও ভাষার প্রতি ভালোবাসা একটা দেশের সমস্ত মানুষকে বিনা দ্বিধায় এক সংগ্রামের সঙ্গী করে নিতে পারে।

বাংলাদেশে বহুদিন কোনও যুদ্ধ হয়নি। আজ যে যুদ্ধ বেধেছে, এর চেয়ে সত্যতর কোনও কারণে কোনও যুদ্ধ হতে পারে না। এইরকম যুদ্ধে কোনও গ্লানি নেই, রক্তস্রোতে কোনও পাপ নেই, এই যুদ্ধ যেন একটা উৎসবের মতন এতে প্রাণ দেবার জন্য কাড়াকাড়ি পড়ে যায়।

পাশের বাংলায় যে যুদ্ধ চলেছে, তার আঁচ যে এখানেও লাগবে, তা তো আমাদের বেঁচে থাকার মতনই স্বাভাবিক ঘটনা। তাই এদিকের অসংখ্য

মানুষও ওই যুদ্ধে অংশীদার হতে প্রস্তুত, প্রাণ দিতেও প্রস্তুত, তাই পথে-ঘাটে সর্বত্র শোনা যাচ্ছে, চলো, আমরাও যাই।

স্পেনের মুক্তি যুদ্ধে পৃথিবীর নানা দেশের স্বাধীনতাপ্রেমীরা যোগ দিতে গিয়েছিলেন, কিন্তু স্পেনের উদাহরণ দিয়ে লাভ নেই, ওদিকের বাংলাদেশের সঙ্গে আমাদের সম্পর্ক যে কত নিবিড়—তা আর নতুন করে বলার দরকার নেই এখন। শুধু যে পশ্চিমবঙ্গের বাঙালরাই ওপারের জন্য ছটফট করছেন তাই নয়, আজ বাঙালি মাত্রই এই মুক্তি যুদ্ধে উন্মাদনা বোধ করছেন। বাংলাদেশই বা কেন, গোটা ভারতবর্ষে—দিল্লি, বোম্বাই, মাদ্রাজ, পাঞ্জাবেও জনসভা হয়েছে বাংলাদেশের স্বাধীনতার সমর্থনে। ভারতের প্রতিটি রাজনৈতিক দল ধিক্কার দিয়েছে পশ্চিম পাকিস্তানের বর্বরতাকে।

চলো, আমরাও যাই! কী করে যাওয়া হবে? একথা ঠিক, ভাবাবেগের বশে অনেকে মিলে সীমান্ত পেরিয়ে ওপারে ছুটে গেলে প্রকৃত-কোনও সাহায্যই হবে না। এটা উৎসব নয়, বাস্তব যুদ্ধ। দয়া-মায়া বিবেক শূন্য, অত্যাধুনিক অস্ত্রে সজ্জিত সামরিক বাহিনীর বিরুদ্ধে প্রাণপণ লড়াই। এখন সুশৃঙ্খল প্রতিরোধ বাহিনী দরকার। হাতিয়ার যাদের নেই, হাতিয়ার চালাবার শিক্ষা যাদের নেই—তেমন লোকেরা এলোমেলোভাবে ছুটে গেলে যুদ্ধে অসুবিধেই সৃষ্টি করা হবে! এখনও স্বাধীন বাংলাদেশে যুদ্ধ করার জন্য মানুষের অভাব হয়নি, ওদের দরকার অস্ত্রের

আমার মনে হয়, আবেগবশত এক্ষুণি ছুটে না গিয়ে, যাবার ইচ্ছেটা মনের মধ্যে টিকিয়ে রাখা দরকার। প্রতিজ্ঞার আগুন যেন অনির্বাণভাবে জ্বলতে থাকে। বাঙালির আত্মসম্মান বাঁচানোর জন্য প্রয়োজনে প্রাণ দেবার শপথ যেন অটুট থাকে। ইতিমধ্যে বিভিন্ন দলের উদ্যোগে সম্মিলিতভাবে একটি কমিটি গঠন করে স্বেচ্ছাসেবক বাহিনী গড়ে তোলা দরকার। যাতে ওদিক থেকে ডাক পড়লেই ছুটে যেতে পারে এই স্বেচ্ছাসেবক বাহিনী। বিভিন্ন দলের উদ্যোগে বিভিন্ন স্বেচ্ছাসেবক বাহিনী গঠিত হলে তারা ওদিকে গিয়েও পরস্পরের সঙ্গে মারামারি করবে না তো? তার থেকে বড় কেলেঙ্কারি আর কী হতে পারে?

এই মুহূর্তে আমাদের প্রধান দায়িত্ব, স্বাধীন বাংলাদেশকে অবিলম্বে স্বীকৃতি দেবার দাবিতে দেশব্যাপী প্রবল ধ্বনি তোলা। পৃথিবীর অন্যান্য দেশ কে কবে স্বীকৃতি দেবে না দেবে জানি না, ভারতই প্রথম স্বীকৃতি জানান। স্বাধীন বাংলাদেশকে সরকারিভাবে মেনে নিলে আমাদের কাজ অনেক সহজ

হয়ে যাবে। বাইরের অস্ত্র সাহায্য ছাড়া এই ধরনের লড়াই অনর্থক রক্তক্ষয়ী হয়। জয় হবেই, শুধু আরও রক্তক্ষয়। স্বাধীন বাংলাদেশের সমর্থনে এখানে হরতাল ডাকা হয়েছে সেদিন মিছিলে মিটিং-এ সোচ্চার হয়ে উঠুক এই দাবি, কূটনৈতিক কচকচির বদলে—আমরা স্বাধীন বাংলাদেশ এবং অস্থায়ী সরকারের স্বীকৃতি চাই।

ওদের সংগ্রামের দিকে তাকিয়ে আমরা

বছরের পর বছর ধরে দুঃখ-হতাশা-বিভ্রান্তিই আচ্ছন্ন করেছিল আমাদের সামগ্রিক জীবন। এতদিন পর একটা সত্যিকারের আনন্দের সংবাদ পেলাম। আমার বাংলাদেশ আজ সম্পূর্ণ স্বাধীন।

আমার বাংলাদেশ? হ্যাঁ, জোর দিয়ে বলছি, আমারও। আমারজন্ম দেশ বিভাগের আগে, ফরিদপুরে। এখন আমি কলকাতায় বসতি নিয়েছি। বিদেশে যাবার প্রয়োজনে পাসপোর্টে নাগরিকত্ব বোঝাবার জন্য আমি নিশ্চিত ভারতীয় তবু মৃত্যুর আগে পর্যন্ত আমার জন্মভূমির টান অস্বীকার করতে পারব না। বাংলাদেশ এখন আলাদা স্বাধীন রাষ্ট্র, অধিবাসীর সংখ্যা সাড়ে সাতকোটি, তা ছাড়াও এ-পারের আরও কয়েক কোটি মানুষ ওই বাংলাদেশের আত্মিক নাগরিক হয়ে থাকবে। আমি কবিতা লেখার সময় যে বাংলার কথা লিখব তা কি শুধু পশ্চিম বাংলা? পশ্চিমবঙ্গ শব্দটাই কবিতায় ঠিক খাপ খায় না।

যুদ্ধের সঙ্গে কোনওদিন নিজেকে এতখানি জড়িয়ে ফেলিনি। বাষট্টি আর পঁয়ষট্টিতে ব্যক্তিগতভাবে বেশ খানিকটা দুঃখিতই বোধ করেছিলাম। কিন্তু এই তেরোদিন ধরে সারাক্ষণ রেডিয়োতে কান, টেলিপ্রিনটারের কাছে, ঘোরাঘুরি মনের মধ্যে একটা ছটফটানি। এই জয়-পরাজয়ের মধ্যে যেন আমার অস্তিত্ব জড়িত। নিছক নিরাপত্তা নয়, অস্তিত্ব ও বিশ্বাস। শুধু বাঙালি প্রীতি নয়, ন্যায়,

সত্য ও সভ্যতার যেসব ধারণা নিয়ে বেঁচে আছি তার অপমৃত্যু হত। নিছক বর্বর সামরিক শক্তি বারোশো মাইল দূর থেকে সাড়ে সাত কোটি মানুষের আশা-আকাঙক্ষা দমিয়ে রাখবে, চরম অর্থনৈতিক শোষণ হবে, বাকস্বাধীনতা কেড়ে নেওয়া হবে, হঠাৎ খেয়াল খুশি মতন সৈন্য লেলিয়ে দিয়ে পাঁচ লাখ কি দশ লাখ মানুষকে মেরে ফেলা হবে, কোটি খানেক মানুষকে সর্বহারা করে তাড়িয়ে দেওয়া হবে দেশের বাইরে—আর সারা পৃথিবী জিভ দিয়ে ছদ্ম সহানুভূতির চুকচুক আওয়াজ করবে কিন্তু প্রতিবাদের জন্য একটি আঙুলও তুলবে না—এটাই যদি শেষ সত্য হত—তা হলে সর্বক্ষণ মুখে নিমপাতা দিয়ে শুধু বেঁচে থাকার জন্যই বেঁচে থাকতাম। তা হয়নি, যে ভারতবর্ষের আমি নাগরিক, সেই দেশই এই অন্যায়ের বিরুদ্ধে প্রথম প্রতিবাদ করেছে—এই জন্য আমার গর্ব। আমরা মানুষের মুক্তি চাই।

এই জয়ের গর্ব আরও অনেক বেড়েছে, তার কারণ আমরা প্রায় গোটা পৃথিবীর অন্যায় ভ্রুকুটি গ্রাহ্য করিনি। রাশিয়া এবং পূর্ব ইউরোপের কয়েকটি দেশ দুঃসময়ে আমাদের পাশে এসে দাঁড়িয়েছে বলে আমরা কৃতজ্ঞ—কিন্তু আমরা একা দাঁড়াবার জন্যও প্রস্তুত ছিলাম। ধ্বংসের ঝুঁকি নিয়েও আমাদের একা দাঁড়াতেই হত। মহা শক্তিধর আমেরিকার শক্তিবর্গ চূর্ণ হয়ে গেল। ধর্ম-গোঁড়া অবাস্তব রাষ্ট্রের বন্ধন ছিঁড়ে জন্ম নিয়েছে গণ প্রজাতন্ত্রী, ধর্মনিরপেক্ষ স্বাধীন বাংলাদেশ।

আজ বড় আনন্দের দিন। আমি স্বচক্ষে দেখেছি, আজ অনেক বাড়িতে কান্নার ধূম পড়ে গেছে। অতিরিক্ত আনন্দে যেরকম কান্না আসে। পরস্পরকে জড়িয়ে ধরে হাসতে হাসতে কান্না। ন'মাস যারা দেশ ছাড়া, আজ তাদের স্বাধীন দেশে ফিরে যাওয়ার আনন্দ। কত প্রিয়জন হারানোর দুঃখ কত বীভৎস অত্যাচারের স্মৃতি নতুন দেশ গড়ার কত স্বপ্ন। সব আজ মিলে মিশে একাকার।

এখনও ব্ল্যাক আউট ওঠেনি, অন্ধকার রাস্তায় হাঁটতে হাঁটতে মনে হয় আমিও কি ফিরে যাব না? আমি এখন কলকাতার মানুষ, এই শহর আমরা মজ্জায় মজ্জায় ঢুকে গেছে—এর মোহিনী মায়া বোধহয় আমি আর ছাড়তে পারব না। তবু ঢাকায় প্রথম দিনের বিজয়োৎসবে যোগ দিতে আমার সাধ হয়। এ তো আমারও বাংলাদেশের স্বাধীনতা। একবার দেখে আসব না, জন্মভূমির সেই গ্রাম, শ্মশানখোলার পাশে সেই বিশাল বটগাছ, অদৃশ্য হয়ে

লুকিয়ে যাওয়ার মতন পাটখেত, দুর্দান্ত আড়িয়েল খাঁ নদী—আমার প্রথম কৈশোরের কত নিশ্বাস ওখানে ঘুরেছে। একবার যেতেই হবে। নাদের আলিকে বলব, এবার আমাকে সেই তিন-প্রহরের বিল দেখাও, দত্ত বাড়িতে গিয়ে অমলাদিকে বলব, খাওয়াও তেমার নিজের হাতে তৈরি করা নারকেলের তক্তি, ব্রজ পণ্ডিত মশাইকে প্রণাম করে বলব, চিনতে পারছেন না, আমি আপনার সেই অকৃতী অধম ছাত্র ছেলেবেলার বন্ধু ইউসুফকে বলব...। অনেককেই দেখতে পাব না জানি, অনেক কিছু ধ্বংস হয়েছে, অনেক বদলেছে, তবু একবার যেতে হবে। এখান থেকে মাত্র, একশো মাইল দূরে ভয়ঙ্কর যুদ্ধ চলছে। হাজার হাজার মাইল দূর থেকে উড়ে আসছে ভিন্নজাতীয় সামরিক বাহিনী। মানবিকতার সমস্তরকম মান অগ্রহ্য করে আধুনিকতম অস্ত্রশস্ত্র নিয়ে খুন করছে নিরস্ত্র বাঙালিদের। আমিও একজন বাঙালি, শুধু তাই নয়—যেসব এলাকার এখন প্রবল যুদ্ধ চলছে, তারই কোনও এক অংশে আমার জন্ম। অথচ, আমরা এখন এখানে চা খাচ্ছি, গল্প করছি, সিনেমা-থিয়েটার সবই চালু, পাড়ায় পাড়ায় খুনোখুনি রেসের মাঠে ভিড়—সবই চলছে। আমরা বড়জোর কখনও একটু উত্তেজিত আলোচনা চালাচ্ছি, রেডিয়োর প্রতি উৎকর্ণ দু-একটা মিটিং, কিছু লেখালেখি। ওদিকে অপর বাঙালিরা বীরের মতন লড়াই করে মারছে ও মরছে। নাটক নভেলে এইরকম অবস্থাকেই বোধহয় বলে নিয়তির পরিহাস।

বারবার মনে হয় যাই, যাই। কোথায়? সে সম্পর্কে ঠিক স্পষ্ট ধারণা করা যায় না। এ যেন স্বপ্নের যাওয়া। স্বপ্নের মধ্যে ইচ্ছেপূরণ। পথের নিশানা নেই, পাথেয়র প্রয়োজন নেই, পথ যানের চিন্তা নেই—হঠাৎ হাজির হয়ে গেছি রণাঙ্গনে, আমার হাতে রাইফেল, বাঙালি মুক্তিসেনার পাশে দাঁড়িয়ে আমিও শত্রুর দিকে রাইফেল তুলে অব্যর্থ লক্ষে...। যদিও আমি এ পর্যন্ত কখনও রাইফেল ছুঁয়ে দেখিনি। তবু স্বপ্নের মধ্যে অবিরাম যাই, যাই—।

গাঢ় লাল রং আমি খুবই অপছন্দ করি। রক্তের দৃশ্য আমার সহ্য হয় না। নরহত্যা আমার কাছে খুবই অরুচিকর মনে হয়। কোনও মহৎ আদর্শের জন্যও হত্যাপন্থী হওয়া আমার পক্ষে ইহজীবনে আর সম্ভব হবে না। যে পাঞ্জাবি সৈনিকরা বাংলাদেশে লড়াই চালাতে গিয়ে প্রাণ দিচ্ছে, তাদের জন্যই আমার কষ্ট হয়। তারাও তো পাঞ্জাবের কোনও গ্রাম্য কৃষক পরিবারের ছেলে নিছক বেতনভুক এবং বিবেকহীনতার শিক্ষা পেয়েছে। কিন্তু স্বাধীন বাংলায়

এখন যে যুদ্ধ চলেছে, একমাত্র এইরকম যুদ্ধেই আমি মনপ্রাণ দিয়ে অংশ নিতে পারি। ন্যায়সম্মত দাবি যারা খর্ব করতে চায় শক্তির অহংকার তাদের প্রতিনিবৃত্ত করতে গিয়ে প্রাণ দেওয়াও গৌরবের। আমার বিপ্লবের স্বপ্ন এইরকম।

আমি এখনও যাইনি, কারণ যাওয়ার সুযোগ নেই। কিংবা প্রয়োজন আসেনি এখনও। শেষ মুহূর্তে ডাক এলে নিশ্চয়ই যাব। আমিও তোমাদের সঙ্গে আছি। মনের মধ্যে বারবার ঘুরে ফিরে আসে আছি, আছি।

বাংলাদেশ কিছুটা অজানা, অচেনা

দিল্লি থেকে ঢাকার দূরত্ব অনেক, কিন্তু কলকাতা থেকে খুব কাছে। আন্তর্জাতিক, রাজনৈতিক, কূটনৈতিক ইত্যাদি যাবতীয় সম্পর্ক ঢাকার সঙ্গে দিল্লির, কলকাতার সঙ্গে কিছুই না। দিল্লির সরকারের চোখে বাংলাদেশ দ্বিখণ্ডিত পাকিস্তানের একটি নতুন দেশমাত্র কিন্তু কলকাতা বা পশ্চিম বাংলার পক্ষে সে ভাবে বাংলাদেশকে দেখা কোনওক্রমেই সম্ভব নয়। পশ্চিম বাংলার অসংখ্য অধিবাসীর চোখে বাংলাদেশ এখনও প্রাক্তন জন্মভূমি কিংবা পিতৃ-পিতামহের স্মৃতি বিজড়িত স্থান। বাংলাদেশের কিছু লোক যদি সীমান্ত পার হয়ে এদিকে আসতে চায়, তাহলে দিল্লির সরকারের চোখে সে ঘটনা হবে বিদেশি নাগরিকদের বে-আইনি অনুপ্রবেশ, আর এখানকার অনেকের কাছে তা বিপন্ন আত্মীয়স্বজনদের আশ্রয়লাভের চেষ্টা। বিলেতে ভারতীয়দের অবাধ গমন বন্ধ হলে আমরা বিরক্ত হই, আবার বাংলাদেশের নাগরিকরা ভারতে বসবাস করতে চাইলেও অনেক বিরক্ত হন।

বাংলাদেশ আমাদের এত কাছে, কিন্তু সেখানকার খবর আমরা সবচেয়ে কম জানি। আমাদের সংবাদপত্রগুলিতে আমেরিকা, ব্রিটেন, রাশিয়া, চিন সম্পর্কে যত খবর ছাপা হয়, তার চেয়ে অনেক কম ছাপা হয় বাংলাদেশ সম্পর্কে। খবরের অভাব অনেক সময় ভুল ধারণার সৃষ্টি করে। বাংলাদেশের যে খবর এখানে ছাপা হয়, তা শুধুই নৌকাডুবি, দুর্ভিক্ষ, খুন, রাজনৈতিক পালাবদল

এবং সীমান্তে গুলি। অর্থাৎ মনে হতে পারে যেন এই গুলি বাদ দিয়ে বাংলাদেশে কোনও স্বাভাবিক জীবন নেই, কিংবা সেখানে কোনও সুস্থ, সাংস্কৃতিক ঘটনা ঘটে না। ঘটে, আমরা জানতে পারি না। এরই পরিপূরকভাবে বাংলাদেশের সংবাদপত্রগুলিতে ছাপা হয় শুধু ভারতের দাঙ্গার খবর, খেলা, বন্যা বা রাজনৈতিক কেলেঙ্কারির সংবাদ। বাংলাদেশের টেলিভিশন রাত্রের সংবাদের শেষে পৃথিবীর বিভিন্ন দেশের রাজধানীর উল্লেখযোগ্য ক্রিয়াকলাপের কথা বলা হয়, লন্ডন, রোম, টোকিও-র খবর নিয়মিত থাকে, দিল্লির উল্লেখ হয় অতি কদাচিৎ। কলকাতার তো প্রশ্নই ওঠে না।

বাংলাদেশের সংবাদপত্রগুলিতে ভারতের দাঙ্গার উল্লেখ ফলাও করে থাকে। একথা ঠিক সম্প্রতি গত এক বছর ধরে সাম্প্রদায়িক দাঙ্গার মতন কুৎসিত ব্যাপার আবার মাথাচাড়া দিয়ে উঠেছে। আলিগড়, জামসেদপুরের ঘটনা শুধু লজ্জার নয়, গভীর শোকের। বাংলাদেশের পত্র-পত্রিকায় এই সংবাদ ছাপার মধ্যে এরকম মনোভাব ফুটে ওঠে যে বাংলাদেশে তো ইদানীং আর দাঙ্গা হয় না। ভারতে হয় কেন? বাংলাদেশে যে এখন আর সাম্প্রদায়িক দাঙ্গা হয় না, সেটা অত্যন্ত প্রশংসার বিষয়। পাকিস্তানেও দাঙ্গা হয় না এমনকী লন্ডনেও হিন্দু মুসলমান দাঙ্গা হতে পারে কখনও, কিন্তু পাকিস্তানে আর কোনওদিন হবে না। দাঙ্গা সেখানেই হয়, যেখানে দুটি পক্ষ থাকে। ভারতের মতন বিশাল দেশে, আদিবাসী বনাম উচ্চবর্ণ, পার্বতী-সমতলবাসী, এক প্রদেশি—অন্য প্রদেশি, হিন্দু-মুসলমান, এমনকী শিয়া-সুন্নির মধ্যেও হানাহানি হয়। ভারতের বর্তমান সরকার দুর্বল বলেই এরকম কু-ঘটনা ঘটতে পারছে। বাংলাদেশে সংখ্যালঘুরা এখন অতি সংখ্যালঘু এবং নির্জীব। বাংলাদেশের সরকার সবল, তবু এক শ্রেণির লোক সে দেশ ছেড়ে অনবরত চলে আসতে বাধ্য হচ্ছে। বাংলাদেশের হিন্দুরা ভারতের দিকে এক পা উঁচিয়ে আছে, এরকমই ওখানে গ্রামের দিকের অনেক লোকের ধারণা, এবং অনেকটা সত্যও বটে। অধিকাংশ পরিবারেরই ছেলেমেয়েদের পাঠিয়ে দেওয়া হয় ভারতে, বুড়োবুড়িরা জায়গা আঁকড়ে পড়ে আছে। সেই বুড়োবুড়িদের প্রস্থান ত্বরান্বিত করার জন্য যে সুযোগ সন্ধানীদের চেষ্টার কোনও ত্রুটি নেই, এটা একটা বাস্তব ঘটনা। কিংবা এর নাম ইতিহাসের নিয়তি। এ ব্যাপার রোধ করার ক্ষমতা ভারত বা বাংলাদেশ সরকারের আছে কি না কে জানে, অথবা সেই জন্যই দু-সরকার এই ব্যাপারে কিছু না জানার ভান করে থাকাই শ্রেয় মনে করেন। এর ফলে সবচেয়ে ভারগ্রস্ত হচ্ছে

অবশ্য পশ্চিম বাংলা।

বাংলাদেশের একজন প্রবীণ সংবাদ ভাষ্যকার বলেছেন যে ইতিহাসে দেখা যায়, ইসলাম হয় কোনও রাজ্যে পুরোপুরি প্রতিষ্ঠিত হয়েছে অথবা সেখান থেকে হটে এসেছে। যেমন হটে এসেছিল স্পেন থেকে। বাংলাদেশ স্বাধীন হবার পর মুসলমান সংখ্যাধিক্য নিয়েও ধর্মসহিষ্ণু রাষ্ট্র পরিচালনার পরীক্ষা হয়েছিল তা ব্যর্থ হয়েছে অনেকখানি। ভারতে ধর্মনিরপেক্ষ শাসন প্রবর্তিত হওয়ার পর তাতে কখনও একটু আধটু চিড় ধরলেও কখনও ভেঙে পড়ার সম্ভাবনা দেখা দেয়নি। তা হলে, ভারত ইতিহাসে ব্যতিক্রম। মধ্যপ্রাচ্যের প্রবল ধর্মীয় জিগির সম্পন্ন রাষ্ট্র চালনার যে জোয়ার এসেছে, পাকিস্তানও যা গ্রহণ করল, বাংলাদেশেও তার ছোঁয়াও লেগেছে কিছুটা। বাংলাদেশের পত্র-পত্রিকা পড়লে বোঝা যায় যে, বাংলাদেশের মুক্তি যুদ্ধের যারা বিরোধিতা করেছিল, যারা পাকিস্তানের সমর্থক ছিল, তারা অনেকে এখন ফিরে এসেছে শাসন ক্ষমতায়। রাষ্ট্রপতি জিয়া নিজে অবশ্য একজন বিশিষ্ট মুক্তিযোদ্ধা।

বাংলাদেশের সাম্প্রতিক নির্বাচনের পর কিছুটা গণতান্ত্রিক পদ্ধতিতে শাসন ব্যবস্থা চালু হয়েছে। ভারতে আমরা যেরকম গণতান্ত্রিক নির্বাচনের কথা জানি, বাংলাদেশে সেরকম হয়নি, সেখানে নির্বাচন হয় সামরিক শাসনের আওতায়। তবু, নতুন শাসন ব্যবস্থায় অনেক সুফল দেখা যাচ্ছে। সরকার বিরোধীপক্ষ পাচ্ছেন, মতামত প্রকাশের সুযোগ, আইন শৃঙ্খলার উন্নতি হয়েছে। ঢাকা শহরের চেহারা আগের চেয়ে অনেক পরিচ্ছন্ন ও শোভন। সংবাদপত্রের স্বাধীনতা ফিরিয়ে দেওয়া হয়েছে, যদিও নিয়ন্ত্রণের আইনগুলি রদ করা হয়নি এখনও। ভারতীয় মুদ্রার তুলনায় বাংলাদেশের টাকার মূল্য কম কেন, এই নিয়ে প্রশ্ন আছে ওখানকার অনেকের মনে। তবে ভারতের তুলনায় বাংলাদেশে সোনার দামও প্রায় দ্বিগুণ।

বাংলাদেশের একটি চিত্র এদিকে অনেকের কাছেই অজানা। বাংলাদেশের যুব সম্প্রদায়ের মধ্যে শিল্প, সাহিত্য, মুক্ত বুদ্ধি ও চিন্তায় যেন একটি নব জাগরণ এসেছে। ভারতীয় দৃষ্টিভঙ্গি দিয়েই পুরোপুরি না দেখে যদি বাঙালি দৃষ্টিভঙ্গি দিয়ে দেখা যায়, তাহলে মনে হবে, বাংলাদেশ ও পশ্চিম বাংলার যুব সমাজের মধ্যে যথেষ্ট মানসিক মিল আছে। সেখানে ধর্মের চেয়েও ভাষা ও সংস্কৃতির যোগসূত্র অনেক বড় কথা। পশ্চিম বাংলার বইপত্র চোরাচালান হয়ে বাংলাদেশে কিছু যায়, সেই তুলনায় বাংলাদেশের বই পশ্চিম বাংলায়

খুব কম আসে। আমার মনে হয়, একতরফাভাবেই বাংলাদেশের বইপত্র পশ্চিম বাংলায় অবাধে আসার ব্যবস্থা করা উচিত। এ ব্যাপারে ভারত সরকারের কোনওরকম মাথাব্যথা না থাকতে পারে, কিন্তু পশ্চিম বাংলার সরকার ভেবে দেখতে পারেন।

সেদিনের স্মৃতি

সাতক্ষীরায় একজন সৌম্য দর্শন বৃদ্ধ হাসতে হাসতে আমাকে জিগ্যেস করেছিলেন, এরপর কী? তখন তাঁর হাসিটাও একটু অস্বাভাবিক লেগেছিল।

ডিসেম্বর মাসের গোড়ার দিকে সাতক্ষীরা শহরের পতনের দু-একদিন পরেই বাংলাদেশ সরকারের প্রশাসন প্রতিনিধি ও মুক্তিবাহিনীর সঙ্গে কলকাতা থেকে আমরা কয়েকজন গিয়েছিলাম। বসিরহাটের কাছে ইটিন্ডা থেকে ইছামতী নদী পেরিয়ে তিন মাইল গেলেই ভোমরা, তারপর থেকেই বাংলাদেশের মাটি। খুলনা-সাতক্ষীরা যাতায়াতকারী একটি লঝ্‌ঝরে বাস তখন মুক্তি বাহিনীর দখলে, সেটি চেপে কিছুদূর যাওয়ার পরই বাসটি ছেড়ে দিতে হল, বাসটির অন্য প্রয়োজন ছিল, তখন পায় হাঁটা।

বাংলাদেশের মাটিতে প্রথম পা দিয়েই এক ধরনের রোমাঞ্চ হয়। যদিও তার কোনও যুক্তি নেই। এ মাটি তো আলাদা কিছু নয়। অদূরের বসিরহাট—হাসনাবাদ আর এই ভোমরার ভূপ্রকৃতিতেও তফাত কিছু নেই, একই দেশ, একই মানুষ—মাঝখানে কয়েকবছর একটা অবাস্তব দেয়াল তোলা ছিল। সেই নিষেধের ভ্রূকুটিই মনের মধ্যে এই বাষ্প তৈরি করে দিয়েছে।

রাস্তার দুপাশে যুদ্ধের ক্ষত বিক্ষত চিহ্ন। অজস্র বাঙ্কার আর ফক্স হোল আর আগুনে পোড়া বাড়ি। তখনও খুলনা শহর এলাকায় তুমুল যুদ্ধ চলছে,

ঢাকা আত্মসমর্পণের সম্ভাবনাও দেখা যায়নি। আমি তো নিজে যুদ্ধ করিনি, তাই সেই যুদ্ধসঙ্কুল আবহাওয়ার মধ্যে দিয়ে হাঁটতে হাঁটতে বেশ একটা সুখ মিশ্রিত শিরশিরে অনুভূতি হচ্ছিল।

সাতক্ষীরা শহরের পার্কে মিটিং—সেখানে নবীন বাংলাদেশ সরকার তাঁদের নীতি ঘোষণা করবেন। সাতক্ষীরার যুদ্ধে মুক্তি বাহিনীরই ছিল প্রধান ভূমিকা—ভারতীয় সেনাবাহিনী শুধু শেষ ধাক্কা দিয়ে সাহায্য করে খুলনার দিকে এগিয়ে গেছে। সাতক্ষীরা শহর এলাকায় কিংবা মিটিং-এ একজনও ভারতীয় সৈনিক নেই। ভারতীয় বলতে আমরা কয়েকজন নিছক অসামরিক মানুষই উপস্থিত। কয়েকশো মুক্তিযোদ্ধা অস্ত্র ভূমিতে নামিয়ে রেখে মিটিং-এর মাঝখানে বসেছে। মঞ্চের দুপাশে দুটি তরুণ পাহারা দিচ্ছে স্টেনগান হাতে নিয়ে।

মিটিং-এর প্রথম দিকে খুব বেশি লোক হয়নি। আস্তে আস্তে ভিড় বাড়ে। অধিকাংশ মানুষেরই মুখ ভাবলেশহীন। মঞ্চ থেকে যখন জ-য় বা-ং-লা ধ্বনি তোলা হচ্ছিল, আমি লক্ষ করেছিলুম, অনেকেই গলা মেলায়নি। অনেকেই মিটিং থেকে একটু দূরে দাঁড়িয়ে সতর্কভাবে সব ব্যাপারটা লক্ষ করেছিল। তাতে আমার একটু খটকা লাগে। আমরা ধারণা করেছিলুম, বাংলাদেশের সাড়ে সাত কোটি মানুষই স্বাধীনতার জন্য ব্যাকুল হয়ে উঠেছিল। কিন্তু সেটা বাস্তবে সত্যি হতে পারে না। বহু নিরন্ন শিক্ষাহীন মানুষের কাছে স্বাধীনতার মর্মটাই পরিষ্কার নয়। দারিদ্র্য তাদের চিরকাল পরাধীন করে রেখেছে, শুধু শাসক বদলেছে মাত্র। পাকিস্তানি সৈন্যদের নারকীয় অত্যাচারে সকলেই সহ্যের শেষ সীমায় এসেছিল ঠিকই, তারা বিতাড়িত হওয়ায় স্বস্তি পেয়েছে ঠিকই, কিন্তু নতুন শাসন ব্যবস্থার চরিত্র সম্পর্কে সন্দীহান। আবার কি হিন্দু রাজত্ব প্রতিষ্ঠিত হতে চলল নাকি? সাতক্ষীরা শহরে তখন একজনও হিন্দু নেই—আবার কি পাক সেনাবাহিনীর হাতে অত্যাচারিত নিগৃহীত হিন্দুরা প্রতিশোধ নিতে ফিরে আসবে? কিংবা যুদ্ধ তো তখনও শেষ হয়নি—হঠাৎ যদি সীমান্তের একদিক থেকে ঝাঁপিয়ে পড়ে চিনা সৈন্য, ভারতীয় বাহিনী তা হলে সেই সীমান্ত বাঁচাতে বাংলাদেশ ছেড়ে দৌড় দেবে—তাহলে আবার ফিরে আসবে পাকিস্তানিরা—তখন এই জয় বাংলা ধ্বনি দেবার জন্য প্রত্যেকের গলা কাটবে না? কিংবা ভারত মহাসাগর থেকে মার্কিন সপ্তম নৌবাহিনী যদি সত্যিই কামান দেগে বসে, ভারতের সাধ্য আছে যুদ্ধ চালাবার? মুক্তিবাহিনী আর কোনও দিন সীমান্ত পেরুতে পারবে তাহলে?

মুখে অবশ্য এই সংশয়ের কথা কেউ বলেননি। সকলেই আমাদের

বলছিলেন, পাকিস্তানিরা গেছে আপদ গেছে। আমরা তো এই স্বাধীনতাই চেয়েছিলাম।

মিটিং-এর বক্তাদের জোরালো বক্তৃতায় ক্রমশ আবহাওয়া বদলায়। অনেকেই আরও কাছাকাছি চলে আসে ও শ্লোগানে গলা মেলায়। উত্তাল জয় বাংলা ধ্বনিতে দিক দিগন্ত ভরে যায়।

মিটিং শেষ হবার পর আমি বাইরে ঘুরছি সেই সময় সেই বৃদ্ধের সঙ্গে দেখা। মাথা ভরতি ধপধপে সাদা চুল, মুখেও সেইরকম সাদা দাড়ি। বার্ধক্যের যে একটা সৌন্দর্য আছে, এইরকম বৃদ্ধকে দেখলে তা বোঝা যায়। সঞ্জীবচন্দ্রের ভাষা ব্যবহার করে বলতে হয়, এমন প্রসন্নতা ব্যঞ্জক ওষ্ঠ খুব কম দেখা যায়।

বৃদ্ধ আপন মনে মিটিমিটি হাসছিলেন। সেই হাসিটিই আমার দৃষ্টি আকৃষ্ট করে। এখানে এসে আর যাই দেখি, হাসি দেখিনি। মুখে মুখে অত্যাচার ও নিপীড়নের কাহিনি। অনেকেরই মনের মধ্যে চাপা শঙ্কা—কাকে কখন কোলাবরেটার বা দালাল বলা হবে ঠিক নেই। নতুন শাসকরা কাকে কীরকম শাস্তি দেবে কে জানে! এই সময় কারুর মুখে হাসি আসতে পারে না।

আমি বৃদ্ধের কাছে এগিয়ে গিয়ে প্রশ্ন করলাম, আপনার কেমন লাগছে?

বৃদ্ধ আমাকে আপাদমস্তক দেখে জিগ্যেস করলেন, তুমি বাবা বুঝি ইন্ডিয়ার লোক?

আমার চেহারায় বা পোশাকে সেরকম কী পরিচয় ছিল জানি না। বছর পঁচিশেক আগে হলে ইনি নিশ্চয়ই জিগ্যেস করতেন, তোমার বাবা কোন জেলায় বাড়ি। এখন জেলার বদলে দেশ।

উত্তর দিলাম, হ্যাঁ।

বৃদ্ধ পূর্ববৎ হাসতে হাসতে বললেন, এরপর কী? এরপর কী? কেন, এ কথা বলছেন কেন?

বৃদ্ধ সেই মিটিং ভাঙা ভিড়ের দিকে হাত দেখিয়ে বললেন, মাত্র সাতদিন আগে ঠিক এই জায়গায়, ঠিক এই সময় আর একটি মিটিং হয়েছিল। এতগুলোন মানুষই এসেছিল। তখন আর্মির লোকেরা আর শহরের মুরুব্বীরা বক্তৃতা দিলে, সবাই বললে, মুক্তিবাহিনী আমাদের দুশমণ, ভারতের দালাল। ওরা আসছে আমাদের ধর্ম, মান-ইজ্জত কেড়ে নিতে। সবাই আল্লার কাছে প্রার্থনা করলে, ওইসব দুশমন নিপাত যাক। আজ যারা জয় বাংলা বলে চেঁচাচ্ছে—তাদের অনেকেই সেদিন একরকম ভাবে আল্লা হো-আকবর বলে

চিৎকার করছিল ঃ তা, সেদিন দেখলুম একরকম, আজ আবার অন্য রকম। এখন কথা হচ্ছে, আর সাতদিন পর আবার কী দেখব?

তখনও যুদ্ধ শেষ হয়নি। আমরা ভারতে বসে নিশ্চিত জানতুম—এই যুদ্ধে মুক্তিবাহিনী ও ভারতীয় যৌথ সংগ্রাম দু-চারদিনের মধ্যে জয়যুক্ত হবেই। কিন্তু দখলীকৃত এলাকায় বসে অনবরত পাকিস্তানি প্রচার শুনতে শুনতে সেখানকার মানুষের পক্ষে এরকম বিশ্বাস খুব দৃঢ় হওয়া সম্ভব ছিল না। এরকম প্রশ্ন উঠতে পারেই। বৃদ্ধ সেটা প্রকাশ্যে বলে ফেললেন।

কিন্তু চকিতে আমার মনে অন্য একটা কথা এসেছিল। এরপরে কী—এই প্রশ্নের মধ্যে অনেক রকম আশঙ্কা। বিজয়ের পর আবার কত রক্তপাত শুরু হবে? মুক্তিবাহিনীর কোনও কোনও যোদ্ধার মুখে শুনতাম, আমরা যখন ভেতরে ঢুকব, মারতে মারতে ঢুকবে! যারা দালালি করছে, আমাদের বাংলারই মানুষ হয়েও আমাদের বাড়ি-ঘর লুট করছে—মা-বোনের ওপর অত্যাচার করছে, তাদের ছাড়বো? একজন বলেছিল সবুর খানকে খুন না করে আমি আর দেশের ভাত খাবো না! এসব বড় ভয়ংকর কথা। সদ্য স্বাধীনতার পর মারামারি কাটাকুটি শুরু হলে সে দেশ নিজের পায়ে দাঁড়াবে কী করে? বিদেশি শকুনরা তো সেই সুযোগের জন্য ওঁৎ পেতে আছে। এখন প্রতিশোধের চেয়ে ক্ষমাই বেশি শক্তিশালী।

আমি বৃদ্ধকে আবার জিগ্যেস করলাম, সে পরে যা হওয়ার তাই হবে। আজকের দিনটায় আপনার কেমন লাগছে?

বৃদ্ধ বললেন, আমি আর ক'দিনই বা বাঁচব? আমার কথায় কী যায় আসে!—না, তবু বলুন! আপনার মতামত শুনতে চাই।

—শুধু ধম্মো ধম্মো করলে কি আর দেশ চলে? মানুষকে খেতে পরতে না দিলে আল্লাও দয়া করেন না তাদের। মারামারি কাটাকাটি না করে সবাই যদি মিলে মিশে থাকে, তবে তো ভালোই। কিন্তু তা থাকবে কি? দেখলাম তো সারাটা জীবন ধরো—

এরপর ঠিক তিনমাস কেটে গেছে। মিথ্যে প্রমাণিত হয়ে গেছে অনেক আশঙ্কা। এর মধ্যে আমি বাংলাদেশের অনেক জায়গায় আবার ঘুরে এসেছি। মুক্তি বাহিনী যে আশ্চর্য সংযম দেখিয়েছে তার নজীর পৃথিবীর ইতিহাসে নেই। দু-একটা ছোটখাটো ঘটনা যা ঘটেছে, তা এতই নগন্য যে তার উল্লেখ করা উদ্দেশ্যমূলক অভিসন্ধি ছাড়া আর কিছুই নয়। হিন্দু রাজত্বও প্রতিষ্ঠিত হয়নি। ইন্দিরা গান্ধি যে ক'টি প্রতিশ্রুতি দিয়েছিলেন তার প্রত্যেকটি রক্ষা করেছেন।

এই যুদ্ধ যে সাম্প্রদায়িকতার ওপর একটা বড় আঘাত, সে বিষয়ে আমার অন্তত কোনও সন্দেহ নেই। হঠাৎ একদিনে সব মুছে যাবে এরকম আশা কেউ করে না। বরং বলা যেতে পারে, বাংলাদেশের এই ঐতিহাসিক ঘটনার পরিপ্রেক্ষিতে ভারতীয় হিন্দু এবং মুসলমানদের মধ্যে সাম্প্রদায়িকতার চির অবসানের একটা উদ্যোগ নেওয়া দরকার।

ঢাকা শহরে গিয়ে হাজার হাজার সাহসী তরুণ মুখ দেখে বুকখানা গর্বে ভরে যায়। দুঃসাহস ও বিজয়গর্ব তাদের মুখে অপরূপ সৌন্দর্য দিয়েছে। তারা প্রত্যেকে দেশ গড়ার কাছে অংশীদার।

তবু নিভৃতে কারুর সঙ্গে আলোচনা হলে, সেই প্রশ্নটি আবার শোনা যায়, এরপরে কী?

ঢাকা বিশ্ববিদ্যালয়ের সামনের মাঠে বসে এই প্রশ্নটি আমি আবার শুনতে পাই। বৃদ্ধ নয়, অনতিনবীন চিন্তিত মুখ। আমি বললাম, আপনি কী হিসেবে বলছেন? অনেকে এখন থেকেই মাথা ঘামাচ্ছেন, পাঁচ বছর বাদে ভারত-বাংলাদেশ সম্পর্ক কীরকম হবে। আমি মাথা ঘামাতে চাই না।

তিনি বললেন, না, সেকথা নয়। স্বাধীনতা পাওয়া গেল, জয়ের আনন্দও আস্তে আস্তে স্তিমিত হয়ে আসবে। কিন্তু তারপর? সমস্ত মানুষের সুখ-সমৃদ্ধির কী হবে? যে সমাজতন্ত্রের প্রতিশ্রুতি দেওয়া হল, সেটা কী করে আসবে?

—কেন আসবে না?

—আপনাদের ইন্ডিয়াতেও তো সমাজতন্ত্রের কথা ঘোষণা করা হয়েছে

—কিন্তু বাস্তবে কতটা হয়েছে।

—ভারত অনেক বড় দেশ। অনেক অনেক জটিল তার সমস্যা। সেখানে সব কিছুই আস্তে আস্তে বদলায়। আপনাদের নবীন উৎসাহ—আপনারাই অনেক তাড়াতাড়ি সেই প্রতিশ্রুতি সার্থক করে তুলতে পারবেন। ভারত আপনাদের দৃষ্টান্ত অনুসরণ করবে।

তিনি বললেন, কিন্তু দু-চার বছরের মধ্যে যদি প্রতিক্রিয়াশীলরা আবার মাথা তুলে দাঁড়ায়? যদি চিনি মাখিয়ে আবার ধর্মের বিষ খাওয়াতে চায়?

আমি বললাম, ইতিহাস কি কখনও কিছুটা সামনের দিকে এগিয়ে আবার পেছনে ফেরে? আমি অন্তত সেরকম বিশ্বাস করতে চাই না।

একুশে ফেব্রুয়ারির গভীর রাত্রে

রাত্তির একটার সময় মনে হল, শুধু শুধু ঘরে বসে থাকার কোনও মানে হয় না, রাস্তায় বেরিয়ে পড়তেই হবে।

ঢাকায় পৌঁছেছি ২০ফেব্রুয়ারি সন্ধেবেলা। প্রধান উদ্দেশ্যই ছিল রাত বারোটার পর থেকে একুশে ফেব্রুয়ারির উৎসব দেখা এই উৎসব আমি প্রথম দেখেছিলাম ১৯৭২ সালে সদ্য স্বাধীন বাংলাদেশের একুশে ফেব্রুয়ারির সারা রাত। সেই শোক-আনন্দ মেশা উন্মাদনার রাতটির কথা মনে পড়লে আজও রোমাঞ্চ হয়। সেই দৃশ্য প্রত্যক্ষ করার জন্য আবার ফিরে এসেছিলাম ১৯৭৪ সালে, তখন শেখ মুজিব এ দেশের কর্ণধার। সে-রাতেও একফোঁটা ঘুমোইনি। কলকাতার বন্ধুপরিজনের কাছে এই একুশে ফেব্রুয়ারি উদ্‌যাপনের কত যে গল্প করেছি তার শেষ নেই।

এবার আমরা এসেছি ছোটখাটো একটি দলে মিলে। এসেছেন দেবদুলাল বন্দ্যোপাধ্যায়, একাত্তরের সেই দুঃস্বপ্নের দিনগুলিতে বেতারে যাঁর আবেগময় কণ্ঠ বহু মানুষকে অনুপ্রাণিত করেছে, এবং তরুণ আবৃত্তিকার সৌমিত্র মিত্র, দুই বাংলার কবি ও আবৃত্তিকারদের সেতুবন্ধন ঘটাতে যিনি অক্লান্ত কাজ করে যাচ্ছেন। সঙ্গে আমাদের অর্ধাঙ্গিনীগণ এবং প্রকাশক বাদল বসু। উঠেছি ধানমুন্ডির এক অতিথিনিবাসে। সন্ধের পর থেকেই সেখানে জড়ো হয়েছেন ঢাকার বন্ধু-বান্ধবরা, আড্ডা চলছে তুমুল, কলকাতা কিংবা ঢাকা, জলপাইগুড়ি

কিংবা যশোর, যে-কোনও জায়গাতেই আমরা বাঙালিরা আড্ডা দিতে সবচেয়ে ভালোবাসি। কিন্তু রাত্তিরবেলা শহিদ মিনারের কাছে যাওয়া হবে না?

ঢাকার শুভার্থীরা পরামর্শ দিলেন এই রাতে আর পথে না-বেরুলেই ভালো। এবারের পরিস্থিতি কিছুটা আশঙ্কাজনক। মাত্র কয়েকদিন আগেই ঢাকা বিশ্ববিদ্যালয়ের ছাত্র সংসদের নির্বাচন অনুষ্ঠিত হয়েছে, একদিকে যুক্ত সংগ্রাম পরিষদ, অন্যদিকে জামাতে ইসলামির ছাত্র শাখা। সংগ্রাম পরিষদ বিজয়ী হলে বিজিতরা তা খেলোয়াড়সুলভ মনোভাব নিয়ে মেনে নিতে পারেনি, হাঙ্গামা ও মারামারি হয়েছে নানা জায়গায়, সবচেয়ে দুঃখের কথা, ছাত্রীদের এক বিজয় মিছিলের হামলায় আহত হয়েছে কয়েকটি ছাত্রী। ঢাকার সংগ্রামী ঐতিহ্যবাহী ছাত্ররা, তারা যে-দলেরই হোক, পরাজয়ের ক্ষোভে নিজেদের সহপাঠিনীদের গায়ে হাত তুলেছে, এরকম ঘটনা আগে কখনও ঘটেনি। এটা বেশ কয়েক বছর আগেকার কথা। বাংলাদেশে তখন সামরিক শাসন। মাঝে মাঝেই জ্বলে ওঠে প্রতিবাদ, প্রতিরোধ ও সংঘর্ষের আগুন।

২০ ফেব্রুয়ারির দিবাগত রাতে অনেকেই সেজন্য সন্ত্রস্ত! শহিদ মিনারে উৎসবের কর্তৃত্ব নিয়ে আজ আবার রেষারেষি ও লড়াই হতে পারে। সেই আশঙ্কায় সাধারণ নাগরিকরা প্রায় কেউই ওদিকে যাচ্ছেন না। বিশ্ববিদ্যালয়ের হলগুলিতেও আজ রাতে বাইরে বেরুনো নিষেধ করে দেওয়া হয়েছে। বন্ধুরা বললেন, এবারে রাত্তিরে বিশেষ কিছু দেখবার নেই। কাল সকালবেলা শহিদ মিনারে গেলেই তো হয়।

তবু আমার অন্তরটা ছটফট করে, বাহাত্তর সালের সেই রাত্রিটার কথা মনে পড়ে। ঢাকায় একুশে ফেব্রুয়ারি রাতের সেই স্বতঃস্ফূর্ত মানুষের জোয়ার, তা কি থেমে যাওয়া সম্ভব? সে যে সাংঘাতিক দুঃখের কথা, সে যে সাংঘাতিক পরাজয়! একবার দেখে আসতেই হবে। আমরা উঠে দাঁড়ালাম, অগত্যা ঢাকার কয়েকজন বন্ধুও সঙ্গী হলেন।

আমাদের সঙ্গে কোনও গাড়ি নেই, এত রাতে যানবাহন পাওয়ারও আশা করা যায় না। হেঁটেই যেতে হবে। ধানমুন্ডি থেকে ঢাকা বিশ্ববিদ্যালয় এলাকা খানিকটা দূর আছে বটে, তবু বড়জোর একঘণ্টা লাগবে! এবারের দীর্ঘস্থায়ী শীতে, এই রাতেও বেশ ফিনফিনে ঠান্ডা বাতাস বইছে। গায়ে চাদর জড়িয়ে আমরা বেরিয়ে এলাম রাস্তায়।

ঢাকার বেশ কয়েকটি রাস্তাই কলকাতার তুলনায় অনেক বেশি প্রশস্ত, এখানকার বাড়িগুলি পরস্পরের সঙ্গে সবসময় ঠেলাঠেলি করে না, শহর থেকে

প্রকৃতি একেবারে অদৃশ্য হয়ে যায়নি, এখনও আছে কিছু ফাঁকা জায়গা, শহরের মধ্যে মধ্যেই চোখে পড়ে খাল ও পুকুর, অনেক গাছপালা, কবি জসিমুদ্দিনের বাড়ির পশ্চাতে আমি ছোট ধানখেত পর্যন্ত দেখেছিলাম মনে আছে। এখানকার এই খোলামেলা রাস্তাটি কিন্তু মধ্যরাত্রির পরেও একেবারে নিশুতি জনমানবশূন্য নয়, কিছু কিছু গাড়ি ও সাইকেল চলাচল করছে, হেঁটেও যাচ্ছে কেউ কেউ। ধানমুন্ডি আবাসিক এলাকা ছাড়িয়ে শহরের কেন্দ্রের দিকে মিনিট পনেরো হাঁটতেই আমরা পেয়ে গেলাম কয়েকটি সাইকেল-রিকশা। ঢাকায় হাতে টানা রিকশা নেই, এবং সাইকেল-রিক্সার নাম শুধু রিকশা। এরপর যতই এগোই ততই মানুষের সংখ্যা বাড়ে দূর থেকে শোনা যায় শিহরণ জাগানো সেই গান ঃ

আমার ভাইয়ের রক্তে রাঙানো একুশে ফেব্রুয়ারি
আমি কি ভুলিতে পারি...

শাহাবাগ ও জাতীয় জাদুঘরের মোড়টার সামনে এসে রিকশা থেকে নামতে হল। হেলমেট-বন্দুকধারী পুলিশ এখানে রাস্তা কর্ডন করে আছে, কোনও গাড়ি আর যেতে পারবে না শহিদ মিনারের দিকে। সেখানে কয়েক মুহূর্ত আমরা অভিভূত হয়ে দাঁড়িয়ে থাকি। উলটোদিকের রাস্তা লোকে লোকারণ্য, কোথাও আতঙ্কের চিহ্নমাত্র নেই, বিভিন্ন দিক থেকে শোনা যাচ্ছে সমবেত গান, কয়েকটি পুলিশেরও যেন সেই গানের সুরে ঠোঁট নড়ছে মনে হল।

শাহাবাগের মোড়ে এত রাত্রেও বিক্রি হচ্ছে ফুল। কয়েকটি মালা কিনে নিয়ে আমরাও গেলাম সেই মানুষের স্রোতে। আমাদের ভিতরে ভিতরেও গুঞ্জরিত হতে লাগল সেই গান।

এই গানের লেখককে আমরা অনেকেই ব্যক্তিগতভাবে চিনি। বাহান্ন সালে বাংলা ভাষার অধিকার প্রতিষ্ঠার দাবি-মিছিলে গুলি চলেছিল এই ঢাকা শহরে, শহিদ হয়েছিল চারজন তরুণ, আহত হয়েছিল আরও অনেকে। মেডিকেল কলেজ হাসপাতালের বেডে বুলেটবিদ্ধ এক যুবার শিয়রে বসে থাকতে থাকতে এই কবিতাটি লিখেছিলেন আবদুল গফ্ফার চৌধুরী। পরের বছর একুশে ফেব্রুয়ারি প্রথম শহিদ দিবস হিসাবে পালিত হয়েছিল, তখন কবিতাটিতে সুর দিয়ে গাওয়া হয়েছিল। আবদুল গফ্ফার চৌধুরী আরও অনেক কবিতা-গল্প লিখেছেন, সাংবাদিক হিসাবেও তিনি প্রসিদ্ধ। কিন্তু তাঁর এই একটি রচনা সমস্ত বাংলাভাষী মানুষের মর্মে গেঁথে আছে। এখন যারা এই গান গায়,

তারা হয়তো রচয়িতা কিংবা সুরকারের নামও জানেন না। আমাদের সামনে একটি তরুণের দল হাত উঁচু করে দীপ্ত কণ্ঠে এই গান গাইতে গাইতে আসছে, এদের বয়েস কুড়ি-বাইশ-এর বেশি নয়। এরা বাহান্নর ভাষা-আন্দোলন তো প্রত্যক্ষ করেনি বটেই, এমনকী স্বাধীন রাষ্ট্র হিসাবে বাংলাদেশের জন্মক্ষণটিও দেখেনি বা তার স্মৃতি নেই। দেখতে দেখতে এই নবীন রাষ্ট্রেরও তো বয়েস হয়ে গেল বেশ! তবু, নতুন প্রজন্মের এই যুবকেরা এই গান থেকে প্রেরণা পায়। আমি এই গানটি জীবনে কতবার যে শুনেছি তার ইয়ত্তা নেই, তাও প্রত্যেকবারই আবেগে কণ্ঠে বাষ্প জমে যায়। এই রাতে গানটি যেন আরও বেশি অর্থময় হয়ে ওঠে।

মানুষের স্রোতে হাঁটতে হয় না, স্রোতই টেনে নিয়ে যায়। এই রাত্রিতে যেন অন্ধকার নেই, যেন মেরুপ্রদেশের হোয়াইট নাইট! বিভিন্ন সংগঠন আসছে তাদের পতাকা ও মিছিল নিয়ে, কেউ কারুর পথ আটকাচ্ছে না, এক দলের গানের সঙ্গে অন্য দলের গানের সংঘর্ষ নেই। আমাদের সঙ্গী ঢাকার বন্ধুদের দিকে তাকিয়ে বলি, কী হে, তোমরা যে বলেছিলে, আজ রাতে বিশেষ কেউ আসবে না? এই তো কত মানুষ এসেছে! তারা বললে, অন্যান্য বছর আরও অনেক বেশি ভিড় হয়। কিন্তু ভিড়ের আয়তন দেখেই কি শুধু প্রাণের স্পন্দন পরিমাপ করা যায়? চতুর্দিকে উদ্দীপিত মুখ, শুধু ছাত্রই নয়, দেখতে পাচ্ছি অনেক মাঝবয়সি মানুষও, তবে আমাদের সঙ্গিনীরা ছাড়া মহিলা বিশেষ চোখে পড়ছে না তা ঠিক। বাহাত্তর সালের সেই রাতে ঢাকায় মেয়েদের কোনও বাধা নিষেধ ছিল না।

শহিদ দিবস আসলে শোকের দিন হওয়ার কথা। কিন্তু চতুর্দিকে আনন্দের উচ্ছ্বাস ও উদ্দীপনা দেখে বোঝা যায়, একুশে ফেব্রুয়ারি এখন জয়ের দিনে রূপান্তরিত হয়েছে। চারজন তরুণ ঢাকার রাজপথে রক্ত দিয়েছিল, তাদের এই আত্মদানে অনুপ্রাণিত হয়ে সমস্ত দেশ প্রতিবাদে উত্তাল হয়ে উঠেছিল। তারপর পাকিস্তানি আমলেই বাংলা ভাষা পেয়েছিল রাষ্ট্রভাষার স্বীকৃতি, এখন বাংলাদেশে তো বাংলাই একমাত্র ভাষা এবং সারা বিশ্ব এই ভাষাকে মেনে নিয়েছে। একুশে ফেব্রুয়ারির জয় তবু সেখানে থেমে থাকেনি, এই দিনটি এখন ভবিষ্যতের স্বপ্ন দেখার দিন, এই দিন নতুন সংগ্রামের শপথ নেওয়ার দিন। সদ্য কৈশোর উত্তীর্ণ যে অসংখ্য তরুণের দল এই গভীর রাত্রে গান গাইতে গাইতে আসছে, তারা অতীতকে আঁকড়ে ধরে নেই, তারা শুধু পিছনের দিকে তাকিয়ে থাকে না, তাদের চোখে বিচ্ছুরিত হচ্ছে ভবিষ্যতের আকাঙ্ক্ষা।

অন্যান্য বছরের ভিড়ের সঙ্গে তুলনা করে লাভ নেই, এখন চতুর্দিকে দেখতে পাচ্ছি শুধু চলমান মানুষ, রাত্তিরের বাতাস বয়ে আনছে অনবরত সংগীত। এক সময় আমরা এসে পৌঁছলাম শহিদ মিনারের কাছে। আমার বুক কাঁপে, ইতিহাস মনে পড়ে। একাত্তর সালের পঁচিশে মার্চ এখানকার শহিদ মিনার কামান দেগে উড়িয়ে দেওয়া হয়েছিল, কাছাকাছি রাস্তায় পড়েছিল যুবকদের লাশ। যারা সেদিন কামান-বন্দুক চালিয়েছিল তারা আজ কোথায় নিশ্চিহ্ন হয়ে গেছে, নতুন প্রজন্মের জয়ধ্বনিতে কোথাও দীর্ঘশ্বাসের শব্দ শোনা যায় না।

শহিদ মিনারের রক্তিম বৃত্তটি আমাদের চুম্বকের মতো টানে। জুতো খুলে রেখে আমরা আস্তে আস্তে উঠে যাই সিঁড়ি দিয়ে। এখানে মাইক্রোফোনে শোনা যাচ্ছে নানারকম ঘোষণা ও বিভিন্ন গোষ্ঠীর গান। রাত এখন কত তার হিসাব নেই। অনেকের হাতে ঝলসে উঠছে ক্যামেরা। এত মানুষ, তবু কেউ ঠেলাঠেলি করছে না। দূরে কোথায় যেন দুম করে একটা শব্দ হল, বোমা না পটকা? তাতেও কোনও চাঞ্চল্য দেখা গেল না, ছুটে পালাল না কেউ, বরং সেই বিকট ধ্বনির উত্তরে কারা যেন আরও জোরে গান গেয়ে উঠল। একটি কিশোর চেঁচিয়ে উঠল—ফুল চাই, ফুল?

চমৎকার জ্যোৎস্নাময় স্নিগ্ধ রাত। আমরা আমাদের হাতের মালাগুলি ছুড়ে দিলাম অন্য মালার স্তূপে। একটুক্ষণ দাঁড়িয়ে রইলাম চুপ করে। শুনছি সেই গান ঃ

আমার শহিদ ভাইয়ের আত্মা ডাকে
জাগো মানুষের সুপ্ত শক্তি হাটে মাঠে ঘাটে বাঁকে
দারুণ ক্রোধের আগুনে আবার জ্বালাবো ফেব্রুয়ারি
একুশে ফেব্রুয়ারি, একুশে ফেব্রুয়ারি...

প্রথম সেই চারজন শহিদের গায়েবি জানাজায় ইমাম সাহেব মোনাজাত করে বলেছিলেন, ‘হে আল্লাহ, আমাদের অতি প্রিয় শহিদানের আত্মা যেন চিরশান্তি পায়। আর যে জালিমরা আমাদের প্রিয় ছেলেদের খুন করেছে তারা যেন ধ্বংস হয়ে যায় তোমার দেওয়া এই দুনিয়ার বুক থেকে।’

আমার প্রার্থনা-ট্রার্থনা ঠিক আসে না। সেই মুহূর্তে একটা কথাই আমার মাথায় ঘুরতে লাগল, অনর্থক তরুণ-তরুণীদের রক্তে এই পৃথিবীর মাটি যেন আর কখনও না ভিজে যায়! পৃথিবী তো সব মানুষের জন্যই!

কয়েকটি ছোটখাটো জরুরি বিষয়

ভূতপূর্ব পূর্ব-পাকিস্তান থেকে যখন কোনও কোনও কবি, গল্পকার বা অধ্যাপক কলকাতায় আসতেন, তখন তাঁদের সঙ্গে আলাপের প্রথম কয়েকটি মুহূর্তে একটা সূক্ষ্ম অসুবিধা বোধ করতাম। পরস্পর নাম জানাজানির পর প্রথম সম্বোধনটা কীরকম ভাবে হবে?

হিন্দু পরিবারভুক্ত বাঙালিরা সদ্য পরিচয়ের পর হাত তুলে বলে, নমস্কার। করতল দুটি যুক্ত হয়ে কপাল বা বুকের কাছে চলে আসে। অভ্যেসবশত আমিও প্রথম প্রথম তাই করতাম। কিন্তু লক্ষ করেছি, বাংলাদেশের মুসলমানদের মধ্যে হাতজোর করে নমস্কার প্রথা সাধারণভাবে প্রচলিত নেই, কেউ কেউ আমার নমস্কারের উত্তরে ওই ভঙ্গিতে প্রতি নমস্কার করেননি।

তারপর থেকে আমি পূর্ব বাংলার সদ্য পরিচিত মুসলমান বন্ধুদের দেখাদেখি শুধু ডান হাতখানা কপালের কাছাকাছি তুলে সেলামের ভঙ্গি করতাম। সম্প্রীতির বিনিময় একই প্রকারের না হলে ঠিক সাবলীল হওয়া যায় না। মাঝখানে একটু ব্যবধান থেকেই যায়। সাহেবদের সঙ্গে পরিচয় হলে আমরা তাদেরই প্রথায় শেক হ্যান্ড করি। পশ্চিম বাংলার অনেক মুসলমান বন্ধু আমাদের সঙ্গে ঠিক একইভাবে হাত তুলে বলেন নমস্কার। যদিও, পশ্চিম বাংলার গ্রামে মফঃস্বলে সাধারণ অপরিচিত মুসলমানকে কখনও হাত তুলে

নমস্কার করতে দেখিনি সাধারণ হিন্দুও ডান হাত তুলে সেলাম করতে চায় না।

এক সময় আদাব শব্দটি খুব প্রচলিত ছিল, হিন্দু-মুসলমান নির্বিশেষে, এখন আর প্রায় শোনাই যায় না। মুসলমানরা হিন্দুদের প্রতিও সম্বোধনে বলে, আসসালাম আলায়কুম, (অনেক সময় তাড়াতাড়িতে সালাম আলাকুম, কিংবা স্লাম আলেকুম) আর হিন্দুরা প্রত্যুত্তরে আলাকুম আসলাম বলতে পারে না।

একাত্তর সালের পর স্বাধীন বাংলার একজন মুক্তিসেনার সঙ্গে পরিচয় হবার সময় আমরা দুজনেই দু-এক মুহূর্ত দ্বিধা করার পর হাত বাড়িয়ে করমর্দন করলাম।

তারপর থেকেই ভেবেছি, স্বাধীন বাংলা ও পশ্চিম বাংলার সমস্ত হিন্দু-মুসলমান নির্বিশেষে সম্বোধন ও প্রীতি বিনিময়ের একটি সাধারণ প্রথা থাকা কি উচিত নয়?

সাহেবদের সঙ্গে করমর্দন করি, তারা খ্রিস্টান বলে নয়—অখ্রিস্টান সমাজতান্ত্রিক দেশের সাহেবদের সঙ্গেও ওইরকম ব্যবহার। সাহেবদের থেকে আমাদের কালচার একেবারে আলাদা। এদিকে, দুই বাংলার মুসলমান-হিন্দু নির্বিশেষে আমরা একই ভাষা ও কালচারের অধীন। সাধারণ সামাজিক আচার ব্যবহারে আমাদের সবরকম ব্যবধান দূর করে ফেলাই তো সঙ্গত।

নববর্ষে আমরা অনেক শপথ নিই। এইসব ব্যাপারে একটা নতুন কিছু ঠিক করা যায় না? স্বাধীন বাংলাদেশ আজ প্রতিষ্ঠিত সত্য এবং আমাদের আন্তরিক প্রতিবেশী স্বাধীন বাংলাদেশের মুসলমান-হিন্দু এবং পশ্চিম বাংলার সঙ্গে তার সাবলীল নিকট সম্পর্ক স্থাপনের জন্য এইসব ছোটখাটো গরমিলগুলো দূর করার উপায় এখুনি খুঁজে দ্যাখা দরকার।

হাতজোড় করে নমস্কারের ভঙ্গি এবং কথাটার মধ্যে কোনও হিন্দুয়ানি আছে কিনা আমি জানি না। খ্রিস্টানরা গির্জায় গিয়ে ওই একই ভঙ্গিতে অনেক সময় হাতজোড় করে। যদিও হিন্দুরা মূর্তি পূজা কিংবা অন্য কোনও পূজার সময় নানাভাবে নমস্কার ও প্রণাম করে, হাতজোড় বা হাঁটু গেড়ে বসে পড়া বা সাষ্টাঙ্গে, কিন্তু সামাজিক শিষ্ঠাচারে আত্মীয়দের সঙ্গে হাতজোড় করে নমস্কার করাই প্রথা। হিন্দু বাঙালি মেয়েরা কোনও সাহেবের সঙ্গে পরিচিত হলে করমর্দন করে না, হাতজোড় করেই নমস্কার জানায়। এরকম ক্ষেত্রে মুসলমান

মেয়েরা কী করে আমি জানি না। অপরপক্ষে, কপালের কাছে ডান হাত ঠেকিয়ে সালাম আলেকুম বলা সারা পৃথিবীর মুসলমানদের মধ্যে পরিচিত সাহেবেদের সঙ্গে মুসলমানরা সাহেবি প্রথা মেনে করমর্দন করে, হিন্দুদের প্রতি নমস্কার করে না। আবার, বাঙালি হিন্দু যদি দারোয়ান বা বেয়ারার চাকরি নেয়, তখন বড় সাহেবকে দেখলেই (হোক না কালো রঙের বাঙালি হিন্দু সাহেব)—কপালে এক হাত ছুঁইয়ে অবিকল সেলামের ভঙ্গি করে। কিন্তু সে তার সমঅবস্থার মুসলমান প্রতিবেশীকে সেলাম জানায় না।

নমস্কার বা সেলামের বদলে যদি করমর্দনও সাধারণ বাঙালির প্রীতি বিনিময়ের রীতি হয়, তা হলেও আপত্তি জানাবার কোনও কারণ নেই, ব্যক্তিগত রুচির কথা আলাদা, কিন্তু সামাজিক ভাবে একটা নির্দিষ্ট রীতি থাকা ভালো। তাতে বিভেদ অনেক কমে। সেই রীতিটা কী হওয়া উচিত সে সম্পর্কে আমার মতামত দেওয়ার কোনও অধিকার নেই, দেশের সুধী ব্যক্তিরা ঠিক করুন।

সৌভাগ্যের বিষয়, স্বাধীন বাংলাদেশে এবং পশ্চিম বাংলার মধ্যে ভাষার তফাত প্রায় নেই। একই বাংলা ভাষা হয়েও দু-দিকে আলাদা অনেকটা হতে পারত। সেটা হয়নি, তার কারণ, পূর্ব বাংলার শিক্ষিত মানুষ সাহিত্য ও যোগাযোগের ভাষা হিসেবে কৃষ্ণনগর তথা কলকাতার ভাষাকে গ্রহণ করেছিলেন। ফলে, পূর্ব বাংলার খবরের কাগজ, রেডিয়ো, টেলিভিশনে এই কলকাতার ভাষা প্রচারিত হবার ফলে সমস্ত শিক্ষিত বাঙালির কাছে আজ এই ভাষা বোধগম্য। কলকাতার ভাষা মোটেই পশ্চিমবঙ্গের ভাষা বা হিন্দুদের ভাষা নয়, এটাই এখন বাংলা সাহিত্যের ভাষা। এবং এটা ঠিক হয়েছে, স্বাধীনতা বা ভারতভাগের অনেক আগে—মোটামুটি হিসেবে বলা যায়, যখন রবীন্দ্রনাথ 'ঘরে বাইরে' উপন্যাসটি লিখলেন।

বাঙালি হিন্দু অনাত্মীয় পরিচিত পুরুষদের নামের পরে বাবু যোগ করার প্রথা আছে। অনেক হিন্দু বাঙালি অবশ্য পরস্পরের সঙ্গে মিঃ বোস কিংবা মিঃ চ্যাটার্জি বলে সম্বোধন করেন—কিন্তু সেটাকে সংস্কৃতির বিকৃতি ছাড়া আর কী বলা যায়? মুসলমানদের সঙ্গে অবশ্য অনেক সময় আমরা বাধ্য হয়েই মিঃ আতাহার বা মিঃ রহমান বলি, ইউরোপীয়দের সঙ্গে করমর্দনের মতন। মুসলমানদের সঙ্গে বাবু যুক্ত হয় না। এক্ষেত্রে সাধারণ কোনও সম্বোধনের কথা ভাবা যায় না যা হিন্দু-মুসলমান সবার ক্ষেত্রে প্রযোজ্য? মুসলমানদের

নামের সঙ্গে অনেক সময় সাহেব যোগ করে ডাকার রেওয়াজ আছে—যেমন রহমান সাহেব বা আতাহার সাহেব। কিন্তু আবু সয়ীদ আইয়ুব-এর মতন বিদগ্ধ ব্যক্তি একবার জানিয়েছিলেন যে তিনি 'আইয়ুব সাহেব'—এরকম সম্বোধন পছন্দ করেন না এবং বাঙালি মুসলমানের নামের সঙ্গে সাহেব যোগ করার কোনও যুক্তি নেই। বাংলাদেশে অনেকে ভাই যোগ করেন, যেমন রহমানভাই, আতাহারভাই। শুনেছি এক সময় বাঙালি ব্রাহ্মণরাও এরকম করতেন। তবে ভাই বলতে বয়সে বড়দেরই বোঝায়, সমবয়সি বা কিছুটা ছোটদের ক্ষেত্রে কী হয়?

পোশাকের দিক থেকে হিন্দু-মুসলমাদের বিশেষ কোনও গরমিল নেই। পাজামা-পাঞ্জাবি বাঙালি হিন্দুদের মধ্যেও বেশ প্রচলিত। অনেকেই বাড়িতে লুঙ্গি পরেন। তবে, লুঙ্গি পরে বাইরে যাতায়াত করার মতন রেওয়াজ ক্রমশই কমে যাচ্ছে হিন্দুদের মধ্যে। আবার, বাঙালি মুসলমান সাধারণত ধুতি পরেন না। সে যাই হোক, ধুতির ব্যবহার তো প্রায় উঠেই যাচ্ছে। মুসলমান ও হিন্দুদের লুঙ্গিতেও কিছু তফাত আছে। মুসলমানরা ব্যবহার করে চেক লুঙ্গি, হিন্দুদের লুঙ্গি এক রঙা। হিন্দু-মুসলমান নির্বিশেষে সব ছেলে ছোকরা, চাকরিজীবী ও ব্যবসায়ীরা শার্ট-প্যান্টালুন পরে। চাষি মজুর ও নিম্নবিত্ত মানুষের মধ্যে মুসলমানরা শুধু লুঙ্গি ও হিন্দুরা হেটো ধুতি ব্যবহার করে। কিন্তু অর্থনীতির চাপে পিষ্ট গরীব মানুষরা পোশাক-আশাকের তফাতের মতন ছোটখাটো ব্যাপার নিয়ে মাথা ঘামাবার সময়ই পায় না। এবং শিক্ষিত সমাজের ছোঁয়া তাদের মধ্যে আস্তে আস্তে আসবেই। আজ থেকে পাঁচ কি দশ বছর বাদে, যদি বাংলাদেশের এবং পশ্চিম বাংলার চাষিদের খাটো প্যান্ট পরে চাষবাস করতে দেখা যায়, তাতে আশ্চর্য হওয়ার কিছু নেই। কারণ সেটাই সস্তা ও সুবিধাজনক। ভিয়েতনামের গরিব চাষিরাও তাই পরে।

আমার নিবেদন, দেশের সুধী ব্যক্তিরা এইসব ছোটখাটো ব্যাপার নিয়ে একটু ভাবুন। এ কথা অবশ্য ঠিক, মুষ্টিমেয় কয়েকজন মিলে ঠিক করে দিলেই যে দেশের বিরাট সংখ্যক মানুষ রুচি ও আচার ব্যবহার পালটে ফেলবে, তার কোনও মানে নেই। কিন্তু ইতিহাসের কোনও কোনও আবেগময় মুহূর্তে এরকম ঘটে যায়। এখন সেইরকম সময়—এটা যেন আমরা চিনতে ভুল না করি। এখন মিলনের ইচ্ছা আন্তরিক।

আর একটা ব্যাপারে পশ্চিমবঙ্গের দায়িত্ব আছে। সাধারণত শিক্ষিত

বাঙালি মুসলমান মাত্রই কিছু কিছু রামায়ণ-মহাভারত ও রাধাকৃষ্ণ বিষয়ক গান ইত্যাদির কথা জানেন। কারণ কাব্য সাহিত্যে এসবের বহুল ব্যবহার। কিন্তু অনেক শিক্ষিত হিন্দু বাঙালিও কোরান হাদিস বিষয়ে সম্পূর্ণ অজ্ঞ। অনেকে সুফি-দরবেশের জীবনী, এমনকী বিষাদ সিন্ধুর মতন অমর গ্রন্থেরও খোঁজ রাখেন না। এ জন্য, পশ্চিম বাংলার প্রাথমিক শিক্ষার স্তর থেকেই স্কুল পাঠ্য পুস্তকেই এসব বিষয়ে কিছু কিছু রচনা অবশ্য থাকা দরকার। এবং এই সিদ্ধান্ত নিতে হবে অবিলম্বে, নইলে ইতিহাসের এই মূল্যবান সন্ধিক্ষণটি অবহেলা করে আমরা আর একবার অন্ধত্বের পরিচয় দেব।

পাশাপাশি এসে দাঁড়ানোই বড় কথা

প্রতিবেশী রাষ্ট্র বাংলাদেশে বন্ধু-বান্ধবের মুখে প্রায়ই একটা আলোচনা শুনি। এখন সেই স্বাধীন দেশের মানুষরা বাঙালি না বাংলাদেশি? বাংলা ভাষা ও বাঙালি সংস্কৃতির উত্তরাধিকারের দাবিতেই পূর্ব পাকিস্তানে আন্দোলন শুরু হয়েছিল। স্বাধীনতার দাবি উঠেছে অনেক পরে, তখনও আলাদা রাষ্ট্রটির নাম ঠিক ছিল না। একাত্তরের মার্চ মাসে বঙ্গবন্ধু শেখ মুজিব তাঁর শেষ বক্তৃতায় বলেছিলেন, জয় বাংলা!

রাষ্ট্রের নামেই দেশের নাগরিকদের নাম হয়। বাংলাদেশ নামই প্রতিষ্ঠিত হয়ে যাবার পর সে দেশের নাগরিকরা দেশ-বিদেশে বাংলাদেশি নামেই পরিচিত হয়ে উঠছে। তবে কি তারা আর বাঙালি থাকছে না? কিংবা বাঙালি আর বাংলাদেশি কি সমার্থক নয়? এ বিতর্কের এখনও মীমাংসা হয়নি।

স্বাধীনতার আগেই অখণ্ড বাংলার একটি অংশের চলতি নাম ছিল পূর্ব বাংলা, যা পরবর্তীকালে হয় পূর্ব পাকিস্তান। পূর্ব থাকলেই পশ্চিম-এর বাস্তব অস্তিত্ব থাকে। পূর্ব অদৃশ্য হয়ে গেলে পশ্চিমবঙ্গ নামটা কৃত্রিম হয়ে পড়ে। এতদিন সেই কৃত্রিম নামটাই চলে আসছিল। কেউ কেউ বলছেন, ইতিহাস রক্ষার প্রয়োজনেই পশ্চিমবঙ্গ নামটা টিকিয়ে রাখা দরকার, তাতে বঙ্গ ব্যবচ্ছেদের ইতিহাস বিধৃত থাকবে! এ কেমন ধরনের ছেঁদো ইতিহাস? ইতিহাসের কারণে প্রতিবেশী রাষ্ট্রটির নাম তো 'পূর্ব বাংলাদেশ' নয়! দু-টুকরো

হয়ে যাওয়া ভারতের নামও তো নয় 'খণ্ড ভারত'! দুই রাষ্ট্রের অন্তর্ভুক্ত পাঞ্জাবও শুধুই পাঞ্জাব। ইতিহাস রক্ষার দায় শুধু পশ্চিমবঙ্গের?

এতদিন পশ্চিমবঙ্গ নাম বজায় থাকলেও এ-রাজ্যের মানুষ কিন্তু পশ্চিমবঙ্গী হয়নি। বাইরেও সবাই বাঙালি বলে। ইংরেজিতেও শুধুই বেঙ্গলি। তার ফলে আমাদের জাতি-পরিচয় বদলাবার প্রশ্ন নেই। বাঙালিদের এই রাজ্যটির নাম বাংলা হওয়াই স্বাভাবিক।

স্বাধীনতার পরই, কংগ্রেসি আমল থেকেই এ-রাজ্যের প্রতি কেন্দ্রের 'বিমাতৃসুলভ ব্যবহার,' এই শব্দবন্ধে আমরা অভ্যস্ত। খণ্ডিত পাঞ্জাব কেন্দ্রের কাছ থেকে যতটা সাহায্য পেয়েছে, খণ্ডিত বাংলা পেয়েছে তেমনই বঞ্চনা। বাঙালি উদ্বাস্তুদের প্রতি ব্যবহারে মানবতার কোনও চিহ্ন ছিল না। শরণার্থী সমস্যা আমাদের আজও ঘোচেনি। সেরকম কোনও তেজ-সম্পন্ন বাঙালি নেতা কেন্দ্রীয় সরকারে স্থান পাননি, যাঁরা গিয়েছেন, তাঁরা বাংলা তথা পশ্চিম বাংলার উন্নতি সম্পর্কে বিশেষ উচ্চবাচ্য করেননি, পাছে তাঁদের গায়ে প্রাদেশিকতার ছাপ পড়ে। বিরোধী পক্ষ গলা ফাটিয়েছেন, কেন্দ্রে এবং রাজ্যে। তারপর কয়েকবার সরকার বদল হয়েছে, অবস্থা বিশেষ বদলায়নি। আমাদের দেশের রাজনৈতিক দলগুলিতে বড় বেশি রাজনীতি, শুধুই রাজনীতি, ভাষা-সংস্কৃতি-সামাজিক ব্যবহার সম্পর্কে স্পষ্ট কোনও নীতি নেই! আধখানা শতাব্দী পার হয়ে গেল, তবু নামমাত্র শিক্ষিতের হারও পঞ্চাশ শতাংশ পেরুল না, এর থেকে লজ্জার আর কী হতে পারে? অর্থনৈতিক দারিদ্র্যের চেয়ে শিক্ষার দারিদ্র্য কম মারাত্মক নয়। কিংবা এরা যে পরস্পরের পরিপূরক, তা আমরা আজও বুঝলাম না।

বাংলাদেশ বাংলা ভাষার স্থান করে দিয়েছে সারা বিশ্বে, সেখানে আমাদের স্থান কোথায়? আমরা যে বাংলা ভাষাকে ক্রমশ হারাতে বসেছি, সে বোধটাও কি আমরা হারিয়ে ফেলেছি? ভাষা-ভিত্তিক রাজ্য পুনর্গঠনের পর সব রাজ্যগুলিতেই সে রাজ্যের ভাষা বিশেষ গুরুত্ব পেয়েছে, শুধু পশ্চিম বাংলায় পায়নি। সব স্কুলে বাংলা পড়ানো বাধ্যতামূলক নয়, সে জন্য অনেক বাঙালি ছেলেমেয়েও আর বাংলা শেখে না। সরকারের সর্বস্তরে বাংলা ব্যবহার সম্পর্কে সরকারের পক্ষ থেকে অনেকবার স্তোকবাক্য দেওয়া হয়েছে, কাজের কাজ কিছুই হয়নি। বাংলা টাইপ রাইটার, বাংলা টাইপিস্ট-এর অভাব, এসব হাস্যকর অজুহাত। আসল কারণ, উদ্যোগের অভাব। আমাদের বিধানসভাতেও নাকি অনেক বাঙালি সদস্য ইংরেজিতে বাগাড়ম্বর করেন। ইংরেজি জানে না,

কিংবা ইংরেজি কম জানে, এ বলে অনেককে আড়ালে হেয় করার চেষ্টা এখনও চলে। ইংরেজিতে দিগ্‌গজ হলেও কি বাংলা জানতে নেই? ইংরেজি তো শিখতেই হবে, তা বলে বাংলা ভুলব কেন? কিংবা মাতৃভাষার মর্যাদা সম্পর্কে সচেতন থাকব না কেন? খুবই দুঃখের বিষয়, আমাদের পশ্চিম বাংলার তিনজন দীর্ঘকালীন মুখ্যমন্ত্রী, বিধানচন্দ্র রায়, সিদ্ধার্থশঙ্কর রায় এবং জ্যোতিবসু এঁদের মধ্যে বহুরকম বৈপরীত্য এবং অমিল থাকলেও একটি বিষয়ে মিল আছে, এঁরা কেউ কখনও বাংলায় এক কলমও লেখেননি। ব্যক্তিগত চিঠিও বাংলায় লিখেছেন কি না সন্দেহ!

বিপ্লবের মাধ্যমে সমাজ পরিবর্তন না হলে লোকের রাস্তায় দাঁড়িয়ে যেখানে সেখানে পেচ্ছাপ করাও বন্ধ করা যাবে না, এক সময় এই ছিল মূল উপপাদ্য। বিপ্লবও হল না, রাস্তায় যত্রতত্র পেচ্ছাপও চলতে লাগল, এই হয়েছে এখনকার অবস্থা। বিপ্লবের বরাদ্দ দিয়ে অনেকে নাকে তেল দিয়ে ঘুমিয়েছে, অনেকে বহুরকম দায়িত্ব এড়িয়ে গেছে। কোন ধরনের সমাজ পরিবর্তনের জন্য বিপ্লব, এখন এই প্রশ্নটাই একটা সাংঘাতিক ধাঁধা। তাই চট করে এখন আর কেউ বিপ্লবের কথা মুখে আনে না। তার ফলে চলছে চরম অরাজকতা। আন্তর্জাতিকতাবাদের বন্দনা করতে করতে আমরা নিজেদের জাতিসত্তা হারাতে বসেছি।

বাংলা ভাষা ও সংস্কৃতি যে এখন সবদিক থেকে সঙ্কুচিত হয়ে আসছে, তা অনেক বাঙালিও দিব্যি মেনে নিয়েছে। যেন এটাই ভবিতব্য। কেউ কিছু প্রতিবাদ বা দাবি তুললে এরাই 'শিবসেনা', 'আমরা বাঙালি', 'ফ্যাসিস্ত' এইসব গালাগালি ছুঁড়ে দেয়, এর কারণ কী? কোনও কিছুই বদলাবার দরকার নেই, যেমন চলছে তেমনই চলুক, এরকম কথাও তারা বলে, অনেক কলকারখানা বন্ধ, অর্থনৈতিক অবস্থা অবনতির দিকে, সুতরাং বাংলা ভাষা ও সংস্কৃতিও ডুবে যাক, শেষ হয়ে যাক, এরকম স্থূল কথা বলতেও তাদের মুখে আটকায় না। আবার প্রশ্ন করছি, এর কারণ কী? ইংরেজদের কাছে মীরজাফর, জগৎশেঠ, রায়দুর্লভরা যেমনভাবে বাংলার স্বাধীনতা বিক্রি করে দিয়েছিল, এ-যুগের এরাও কী সেরকম কোনও শক্তির স্বার্থে বাংলাকে বিকৃত করতে চাইছে। তা হলে যে ধরে নিতে হয়, সেরকম কোনও শক্তি আবার বাংলা সাংস্কৃতিক স্বাধীনতা হরণ করতে চাইছে। তামিলনাড়ুতে রাজনৈতিক দলগুলি অন্য সব বিষয়ে নিজেদের মধ্যে খেয়োখেয়ি করে, কিন্তু তামিল ভাষা মর্যাদার প্রশ্নে সকলেই সমস্বরে একই দাবি জানায়। কোনও বিরুদ্ধে কণ্ঠস্বর ধ্বনিত হয় না। এবং

তামিল ভাষা-সংস্কৃতির স্বাধীনতা হরণ করার মতো সাহসও কোনও বহিঃশক্তির নেই!

একটা কিছু করতে হবে। তার প্রথম প্রয়াস, মাথা ঝাঁকানি দিয়ে উঠে দাঁড়ানো। আচার্য প্রফুল্লচন্দ্র বাঙালিকে ব্যবসায়ে নামতে প্রবৃত্ত করেছিলেন। উৎসাহের সঙ্গে নেমেও পড়েছিলেন অনেকে। তাঁদের বংশধররা সেসব রক্ষা করতে পারেনি। এখন যদি আবার সেরকম একজন আচার্য প্রফুল্লচন্দ্র নাও পাওয়া যায়, সমবেতভাবে কিছু বিজ্ঞানী ও প্রযুক্তিবিদ বাংলার শিল্প-বাণিজ্যকে উজ্জীবিত করতে পারেন। সেই জন্যই তো তৈরি হয়েছে নগজাগরণ মঞ্চ। অনেক বাধা তো আসবেই, ভেতর ও বাইরে থেকে। বাঙালির একটা অস্ত্র আছে, নিষ্কর্মাদের বিদ্রূপ, তাও বর্ষিত হবে যথেষ্ট, রাঘববোয়ালদের স্বার্থে ঘা পড়লে তারা ধারালো দাঁত দেখাবে, সে সবের বিরুদ্ধে যদি আমরা শক্ত হয়ে দাঁড়াতে না পারি, তা হলে বেঁচে থাকার মানে কী?

আচার্য প্রফুল্লচন্দ্রের সঙ্গে রবীন্দ্রনাথের চিঠিপত্রের বিনিময় হয়েছিল রাজশেখর বসুকে কেন্দ্র করে। রাজশেখর বসু বিজ্ঞানী হয়েও চলে এসেছিলেন সাহিত্যের অঙ্গনে। ব্যবসা-বাণিজ্য, বিজ্ঞানচর্চার অবশ্যই প্রয়োজন আছে, তা বলে সাহিত্য অবহেলিত হবে কেন? নিজের বিশাল কাঁধে বাংলা সাহিত্য-সঙ্গীত-শিল্পকে টেনে নিয়ে যাচ্ছিলেন রবীন্দ্রনাথ, কিন্তু তারও তো সঙ্গীসাথীর প্রয়োজন ছিল। অসাধারণ কৌতুকরসের গল্পগুলি ছাড়াও রামায়ণ-মহাভারতের সারানুবাদ ও গীতার প্রাঞ্জল অনুবাদ করে রাজশেখর বসু বাংলার কী উপকারই না করে গেছেন! এখন আর রবীন্দ্রনাথকে পাওয়া যাবে না, সব যুগে ওরকম মানুষ আসে না। কিন্তু ছোট ছোট মাটির প্রদীপ তো আছে অনেক। পাশাপাশি অনেক প্রদীপ জ্বললেও কম আলো হয় না।

পাশাপাশি এসে দাঁড়ানোটাই বড় কথা!

বাংলাদেশের সঙ্গে আমার নাড়ির টান

বাংলাদেশের সঙ্গে আমার নাড়ির টান আছে। আমি সেখানেই জন্মেছি। অফিসে আমার টেবিলের বাঁ-পাশে লেখা আছে 'আই লাভ বাংলাদেশ'। দেশভাগ হওয়ার পর আমি ৪৮ সালে একবার মাত্র আমার জন্মস্থানে গিয়েছিলাম। ওদেশে অনেকবার গিয়েছি, যেখানে জন্মেছি তার পাশ দিয়েও গিয়েছি। কিন্তু ঠিক জন্মস্থানের জায়গায় যাবার আমার কোনও ইচ্ছে নেই। জানি সেই জায়গাটার অনেক পরিবর্তন হয়ে গেছে। আমাদের বাড়িঘর কিছু নেই। সব ভেঙে গেছে অথবা ভেঙে ফেলা হয়েছে। পুরোনো যেসব স্মৃতি আছে, যে চিত্রটা আমার মনে আছে, সেগুলো এখন আর কিছুই দেখতে পাব না। আমি চাই আমার পুরোনো স্মৃতির চিত্রটাই মনের মধ্যে থাকুক।

বাংলাদেশের মানুষের অতিথি বাৎসল্য একটু বাড়াবাড়ি রকমের বেশি। ওখানে গেলে আমার খেয়ে খেয়ে প্রায় মরে যাবার উপক্রম হয়। কাজেই একটু আতিথ্যটা কম করলেই ভালো হয়, অন্তত খাওয়ানোটা একটু কম করলে ভালো হয়। তবে ওখানে গেলে সবসময়ই মনে হয় নিজের লোকের মধ্যে এসেছি। কারুর কারুর কাছ থেকে এমন ব্যবহার পাই—এমন বন্ধুর মতো আত্মীয়র মতো যে মনে হয় পৃথিবীতে অন্য কোনও জায়গার বদলে বাংলাদেশটাই আমার সবচেয়ে আপন জায়গা।

বাল্যকালে কাটানো বাংলাদেশের কিছু কিছু স্মৃতি এখনও আমার মধ্যে

রয়ে গেছে। 'অর্জুন' উপন্যাসে কিংবা 'পূর্ব-পশ্চিম' উপন্যাসে বাংলাদেশের প্রকৃতি অনেকখানি এসেছে। বিশেষ করে নদীগুলোর কথা আছে। বাংলাদেশের এইসব বর্ণনা আমার সাম্প্রতিক অভিজ্ঞতার বদলে কৈশোর স্মৃতি বা বাল্যস্মৃতি থেকে উঠে আসে। 'একা এবং কয়েকজন' উপন্যাসেও বাংলাদেশের প্রসঙ্গ অনেকখানি আছে।

বাংলাদেশ নামে যে রাষ্ট্রটির ২৫ বছর পূর্ণ হল, সেই রাষ্ট্রটি সম্পর্কে আমি ভীষণ ভাবে আগ্রহী। ওখানকার ঘটনাপ্রবাহ আমি সবসময় লক্ষ রাখি, নিজে যাই, নিজের চোখে দেখি। আমি মনে করি বাংলাদেশের ভবিষ্যতের দিকেই তাকানো উচিত, অতীতের দিকে তাকানোর কোনও যুক্তি নেই।

এটা নিশ্চয়ই আমাদের কাছে গর্বের বিষয় যে এখন বাংলাদেশ রাষ্ট্রপুঞ্জের বাংলা ভাষায় বক্তৃতা দিতে পারে এবং বাংলা বিশ্বে একটা স্বীকৃত ভাষা হয়েছে। এটা বাংলাদেশের জন্যই সম্ভব হয়েছে। তবে বাংলাদেশে এখনও অনেক লোকে অকারণে ইংরিজিতে কথা বলে। যে সময় উৎসব হয় তখন অনেকেই পাজামা পাঞ্জাবি পরে বাঙালি সাজে কিন্তু অন্যসময় স্যুট্-বুট পড়ে, জিন্স পড়ে। তখন আর অতটা বাঙালি থাকে না। পশ্চিমী আকর্ষণের প্রভাব বাংলাদেশেও আছে তবে সব মিলিয়ে বাংলাদেশে বাংলা ভাষার ব্যবহার অনেক বেশি, এটাই খুব আনন্দের কথা।

বাংলাদেশের মানুষের একটা অভিযোগ আছে যে এখানকার লেখকদের লেখা ওঁরা বেশি পড়ে কিন্তু সে তুলনায় এখানকার পাঠক ওদের লেখা পড়েন কম। কথাটা অনেকটাই সত্যি। তবে এর পেছনে অনেকগুলো কারণও আছে। বাংলাদেশে এখনও কিন্তু লেখকের সংখ্যা বেশি নয়। বাংলাদেশের জনসংখ্যা বেশি, পাঠক বেশি সেই তুলনায় গল্প-উপন্যাস লেখকের সংখ্যা এখনও কম। দু-একজন সেখানে খুবই জনপ্রিয় হয়েছে কিন্তু হিসেব করলে দেখা যাবে যে তাদের সংখ্যা তুলনায় কম। পশ্চিম বাংলার যেহেতু একটা অনেকদিনের ঐতিহ্য রয়েছে, এখানে গল্প-উপন্যাসের চর্চা খুব বেশি হয়। ওখানকার পাঠকদের যে একটা ক্ষুধা আছে সেটা ওখানকার সাহিত্য দিয়ে মেটানো যায় না বলে এখানকার লেখা ওরা পড়ে। কবিতার দিক থেকে অবশ্য বাংলাদেশ বেশ উন্নত। বাংলাদেশে বহু কবিতা লেখা হয়, কবির সংখ্যাও অনেক। অনেকেই পশ্চিম বাংলায় ওদের কবিতা পাঠ করেন। বাংলাদেশের অনেক কবিই পশ্চিম বাংলায় বেশ জনপ্রিয়। এখন দু-দেশের আদানপ্রদান অনেকটা সহজ হয়ে এসেছ বলে

যাওয়া আসা হয়। বাংলাদেশের কবিদের কবিতার বইও এখানে ছাপা হচ্ছে। বাংলাদেশের কিছু কিছু উপন্যাস লেখকের বইও এখানে ছাপা হতে শুরু হয়েছে। তাঁরা ইদানীং বেশ জনপ্রিয়ও হচ্ছেন।

বাংলাদেশের রাজনৈতিক উত্থান-পতন আমাদের তুলনায় অনেক বেশি হয়েছে। প্রথম কথা একটা অত্যন্ত রক্তাক্ত এবং ভয়ঙ্কর যুদ্ধের মধ্যে দিয়ে ওই দেশের জন্ম, তার পরেও বিভিন্ন সময় ওখানে রাষ্ট্রনায়করা খুন হয়েছেন, সামরিক অভ্যুত্থান হয়েছে। গণতন্ত্র বিপন্ন হয়েছে। সেই সবসময় ওখানে অন্যান্য মানুষদের মতন শিল্পীরাও এগিয়ে এসেছেন তাঁদের কণ্ঠস্বর দিয়ে প্রতিবাদ করতে। সুতরাং বাংলাদেশের কবিতার মধ্যে এই প্রতিবাদী সুরটা বেশি করে ফুটে উঠেছে। প্রতিবাদ করতে গেলে গলাটা একটু উচ্চকণ্ঠ হয়ে যায়। সে জন্যই বাংলাদেশের কবিতার মধ্যে একটু উচ্চকণ্ঠ টের পাওয়া যায়। একটু বেশি মাত্রায় আবেগও রয়েছে। সে তুলনায় পশ্চিমবঙ্গে এত বেশি উত্থান পতন ঘটেনি। পশ্চিম বাংলায় একদিকে যেমন ভাষা শিল্পের চর্চাটা বেশি হয়েছে আবার তেমনি হয়তো অনেকে যাঁরা মার্কসবাদে বিশ্বাসী তাঁরা তা নিয়েও কিছু কবিতা লিখেছেন তাঁদের কবিতার মধ্যেও উচ্চকণ্ঠ এসেছে। তবে পশ্চিম বাংলার কবিতার মূল সুরটা কিন্তু শিল্পের সূক্ষতার সাধনার দিকেই বেশি।

বাংলাদেশ সম্পর্কে বলতে গেলে তসলিমা প্রসঙ্গ এসেই যায়। তসলিমা একটি সাহসী মেয়ে। তাঁর ঝকঝকে গদ্য ভাষা দিয়ে সে নারী নির্যাতন বা ধর্মের নামে মানবিকতা কোথায় কোথায় বিচ্যুত হয়, তা নিয়ে খুব তীক্ষ্ণ ভাষায় লিখেছিলেন। সে কারণে একটা আলোড়নের সৃষ্টি হয়। কিন্তু দুঃখের বিষয় তসলিমা শিল্প সাহিত্য চর্চা করবার খুব একটা সময় পাননি। মাত্র কয়েক বছরেই তাঁর সাহিত্য জীবনে বিরাট পরিবর্তন ঘটে যায়।

অনেক বাধার সম্মুখীন হতে হয় এবং শেষ পর্যন্ত দেশত্যাগ করতে হয়। দুর্ভাগ্যের বিষয়, বাড়িতে বসে নিবিড়ভাবে সাহিত্যচর্চা করার সুযোগ থেকে তসলিমা বঞ্চিত হয়েছে। আপাতত আমি বাংলাদেশে দেখি তসলিমা সম্পর্কে সকলেই নিরুত্তাপ, কেউ কোনও কথাই বলতে চায় না। যেন অনেকেই তাঁকে ভুলে গেছে।

বাংলাদেশের সঙ্গে যেহেতু আমার নাড়ির টান আছে তাই তুচ্ছ তুচ্ছ কারণে যখন আমাদের মধ্যে ভুল বোঝাবুঝির সৃষ্টি হয় তখন তা আমার খুবই

খারাপ লাগে। গঙ্গার জলের ওপর সকলেরই অধিকার আছে। বাংলাদেশের মধ্যে দিয়ে যখন পদ্মা প্রবাহিত হচ্ছে তখন যদি সেখানে জল কম পড়ে তবে আমাদের তো জল দিতেই হবে। আবার কলকাতা বন্দরকেও বাঁচাতে হবে। এবারে যে চুক্তি হয়েছে তা অনেকটা যেন দু-দেশের পক্ষেই সুবিধাজনক শর্ত। সুতরাং আমার মনে হয় ভুল বোঝাবুঝির অবসান হবে। গঙ্গা দিয়ে অনেক জল বইবে। ওঁরা পানি নেবে আমরা জল নেব এবং আদানপ্রদানটা আরও বেশি বাড়বে।

ধনসম্পদ গেছে, মানসম্মানও যেতে বসেছে

ভারতবর্ষের মধ্যে যখন আমি ঘুরে বেড়াই, তখন কিন্তু আমি ভারতীয় না, বাঙালি। ক্রিকেট টেস্ট কিংবা পাকিস্তানের সঙ্গে যুদ্ধের সময়টুকু বাদ দিলে, দেশের সমস্ত মানুষকে আমরা দু-ভাগে ভাগ করে রাখি, বাঙালি ও অবাঙালি। আমরা সবাই ভারতীয় হই বিদেশে গিয়ে, যখন পাসপোর্ট দেখাতে হয়।

তাও পুরো ভারতীয় নয়, আধা। অর্থাৎ বিদেশিদের কাছে ভারতীয় বলে নিজেদের পরিচয় দিই, কিন্তু অন্য কোনও ভারতীয়ের সঙ্গে দেখা হলে প্রথমেই মনে মনে অনুধাবন করি, লোকটি কি গুজরাতি, না পাঞ্জাবি, না মহারাষ্ট্রীয়? ভারত-মানচিত্রের তলার অংশের মানুষদের কখনও পূর্ণ ভারতীয় হতে দেওয়া হয় না, তারা সাউথ ইন্ডিয়ান! বিদেশের বড় বড় শহরে, যেখানে প্রচুর ভারতীয়ের বসতি, সেখানেও পঞ্জাবি, গুজরাতি, মালয়ালি, বাঙালিরা আলাদা আলাদা গোষ্ঠীতে বিভক্ত, সামাজিক মেলামেশা ওই গোষ্ঠীর মধ্যেই প্রধানত আবদ্ধ। সবাইকে মেলাবার কিছু কিছু চেষ্টা হয়েছে, তেমন সার্থক হয়নি।

এই দেশটাই এরকম। এতগুলি জোরালো ভাষা, তাই ভাষাভিত্তিক জন-গোষ্ঠী স্বাতন্ত্র্য বজায় রাখবেই। আবার সবাই আলগা ভাবে ভারতীয়। এই বিচিত্র অবস্থাটি অন্য অনেক দেশেরই নেই। যেমন চিনের সঙ্গে এ দেশের ঠিক তুলনা চলে না। সে দেশে নব্বই শতাংশ মানুষ এক ভাষাতে কথা বলে, সেখানেও

কিছু কিছু গোষ্ঠী আছে বটে, কিন্তু ভাষা-বিভেদ নেই, খাদ্য-অভ্যাসও প্রায় একইরকম।

আমরা বাঙালি সংস্কৃতির কথা বলি, আবার আমরা ভারতীয় সংস্কৃতিও উত্তরাধিকারী। চণ্ডীদাস-ভারতচন্দ্র আমাদের কবি, কালিদাস-জয়দেবও কি নন? রামায়ণ-মহাভারতে বাংলার উল্লেখ প্রায় নেই-ই বলতে গেলে, তবু ওই দুটি মহাগ্রন্থ আমাদের জীবনের সঙ্গে আষ্টেপৃষ্টে জড়িয়ে আছে। আবার বাংলা ভাষার তীব্র টানে, আমরা অন্য কোনও ভারতীয় ভাষাকে গ্রহণ করতে পারিনি। শুধু হিন্দু বাঙালি নয়, বাঙালি মুসলমানদেরও জোর করে ধরানো যায়নি উর্দু জবান। দেশ ভাগের অনেক আগে, বাংলার অ্যাসেমব্লিতে মুসলমান সদস্যরাই প্রথম বাংলায় বক্তব্য প্রকাশের দাবি তোলেন।

বাঙালি কে? বাংলা ভাষায় যে কথা বলে, সে-ই বাঙালি। যেমন অ্যান্টনি কবিয়াল, যেমন সখারাম গণেশ দেউস্কর, যেমন আবু সয়ীদ আইয়ুব। বাঙালি পরিবারে জন্মেও যারা বাংলা ভাষা শেখে না, তাদের আর বাঙালি বলে গণ্য করা ঠিক নয়। ইদানীং দেখা যাচ্ছে, কলকাতাতেও কিছু নারী-পুরুষ ইংরেজির মোহে আকৃষ্ট হয়ে বাংলা ভাষা একেবারেই ব্যবহার করে না, তাদের বাঙালি সমাজ থেকে নাম কেটে দেওয়া উচিত। তারা মধ্যবর্তী কোথাও ঝুলে থাকুক। কিংবা ট্যাস ফিরিঙ্গি হতে চায় হোক।

আগেকার বঙ্গদেশ দু-খণ্ড হয়ে এক অংশ স্বাধীন রাষ্ট্র হয়েছে বটে, কিন্তু ভারতস্থিত পশ্চিম বাংলার মানুষদের বাংলা ভাষার সূত্রেই বাঙালি হিসাবে পরিচিতি।

নানান ঐতিহাসিক কারণে দেড় শতাব্দী ধরে এই বাঙালিদের মধ্যে একটা উচ্চম্মন্যতা এসে গিয়েছিল। সে কারণগুলি আর বিশদ করে বলার দরকার নেই। রাজনীতি আর সাহিত্যে বাঙালিরা অন্য ভারতীয় জনগোষ্ঠী থেকে অনেকখানি এগিয়ে ছিল। ১৯০৫-এর বঙ্গভঙ্গ আন্দোলনেই এ-দেশে প্রকাশ্য গণ-আন্দোলনের শুরু। সর্বভারতীয় কংগ্রেস পার্টিতে অনেকদিন পর্যন্ত ছিল বাঙালিদেরই আধিপত্য। পরে বোমা-বন্দুকের বিপ্লবের মহড়াতেও বাঙালিরা অগ্রণী। শিক্ষক-চিকিৎসক-উকিল-কেরানি উৎপাদনেও বঙ্গভূমি ছিল খুবই উর্বর। এইসব কারণে বাঙালিরা অন্য প্রদেশে বা অন্য রাজ্যে গিয়ে সেখানকার মানুষদের দিকে নীচু চোখে তাকাত। অন্য প্রদেশের মানুষদের ডাকা হত অবজ্ঞাসূচক নামে। খোট্টা, মেড়ো, উড়ে, আসামী, পাঁইয়া, বাঁধাকপি ইত্যাদি শব্দগুলি শুধু মুখে মুখে নয়, ছাপার অক্ষরেও দেখা গেছে।

এই উচ্চমন্মন্যতা থেকে আসে এক ধরনের ফাঁকা আত্মম্ভরিতা। অন্য প্রদেশের মানুষদের ভাষা, সংস্কৃতি সম্বন্ধে কিছু জানার চেষ্টা না করে অবহেলা ভরে উড়িয়ে দেওয়া হত। তৎকালীন বাঙালিরা চিন্তাও করেনি যে অবজ্ঞার প্রত্যুত্তরে অবজ্ঞাই ফিরে আসে, তারপর ক্রোধ ও ঘৃণা। হয়েছিলও তাই। এক সময় শিক্ষিত বুদ্ধিজীবী বাঙালির সংখ্যাধিক্যের জন্য অন্য প্রদেশের মানুষরা তাদের দিকে প্রথমে শ্রদ্ধার দৃষ্টিতে তাকাত। কিছুটা হীনম্মন্যতাও ছিল। তারপর তা রূপান্তরিত হয় ক্রমান্বয়ে অবজ্ঞা, ক্রোধ ও ঘৃণায়।

বাঙালি ও মহারাষ্ট্রীয়রা উচ্চশিক্ষা ও আধুনিক শিক্ষার সুযোগ পেয়েছিল আগে, কিন্তু কিছু পরে পরে অন্য জনগোষ্ঠীও যে সেই সুযোগ পাবে, এটাই তো স্বাভাবিক। তারাও জেগে উঠবে। কোথাও কোথাও তারা বাঙালি ও মহারাষ্ট্রীয়দের থেকেও এগিয়ে যাবে, বাঙালিরা তা বোঝেনি বা বুঝতে চায়নি। স্বাধীনতার পরে চিত্রটি সম্পূর্ণ বদলে যায়। দেশ বিভাগের চরম আঘাতে পশ্চিম বাংলা এমনই বিপর্যস্ত হয়ে পড়ে যে মেরুদাঁড়া ভাঙা প্রাণীর মতন অগ্রগতি রুদ্ধ হয়ে যায়। স্বাধীনতার পঞ্চাশ বছরের মধ্যে আর একটি বাঙালিও সর্বভারতীয় কংগ্রেস দলের সভাপতি হতে পারেনি। এমনকী সে দাবি পর্যন্ত তোলা যায়নি। বস্তুত সুভাষচন্দ্রের পর ওই পদের দাবিদার হওয়ার যোগ্যও কেউ নেই। বিধানচন্দ্র রায়ের পর বাংলার কংগ্রেসি নেতাদের ভূমিকা শুধু দিল্লির নেতাদের পদলেহী ও চাটুকারের। সর্বভারতীয় রাজনীতিতে বাঙালিদের স্থান হয়ে গেল নগণ্য, অর্থনীতিতেও অত্যন্ত হীনবল। প্রতিবাদী শক্তি হিসাবে বামপন্থীরা সংগঠিত হয়ে শক্তি বৃদ্ধি করায় তবু খানিকটা সমীহ আদায় করে নিয়েছে।

এখন বাঙালির ধনসম্পদ তো গেছেই, মানসম্মানও যেতে বসেছে। সর্বত্র শোনা যায়, বাঙালির আর কিছু নেই, যে সাহিত্য-সংস্কৃতি নিয়ে বাঙালির এত গর্ব ছিল, তাও নেমে গেছে অনেক নীচে। এর কিছুটা চেষ্টাকৃত প্রচার। এই চেষ্টার মূলে আছে কিছুটা প্রতিশোধ স্পৃহা। তবু এই অবনমন কতখানি সত্য, তাও তো বিচার করে দেখতে হবে। সব দিকগুলি নিয়ে বলার অধিকার আমার নেই, সাহিত্য সম্পর্কে কিছুটা জানি, অন্য প্রধান ভাষাগুলির সাম্প্রতিক সাহিত্যের গতি-প্রকৃতি বিষয়ে কিছুটা খোঁজ খবর রাখি।

এক সময়ে, ধরা যাক স্বাধীনতার আগেকার মোটামুটি আশি বছরে, অন্যান্য ভারতীয় ভাষার তুলনায় বাংলা সাহিত্য যে অতি দ্রুত অনেক উন্নত হয়েছিল, তাতে কোনও সন্দেহ নেই। সবক'টি ভাষাতেই প্রথম দিকের

ঔপন্যাসিকরা বঙ্কিমচন্দ্রের কাছে ঋণী। আমাদের সৌভাগ্য এই যে গদ্য সাহিত্য শুরুর সময়েই বঙ্কিমচন্দ্রের মতন একজন বড় মাপের প্রতিভাবান লেখক কলম ধরেছিলেন। প্রথম থেকেই তিনি উঁচু তারে বেঁধে দিয়েছিলেন কথাসাহিত্য। তা অন্যান্য আঞ্চলিক লেখকদের প্রভাবিত করেছে। নোবেল প্রাইজ পাওয়ার আগে রবীন্দ্রনাথের সর্বভারতীয় পরিচিতি ছিল খুবই সীমিত। স্বামী বিবেকানন্দের শিকাগো জয়ের মতনই, সাহেবদের দেশ থেকে রবীন্দ্রনাথের এত বড় পুরস্কার প্রাপ্তিতে সারা ভারতের দৃষ্টি তাঁর দিকে আকৃষ্ট হয়। তারপর থেকে তিনি বিশ্বকবি, সুতরাং সারা ভারতের শ্রেষ্ঠ কবি হিসাবে তো স্বীকৃতি পাবেনই। কিন্তু গান বাদ দিলে রবীন্দ্রনাথের মহিমা অনেকখানি কমে যায়, অন্য ভাষায় রবীন্দ্রসঙ্গীতের রস ঠিক মতন পাওয়া যায় না, রবীন্দ্রনাথের গল্প-উপন্যাস-কবিতা অন্য সব ভাষায় অনুদিত হলেও শুধু উচ্চশিক্ষিতদের কাছেই আদৃত হয়েছে, জনসাধারণের কাছে পৌঁছোয় না। রবীন্দ্রনাথের নাম যতখানি শ্রদ্ধেয়, তাঁর রচনা ততখানি পঠিত নয়।

সেই কৃতিত্বের অধিকারী শরৎচন্দ্র। কোনও বড় পুরস্কারই পাননি তিনি, শুধু গল্প নির্মাণের কুশলতায় এবং সাধারণ মানুষের জীবনের প্রতিচ্ছবি ফুটিয়ে তোলায় তিনি সর্বশ্রেণির মানুষের মন জয় করে নিয়েছেন। ভারতের এমন কোনও ভাষা নেই, যেখানে শরৎচন্দ্রের রচনা এখনও আগ্রহের সঙ্গে পঠিত হয় না। অনেক ভাষার সাধারণ পাঠকরা জানেই না যে শরৎচন্দ্র একজন বাঙালি, মনে করে তাদেরই ভাষার লেখক। অনুবাদে চট্টোপাধ্যায় পদবিটা বাদ দেওয়া হয়। আমি কিছু কিছু গুজরাতি পাঠকের মুখে শুনেছি যে, তাদের ধারণা শরৎচন্দর একজন গুজরাতি লেখক।

কিন্তু তারপর? অন্য ভাষার তুলনায় বাংলা সাহিত্য অধঃপাতে গেছে? কিছু কিছু বাঙালি এখনও আত্মম্ভরি, অর্ধশিক্ষিত এবং ফাঁকা দাম্ভিকতায় পূর্ণ। তারা গায়ের জোরে বলতে চায় বাংলা সাহিত্য এখনও শ্রেষ্ঠ! কিন্তু গায়ের জোরে বললেই বা তা মানছে কে? বঙ্কিম-রবীন্দ্রনাথ-শরৎচন্দ্র-নজরুলের গৌরব নিয়ে আর কতদিন ধুয়ে খাওয়া হবে, পরবর্তী বাংলা সাহিত্যের সঙ্গে সমসাময়িক অন্য ভাষার সাহিত্যের তুলনা তো করতেই হবে। কুরুতুলুন হায়দার, নির্মল ভার্মা, কৃষ্ণা সোপতি, এম টি বাসুদেবন নায়ার, ইউ আর অনন্তমূর্তির মতন শক্তিশালী লেখকদের সঙ্গে বাঙালি পাঠকদের পরিচিতি নেই। গোপালকৃষ্ণ আডিগার মতন কবির রচনা কজন পড়েছে? মলয়ালম সাহিত্য, হিন্দি সাহিত্য বহু অনুবাদে সমৃদ্ধ। সেই তুলনায় বাংলায় প্রায় কিছুই অনুবাদ

হয় না অন্য ভারতীয় সাহিত্যের। অন্যান্য ভাষার উন্নতি সম্পর্কে অজ্ঞ বাঙালি এখনও বাস করছে মূর্খের স্বর্গে।

এহ বাহ্য। এর পরেও বলা যায় যে জীবনানন্দ দাশের মতন সম্পূর্ণ মৌলিক স্টাইলের স্রষ্টা কোনও কবি এখনও কোনও ভারতীয় ভাষায় নেই। জীবনানন্দ দাশ একাই যেভাবে বাংলা কবিতার রূপান্তর ঘটিয়ে দিয়েছেন, তেমন প্রতিভা অন্য ভাষায় আসেনি। তারাশঙ্কর, বিভূতিভূষণ ও মানিক বন্দ্যোপাধ্যায়ের সমকক্ষ ঔপন্যাসিক এখনও অন্য ভাষায় খুঁজে পাওয়া দুষ্কর। এঁদের মধ্যে মানিক বন্দ্যোপাধ্যায়ই বাংলার বাইরে সবচেয়ে কম পরিচিত, কিন্তু যাঁরা পড়েছেন, তাঁদের মুগ্ধ বিস্ময়ের খবর জানি। সতীনাথ ভাদুড়ির 'ঢোঁড়াই চরিত মানস'-এর তুল্য উপন্যাস অন্য ভাষায় লেখা হয়নি আজও। ফণীশ্বরনাথ রেণু-র প্রসিদ্ধ উপন্যাস 'ময়লা আঁচল'-এ সতীনাথের প্রভাব আছে। রেণুজি তা স্বীকার করেও গেছেন। কমলকুমার মজুমদারের ভাষারীতি এমনই যা অনুবাদ করা প্রায় অসাধ্য ব্যাপার। যেমন জেম্‌স জয়েসের 'ফিনেগান্‌স ওয়েক' অনুবাদ করা যায় না। কিন্তু অন্য ভারতীয় ভাষায় আমি এমন কোনও উপন্যাসের কথা শুনিনি, যা অনুবাদ করা দুঃসাধ্য।

আমার সমসাময়িক বাঙালি লেখকদের সঙ্গে অন্যান্য ভারতীয় ভাষায় সাম্প্রতিক সাহিত্যের প্রতিতুলনা থেকে আমি বিরত হলাম। কেন না, তাতে হয়তো আমারও আত্মম্ভরিতা প্রকাশ পেয়ে যেতে পারে!

পশ্চিমবঙ্গে বাংলা চাইছি, আনন্দবাজারের আপত্তি কেন?

ভাষা-শহিদ-স্মারক সমিতির পক্ষ থেকে লেখক-বুদ্ধিজীবীদের একটি প্রতিনিধি দল সম্প্রতি বাংলা ভাষা প্রসারের জন্য রাজ্য সরকারের সাময়িকভারপ্রাপ্ত মুখ্যমন্ত্রী বুদ্ধদেব ভট্টাচার্যের কাছে অনেকগুলি দাবি জানাতে গিয়েছিলেন। বিভিন্ন সংবাদপত্রে প্রকাশতি হয়েছে তার পরস্পরবিরোধী ও ভ্রান্ত প্রতিবেদন। আনন্দবাজার পত্রিকাতেও ১৪ জ্যৈষ্ঠ দ্বিতীয় সম্পাদকীয়তে প্রচুর বিদ্রূপ বর্ষিত হয়েছে সেই প্রতিনিধি দলের প্রতি। অবশ্য রচনাটির শিরোনাম 'আ মরি বাংলা ভাষা' দেখে ঠিক বোঝা যায় না, বিদ্রূপ ওই প্রতিনিধিদলের প্রতি, না বাংলা ভাষার উদ্দেশে। এবং 'মড়াকান্না', 'পাগলের প্রলাপ' এই ধরনের ভাষা ব্যবহার দেখলে মনে হয়, যুক্তি যখন দুর্বল তখনই মানুষ গালিগালাজ অবলম্বন করে; আমি অবশ্য তার প্রত্যুত্তর দেব না, প্রতিনিধিদলের অন্যতম সদস্য হিসেবে ভ্রান্তিগুলি সংশোধনের চেষ্টা করব।

আনন্দবাজারের পক্ষ থেকে মূল দাবিগুলি অনুধাবন করা হয়নি, জানতেও চাওয়া হয়নি। মূল দাবি শুধু কলকাতার নাম পরিবর্তন বা মোটর গাড়ির নাম্বার প্লেট বদল ইত্যাদি নয়, মূল দাবি এই রাজ্যের সর্বস্তরে বাংলা ভাষার ব্যবহার। তা নিয়ে বাংলা ভাষার সবচেয়ে জনপ্রিয় দৈনিকের কী আপত্তি থাকতে পারে! সংবিধান অনুযায়ী ইংরেজি ও হিন্দি ভারত সরকারের

যোগাযোগের ভাষা, রাজ্যগুলির প্রধান ভাষা জাতীয় ভাষা বা ন্যাশলান ল্যাঙ্গুয়েজ হিসেবে স্বীকৃত, কিন্তু কার্যত হিন্দিকে রাজভাষা হিসেবে প্রচার করা হচ্ছে, সেজন্য কেন্দ্রীয় সরকার ব্যয় করছেন বহু কোটি টাকা। বাংলা ভাষা ভারতের দ্বিতীয় সংখ্যাগরিষ্ঠ ভাষা, তার জন্য কেন্দ্রীয় সরকারের কোনও মাথা ব্যথা নেই, অন্যান্য জাতীয় ভাষাগুলিই বা বঞ্চিত হবে কেন? এই ব্যাপারে রাজ্য সরকারের পক্ষ থেকে কেন্দ্রীয় সরকারের ওপর চাপ সৃষ্টি করাই আমাদের প্রধান দাবি।

এই রাজ্যে সরকারি কাজকর্মে বাংলাভাষা ব্যবহারের সিদ্ধান্ত আগেই নেওয়া হয়ে গেছে, আমরা চেয়েছি তার প্রয়োগ ত্বরান্বিত করতে। পশ্চিমবঙ্গ ও নাগাল্যান্ড ব্যতীত, ভারতের সবক'টি রাজ্যে বিদ্যালয় স্তরে রাজ্যের ভাষা পঠন পাঠন আবশ্যিক। অর্থাৎ তামিলনাড়ু বা মহারাষ্ট্রে যদি বাঙালি ছেলেমেয়েরা পড়াশুনো করে, তাদের তামিল বা মরাঠি ভাষা পড়তেই হবে। সেই জন্যই আমরা চেয়েছি, পশ্চিম বাংলাতেও অন্তত অষ্টম শ্রেণি পর্যন্ত বাংলা শিক্ষা অবিলম্বে বাধ্যতামূলক করা হোক। শুধু সরকারি নয়, বে-সরকারি, ইংলিশ মিডিয়াম, হিন্দি মিডিয়াম, সব স্কুলে। এত কাল এই ব্যাপারে আমরা অবহেলা করেছি বলে অনেক বাঙালির সন্তানও ইংলিশ বা হিন্দি মিডিয়াম নেয়, বাংলা পড়ে না। দিল্লি-মুম্বই-চেন্নাইয়ের দ্বিতীয় প্রজন্মের বাঙালি ছেলেমেয়েরা বাংলা লিখতে পড়তে শেখে না। আমরা কি ক্রমাগত বাঙালির সংখ্যা হারাতেই থাকব? অন্য রাজ্য থেকে জীবিকা বা অন্যান্য প্রয়োজনে যাঁরা পশ্চিম বাংলায় বসবাস করবেন, তাঁদের ছেলেমেয়েরা বাংলা শিখবে, বাংলা সংস্কৃতির সঙ্গে কিছুটা পরিচিত হবে, এ দাবি কি অস্বাভাবিক? অনেকে স্বেচ্ছায়ও বাংলা শেখেন। যাঁরা বাংলা জানেন, তাঁরাই বাঙালি, ঘোষ-বোস-চট্টোপাধ্যায়-মুখোপাধ্যায় হওয়ার দরকার নেই। পাণ্ডে-দুবে-বাজপেয়ী-নায়ারও বাঙালি হতে পারেন।

সম্পাদকীয়তে লেখা হয়েছে, আমরা দূরদর্শনে হিন্দি অনুষ্ঠান বাতিল করতে চেয়েছি। এটাকে মিথ্যে বললে কম বলা হয়, এমন কথা আমরা উচ্চারণই করিনি, আমরা অন্য কোনও ভাষার বিরোধী নই, আমরা চেয়েছি, একটি পূর্ণাঙ্গ রুচিসম্মত, বাংলা অনুষ্ঠানের চ্যানেল চালু করতে। যেমন ইন্টারনেটে ইংরেজিতে বাঙালিদের যে কুৎসা রটনা চলছে অশ্লীল ভাষায়, তার জবাব আমরা দিতে চাই না, কেন না মনোরোগীরাই ওরকম ভাষা ব্যবহার করে, কিন্তু ইন্টারনেটে বাংলার সুস্থ সংস্কৃতির পরিচয়মূলক একটি নতুন জানলা খোলার উদ্যোগ নেব না কেন? কলকাতার রাস্তায় অধিকাংশ হোর্ডিং

সাইনবোর্ড ইংরেজি বা হিন্দি ভাষায়, তা থাক না, আমাদের দাবি শুধু বাংলা অক্ষরও তাতে জুড়ে দিতে হবে। কলকাতা কসমোপলিটন শহরই থাকুক, কিন্তু এ শহর যে পশ্চিম বাংলার রাজধানী, এ পরিচয় একেবারে মুছে যেতে দেব না কিছুতেই!

ক্যালকাটার বদলে কলকাতা, আর ওয়েস্ট বেঙ্গলের বদলে পশ্চিমবঙ্গ, এই পরিবর্তনের দাবিতে যাঁরা শিবসেনার গন্ধ পান, তাঁরা হীনম্মন্যতায় ভুগছেন। চেন্নাই, তিরুবন্তিপুরম, ভাদোদারা, এমনকী ঘরের কাছে গৌহাটির বদলে গুয়াহাটি, এইসব পরিবর্তনের পেছনেও বুঝি শিবসেনা রয়েছে? কলকাতা নামের ইতিহাস নিয়ে অনেক বিতর্ক ও কচকচি আছে, সে ব্যাপারে আমিও নেহাত কম জানি না, কিন্তু সে সবের মধ্যে যেতে চাই না। ইংরেজরা নাম দিয়েছে ক্যালকাটা, গত আড়াইশো বছর ধরে বাঙালিরা বলে কলকাতা, এখন সর্বত্র বাংলায় কলকাতাই লেখা হয়, অবাঙালিরাও বলে কলকাত্তা, একমাত্র দিশি সাহেবরাই বলে 'খ্যালখাটা'! যে নামে আমরা এই শহরটাকে ডাকি, ইংরেজিতেও সেই নামটা লিখতে পারব না কেন? একই শহরের দুরকম নাম বজায় রাখার কী যুক্তি থাকতে পারে? আর কোথাও আছে নাকি? পশ্চিমবঙ্গের নাম পরিবর্তনের প্রসঙ্গ উঠলেই অনেকে মাথা ঝাড়া দেন। বঙ্গ, বঙ্গদেশ, বঙ্গভূমি, গৌড় ইত্যাদি নিয়ে নানা মুনির নানা মত, তাই আমরা নাম পরিবর্তনের ঝামেলায় যেতে চাই না, শুধু দাবি করেছি, পশ্চিমবঙ্গ নামটির ইংরেজি অনুবাদ অপ্রয়োজনীয়। মধ্যপ্রদেশ, উত্তরপ্রদেশ, রাজস্থান, হিমাচল প্রদেশ যদি ইংরেজি হরফে লেখা যেতে পারে তা হলে পশ্চিমবঙ্গই বা যাবে না কেন? এর পরেও যাঁরা 'ওয়েস্ট বেঙ্গল' বজায় রাখার পক্ষপাতী, আমি তাঁদের দাস মনোভাবসম্পন্ন বলতে বাধ্য। আর যাঁরা বলেন, যেমন আছে তেমনই থাক না, বদলাবার দরকার কী, তাঁদের জানাতে চাই যে, যা বদলায় না তা ক্রমশই ক্ষয় পায়, সেই ক্ষয় রোগই আমাদের পেয়ে বসেছে। কেউ কেউ বলেন, এ-রাজ্যে এত বেকার, শিল্প-বাণিজ্যের এত দুর্দশা, সেই সব সমস্যা দূর না করে বাংলা ভাষা নিয়ে মাতামাতি করার কী আছে? যাঁরা এই কথা বলেন, তাঁরা ওই সব বড় বড় সমস্যা দূর করার জন্য নিজেরা কিছু করছেন কি! যদি করতে চান, করুন না। দেশে বেকার সমস্যা আছে বলে ভাষার অবমাননা সহ্য করে যেতে হবে? আমরা যদি বলি, বাংলা না জানলে এ-রাজ্যে কারুকে চাকরি দেওয়া চলবে না, সেটা কি মূল মূল সমস্যাকেও খানিকটা ছুঁয়ে যায় না?

এই দাবিগুলি মুষ্টিমেয় কিছু লোকের হঠাৎ খেয়ালপ্রসূতও নয়। একটি সংস্থা গঠন করে এক বছর আগে, বাংলা ভাষার জন্য যাঁরা প্রাণ দিয়েছেন ঢাকা ও শিলচরে, তাঁদের স্মরণে সুরেন্দ্রনাথ পার্কে একটি শ্বেত পাথরের শহিদ বেদি প্রতিষ্ঠিত হয়েছে। অদূরে স্থাপিত হয়েছে খোলা মঞ্চ, লালন মঞ্চ নামে, যেখানে প্রতি শনিবার বাংলার কিছু কিছু লুপ্তপ্রায় সংস্কৃতি, যেমন জারি গান, সারি গান, কবির লড়াই, জেলেপাড়ার সং, রায় বেঁশে ইত্যাদি পুনরুদ্ধারের চেষ্টা চলছে। তারই পরবর্তী কার্যক্রম বাংলা ভাষার প্রসার ও সমৃদ্ধির জন্য সর্বাত্মক আন্দোলন। মিউজিয়ামের আশুতোষ শতবার্ষিকী হলে বহু বিশিষ্ট ও বিদ্বজ্জনের সমাবেশে এই দাবিগুলি আলোচিত ও গৃহীত হয়েছে। পশ্চিম বাংলার অনেক সংস্থা এই দাবিগুলির সঙ্গে একমত। এর মধ্যে রাজনৈতিক দলগুলিরও কোনও ভেদাভেদ নেই।

না, শুধু আবেদন নিবেদনের পর্যায়েই এই দাবি থেমে থাকবে না। অষ্টম শ্রেণি পর্যন্ত বাংলা শিক্ষা বাধ্যতামূলক করার জন্য প্রয়োজন হলে আমরা পথে নামব। ইংরেজি পত্রিকাগুলোতে যারা বাঙালিদের বং বলে সম্বোধন করে, সেইসব পত্রকারদের ঝুঁটি নেড়ে দিতে হবে। বাঙালি ছেলে-মেয়েরা যদি নিজেদের মধ্যে ইংরেজিতে কথা বলে তবে তারা হবে প্রকাশ্যে উপহাসের পাত্র। যেসব বাবা-মা সন্তানদের বাংলা শেখাতে অবহেলা করে, তাদের সামাজিকভাবে বয়কট করা দরকার। যে-কোনও দোকানে, অফিসে, ব্যাঙ্কে, হোটেলে বাংলায় প্রশ্ন করলে যদি উত্তর না পাওয়া যায়, তবে তাদের বোঝাতে হবে চোখরাঙানির ভাষা। অন্যান্য ক্ষেত্রে আরও কঠিন ব্যবস্থা।

ময়দানে প্রতিষ্ঠিত শহিদবেদি আমাদের এই কথাই স্মরণ করিয়ে দেয় যে বাংলা ভাষার মর্যাদা রক্ষার জন্য হয়তো এই পশ্চিম বাংলাতেও রক্ত দিতে হতে পারে। দল নির্বিশেষে বহু তরুণ-তরুণী যে তার জন্য প্রস্তুত হয়ে আছে, তাতে কোনও সন্দেহ নেই।

নাম বদলের সৎ প্রস্তাব তাতেই এত বিরুদ্ধ হইহল্লা?

এই রাজ্যের বিধানসভায় সর্বসম্মত ভাবে কলকাতার নাম ইংরেজি অক্ষরেও কলকাতা এবং রাজ্যের প্রচলিত নাম বাংলা ও ইংরেজি অক্ষরে বাংলা লেখার প্রস্তাব গৃহীত হওয়ায় গরিষ্ঠসংখ্যক মানুষ আনন্দিত। কিছু মানুষ ও প্রতিষ্ঠান বিরুদ্ধ মতও প্রকাশ করছেন। বিরুদ্ধ মত থাকতেই পারে, তা যুক্তিসম্মত হলে মাথা পেতে মেনেও নেওয়া যায়, কিন্তু যুক্তির বদলে তা বিদ্রূপ, আস্ফালন ও গালমন্দপূর্ণ হলে সেই সব বিরুদ্ধবাদীর উদ্দেশ্য সম্পর্কে সন্দেহ জাগে। কোনও একটি শক্তির ধামা ধরার সুর ফুটে ওঠে।

এ প্রস্তাবে সরকার পক্ষ ও বিরুদ্ধ দলের একমত হওয়াটা কোনও কোনও মহলের পছন্দ হয়নি। আশ্চর্য! যদি দাঙ্গাবিরোধী প্রস্তাব ওঠে, এমনকী হাসপাতালে ধূমপান নিষিদ্ধ করার প্রস্তাব ওঠে, তাতেও বিরুদ্ধ পক্ষ আপত্তি জানাবেন? তেমনই, যাতে রাজ্যের অধিকাংশ মানুষের আশা-আকাঙ্ক্ষা প্রতিফলিত, তাতে জনসাধারণের নির্বাচিত প্রতিনিধিদের একমত হওয়াই স্বাভাবিক। এতে রাজনীতি টেনে আনাটাই মূর্খামি। কোনও দল যদি বিধানসভায় সম্মতি জানিয়ে, পরে কারও উস্কানিতে পশ্চাদপসরণ করতে চান, তা বিশ্বাসঘাতকতারই নামান্তর। কোনও কোনও নেতা বা নেত্রী যদি বিরোধিতার জন্যই বিরোধিতা করে নির্বাচনী প্রচারে তা কাজে লাগাতে চান, তার ফল যথাসময়ে বুঝতে

পারবেন আশা করি। বাংলার জনমানস এখনও আত্মসম্মানবোধ হারায়নি।

বাংলা ভাষা-সংস্কৃতির মর্যাদা রক্ষার দাবিতে কোনও রাজনীতি নেই। এই দাবি যে গরিষ্ঠ সংখ্যক মানুষের, তাতেও সন্দেহ নেই। বিশেষ বিশেষ পল্লিতে সমীক্ষা চালিয়ে বাংলা-বিরোধিতার চিত্র তুলে ধরাটা অসততারই নামান্তর। ভোটের সময় কারচুপির কথা আমরা জানি, সংবাদপত্রের জনমত সমীক্ষাতেও কি সেরকম কারচুপি শুরু হল? প্রথম যে প্রতিনিধিদলটি দাবিপত্র নিয়ে তৎকালীন অস্থায়ী মুখ্যমন্ত্রী শ্রীবুদ্ধদেব ভট্টাচার্যের সঙ্গে দেখা করেন, তাতে ছিলেন সর্বশ্রী কুমার রায়, অমলেন্দু দে, বিভাস চক্রবর্তী, উষা গঙ্গোপাধ্যায়, আজিজুল হক, বাঁধন দাস, অধৃষ্যকুমার, রতন বসু মজুমদার। এঁরা প্রত্যেকেই স্বক্ষেত্রে বিশিষ্ট, রাজনৈতিক মতামতে ভিন্ন কিংবা আমার মতন রাজনীতিনিরপেক্ষ। এঁরা ছাড়াও দাবিপত্রে স্বাক্ষর করেছেন, অরুণ মিত্র, হীরেন মুখোপাধ্যায়, সোমনাথ হোর, সুভাষ মুখোপাধ্যায়, ভি বালসারা, কণিকা বন্দ্যোপাধ্যায়, শঙ্খ ঘোষ, সুবিনয় রায়, মহাশ্বেতা দেবী, সৈয়দ মুস্তাফা সিরাজ, রামকুমার চট্টোপাধ্যায়, সৌমিত্র চট্টোপাধ্যায়, হোসেনুর রহমান, শুভাপ্রসন্ন, যোগেন চৌধুরী, দিব্যেন্দু পালিত, অমিয় বাগচী, শ্রীনিরপেক্ষ, গৌতম ঘোষ প্রমুখ দুশো জন, বাংলা সংস্কৃতির শীর্ষে যাঁদের অবস্থান। তিন-চারজন মাত্র অতি বিশিষ্ট ব্যক্তি স্বাক্ষর করতে সম্মত হননি। ভাষা শহিদ স্মারক সমিতির পক্ষ থেকেও কলকাতা বিশ্ববিদ্যালয়ের দ্বারে, বাগবাজারে, গড়িয়াহাটে, বেহালায় পথসভা করে বোঝানো হয়েছে, অনেকে সাগ্রহে স্বাক্ষর করেছেন। শান্তিনিকেতন, নৈহাটি, হুগলি প্রভৃতি অঞ্চলে সংগৃহীত হয়েছে হাজার হাজার স্বাক্ষর, অনেক যুবকযুবতী এগিয়ে এসে বলছেন, বাংলা ভাষার জন্য স্বেচ্ছায় কিছু করতে চান। ভাষা-চেতনা সমিতি ও অন্যান্য সংগঠনও সমর্থকদের জড়ো করছেন। এই অজস্র মানুষের মতামতের মূল্য নেই? বাংলা ভাষা ও সংস্কৃতির ভবিষ্যৎ নির্ধারণ করবেন কিছু ইংরেজি-নবিশ? বাংলা শব্দটা শুনলেই যাঁদের কান্ট্রি লিকারের কথা মনে পড়ে, তাঁরা বাংলা ভাষাটাকেও হয়তো মনে করেন চাকরবাকরের ভাষা! মাইকেলি আমলের মতো। সেই আমল থেকে এঁরা কিছুই শিক্ষা গ্রহণ করেননি? ইংরেজির জামা গায়ে দিয়ে এখনও পরের কাছে ভিক্ষাবৃত্তি?

কেউ কেউ গুলিয়ে দেবার চেষ্টা করছেন যে বাংলা নিয়ে আন্দোলন মানেই ইংরেজি বর্জন। মোটেই তা নয়, আমরা বরং ইংরেজি শিক্ষার প্রসারের পক্ষে। বর্তমান পরিবেশে ইংরেজি শিক্ষায় অবহেলা আত্মহত্যার সমান। কিন্তু

ইংরেজিকে প্রাধান্য দিতে গিয়ে বাংলাকে অবহেলা করব কেন? জগদীশচন্দ্র বসু, সত্যেন্দ্রনাথ বসু, সত্যজিৎ রায়, অমর্ত্য সেন প্রমুখের দৃষ্টান্ত কি আমরা মনে রাখব না? এখন যে সব ইংরেজিওয়ালা বাংলাকে অশ্রদ্ধা করেন, তাঁরা আমাদের করুণার পাত্র! আমরা হিন্দিরও বিরোধী নই, অনেক হিন্দিভাষী আমাদের বন্ধু , আমরা হিন্দি সাহিত্যের অনুরাগী। কিন্তু বাংলা ভাষা-সংস্কৃতিকে হঠিয়ে পশ্চাৎ দ্বার দিয়ে হিন্দি চাপাবার চেষ্টা হলে প্রতিরোধ করতেই হবে।

এরকমও শোনা যাচ্ছে যে কলকাতা ও বাংলার নাম বদল করা এমন কী জরুরি ছিল, না করলে কী ক্ষতি হত? ঠিকই, পরিবর্তন না করলেও কোনও ক্ষতি ছিল না। পালটা প্রশ্নও করা যায়, পরিবর্তনেই বা ক্ষতি কী? এতে যদি বাঙালিদের অধিকারবোধের খানিকটা প্রশ্রয় দেওয়া হয়, অন্যদের আপত্তি কেন? এই মেট্রোপলিটানের অবাঙালি অধিবাসীদের গায়ে কি এতে ফোস্কা পড়বে? সর্বভারতীয় পত্রপত্রিকায় পরিবর্তন প্রস্তাবের প্রতিবাদের প্রাবল্য দেখে সন্দেহ হয়, বাঙালিদের এই অধিকারবোধটাই অনেকে কেড়ে নিতে চায়। এই অধিকার কাড়তে গেলে সংঘর্ষ অনিবার্য।

রাজ্য ও রাজধানীর ইংরেজি নাম বদল একটা প্রতীক মাত্র। বাংলা ভাষা ও সংস্কৃতির মর্যাদা বৃদ্ধির জন্য আরও অনেক ব্যবস্থা নিতে হবে। শুধু নাম বদলের প্রস্তাবেই এই হইচই, এত কটু-কাটব্য সত্যি বিস্ময়কর। আরও বিস্ময়কর, এর মধ্যে খেমকা নামে এক বিকৃতরুচি ব্যক্তির গ্রেফতারের ঘটনা জড়িয়ে ফেলা। সে ব্যক্তিটি ইন্টারনেটে বাংলার শ্রদ্ধেয় ব্যক্তিদের নামে অপপ্রচার করছিল। সেই কুৎসিত ভাষা যদি কেউ তারিয়ে তারিয়ে উপভোগ করতে চান করুন। আমরা তাকে শাস্তি দেবার কথা বলিনি। সে অবহেলার যোগ্য। কিন্তু জাতিবিদ্বেষ ছড়াবার দায়ে পুলিশ যদি তাকে গ্রেফতার করে, আইন তার নিজস্ব পথ নেবে, তা নিয়ে আমরা মাথা ঘামাতে যাব কেন? এই নিয়ে মত প্রকাশের স্বাধীনতা গেল গেল রব কতটা যুক্তিসঙ্গত? আদিরসাত্মক গালাগালি আর মত প্রকাশের স্বাধীনতাকে যাঁরা এক করে দেখতে চান দেখুন। সেই ব্যক্তিটির জামিন পাবার সংবাদ কোনও পত্রিকায় প্রথম পৃষ্ঠায় স্থান পায়, কোথাও পাঁচ কলম হেডিং! সংবাদটি এতই গুরুত্বপূর্ণ? সাংস্কৃতিক খবর দূরে থাক, দুর্ভিক্ষ বা বন্যার খবরও তো পাঁচ কলম পায় না! আর একটা কথা, কোনও পত্রিকায় যদি এই ব্যক্তিকে উপলক্ষ করে মতামত প্রকাশের স্বাধীনতার ব্যাপারে সম্পাদকীয়র পর সম্পাদকীয়তে (তাতে আবার ডিরোজিও-র নাম টেনে এনে তুলেনা, কী অপূর্ব ইতিহাস-জ্ঞান!) কুম্ভীরাশ্রু

ঝরানো হয়, অনাবশ্যক আক্রমণ করা হয় আমাদের, সেই পত্রিকাতেই কী করে খুশবন্ত সিংহ একটি বই বাজেয়াপ্ত করা ও লেখকের গ্রেফতার সমর্থন করেন? হরিন্দর সিংহ নামে এক লেখক 'ভ্যানিটি ইনকারনেট' নামে উপন্যাস লিখেছেন। তাতে পঞ্জাবের বিভিন্ন নেতা, বিশেষ করে শেষ দুজন শিখ গুরুর নামে কুৎসা করা হয়েছে এই অপবাদে বইটির সমস্ত কপি বাজেয়াপ্ত করে পুলিশ লেখককে জেলে দিয়েছে। খুশবন্ত লিখেছেন : I came to the sad conclusion that the Punjab government was right in confiscating all copies of the novel and taking the author in custody. (The Telegraph 26 July, '99). পঞ্জাবিদের বিরুদ্ধে গালাগাল শাস্তিযোগ্য, বাঙালিদের বিরুদ্ধে গালাগাল মত প্রকাশের স্বাধীনতা? নির্লজ্জ ডাব্‌ল স্ট্যান্ডার্ড আর কাকে বলে?

নাম বদলের প্রসঙ্গে অনেকে ইতিহাস নিয়ে টানাটানি করছেন। যেসব রাজনৈতিক নেতা দেওয়ালের লিখনও পড়তে পারেন না, তাঁরা যখন ইতিহাসের কথা আওড়ান, হাস্য সংবরণ করা দায় হয়। 'আইন-ই-আকবরি'-তে কলকাতার উল্লেখ বস্তাপচা তথ্য। কম্পানির ডেসপ্যাচ আর কলকাতা নামের ইতিহাস নিয়ে অনেক কচকচি হয়েছে, অনেকেই তা জানে, নতুন করে পণ্ডিতি ফলাবার সুযোগ নেই। ইতিহাস যাঁরা চর্চা করেন তাঁরা জানেন ইতিহাস কোনও অনড় অক্ষয় ব্যাপার নয়, বহু বার, বহুরকম পট পরিবর্তনেই ইতিহাসের আসল রোমাঞ্চ। ইতিহাস কথাটার মানেই 'যা ছিল', সেই যা ছিল'র সঙ্গে বর্তমানের অমিল থাকতেই পারে। বহু দেশে বহু নগরের নাম বারবার পরিবর্তিত হয়েছে, নতুন নাম থেকে পুরোনো নামে ফিরে যাওয়া হয়েছে। পশ্চিমবঙ্গ থেকে বাংলা, নতুন পরিবর্তনও নয়, পুরোনো একটা নামে ফিরে যাওয়া। আগে বাংলাদেশ বা বঙ্গদেশ নামে দেশ ছিল না, ভারতের অন্তর্গত প্রদেশটির নাম ছিল বাংলা বা বেঙ্গল। একাত্তরের পর বাংলাদেশ নামে স্বাধীন, সার্বভৌম দেশ প্রতিষ্ঠিত হয়েছে, বাকি অংশটির নাম বাংলা হওয়াই তো ইতিহাসসম্মত। আর, মানুষ ইতিহাস আঁকড়ে ধরে বাঁচে না, বর্তমানের বাস্তবতা নিয়ে বাঁচে। বাংলা নাম বর্তমানের দাবি। ইতিহাস অবলম্বন করে যাঁরা বিরুদ্ধ যুক্তি শানান, তাঁরা অনতি-অতীত ইতিহাসে ভুল করে ফেলেন। বর্তমান লেখক কখনও হাংরি জেনারেশনের সঙ্গে যুক্ত ছিলেন না, তাঁদের নীতির সমর্থকও ছিলেন না, শুধু হাংরি লেখকদের প্রতি পুলিশি নির্যাতনের প্রতিবাদ করেছিলেন; 'আত্মপ্রকাশ' উপন্যাস ১৯৬৩-তে প্রকাশিত হয়নি, ১৯৬৬-তে, এক প্রসিদ্ধ

ইতিহাসবিদ এই সামান্য বিষয়ে ভুল লিখেছেন, পরবর্তী বা যৌথ প্রতিবেদনে সংশোধনের চেষ্টা নেই। অপ্রাসঙ্গিক ভাবে কোনও লেখকের ছেলে আমেরিকায় থাকে সেই প্রসঙ্গ টেনে চরিত্রহননের মতন নীতিহীন সাংবাদিকতার মধ্যেও ইতিহাসের দোহাই দেখতে পাই।

একটি শেষ কথা বলি। আগের একটি লেখায় আমি বলেছিলাম যারা বাঙালিদের 'বংগ্‌স' বলে বিদ্রূপ করে, তাদের ঝুঁটি নেড়ে দেওয়া হবে। যাঁদের ভাষার সূক্ষ্মতা জ্ঞানের অভাব, তাঁরা ধরে নিয়েছেন, এতে বুঝি আমি হিংসার প্রশ্রয় দিয়েছি। ঝুঁটি নেড়ে দেওয়া মানে বাচ্চাদের সঙ্গে কৌতুকের মতন, এতে রাগারাগির কোনও ব্যাপার নেই। ঠিক আছে, 'ঝুঁটি নেড়ে দেওয়া' কথাটা প্রত্যাহার করছি, তার বদলে, বগলে কাতুকুতু দেওয়া হবে! এ বার রসিকতাটা বোঝা গেল তো? অনেকে কাতুকুতু না দিলে রসিকতা বোঝেন না। তবে চোখ রাঙানির ভাষা প্রত্যাহারে আমি রাজি নই। যারা বাংলা ভাষা ও সংস্কৃতির অপমান করবে, তাদের আমরা চোখ রাঙাবই। আমরা মানে কোটি কোটি বাঙালি।

রাকা রায় ওদিকে একলা লড়াই চালাবেন?

একটি কৌতুক-কাহিনি দিয়ে শুরু করি। গত বছর অক্টোবর মাসে কানাডার রাজধানী অটোয়া শহরে একটি আন্তর্জাতিক সাহিত্য উৎসবে আমন্ত্রিত হয়ে আমাকে যোগ দিতে হয়েছিল। 'আন্তর্জাতিক' নামে হলেও খুব বিশাল কিছু ব্যাপার নয়, সাত-আটটি ভাষার তিরিশ-পঁয়ত্রিশ জন লেখক-লেখিকা এসেছেন, স্থানীয়দেরই প্রাধান্য, সপ্তমবর্ষের এই উৎসবে ভারত থেকে এবছরও প্রথম দুজন লেখক ডাক পেয়েছেন।

আমাদের রাখা হয়েছে যে হোটেলে, তার একটি সুইট মিলন কেন্দ্র, লেখক-লেখিকারা সেখানে গিয়ে অন্যদের সঙ্গে আলাপ পরিচয় করতে পারেন, চা, কফি, লাল-সাদা সুরা ও স্যান্ডউইচ পাওয়া যাবে চব্বিশ ঘণ্টা। এক সন্ধ্যায় আড্ডায় যোগ দিতে গিয়ে বিচিত্র অভিজ্ঞতা হল। আমাকে কেউ চেনেন না সুতরাং আত্মপরিচয় দেবার জন্য আমাকে বলতে হল আমি একজন বাংলা ভাষার লেখক। অন্যদের মুখের রেখা দেখে আমার মনে হল, বাংলা ভাষাটার নামই এঁদের কাছে অপরিচিত। দু-একজন আমতা আমতা করে বললেন, স্যানসক্রিটের সঙ্গে বোধহয় কিছু সম্পর্ক আছে? তখন আমি বললাম, বাংলা ভাষায় রবীন্দ্রনাথ ঠাকুর নোবেল প্রাইজ পেয়েছিলেন, তোমরা কি রবীন্দ্রনাথের নাম শুনেছ? কয়েকজন মুখ ফিরিয়ে অন্য আলোচনায় ব্যস্ত হয়ে পড়লেন, আমার সামনাসামনি দু-তিন জন অপরাধীর মতন মুখ করে বললেন, তাঁরা

রবীন্দ্রনাথ ঠাকুর বিষয়ও কিছু জানেন না। এঁরা অবশ্য নোবেল প্রাইজকে তেমন গুরুত্বও দেন না!

পরদিন সেখানকার জাতীয় গ্রন্থাগারের মঞ্চে আমার কবিতা পাঠের জন্য বরাদ্দ ২০ মিনিটের মধ্যে অর্ধেক সময় কেটে নিয়ে আমি আমার পূর্বরাত্রির অভিজ্ঞতা ব্যক্ত করে জানালাম যে বাংলা সারা বিশ্বের প্রধান ভাষাগুলির মধ্যে চতুর্থ কিংবা পঞ্চম। প্রায় ২৫ কোটি মানুষের মাতৃভাষা, ইতালিয়ান বা ফ্রেঞ্চ বা জার্মান ভাষা এর ধারে কাছে আসে না, বাংলায় প্রচুর বই ছাপা হয়, বেশ কয়েকজন লেখকের সাহিত্য রচনাই জীবিকা, হুমায়ুন আহমেদ নামে একজন লেখকের উপন্যাস দু-মাসে পঞ্চাশ হাজার কপি বিক্রি হয়, ইংরেজিতেও এরকম লেখকের সংখ্যা অঙ্গুলিমেয়। রবীন্দ্রনাথ ঠাকুর শুধু কাব্যনাটক লিখেছেন তা নয়, সারা পৃথিবীর বহু সাধারণ মানুষকেও গভীর ভাবে আপ্লুত করেছিলেন একসময়। এখনও ইউরোপের কয়েকটি দেশে, বিশেষত পূর্ব ইউরোপে, রাশিয়ায়, চিনে ও জাপানে যথেষ্ট রবীন্দ্রচর্চা হয়। আমেরিকা ও কানাডার লেখকরাই দেখছি রবীন্দ্রনাথকে মনে রাখেননি।

আসল কৌতুকটি এর পরে। অনুষ্ঠান শেষে বাইরে দাঁড়িয়ে বিড়ি টানছি, একজন মধ্যবয়েসি মহিলা এসে বিনীত ভাবে বললেন, আমি এখানকার গ্রন্থাগারিক, রবীন্দ্রনাথ ঠাকুর সম্পর্কে আপনি আমাদের যে ভর্ৎসনা করলেন, তা হয়তো ঠিকই। আপনার কাছে একটা ব্যাপারে সাহায্য চাই, আমাদের এখানে কয়েকজন লেখকের ছবি আছে তার মধ্যে একজনকে আমরা ঠিক চিনতে পারি না, একটু এসে দেখবেন! লাইব্রেরির বড় হলঘরের এক দিকের সুউচ্চ কাঠের দেওয়ালে পরপর কয়েকজন বিশ্ববিখ্যাত লেখকের ছবি, তাঁদের মধ্যে শেষজন নিঃসন্দেহে রবীন্দ্রনাথ! অর্থাৎ রবীন্দ্রনাথ এখনও বিরাজমান, ওঁরা মনে রাখুন বা না-রাখুন।

আমরা বাংলাকে সারা বিশ্বের একটি প্রধান ভাষা বলে বড়াই করি, কিন্তু সারা বিশ্ব যে বাংলা ভাষা নিয়ে মাথাই ঘামায় না। চাইনিজ, ইংরেজি ও স্প্যানিশ-এর স্থান নির্দিষ্ট হয়ে আছে, চতুর্থ ও পঞ্চম স্থান হিন্দি এবং বাংলার, কোনও কোনও মতে বাংলা এবং হিন্দির। কিন্তু যারা এক বর্ণ চিনা ভাষা বোঝে না তারাও চিনা ভাষার নাম জানে। সে তুলনায় বাংলা ও হিন্দি সম্পর্কে অন্যান্য দেশের মানুষদের অজ্ঞতা সীমাহীন। যেহেতু ইন্ডিয়ান নামে কোনও ভাষা নেই তাই ইন্ডিয়া নামের দেশটির নিজস্ব ভাষা কী, তা অনেকেই বুঝতে পারে না। বেশির ভাগ দেশের নাম ও ভাষার নাম কাছাকাছি। একটি

দেশ অথচ বহু ভাষা, দক্ষিণের ভাষা উত্তরে কেউ বোঝেই না, এটাও তো খুব অদ্ভুত। চিনের এ সমস্যা নেই।

কিছু কিছু বিশ্বকোষ গ্রন্থে রবীন্দ্রনাথকে বলা হয়েছে 'হিন্দু' কবি। তাঁর মৌলিক রচনাগুলি কোন ভাষায় লেখা তার উল্লেখ থাকে না। রবীন্দ্রনাথ কোনও বাংলা বইয়ের জন্য নোবেল পুরস্কার পাননি, পেয়েছিলেন তাঁর নিজস্ব ইংরেজিতে লেখা 'গীতাঞ্জলি' কাব্যগ্রন্থের জন্য। ফরাসি, জার্মান তো বটেই, পোলিশ কিংবা চিনে ভাষায় রচিত গ্রন্থ নোবেল পুরস্কার পেতে পারে, সেগুলির ইংরেজি অনুবাদ নয়, কিন্তু সেই ভাবে বাংলা ভাষায় রচিত কোনও গ্রন্থ নোবেল পুরস্কারের জন্য বিবেচিত হওয়ার কোনও সম্ভাবনাই নেই।

বিপুল টাকা ছাড়া নোবেল পুরস্কারের তেমন সম্মান আর নেই। নির্বাচনে সাহিত্যমূল্য ছাড়াও অন্য অনেক কিছু বিবেচ্য। সুতরাং নোবেল পুরস্কার নিয়ে চিন্তা করার দরকার নেই। পুরস্কারের নিরিখে সাহিত্যের সুবিচার হতে পারে না। বাংলা ভাষা ও সাহিত্যের যে বিপুল ঐশ্বর্য আছে, সারা বিশ্বে তার পরিচয় ঘটানোই প্রকৃত প্রয়োজনীয়। এক সময় নানা দেশের বিশ্ববিদ্যালয়ে বাংলা ভাষা পড়াবার ব্যবস্থা ছিল, অনেকগুলিই উঠে গেছে, কোথাও কোথাও টিমটিম করছে। এই বিভাগগুলি চাঙ্গা করার জন্য কিছু ব্যবস্থা করতে পারে বাংলাদেশ ও ভারত সরকার। অর্থাভাব বা অস্থিরতা যে কারণেই হোক বাংলাদেশ সরকার এ দিকে মন দেয় না, আর ভারত সরকারের বাংলা নিয়ে কোনও মাথাব্যথা নেই। তাদের যাবতীয় উদ্যম অযৌক্তিকভাবে হিন্দি ভাষাতেই সীমাবদ্ধ।

এবারে এই লেখাটির প্রাসঙ্গিকতার কথা বলি। উত্তর আমেরিকার অনেক বিশ্ববিদ্যালয়ে বাংলা পড়ানো হয় বলে একটা ধারণা চালু আছে, কিন্তু সেটা নিতান্তই ভ্রান্ত। একমাত্র শিকাগো বিশ্ববিদ্যালয়ের দক্ষিণ-পূর্ব এশিয়া বিভাগে আছে বাংলা শাখা, জীবনানন্দ দাশের জীবনী রচয়িতা ক্লিন্টন সিলি-র অধীনে। ছাত্রছাত্রীর সংখ্যা ন'-দশ জন। আমি দেখে এসেছি বছর তিনেক আগে। অপর দু-তিনটি বিশ্ববিদ্যালয়ে এই বিভাগ আছে নামমাত্র। হয় সব সময়ের শিক্ষার্থী নেই, অথবা পূর্ণ সময়ের শিক্ষক নেই। আমেরিকার সবচেয়ে বিখ্যাত দুটি বিশ্ববিদ্যালয় বস্টন-এর হার্ভার্ড এবং বার্কলের ইউনিভার্সিটি অব ক্যালিফোর্নিয়া। এই দুটিতে অস্তিত্ব নেই বাংলা বিভাগের। যদিও এই দুটি বিশ্ববিদ্যালয়েরই দক্ষিণ এশিয়া বিভাগের প্রধানের দায়িত্বে আছেন দুজন বাঙালি, হার্ভার্ডে শ্রীসুগত বসু এবং বার্কলেতে শ্রীমতী রাকা রায়।

শ্রীসুগত বসু তাঁর বিভাগের কার্যক্রম নানাভাবে প্রসারিত করার জন্য উদ্যম নিয়েছেন শুনেছি। আমি এখানে বার্কলের কথা কিছু বলি। বার্কলেতে হিন্দি, সংস্কৃত, উর্দু, তামিল এবং পাঞ্জাবি ভাষাও পড়ানো হয়, কিন্তু বাংলা বাদ। সেজন্য সেখানকার চেয়ারপার্সন রাকা রায়ের মনোবেদনার শেষ নেই। রাকা কলকাতার লোরেটো কলেজে পড়া মেয়ে, তারপর পাড়ি দিয়েছেন আমেরিকায়, বাংলা ভাষা ও সাহিত্যের সঙ্গে অনেক বছর বিশেষ সংযোগ ছিল না। বিদেশেই অনেক সময়ে মাতৃভাষার প্রতি টান নতুন করে ফিরে আসে। পাঁচটি ভারতীয় ভাষা পড়ানো হয় অথচ বাংলা অবহেলিত, এটা শ্রীমতী রায় সহ্য করতে পারছেন না। এই গৌরবময় বিশ্ববিদ্যালয়ে বাংলাকে প্রতিষ্ঠিত করার জন্য তিনি দৃঢ়প্রতিজ্ঞ, একা চেষ্টা চালিয়ে যাচ্ছেন। ওঁর সঙ্গে কথা বলে মনে হল রাকা তাঁর মা ভারতী রায়ের (বিশিষ্ট গবেষক, এক সময়ে কলকাতা বিশ্ববিদ্যালয়ের সহ-উপাচার্য) মতনই জেদি।

ও দেশে বিশ্ববিদ্যালয়গুলির বিভিন্ন বিভাগ। গবেষণা চালাতে গেলে বাইরে থেকে টাকা আনতে হয়। বিভাগগুলি নানারকম স্পনসরশিপের উপরও নির্ভর করে। ক্যালিফোর্নিয়ার পঞ্জাবি এবং তামিল গোষ্ঠী নিজেদের উদ্যোগে অর্থ সংগ্রহ করে তাঁদের ভাষায় পঠন-পাঠন চালু রেখেছেন। ক্যালিফোর্নিয়া তথা গোটা আমেরিকায় ধনী বাঙালির অভাব নেই। কিন্তু তাঁরা বাংলা ভাষার মর্যাদা রক্ষার ব্যাপারে উদাসীন।

টরেন্টো বিশ্ববিদ্যালয়ের উদাহরণ প্রণিধানযোগ্য। সেখানকার এক সহৃদয় বাঙালি, স্ত্রী বিয়োগের পর ওই বিশ্ববিদ্যালয়ে বাংলা শিক্ষার জন্য বেশ কয়েক লক্ষ ডলার দান করেছেন। স্থানীয় বাঙালিরা আরও কিছু টাকাপয়সা জোগাড় করেছেন, ওই বিশ্ববিদ্যালয়ে দক্ষিণ-পূর্ব এশিয়া বিভাগে বাংলা ভাষা শিক্ষা ও সাহিত্য পাঠ চলছে পূর্ণ উদ্যমে। দু-বছর আগে উপস্থিত হয়েছিলাম সেখানকার ছাত্রছাত্রীদের সামনে। প্যারিসের সোরবন, লন্ডনের 'সোয়াস', পোল্যান্ডের বিশ্ববিদ্যালয়ে উপস্থিত থাকার সুযোগ আমার ঘটেছে। কোথাও টরেন্টোর মতন এত বেশি ছাত্রছাত্রী দেখিনি। উনিশ জন। (এঁদের মধ্যে সতেরো জনই বাংলাদেশি, দুজন ক্যারিবিয়ান মহিলা। ওই মহিলাদ্বয়কে আমি নিবেদন করেছিলাম, তাঁদের বাংলা শেখার আগ্রহের কারণ কী? ওঁরা বললেন, ওঁদের ঠাকুমা বা দিদিমা সম্ভবত বাঙালি ছিলেন, তাই শিকড় খুঁজতে এসেছেন। পশ্চিমবঙ্গীয় ছাত্রছাত্রী একজনও নেই। অথচ বাংলা বিভাগটি চাঙ্গা রাখতে যে স্থানীয় বাঙালিরা উৎসাহী ও সময় ব্যয় করছেন তাঁরা সবাই

পশ্চিমবঙ্গীয়। তাঁদের ছেলেমেয়েরা বাংলা শিখতে যায় না।)

তবে, প্যারিসে, পোল্যান্ডে, লন্ডনে, শিকাগো এবং নর্থ ক্যারোলাইনাতে যারা বাংলা শিখতে যায় তাদের অনেকেই অ-ভারতীয়, তথা প্রতীচ্যের। সেরকম ছাত্রছাত্রী কাম্য। বার্কলে ছাত্রমহলে একটা আন্তর্জাতিক আবহাওয়া বরাবরই থাকে। বিভিন্ন দেশের ছাত্রছাত্রীরা যদি বাংলা শিখতে আগ্রহী হয় তাতেই এই বিভাগের সার্থকতা। বাংলা শেখাটা নিতান্ত শখেরও নয়, এজন্য ক্রেডিটও পাওয়া যায়।

কিন্তু রাখা রায় কতদিন একা লড়াই চালাবেন? উত্তর আমেরিকায় প্রতি বছরই খুব ধুমধাম করে বঙ্গ সম্মেলন হয় বিভিন্ন শহরে। খরচ হয় লক্ষ লক্ষ ডলার। কিছু কি উদ্বৃত্ত হয় না, কিংবা বাঁচিয়ে রাখা যায় না কিছু অর্থ? বঙ্গ সম্মেলনের উদ্যোক্তারা কয়েকটি বিশ্ববিদ্যালয়ে বাংলা ক্লাস চালু করতে পারলে নিজেরাই গর্ব বোধ করবেন। বার্কলে থেকেই তা শুরু হতে পারে। দু-হাজর সালে প্রবাসী বাঙালিদের উদ্যোগে কলকাতায় হয়েছিল বিশ্ব বঙ্গ সম্মেলন। তখন বেশ কিছু অর্থ উদ্বৃত্ত হয়েছিল বলে শুনেছি। সেই অর্থে একটা কোনও স্থায়ী কাজ করা হবে এমন ঘোষণাও শোনা গিয়েছিল। কিন্তু হয়েছে কি? পশ্চিমবঙ্গেই লেখাপড়া শিখে অনেক রমণী ও পুরুষ বিদেশে গিয়ে জীবিকার্জনে বিশেষ সার্থক হয়েছেন, তাঁরা কি বাংলা ভাষা ও সংস্কৃতি প্রসারের জন্য কিছু কিছু সাহায্য করে কিঞ্চিৎ মাতৃঋণ শোধ করার কথা চিন্তা করতে পারেন না? তাঁদের কাছে এই আমার বিনীত আবেদন।

যত দূরেই যাই

বাঙালি কে? দ্বিখণ্ডিত বাংলার দু-দিকের মানুষজনই শুধু বাঙালি? ত্রিপুরা রাজ্যের গরিষ্ঠ সংখ্যক বাংলাভাষীরা তবে কী? কিংবা অসমের কাছাড় জেলায়, কিংবা বিহার, ওড়িশার কিছু অংশে, বারাণসী বা দিল্লিতে, এমনকী, ইউরোপ, আমেরিকায় ছড়িয়ে থাকা বঙ্গভাষীদের কী বলা হবে? অর্থাৎ বাংলা যার ভাষা, সে-ই বাঙালি হবার যোগ্য! কিন্তু, যাদের মাতৃভাষা বাংলা নয়, অথচ অনেক বাঙালির চেয়েও ভালো বাংলা জানেন, বাংলায় উল্লেখযোগ্য রচনা লিখেছেন, যেমন সখারাম গণেশ দেউস্কর, আবু সঈদ আইয়ুব, বসন্ত গোবিন্দ পোৎদার, আমাদের সহকর্মী বিক্রমণ নায়ার, তাঁদের কী বলা হবে?

বাঙালি হওয়া কি পুরুষানুক্রমের উত্তরাধিকার? ঠাকুরদা স্বদেশি আমলে জেল খেটেছেন, বাবা বিদেশে বসবাসকারী ধনাঢ্য চিকিৎসক, ছেলেমেয়েরা এক বর্ণ বাংলা জানেন না, এই তৃতীয় প্রজন্মও কি বাঙালি, না তাদের নাম কেটে দেওয়া হবে? শুধু বিদেশে কেন, এ দেশে, এমনকী কলকাতাতেও এই তৃতীয় প্রজন্ম দেখা যায়। অপর পক্ষে, যাঁদের আমরা অবাঙালি বলি পদবি দেখে, এই ভৌগোলিক সীমানাতেই আছেন কয়েক পুরুষ, এখন দিব্যি গড়গড়িয়ে বাংলা বলেন, তঁরা বাঙালি পদবাচ্য হবেন না?

পদবি দেখে বিচার করতে গেলে, মুসলমানদের তো পদবিই থাকে না। কলকাতা শহরের হিন্দুরা বিভিন্ন পেশায় অবাঙালি মুসলমানদের দেখে অভ্যস্ত

বলে হঠাৎ কোনও নবাগত মুসলমানকে দেখে বলে ফেলেন, ওই লোকটি মুসলমান, না বাঙালি? এই অবোধেরা জানেন না যে উভয় বঙ্গ মিলিয়ে বাংলাভাষীদের মধ্যে মুসলমানরাই অনেক বেশি সংখ্যাগরিষ্ঠ। ইতিহাসের দিক দিয়ে দেখতে গেলে, সুলতানি আমলেই প্রথমে বাংলা ভাষা দানা বেঁধে ওঠে। ব্রিটিশ আমলেও যখন শিক্ষিত হিন্দু বাঙালিরা ইংরেজিতে তুবড়ি ফাটাতেন, তখন বিধানসভায় মুসলমান সদস্যরাই প্রথম বাংলা ভাষায় ভাষণ দেবার দাবি তোলেন। তারপর তো পাকিস্তানি আমলে উনিশশো বাহান্ন সালের একুশে ফেব্রুয়ারির রক্তপাত। শিলচরেও বাংলার দাবিতে এগারো জন প্রাণ দিয়েছিলেন, কিন্তু সেই বাঙালিদের পশ্চিমবঙ্গবাসীরাও তেমন মনে রাখেনি।

বাঙালিরা সাধারণত বাক্যবাগীশ এবং নিরীহ ধরনের প্রানী হিসেবে পরিচিত। যদিও স্বাধীনতার যুদ্ধে সবচেয়ে বেশি সংখ্যক বাঙালি ঝাঁপিয়ে পড়েছে এবং আন্দামানে কারাদণ্ড ভোগ করেছে। পরবর্তীকালেও বাংলার তরুণরা স্বপ্ন দেখেছে সশস্ত্র বিপ্লবের এবং তার জন্য প্রাণ দিতে দ্বিধা করেনি। আবার, বাঙালির অজ্ঞতা ও আত্মম্ভরিতাও প্রচণ্ড। যেমন, তারা ঘোষণা করে, ক্ষুদিরামই ফাঁসির দড়িতে প্রথম শহিদ। প্রকৃত পক্ষে তার অনেক আগে মহারাষ্ট্রে ইংরেজকে হত্যা করে চাপেকররা তিন ভাই এক সঙ্গে ফাঁসির দড়িতে মৃত্যু বরণ করেছিলেন। বাঙালি জাতির চরিত্র বহু বৈপরীত্যে ভরা।

দৃশ্যপটে বাংলা ঃ প্রয়োজনে চাই ভাষা-পুলিশ

একুশে ফেব্রুয়ারি তারিখটি রাষ্ট্রপুঞ্জ থেকে, পৃথিবীর সব দেশেই মাতৃভাষা দিবস হিসেবে প্রতিবছর পালিত হবে, এরকম ঘোষণা করা হয়েছে। অর্থাৎ এই দিনটির তাৎপর্য শুধু বাংলা ভাষা-ভাষীদের মধ্যেই সীমাবদ্ধ নেই, এর আবেদন আন্তর্জাতিক।

কিন্তু মাতৃভাষা দিবস হিসেবে তারিখটি পালিত হবে কী ভাবে? শুধু নামকাওয়াস্তে দু-চারটি সরকারি কিংবা বে-সরকারি অনুষ্ঠান? মাতৃভাষা হিসেবে ঘোষণার মর্মই এই যে মাতৃভাষার বিশেষ পরিচর্যার দরকার। নিজের মাকে তাঁর জন্মদিনে শুধু একটি শাড়ি কিনে দেওয়া কিংবা কার্ড পাঠিয়েই দায়িত্ব স্খালন করা অমানবিকতারই নামান্তর। মা ও মাতৃভাষার স্বাস্থ্যরক্ষা এবং নিরন্তর পরিচর্যার প্রয়োজন।

এই পরিচর্যার দুটি দিক আছে। প্রথমত, ভাষা ও ব্যাকরণের বিশুদ্ধতা রক্ষা, নতুন নতুন আহরিত শব্দের স্বীকৃতি এবং অভিধানের আধুনিকীকরণ। দ্বিতীয়ত, ভাষার প্রসার ও বিস্তার। অনেক বছর ধরে আমাদের বাংলা ভাষা প্রসারিত হবার বদলে বরং সঙ্কুচিত হয়ে আসছে। অন্য ভাষার যে বহুসংখ্যক মানুষ কলকাতা তথা পশ্চিম বাংলায় বসতি স্থাপন করেন, এক কালে তাঁরা সবাই বাংলা ভাষা শিখে নিতেন, এখন প্রবাহ উলটো দিকে, এখন বাঙালিরাও তাঁদের সঙ্গে হিন্দি বা ইংরেজিতে কথা বলেন। শিক্ষানীতির গলদের জন্য পশ্চিম

বাংলার সব স্কুলে বাংলা পড়ানো বাধ্যতামূলক করা হয়নি, তার ফলে বহু বাঙালি ছাত্রছাত্রীই এখন আর বাংলা শেখে না। উত্তর বাংলার বহু অঞ্চলে, দার্জিলিঙে টেলিভিশন, রেডিয়ো অর্থহীন, কলকাতার কোনও বাংলা অনুষ্ঠান সেখানে পৌঁছয় না। বাংলা ভাষা-সংস্কৃতি থেকে তারা বিচ্ছিন্ন বলেই সেখানে বিচ্ছিন্নতাবাদ মাথা চাড়া দেয়। পশ্চিম বাংলার অন্তর্গত দার্জিলিঙের নেপালিরা অনেক প্রজন্ম ধরে এখানে রয়েছে, তারা কি বাংলা ভাষা শিখতে অস্বীকার করেছে, না তাদের আমরা বাংলা ভাষা থেকে বঞ্চিত করেছি?

যাই হোক, এসব বিষয় নিয়ে অনেক আলোচনা হয়েছে। এখন শুধু একটি বিষয়ে দৃষ্টি নিবদ্ধ করতে চাই। ভারতে যে-কোনও শহরে গেলে চতুর্দিকে তাকিয়ে বোঝা যায়, সেখানকার প্রধান ভাষা কী। একমাত্র কলকাতাই তার ব্যতিক্রম। কলকাতার দৃশ্যপট থেকে বাংলা ভাষা ক্রমশ হারিয়ে যাচ্ছে! এসপ্লানেডের মোড়ে দাঁড়িয়ে ঘাড় ঘুরিয়ে চতুর্দিকে দেখলে কোনও হোর্ডিং-এ, পোস্টারে, দোকানের সাইনবোর্ডে একটিও বাংলা অক্ষর চোখে পড়ে না। রতন বসু মজুমদারের নেতৃত্বে একটি সমীক্ষা চালিয়ে দেখা গেছে, কলকাতার অধিকাংশ রাস্তায়, যেমন ধর্মতলা থেকে শ্যামবাজার পর্যন্ত সেন্ট্রাল অ্যাভিনিউতে শতকরা আশি ভাগ হোর্ডিং-সাইনবোর্ডে বাংলা অদৃশ্য। ট্রামে-বাসে বাংলার ব্যবহার নেই।

আমরা কলকাতাকে একটা কসমোপলিটান শহর বলে গণ্য করতে ভালোবাসি। সেই কসমোপলিটান চরিত্রও যে এ শহর অনেকখানি হারিয়ে ফেলেছে এবং বিশেষ এক ভাষা-ভাষীর কুক্ষিগত হতে চলেছে, সে খেয়াল করি না। যাই হোক, আমরা ইংরেজি বা হিন্দির বিরোধী নই, সব ভাষারই পক্ষপাতী, যে যেমন খুশি ভাষায় সাইনবোর্ড লিখবেন, কিন্তু তার কোনও একটি অংশে বাংলাও থাকবে না কেন? সেটা না থাকার অর্থ, এ রাজ্যের ভাষা বাংলাকে অগ্রাহ্য করার মনোভাব, এবং আমরা তা এতদিন প্রশ্রয় দিয়েছি। এ রাজ্যের ছেলেমেয়েরা রাস্তায় বেরিয়ে যদি কোথাও দৃশ্যপটে বাংলা না দেখতে পায়, তা হলে বাংলা ভাষা সম্পর্কে তাদের চেতনাই হবে না। বাংলা সম্পর্কে সচেতন করার জন্যই দৃশ্যপটে বাংলা রাখা বিশেষ জরুরি।

রাজ্য সরকার কিংবা পৌরসভা এই ব্যবস্থা অনায়াসেই করতে পারেন, কিন্তু করেননি। এজন্য জোর-জবরদস্তির প্রয়োজন নেই, হোর্ডিং-সাইনবোর্ডের জন্য লাইসেন্স নিতে হয়, তাতে এরকম একটা শর্ত জুড়ে দেওয়া খুব স্বাভাবিক ছিল। একটা দৃষ্টান্ত দেওয়া যেতে পারে, কানাডার মন্ট্রিয়েল-কুইবেক অঞ্চলে

ইংরেজির বদলে ফরাসিই প্রধান ভাষা। সেখানকার সমস্ত হোর্ডিং-সাইনবোর্ডে ফরাসি লেখা বাধ্যতামূলক। ব্যবসায়ীরা এই নিয়ম মান্য করছে কি না তা দেখার জন্য ভাষা-পুলিশ আছে। সেই পুলিশ কর্মীরা পথে ঘুরে ঘুরে দেখেন, কোথাও এই নিয়মের ব্যতিক্রম হলে, অর্থাৎ কোথাও শুধু ইংরিজি সাইনবোর্ড থাকলে তা খুলে ফেলতে বাধ্য করা হয়। এরকম আমি স্বচক্ষে দেখেছি।

আমাদের এখানেও সেরকম ভাষা-পুলিশের দরকার। এই পুলিশদের হাতে অস্ত্রশস্ত্র থাকার দরকার নেই, এঁরা সমস্ত দোকানদার ও ব্যবসা প্রতিষ্ঠানের কাছে সবিনয় অনুরোধ জানাবেন, আংশিক, অন্তত এক তৃতীয়াংশ বাংলা রাখার জন্য। হয়তো সকলেই মেনে নেবেন—আগে তো তাঁদের এ বিষয়ে কেউ সচেতন করেননি। যদি কেউ তেড়িয়া ভাব দেখান, তা হলে একটু আধটু চোখরাঙানি দেওয়া যেতে পারে। তার বেশি কিছু নয়।

এই ভাষা-পুলিশ গঠন করবে কে? আমি মাঝে মাঝেই ভাবি, যে হাজার হাজার তরুণ-তরুণী লিটল ম্যাগাজিন আন্দোলন ও বাংলা ভাষা নিয়ে মেতে আছে, তাদের প্রতি আহ্বান জানালে সাড়া পাওয়া যাবে না? অনেকেই যে স্বেচ্ছায় এগিয়ে আসবেন, তাতে কোনও সন্দেহ নেই। তবু, এরকম আহ্বান জানাবার আগে দ্বিধারও কারণ আছে। ভাষা-পুলিশের এই অভিযানের সময় সত্যিকারের সৎ ও নিষ্ঠাবান বাংলা ভাষা-প্রেমীদের মধ্যে যদি কিছু হুল্লাবাজ ও দুষ্ট লোক ঢুকে পড়ে এবং দোকানের সাইনবোর্ড সংশোধনের অনুরোধের বদলে অত্যুৎসাহে সে দোকান লুটপাট শুরু করে দেয়, তবে তার দায়িত্ব কে নেবে? সে সম্ভাবনা অস্বীকার করা যায় না। আমরা এরকম অনাচার একেবারেই চাই না। কলকাতায় এমনিতেই নানারকম অনাচার ঘটে, ভাষার নামে সেরকম অনাচার বৃদ্ধি একেবারেই বরদাস্ত করা যাবে না। আমরা ভাষা-প্রেমিক হতে পারি কিন্তু উগ্রপন্থী হতে পারি না, ওদের হৃদয়ে কোনওরকম প্রেমই থাকে না।

সুতরাং সরকারেরই উচিত উদ্যোগ নিয়ে, দায়িত্ববান ব্যক্তিদের দিয়ে ভাষা পুলিশ না হোক, ভাষা-স্বয়ংসেবক বাহিনী গড়ে তোলা। নানা উন্নয়ন প্রকল্পের সঙ্গে একে যুক্ত করা। ভাষার উন্নয়নও একটি জাতির ইতিহাসের পক্ষে খুবই প্রয়োজনীয়।

সামনে তাকালে বাংলা অক্ষর চোখেই পড়ে না!

আমার কিছু কিছু বন্ধু মাঝেমধ্যেই অভিযোগ করেন, বাংলাদেশে মৌলবাদের উত্থান হয়েছে। এ বন্ধুরা পাশাপাশি এটাও স্বীকার করেন, বাংলাদেশের সবচেয়ে বড় দুটো উৎসবের একটি হল—নববর্ষ। অন্যটি—একুশে ফেব্রুয়ারি। দুটোই ধর্মনিরপেক্ষ। পশ্চিমবঙ্গের বড় উৎসব একটাই। সেটা—দুর্গাপুজো। পুরোটাই ধর্মীয়।

বাংলা সন-তারিখ আমাদের এখানে এখন আর কেউ মনে রাখে না। মফস্‌সলে, গ্রামেগঞ্জে বাংলা তারিখ-টারিখের চল রয়েছে এখনও। শহরের শিক্ষিতরা পঁচিশে বৈশাখ বাংলা তারিখটা মনে রাখেন রবীন্দ্রনাথের কারণে। পয়লা বৈশাখও যে বাঙালিরা একদম ভুলে গেছেন এমন নয়। ওইদিন যাঁদের ছুটি, তাঁরা মনে রাখেন।

বাংলাদেশের জেলায় জেলায়, মহকুমা শহরে মফস্বলে, গ্রামে পয়লা বৈশাখে মঞ্চ বেঁধে নাচ-গানের মাধ্যমে ধূমধাম করে বর্ষবরণ হয়। সমস্ত সাধারণ মানুষ এই উৎসবের সঙ্গে জড়িয়ে যান। একুশে ফেব্রুয়ারিতেও তাই। আমাদের এখানে অনেকেই এখনও একুশে ফেব্রুয়ারির তাৎপর্য জানেন না।

আমাদের পশ্চিমবঙ্গেই, সামনে তাকালে চট করে বাংলা অক্ষরে দেখাই মেলে না। হাজরার দিকে যেতে 'সত্যনারায়ণ মিষ্টান্ন ভাণ্ডার' আর ভিআইপি রোড ধরে বিমানবন্দরের দিকে যেতে রাস্তার বাঁ-দিকে 'ঋত্ত্বিক' কত বড়

পয়সাওয়ালা লোকের বাড়ি, কিন্তু বাংলা বানানের কী দুরবস্থা! নন্দন চত্বরেই চার-পাঁচটা জায়গায় বাংলা বানান ভুল রয়েছে। স্বয়ং শঙ্খ ঘোষ আঙুল দিয়ে ওই ভুলগুলো কর্তৃপক্ষের নজরে এনেছেন। বলেছেন বেশ কয়েকবার। সরকার নড়ে না, চড়ে না।

পয়লা বৈশাখ, নববর্ষ মানে তো বাংলার সাংস্কৃতিক ঐতিহ্যকে মনে করিয়ে দেওয়া। ক্লাব, যারা ফুটবল খেলার আয়োজন করে, ক্যারাম খ্যালে, সাঁতার প্রতিযোগিতা করে, ক্রিকেটের আসর বসায় তাঁদেরই বাংলার এই সংস্কৃতিকে মনে করিয়ে দিতে হবে। উদ্যোগী হতে হবে। দলমত নির্বিশেষে সমস্ত রাজনৈতিক দল যদি এই কর্মসূচি নিয়ে এগিয়ে আসতে পারত, তাহলে রাজনৈতিক হানাহানিটাও অনেক কমে যেত। স্বদেশি, আমলে সাংস্কৃতিক উৎসবের ঘটা ছিল, তার প্রভাবও ছিল ব্যাপক। স্বাধীনতার পর ইংরেজরা দেশ ছেড়ে চলে গেল, আমরা বেশি বেশি করে ইংরেজির ভক্ত হয়ে গেলাম। কথায় কথায় ইংরেজি বলি, আর ভুল-ভাল বাংলাও।

মহারাষ্ট্রে, ওড়িশায় সে যে স্কুলেই পড়ো সেখানকার ভাষা পড়তেই হবে। একমাত্র আমাদের পশ্চিম বাংলায় সেসবের বালাই নেই। সরকারকে বারবার বলেছি, বাংলা ভাষাকে গুরুত্ব দিতে হবে, স্কুলমাত্রেই বাংলাকে আবশ্যিক করতে হবে, মুখ্যমন্ত্রী, শিক্ষামন্ত্রী সবাই নীতিগতভাবে মেনে নিয়েছেন, তারপর অবাস্তব হাস্যকর সমস্ত কারণে এই সিদ্ধান্ত কাজে লাগানো হয়নি।

ছোটবেলায় আমরা সাইনবোর্ড দেখে বাংলা শিখেছি। ইংরেজিও। আমার প্রস্তাব, অন্তত এক তৃতীয়াংশ সাইনবোর্ড বাংলায় লিখতে বাধ্য করা হোক। ইংরেজি, উর্দু, হিন্দি থাকবে না—একবারও বলছি না। কিন্তু জোর দিতে চাইছি, সাইনবোর্ডে বাংলা লেখা থাকাটা বাধ্যতামূলক করা হোক। সাইনবোর্ড অর্থাৎ দোকান পরিচিতিতে ভুল বাংলা লিখলে, চলচ্চিত্রের পরিচয়লিপি, দূরদর্শন সহ বিভিন্ন টিভি চ্যানেলে ভুল বাংলা লেখা এবং বলার অপরাধের জন্য জরিমানার ব্যবস্থা হোক।

উত্তর কলকাতায় থাকতাম। ইচ্ছে থাকুক না থাকুক বাবা-মায়ের সঙ্গে হালখাতার দিন বিভিন্ন দোকানে দোকানে যেতে হত। মিষ্টি, শরবত খেতাম। সে সময় নববর্ষের দিনে প্রভাতফেরি হত। সাদা হাফ প্যান্ট, সাদা হাফ শার্ট পরে সেই প্রভাতফেরিতে আমিও যোগ দিয়েছি। ব্যান্ড বাজতো। বিউগিলও। আমিও বাজিয়েছি। এখন সেসব কোথায়? এখন তো সবেতেই ইংরেজি-কে তা। ১ জানুয়ারিতেই সবাই নববর্ষ নিয়ে মাতোয়ারা।

প্রথম শ্রেণি থেকে ইংরেজি শেখানো হোক, তাতে আমার পূর্ণ সমর্থন। আমরাও তো সেভাবেই পড়ে এসেছি। কোনও অসুবিধেই হয়নি। তবে এখন যারা শিক্ষক-শিক্ষিকা রয়েছেন, তাঁরা অধিকাংশই শুদ্ধভাবে ইংরেজি উচ্চারণ করতে পারেন না। ঠিক হয়েছে, ব্রিটিশ কাউন্সিল থেকে ওঁদের প্রশিক্ষণের ব্যবস্থা করা হবে।

বাংলার সঙ্গে সমান যত্ন নিয়ে ইংরেজি শিখলে দোষের তো কিছু নেই। ইংরেজির প্রাথমিক জ্ঞানটা থাকলে যেখানেই যাক মাইলপোস্ট পড়তে অন্তত অসুবিধে হবে না। বাংলা, ইংরেজি—সবই শিখতে হবে শেখার মতো করে। কষ্ট হলেও বলা উচিত, বিদেশে যে বাঙালিরা থাকেন, সেই বাঙালিদের পুরোনো প্রজন্ম বাংলা ভাষায় কথা বলা, বই পড়া, গান শোনা, লেখার জন্য যেরকম আকুলি-বিকুলি করেন, নতুন প্রজন্মের মধ্যে তার কিছুমাত্র আগ্রহ নেই।

আগে পয়লা বৈশাখে বইপাড়ায় লেখকদের ডেকে শুধু মিষ্টিমুখই করানো হত না সঙ্গে বই প্রকাশের উৎসবও হত। কত বই বেরোত তখন। এখন বইটই সব বেরোয় বইমেলায়। প্রকাশকরা নববর্ষে লেখকদের আমন্ত্রণ করেন, একটু মিষ্টিমুখ, অনেকদিন বাদে একজনের সঙ্গে, অন্যজনের দেখা এসবই হয়টয়।

জওহরলাল নেহরু বলেছিলেন, Indian literature is one, but written in many languages, কথাটা শুনতে ভালো। কিন্তু বাস্তবের সঙ্গে কোনও মিল নেই। একজন শিক্ষিত ভারতীয় ইউরোপ-আমেরিকার সাহিত্য সম্পর্কে যত খবর রাখেন, সেই তুলনায় অন্য ভারতীয় ভাষাগুলির সাহিত্য সম্পর্কে তাঁকে অজ্ঞই বলা যায়। তবু, ভারতের এমন কয়েকটি ভাষা আছে যেগুলি সারা বিশ্বের প্রধান ভাষাগুলির সমপর্যায়ের। চিনে ভাষা অবশ্যই এক নম্বর ভাষা।

ইউরোপের দেশগুলি ছোট, ছোট, সেখানকার কয়েকটি ভাষা খুবই সমৃদ্ধ। কিন্তু এক-একটি দেশের জনসাধারণের মাতৃভাষা শুধু সংখ্যার বিচারে এশিয়ার ভাষাগুলির সমকক্ষ হতে পারে না। এর মধ্যে ইংরেজ ও স্প্যানিশরা বিভিন্ন মহাদেশে কলোনি স্থাপন করে নিজেদের ভাষা ছড়িয়ে দিয়েছে। যেমন আমেরিকা এবং ক্যানাডা এবং অস্ট্রেলিয়ায় ইংরেজি ভাষার প্রাধান্যের জোরেই এখন ইংরেজি পৃথিবীর দ্বিতীয় প্রধান ভাষা। স্প্যানিশ ভাষাও প্রাধান্য পেয়েছে দক্ষিণ আমেরিকার অনেকগুলি রাজ্যে, তার স্থান তৃতীয়। কিন্তু ভারতীয়রা কলোনি বিস্তার করতে পারেনি বা চায়নি, তা সত্ত্বেও তাদের দুটি ভাষা, হিন্দি

ও বাংলা জনসংখ্যার ভিত্তিতে পৃথিবীতে চতুর্থ ও পঞ্চম স্থান অধিকার করেছে। একেবারে সাম্প্রতিকতম পরিসংখ্যানে দেখা যাচ্ছে যে স্প্যানিশ ভাষাকে পেছনে সরিয়ে দিয়ে হিন্দি ও বাংলা চলে এসেছে তৃতীয় ও চতুর্থ স্থানে। টরেন্টো বিশ্ববিদ্যালয়ের সাউথ এশিয়ান স্টাডিজে ভাষণ দিতে গিয়ে বলেছিলাম, বাংলা ভাষা ও সংস্কৃতিতে মুসলমানদের অবদান অনেকখানি। মধ্যযুগে বঙ্গভূমি বা বাংলা নামে কোনও বড় রাজ্য ছিল না। ভৌগোলিকভাবে এই অঞ্চল ছিল অনেকগুলি ছোট ছোট রাজত্বে বিভক্ত। সুলতান শাম্‌সউদ্দিন ইলিয়াস শাহ এই ছোট ছোট রাজ্যগুলিকে জয় করে এক সীমানার মধ্যে নিয়ে আসেন। তখন পর্যন্ত বাংলা ভাষার নিজস্ব কোনও রূপরেখা গড়ে ওঠেনি। যুক্ত হওয়ার পর বিভিন্ন অংশের সঙ্গে যোগাযোগের ভাষা অর্থাৎ Lingua franca হিসেবে বাংলা ভাষা গড়ে ওঠে। কিন্তু তখন এই ভাষার নাম কী ছিল? বাঙালিরা তাদের মাতৃভাষার নাম যে বাংলা, তা জেনেছে অনেক পরে। তখন সাধারণ মানুষ দুটি ভাষার কথা জানত, শাস্ত্রের ভাষা বা পণ্ডিতদের ভাষার নাম সংস্কৃত আর জনসাধারণের ভাষার নাম দেশি ভাষা, অথবা শুধু ভাষা। সুনীতিকুমার চট্টোপাধ্যায়ের মতে ফারসি ভাষাভাষী মুসলমানরাই প্রথমে এই দেশীয় ভাষার নাম দেয় বাঙ্গলহ্ বা Bangalla। মা হুয়ান নামে এক চিন দেশীয় মুসলমান পঞ্চদশ শতাব্দীর প্রথমভাগে সমুদ্র অভিযানে বেরিয়ে বাংলা অঞ্চলেও এসেছিলেন, তিনি লিখেছিলেন যে এই দেশের লোক প্রধান যে ভাষাটি ব্যবহার করে তার নাম বঙ্গ-কো-লি। অর্থাৎ বঙ্গালি বা বাঙ্গালি। অর্থাৎ মা হুয়ানের রচনাতেই প্রথম বাংলা ভাষার নামটি পাওয়া যায়। সুলতানি আমলে হিন্দুদের সঙ্গে সঙ্গে মুসলমানরাও এই বাংলা ভাষাতেই সাহিত্য রচনা শুরু করেন।

সৌভাগ্যবশত সংখ্যাগরিষ্ঠতার সুযোগে কিংবা রাজনৈতিক কারণে মুসলমানদের জন্য আলাদা ধরনের কোনও বাংলা ভাষা গড়ে উঠতে পারেনি। বঙ্কিম-মীর মুশারফ-রবীন্দ্রনাথ-নজরুলের সৃষ্টিতে যে অত্যন্ত শক্তিশালী ও আধুনিক বাংলা ভাষা বর্তমানে রূপ পেয়েছে, তাতে, হিন্দু মুসলমানের সমান উত্তরাধিকার। স্বাধীনতার পর দেশভাগ হওয়ার সময় বাংলা ভাষাও ভাগ হবার একটা সম্ভাবনা ছিল। সেই সময় প্রখ্যাত পণ্ডিত ও ভাষাবিদ ডঃ শহিদুল্লা একটি বলিষ্ঠ ভূমিকা গ্রহণ করেন। পূর্ব-পাকিস্তানের বাংলা ভাষার রূপ কী হবে তা নিয়ে প্রশ্ন উঠেছিল। পূর্ব পাকিস্তান তথা পূর্ব বাংলায় বিভিন্ন জেলার কথ্য ভাষা ভিন্ন ভিন্ন। যশোর জেলার সঙ্গে চট্টগ্রামের ভাষার এতই তফাত যে প্রায় এক ভাষা বলে বোঝাই যায় না। শুধু উচ্চারণ নয়, শব্দ ব্যবহার

এবং ক্রিয়া পদেও অনেক অমিল। কোনও কোনও জেলায় অতীত ক্রিয়াপদ দিয়ে ভবিষ্যৎ বোঝানো হয়। সুতরাং কোনও বিশেষ একটি জেলার ধরে নিলে প্রচুর গোলমালের সম্ভাবনা ছিল। সেই সময় ডঃ শহিদুল্লা বলেছিলেন, পশ্চিম বাংলার কৃষ্ণনগর অঞ্চলের ভাষায় সমগ্র বাঙালির ও বাংলা সাহিত্যের স্ট্যান্ডার্ড ভাষা হিসেবে আগেই গৃহীত হয়ে আছে, সুতরাং তার থেকে সরে গেলে পূর্ব বাংলার ভাষা, বাংলা ভাষার মূল স্রোত থেকেই বিচ্ছিন্ন হয়ে যাবে। এই সাহসী সিদ্ধান্তের ফলে পূর্ব পাকিস্তানের এবং পরবর্তীকালে বাংলাদেশের সংবাদপত্রে, রেডিয়োতে এবং টিভিতে যে বাংলা ভাষা ব্যবহৃত হয় তা মূল স্রোতের বাংলা। বাংলাদেশ ও ভারতের, এবং পৃথিবীর বহু দেশে ছড়িয়ে থাকা বাঙালিদের ভাষা একই রয়ে গেছে। ভাষাই যেহেতু সংস্কৃতির প্রধান বাহন, তাই রাজনৈতিক বা ধর্মীয় বিভেদ যতই মাথা চাড়া দিয়ে উঠুক মাঝে মাঝে ভাষার সূত্রে সমস্ত বাঙালিদের আত্মীয়তা কখনও বিচ্ছিন্ন হয়নি। ভাষার শক্তিতে বিশ্বের পঁচিশ কোটি বাঙালি যতদিন ঐক্যবদ্ধ হয়ে থাকতে পারবে, ততদিনই বাংলাভাষা বিশ্বের অন্যতম প্রধান ভাষা হিসেবে গণ্য হবে।

প্রতিবাদের ভাষা কেন কলুষিত হবে?

সংবাদপত্রের পাতায় নন্দীগ্রাম নিয়ে কোনও না কোনও খবর প্রায় প্রতিদিনই উঠে আসছে। গত ১৪ মার্চ থেকে আজ পর্যন্ত নন্দীগ্রামকে ঘিরে এক ধারাবাহিক ঘটনাপ্রবাহ চলছেই। সেদিন পুলিশের গুলিতে নন্দীগ্রামে চোদ্দো জন নারী-পুরুষের মৃত্যু, অথচ পুলিশের প্রতি প্রত্যাঘাতের তেমন কোনও নিদর্শন নেই, এ খবর শুনে প্রথমে হতবাক হয়ে গিয়েছিলাম। এ তো আইন-শৃঙ্খলা রক্ষার নিমিত্ত ও নয়, সেসব ক্ষেত্রে ধেয়ে আসা জনতার দিকে বন্দুকের নল নীচু করে পায়ে আঘাত করাই নীতি, নানা ছবিতে তেমন কোনও বিশাল উন্মত্ত জনতাও দেখা যায়নি। এ যে অকারণ নিষ্ঠুরতা, ঠান্ডা মাথায় হত্যা! পুলিশের এই আচরণের জন্য যে বা যারাই হোক, শেষ পর্যন্ত অভিযুক্ত পশ্চিমবঙ্গ সরকার এবং তার প্রধান হিসেবে মুখ্যমন্ত্রী। প্রাথমিক বিস্ময়ের পর নানা দিকে জেগে ওঠে ক্ষোভ, হতাশা, বেদনা ও ক্রোধ। নানা রঙের বিরোধী দলগুলি তো শুধু কথায় নয়, ভাঙচুরের পথেও প্রতিবাদ করবেনই (কংগ্রেসি আমলে যদি এরকম নৃশংস ব্যাপার ঘটত, এরকম ঘটেছেও কয়েকবার, তখন কি বামপন্থীরাও প্রতিবাদে লণ্ডভণ্ড করতেন না?)। কিন্তু এবারে সমাজের সর্বস্তর থেকে, লেখক-শিল্পী-বুদ্ধিজীবী-অভিনেতা-নাট্যকর্মী, চিকিৎসক প্রমুখের যে প্রতিবাদ, তাকে বলা চলে অভূতপূর্ব। বিবৃতি, ইস্তাহার, জনসভা ও মিছিলে অংশগ্রহণ করেছেন এঁরা। মনোবেদনা নিয়ে নিভৃতচারী হয়ে থাকা, কিংবা যাঁর

যাঁর নিজ সৃষ্টি ও কর্মের মধ্য দিয়ে প্রতিবাদের দিন আর নেই, এঁদেরও এখন প্রকাশ্যে সরব হতে হয়।

বিভিন্ন জনের প্রতিবাদের ভাষা ও ধরন বিভিন্নরকম হতেই পারে। কিন্তু রাজনৈতিক ব্যক্তিত্ব ও শিল্পী-সাহিত্যিকদের ভাষা কি একরকম হওয়া সম্ভব? এবারে অনেক ক্ষেত্রে সেরকম মিল দেখে আতঙ্কিত হয়েছি। রাজনীতির মানুষেরা অনেক সময়ই ভাষা ব্যবহারের সুরুচির সীমা ছাড়িয়ে অশালীন শব্দ ব্যবহার করেন। মানুষের যখন যুক্তির অভাব হয়, তখনই সে গালাগালির আশ্রয় নেয়। রাস্তা-ঘাটে, ট্রামে-বাসে, বিধানসভা-লোকসভায় এরকম অজস্র উদাহরণ আমরা দেখেছি। শুধু বিরোধীরাই নন, সরকারপক্ষও এই দুরাচার থেকে বাদ যান না। কিন্তু লেখক-শিল্পীরা ভাষায় দুর্গন্ধ ছড়াবেন কেন, ভাষার শুদ্ধতা রক্ষার দায়িত্ব তো তাঁদেরই। মুখ্যমন্ত্রীর ওপর যতই রাগ হোক, তাঁর পোশাক কিংবা খাদ্যরুচি নিয়ে মন্তব্য করা কি শিষ্টাচার সম্মত? ক্রোধের বশে তুলনা কিংবা উপমা ব্যবহারে দিক্‌বিদিক জ্ঞানশূন্য হলে অনেক সময় সাম্প্রদায়িক শক্তি এবং অতি দক্ষিণপন্থীদেরই যে প্রশ্রয় দেওয়া হয়, তা কি তাঁরা খেয়াল করেন না? হঠাৎ হঠাৎ হিটলারের প্রসঙ্গ এসেছে, তবে কি হিটলারের প্রকৃত নারকীয় কীর্তির কথা তাঁরা জানেন না? লেখক-শিল্পীদের উপমাই তো অব্যর্থ হওয়ার কথা। কোনও গায়ক যদি অস্ত্র হাতে নিয়ে কোনও রাজনৈতিক দলের কর্মীদের খুন করার হুমকি দেন, তাঁর সঙ্গে এক মঞ্চে বসা কি অন্য লেখক-শিল্পীদের মানায়?

এই সরকারের প্রতি বিরাগে অনেকেই নানারকম সরকারি প্রতিষ্ঠান কিংবা অবৈতনিক কমিটি থেকে সদস্যপদ ত্যাগ করেছেন। তা তো করতেই পারেন, সেটা তাঁদের গণতান্ত্রিক অধিকার। তবে কেমন যেন হুড়োহুড়ির ভাব আছে। অনেকে যেন নন্দীগ্রামের ঘটনার সঙ্গে অপ্রাসঙ্গিকভাবে অকস্মাৎ উপলব্ধি করলেন, এইসব প্রতিষ্ঠান বা কমিটিগুলিই অপ্রয়োজনীয় বা ক্ষতিকর। আগে বোঝেননি? বেশ কয়েকজন বিভিন্ন সময়ে প্রাপ্ত (পাঁচ-দশ বছর আগেরও) সরকারি পুরস্কার ফিরিয়ে দিলেন। সেইসব অর্থ নন্দীগ্রামের আর্তদের সাহায্যকল্পে দানের কথাও ঘোষণা করেছেন। এটাকেও একটা মহৎ প্রস্তাব বলা যেতে পারত, শুধু একটি ছোট্ট কাঁটা খচখচ করে। দানের কথাটা কি প্রচারমাধ্যমে জানানো খুব দরকার ছিল? ঢাক-ঢোল পিটিয়ে দান করলে দানের মর্যাদা কি কিছুটা ক্ষুণ্ণ হয় না? শঙ্খ ঘোষ সরকারি-বেসরকারি যত

পুরস্কার পেয়েছেন, তার অধিকাংশ অর্থই তিনি দিয়ে দিয়েছেন বিভিন্ন সেবা প্রতিষ্ঠানকে। কোনওরকম প্রচারের মধ্যে না গিয়ে, নিঃশব্দে। আমরা এই তথ্য জেনেছি, কারণ আমরা এরকম দু-একটি গ্রহিতা-প্রতিষ্ঠানের কাজকর্মের সঙ্গে কিছুটা যুক্ত।

কৃষি ও শিল্পায়নের মধ্যে যে প্রকৃত কোনও সংঘর্ষ নেই, তা নিয়ে ভুল বোঝাবুঝিতে দেশে হঠাৎ যেন একটা আপৎকাল এসেছে। এরকম সময়ে বুদ্ধি ও যুক্তিবোধ সুস্থির রাখাই তো দরকার।

নিজস্ব ভাষা

আমি এখনও কোনও পাখির ভাষা জানি না বটে, কিন্তু গাছের ভাষা জানি। একরকম দুরকম গাছ নয়, অনেকরকম গাছের। সুতরাং ইস্টিকুটুম পাখিটির সঙ্গে কথা বলবার জন্য আমি দেবদারু গাছকে অনুবাদক হবার জন্য অনুরোধ করি।

আমাদের সংলাপের মধ্যপথে পাশের রাধাচূড়া গাছটি হেসে ওঠে। হাসির কোনও অনুবাদ করবার দরকার হয় না, পাখিটি ও আমি একসঙ্গে বুঝি।

পাখিটি তখন জানাল, যে খবর তুমি গোপনে চেয়েছিলে, তা সর্বজনীন হয়ে গেল। এমন অনুবাদের ভাষায় কথা কইতে গিয়ে আমি আগেও অনেকবার নিরাশ হয়েছি। যেমন, প্রিয় নারীর ভাষা বোঝা কত শক্ত। তার চেয়েও শক্ত তাকে আমার ভাষা বোঝানো। সেই নারী রাজপথকে মনে করে মশারি। আর দুঃখকে মনে করে সাঁতার। সেই জন্য আমি পাহাড় ও নদীর সাহায্য চেয়েছি। নদীর ভাষা নারীরা বোঝে, কিন্তু নদীমাত্রই বিশ্বাসঘাতক। নদীও নারীকে চায়। আমার কথা না জানিয়ে, নদী সেই নারীকে তার নিজস্ব আকাঙ্খার কথা জানায়।

পাহাড়েরও পক্ষপাতিত্ব আছে। সে এক নারীর বদলে অন্য নারীর প্রতি উপমা বদল করে। যাকে আমি মরাল গ্রীবা বলেছি, তাকে সে মাধবীলতা বলে।

একমাত্র বিশ্বাস করা যায় রাত্রির আকাশকে। উদার উন্মুক্ত প্রান্তরে দাঁড়িয়ে। কিন্তু প্রকৃত নিঃসঙ্গ না হলে সেরকম আকাশ কেউ দেখতে পায় না কখনও।

তাই বলা হয় না, বলা হয় না, কিছুই বলা হয় না!

আগে বাংলা অনুষ্ঠানের জন্য একটা আলাদা চ্যানেল চাই

প্রশ্ন ঃ সুনীলদা, প্রথমেই আপনাকে জিগ্যেস করি, দুরদর্শেনে বাংলা ভাষা ও সংস্কৃতি কোণঠাসা বলে যে আন্দোলন শুরু হয়েছে, আপনি তাতে যুক্ত হতে গেলেন কেন?

উত্তর ঃ বিবেকের দায়ে আমি এসেছি বলা যেতে পারে। বাংলা ভাষার একজন কর্মী হিসেবে বাংলার অপমান আমার গায়ে লাগে। অনেকেই আমাকে বলে যে আপনি তো আনন্দবাজারের লোক। আপনি এতে কেন? এর সঙ্গে আনন্দবাজার বা আমার চাকরির কোনও সম্পর্ক নেই।

প্রশ্ন ঃ কোণঠাসা বলতে আপনারা ঠিক কী বোঝাতে চাইছেন? ভারতের অন্যান্য দূরদর্শন কেন্দ্রগুলিতে অঞ্চলিক ভাষা ও সংস্কৃতির তুলনায়ও কি বাংলা অবহেলিত?

উত্তর ঃ কোণঠাসা বলতে যা বোঝাতে চাইছি তা এই যে যাকে বলে 'প্রাইম টাইম' (৬টা থেকে ১০টা,) সেই সময়ে পশ্চিমবাংলায় বাস করে আমি কেন দূরদর্শনের কোনও একটা 'চ্যানেলে' বাংলা অনুষ্ঠান দেখতে পাব না? রেডিও-তে তো পাই। তার সম্বন্ধে তো এই অভিযোগ ওঠেনি। অন্যান্য আঞ্চলিক ভাষার ক্ষেত্রেও আমি মনে করি প্রত্যেকের নিজস্ব চানেল থাকা উচিত। গুয়াহাটি থেকে অসমিয়া, ভুবনেশ্বর থেকে ওড়িয়া ভাষায় অনুষ্ঠান

প্রচারিত হওয়া উচিত।

প্রশ্ন ঃ এই যে 'প্রাইম টাইমে' হিন্দি অনুষ্ঠান দেখতে হয়,—এটাকে কি আপনি হিন্দির আগ্রাসন বলে মনে করেন?

উত্তর ঃ নিশ্চয়ই।

প্রশ্ন ঃ তা হলে কিন্তু আরও একটা প্রশ্ন ওঠে, দূরদর্শন তো কেবল নয়, হিন্দি চাপিয়ে দেবার এই চেষ্টা তো অন্যভাবেও হয়েছে। হিন্দি সিনেমা, গান, ক্যাসেট ইত্যাদি। দূরদর্শনের বিরুদ্ধে আন্দোলনে নামলে, এসবের বিরুদ্ধেও তো কিছু বলতে হয়। নয় কি?

উত্তর ঃ হিন্দি ভাষার বিরুদ্ধে আমার আপত্তি নেই। হিন্দি সাহিত্য আমি পছন্দ করি। কিন্তু কুরুচিপূর্ণ হিন্দি অনুষ্ঠান, যা দূরদর্শনে প্রচারিত হয়, আমার আপত্তি সেইখানে। আর হিন্দি সিনেমা, সে তো তুমি ইচ্ছে করলে নাও দেখতে পারো। ছেলেমেয়েদের নাও দেখাতে পারো। কিন্তু দূরদর্শন যে শয়নকক্ষে এসে হাজির হয়েছে। একে ঠেকানো যাবে কী করে? আপাতত তাই দূরদর্শন দিয়েই আন্দোলন শুরু হোক।

প্রশ্ন ঃ আপনার কি মনে হয় যে দূরদর্শন সরকারি বলেই, এই বিক্ষোভ? অর্থাৎ আমি বলতে চাইছি, সরকারিভাবে কুরুচিপূর্ণ অনুষ্ঠান প্রচারিত হওয়ার বিরুদ্ধেও কি এই বিক্ষোভ?

উত্তর ঃ সরকারের ভুল নীতিই এর জন্য দায়ী। বেসরকারি উপদেষ্টা কমিটি যদি থাকত, তা হলে তাঁরা ভাষা ও অনুষ্ঠানের মানের উন্নতির দিকে নিশ্চয়ই নজর দিতেন।

প্রশ্ন ঃ এ ক্ষেত্রে, আরও একটা প্রশ্ন ওঠে, তা হল, দূরদর্শন কিন্তু অনেকটাই এখন বেসরকারি হাতে। বিজ্ঞাপনদাতা ও বেসরকারি প্রয়োজকের হাতে সময় বিক্রি হয়ে যাচ্ছে। এর পিছনে আছে রাজনৈতিক দলগুলির বহুদিনকার দাবি। সুতরাং আন্দোলন যদি করতেই হয় তা হলে বেসরকারিকরণের বিরুদ্ধে করতে হয় না?

উত্তর ঃ না। বেসরকারিকরণের বিরুদ্ধে করতে হয় না। সময় বিক্রি করতে হলে, প্রথমেই শর্ত হবে আঞ্চলিক চ্যানেলগুলিতে আঞ্চলিক ভাষার অনুষ্ঠান করতে হবে। বাংলা সময় বিক্রি হয়ে গেল বোম্বাইয়ের কোম্পানির কাছে—যারা হিন্দি অনুষ্ঠান করবে, তা হবে না। তারপর সেই অনুষ্ঠানের মান কেমন হবে, তা নিয়ে প্রশ্ন উঠবে। আর একটা কথা, সময় বিক্রি হচ্ছে ঠিক কথা—কিন্তু সরকারি একটা নিয়ন্ত্রণও আছে।

প্রশ্ন ঃ দূরদর্শন থেকে যে বাংলা অনুষ্ঠান প্রচারিত হয়, সিনেমা এবং গান উপলক্ষে, আমরা দেখি যে বাঙালি শ্রোতা সে বস্তুকে বেশ উপাদেয়ই মানে করে। তা কিন্তু মূলত হিন্দিরই অনুকরণ। সে ক্ষেত্রে ভাষার প্রশ্ন বাদ দিলে, অনুষ্ঠানের গুণগত মান কিন্তু কিছু পালটাচ্ছে না। এবিষয়ে আপনি কী বলেন?

উত্তর ঃ বাংলা অনুষ্ঠানের মান খারাপ। আমি সাধারণভাবে বলছি। দেশ সদ্য স্বাধীন হবার পর অনেকে বলত যে ইংরেজ রাজত্বই ভালো ছিল। বাংলা অনুষ্ঠান খারাপ বলাটা সেইরকমই মূর্খের মতো কথা। আসলে বাংলা অনুষ্ঠানের স্বাধীনতা এত কম—টাকা এত কম দেয়, হিন্দিকে জনপ্রিয় করার জন্য ইচ্ছে করে বাংলাকে কোণঠাসা করা হয়। যদি বাংলার অধিকারটা স্বীকৃত হয়, তা হলে বাংলা অনুষ্ঠানের মানেরও পরিবর্তন হবে। অনেক ভালো ভালো পুরোনো, নতুন বাংলা সিনেমা আছে। তার বদলে হিন্দির অনুকরণে তৈরি বাংলা সিনেমাই দেখানো হয়। বাংলা থিয়েটার কত উন্নত—কিন্তু দূরদর্শনের নাটক দেখলে, সে কথা একবারও মনে হবে?

প্রশ্ন ঃ কথা হচ্ছে, বেসরকারি হাতে দূরদর্শনের চ্যানেল চলে গেলে, সাধারণ এবং অধিকাংশ দর্শক যা পছন্দ করেন, অর্থাৎ হালকা আমোদ-প্রমোদ—তাঁরা তাই দেখতে চাইবেন। কারণ তাঁদের মূল লক্ষ হবে মুনাফা—সুস্থ সংস্কৃতির প্রসার নয়।

উত্তর ঃ ব্যবসা-বাণিজ্যর কথা আমরা চিন্তা করব না। ওটা আমাদের বিষয় নয়, অনুষ্ঠানের মানের উন্নতির জন্য দরকার হলে, দ্বিতীয় পর্যায়ে আন্দোলন শুরু হবে। কিছু কিছু হস্তক্ষেপ দরকারই।

প্রশ্ন ঃ 'দূরদর্শনে বাংলা চাই'—এই স্লোগান খুবই আন্তরিকতাপূর্ণ কিন্তু এটা তো বিচ্ছিন্ন কোনও ঘটনা নয়। আজকে যে 'খোলা বাজারের' নীতি মেনে নেওয়া হয়েছে তাতে গোটা দুনিয়াকেই বাজার হিসেবে ভাবা হচ্ছে। ভারতও তার অংশীদার। এই গোটা নীতিরই একটা অংশ সংস্কৃতি। তাকে কী ভাবে আলাদা ভাবে চিন্তা করা যাবে? এই ব্যবস্থায় সংস্কৃতিও পণ্য মাত্র। এই ব্যাপারে কিন্তু প্রতিবাদ হয়নি। তাহলে আজ প্রতিবাদ করে কী হবে?

উত্তর ঃ তুমি যা বললে, তার সঙ্গে আমাদের দাবির কোনও সংঘাত তো নেই। বাংলা ভাষায় একটা চ্যানেল থাকবে, তাতে আমি ইচ্ছে করলেই বাংলা অনুষ্ঠান দেখতে পাব—এই দাবির সঙ্গে 'খোলা বাজারের' নীতির কোনও বিরোধ নেই।

প্রশ্ন ঃ আরও একটা কথা ঃ আজকের দূরদর্শন কঠিন এক আন্তর্জাতিক প্রতিযোগিতার মুখোমুখি। উপগ্রহের সাহায্যে বিদেশি অনুষ্ঠান দেখার সুযোগ আছে। সে ক্ষেত্রে একটা চ্যানেল যদি বাংলাকে দেওয়াও হয়, তা হলে কি বাঙালি দর্শক-শ্রোতা তাতে মন দেবেন? এই প্রতিযোগিতায় বাংলা চ্যানেল টিকে থাকতে পারবে?

উত্তর ঃ এই প্রতিযোগিতাতে নামতেই হবে। এখন তো, অসম প্রতিযোগিতা। প্রতিযোগিতায় নামতেই দিচ্ছে না। তা হলে আর তার উৎকর্ষ প্রমাণিত হবে কী করে? তোমার কোনও 'চয়েস' থাকবে না কেন? এখনই বাংলা অনুষ্ঠান দুর্বল বলছ। সুযোগ না পেলে, আরও দুর্বল হবে। দূরদর্শনে লোক সংগীতের কোনও স্থানই প্রায় নেই। রবীন্দ্রসঙ্গীত কমতে কমতে প্রায় পাঁচ মিনিটে এসে ঠেকেছে। এভাবে কী হবে! যে হিন্দি অনুষ্ঠানের জন্য তিন লক্ষ টাকা বরাদ্দ সেই অনুষ্ঠান বাংলায় হলে পঞ্চাশ হাজার দেওয়া হয়। এ ভাবে কি কোনও প্রতিযোগিতা হয়? আর তুমি যে প্রশ্ন করছ, বাঙালি দেখবে কি না? আমি বলব বাঙালির মধ্যে বাংলা ভাষার প্রতি সেই অনুরাগ আছে। তার একটা প্রমাণ যখন 'ন্যাশানাল প্রোগ্রাম' হয়, তখন অনেক বাঙালিই বাংলাদেশ দেখেন, বাংলাদেশের অনুষ্ঠান ভালো হয় বলে অনেকেই মনে করেন। এর কারণ তাতে জোর দেওয়া হয়।

প্রশ্ন ঃ বিদেশি প্রতিযোগিতাকে নিয়ন্ত্রণ করার ওপর জোর দিয়ে লোকসভায় বিল এসেছে। তার প্রতিবাদও শোনা গেছে। কেউ কেউ একে সেন্সরশিপের সঙ্গে তুলনা করেন। আপনি কি মনে করেন এই ধরনের নিয়ন্ত্রণমূলক বিল প্রত্যাহার করা উচিত?

উত্তর ঃ বিলটা এখনও পর্যন্ত ঠিকমতো আকার পায়নি। চব্বিশ ঘণ্টা দেখাবে, এইরকম বিদেশি চ্যানেলকে যদি সময় দেওয়া হয়, তা সেন্সর করা কারও পক্ষেই সম্ভব নয়। যেমন বিবিসি-র সংবাদ—তা কোথাওই সেন্সার করা যায় না। তা হলে তারা দেখাবেই না। বিলটা এখনও খুব স্পষ্ট নয় তাই মন্তব্য করতে পারছি না। এ ছাড়াও, অনেক গুরুত্বপূর্ণ বিষয় আছে। যেমন ধর, এখানে মদের বিজ্ঞাপন দেওয়া নিষেধ। কিন্তু স্টার টিভি-তে দেওয়া যায় এবং তা এখানে আমরা দেখছি। আমাদের বিজ্ঞাপনদাতারা কোটি কোটি টাকার বিদেশি মুদ্রায় সেইসব বিজ্ঞাপন দিচ্ছেন। সেটা আটকানো উচিত কি না, আগে সেই নীতি ঠিক করা দরকার।

যে প্রশ্নের উত্তর এখনও জানি না

বাংলাদেশ গেলে প্রত্যেক বারই একটা প্রশ্নের সম্মুখীন হতে হয়। যার উত্তর আমি জানি না।

আমি সবজান্তা নই, ভালো ছাত্রও ছিলাম না। সুতরাং অনেক প্রশ্নেরই উত্তর আমার না-জানা হতেই পারে। কিন্তু এ এক এমন প্রশ্ন, যা শুনলেই অপরাধ বোধ হয়।

বাংলাদেশ ঘড়ির দিকে থেকে আমাদের চেয়ে আধ ঘণ্টা এগিয়ে। আমাদের এখানকার অনেক টিভি চ্যানেলে দুরকম সময় দেওয়া থাকে। কোনও অনুষ্ঠান এখানে সাড়ে ছ'টায় শুরু হলে বাংলাদেশে দেখা যাবে সাতটায়। সত্যিই কি সেসব অনুষ্ঠান দু-দেশে একসঙ্গে দেখা যায়? এটা নিছক বিজ্ঞাপন নয়, সত্যি দেখা যায়। এখানকার কোনও কোনও অনুষ্ঠান বাংলাদেশে বেশ জনপ্রিয়। এবং শুধু বাংলা নয়, হিন্দি চ্যানেলও পাওয়া যায় কয়েকটি। কিছু কিছু ধারাবাহিক সোপ দেখার নেশা আছে অনেকের। বেশ। কিন্তু বাংলাদেশ টিভি-র কোনও অনুষ্ঠানই কলকাতা কিংবা ভারতের কোথাও দেখা যায় না কেন? কেন এই বৈষম্য? এটাই সেই কঠিন প্রশ্ন।

এ প্রশ্নের উত্তর আমি এখানে অনেকের কাছে জানতে চেয়েছি। এমনকী দিল্লিতেও। কিন্তু কোথাও যুক্তিসঙ্গত ব্যাখ্যা পাইনি। আমাদের মতন, বাংলাদেশেও একটি সরকারি চ্যানেলের সঙ্গে বেশ কয়েকটি বেসরকারি চ্যানেল রমরমিয়ে

চলে। সেগুলি দেখার সুযোগ কেন পাব না আমরা? বেশ কিছু বছর আগে কিন্তু দিব্যি পাওয়া যেত। হুমায়ুন আহমেদের ধারাবাহিক নাটক দেখার নেশা জন্মে গিয়েছিল অনেকের, আমি জানি। কী করে সেসব বন্ধ হয়ে গেল, কোন কলা-কৌশলে, কার স্বার্থে? অনেকেই বলেন, রাষ্ট্রীয় ভাবে বাঙালি ও বাংলা দুভাগ হয়ে গেছে বটে, কিন্তু ভাষা ও সংস্কৃতির দিক থেকে আমরা বিভক্ত ও বিচ্ছিন্ন হব না। এই কি তার নমুনা? এখন বাংলাদেশের কেউ কেউ যদি উগ্রভাবে দ্বিতীয় প্রশ্ন করে যে, এটা ওদেশের ওপর ভারতের সাংস্কৃতিক আগ্রাসন বা সাম্রাজ্যবাদ বিস্তারের চেষ্টা, তারই বা উত্তর দেব কী করে?

বই ও পত্র-পত্রিকার বিনিময় নিয়েও প্রশ্ন আছে। ভারত, বিশেষত পশ্চিম বাংলা থেকে প্রকাশিত যত বেশি সংখ্যক বই ও পত্র-পত্রিকা বাংলাদেশে যায়, সেই তুলনায় বাংলাদেশ থেকে প্রকাশিত বই আসে অনেক কম। পত্র-পত্রিকা প্রায় কিছুই আসে না। এ প্রশ্নের উত্তর অবশ্য তেমন জটিল নয়। শুধু বিধিনিষেধ নয়, চাহিদারও একটা ব্যাপার আছে। হয়তো তা সময়সাপেক্ষ। বাংলাদেশের কোনও কোনও অতি জনপ্রিয় লেখকের বই পশ্চিম বাংলায় প্রকাশিত হলেও পাঠকদের মধ্যে এখনও তত বেশি আগ্রহের সৃষ্টি হয়নি। আবার এ কথাও ঠিক, পশ্চিম বাংলার কয়েকজন লেখকের রচনা বাংলাদেশের পাঠকদের কাছে সমাদৃত। তবে, ওখানকার কিছু প্রকাশক এ সমস্যার এক সহজ সমাধান করে ফেলেছেন। পশ্চিম বাংলায় সেইসব লেখকের গ্রন্থ প্রকাশ মাত্রই ওদেশে জাল সংস্করণ বেরিয়ে যায়। তাতে মূল লেখক ও প্রকাশকের ভাগ্যে জোটে লবডঙ্কা! এমনকী কলকাতায় প্রকাশের আগেই ঢাকায় পাওয়া যায় জাল বই। কী করে? হয়, তা-ও হয়।

রক্তকরবী না শক্তকরবী?

সেবারে রবীন্দ্রনাথ সপরিবার গিয়েছেন শিলং। রথী আর প্রতিমা, কন্যা মীরা। মীরার মেয়ে বুড়ি আর রথীদের দত্তক কন্যা পুপে। এবং কাশী থেকে আনানো হয়েছে সদ্য কৈশোরোত্তীর্ণ রাণুকে। রাণু অধিকারী, পরবর্তী কালে লেডি রাণু মুখোপাধ্যায়। সেসময় এই উজ্জ্বল মেয়েটির সঙ্গে রবীন্দ্রনাথের বিশেষ স্নেহ ও সখ্যের সম্পর্ক হয়েছিল। তাঁর সে সময়ের কোনও কোনও রচনায় এর ছায়াও লক্ষ করা যায়।

সেখানে রবীন্দ্রনাথ একটি নতুন নাটক লিখতে শুরু করেন। প্রাথমিক নাম দেন 'যক্ষপুরী'। প্রধান চরিত্র তিনটি।

রবীন্দ্রনাথ ভালো অভিনেতা ছিলেন। নিজের নাটকে অভিনয় করেছেন বহু বার। নতুন নাটক লেখার সময় নিজের জন্যও একটা চরিত্র নির্মাণ করতেন। ঠাকুর্দা কিংবা বৈরাগীর মতন গায়ক-অভিনেতা হিসাবে তিনি সার্থক। আবার 'বিসর্জন' নাটকে তিনি কখনও 'জয়সিংহ', কখনও 'রঘুপতি'র মতন সম্পূর্ণ বিপরীতধর্মী দুটি ভূমিকায় অসাধারণ কৃতিত্বের পরিচয় দিয়েছিলেন। এই নতুন নাটকে তাঁর ভূমিকা কোনটি। গায়ক বিশু পাগল, না রাজা? বিশু পাগলে নাট্যবস্তু কম, রাজার চরিত্রেই ফুটেছে স্রষ্টার আসল ব্যক্তিত্ব ও কণ্ঠস্বর। আর মুক্তির দূতী নন্দিনীকে পুরোপুরি রাণুর আদল। আর কাহিনির নায়ক রঞ্জন-এর কল্পনা বিশ্বসাহিত্যেই দুর্লভ, সমগ্র নাটকে তার কোনও সংলাপ নেই। তাকে একমাত্র দেখা যাবে শেষ দৃশ্যে, মৃতদেহ রূপে। এই চরিত্র রচনার সময় কবির মনে লেওনার্ড এলমহার্স্ট নামে ইংরেজ যুবকটির কথা মনে এসেছিল, সে তখন শান্তিনিকেতনের পরিপার্শ্বে সাধারণ মানুষের মধ্যে সমাজসেবামূলক কাজে জড়িত এবং রাণুর সঙ্গেও খেলাধুলোতে উৎসাহী। এই নাটক মঞ্চস্থ করার অভিপ্রায় ছিল রবীন্দ্রনাথের, প্রথম দুটো চরিত্র তো ঠিক হয়েই আছে। আর রঞ্জনের চরিত্রে এলমহার্স্ট, ঠিক বাংলা উচ্চারণ করতে পারবেন না, তাই কি তার মুখে একটিও সংলাপ নেই?

তবে রবীন্দ্রনাথ এ নাটক মঞ্চস্থ করে যেতে পারেননি। আমরা যখন এই নাটক পড়ি, তখনই মনে হয়েছিল পাঠ্যনাটক হিসেবে অসাধারণ হলেও অভিনয়ে জমিয়ে তোলা খুবই শক্ত। তার প্রধান কারণ, প্রায় সব সংলাপই উপমাবহুল, কথ্য ভাষায় যা কৃত্রিম শোনাতে বাধ্য।

কিন্তু আমাদের সেই সংশয় চুরমার করে দিল বহুরূপীর 'রক্তকরবী' প্রোডাকশন। এখন তা ইতিহাস। বাংলার পেশাদারি থিয়েটারের প্রায় অবসান ঘটিয়ে সেই শুরু হল গ্রুপ থিয়েটারের জয়যাত্রা। এরপর পঞ্চাশ বছরে আরও কয়েকটি দল 'রক্তকরবী' মঞ্চস্থ করেছে। সেগুলি দেখতে গিয়ে বারবার আমাদের মনে এসেছে বহুরূপীর সেই প্রোডাকশনের সঙ্গে তুলনা। কানে ভেসে আসে শম্ভু মিত্র ও তৃপ্তি মিত্রের কণ্ঠস্বর।

সম্প্রতি 'পূর্ব-পশ্চিম' দলের 'রক্তকরবী' দেখার পর আমার মনে একটা খটকা লেগেছে। বারবার বহুরূপীর সঙ্গে তুলনা করাটা কি ঠিক? সত্যিই কি বহুরূপীর সেই প্রোডাকশন ততটাই সার্থক হয়েছিল, না এ আমাদের নিছক

স্মৃতিকাতরতা? শম্ভু মিত্র এবং তৃপ্তি মিত্র, দুজনেরই কণ্ঠস্বর ও স্বরক্ষেপণ ছিল অ্যাফেকটেড, অস্বাভাবিক ও কৃত্রিম, যা অনেকটা আবৃত্তিসুলভ। একালের সচেতন অভিনেতারা সেই দুর্বলতা বা বিশেষত্ব থেকে মুক্ত। নন্দিনী রূপে তৃপ্তি মিত্রের তুলনায় চৈতী ঘোষালের আর্তি কি কম অভিঘাত তোলে? সেই 'রক্তকরবী'তে সর্দারের ভূমিকায় কে অভিনয় করেছিলেন তা আমার মনে নেই। এখানে সৌমিত্র মিত্রের অভিনয় দেখে কোনও প্রতিতুলনা তাই মনে এল না। ভিলেনের ভূমিকায় অতিনাটকীয়তা এবং গর্জনটর্জন বর্জন করা সোজা কথা নয়। এই অভিনেতা চাপা অভিনয়ে এক অসাধারণ আদর্শ স্থাপন করেছেন। জালের আড়াল থেকে বেরিয়ে আসা রাজার সঙ্গে সর্দারের একটা সংঘর্ষের দৃশ্য। যা মূল নাটকে নেই, তা-ও সামান্য ইঙ্গিতে সংযুক্ত করে পরিচালক গৌতম হালদার (এঁর নামের পাশে 'চলচ্চিত্র' লেখা থাকে) বেশ সৌকর্যের পরিচয় দিয়েছেন। একটু বাড়াবাড়ি করলেই সবটা মাটি হয়ে যেতে পারত।

মোট কথা, সাধারণ ভাবে আমরা অনেক সময়েই মনে করি যে, আগেকার যা কিছু অনেক ভালো বা উন্নত ছিল (যেমন, আগেকার বাংলায় ছিল গোলা ভরা মাছ, পুকুর ভরা দুধ, গোয়াল ভরা ধান ইত্যাদি) সেই তুলনায় এখনকার সব কিছুই দুর্বল। এটা একপ্রকার অতীতচারী রোগ বিশেষ। যাঁরা পথপ্রদর্শক, তাঁরা যোগ্যতাতেও সর্বকালের শ্রেষ্ঠ না হতে পারেন, তবু তাঁদের কীর্তি একটুও ন্যূন হয় না। 'ন্যূন' কেটে দিয়ে 'কম' লিখলেও ক্ষতি কী?

যুগ্মপ্রচেষ্টা

শিবরাম চক্রবর্তী থাকতেন ঠনঠনে কালীবাড়ির কাছে মুক্তারামবাবু স্ট্রিটে। এক মেসবাড়ির একখানা ছোট ঘরে। দেওয়াল ভরতি সব ঠিকানা লেখা। এক দিন মাঝরাতে খুটখাট আওয়াজে ঘুম ভাঙার পর দেখলেন, ঘরের মধ্যে একটা ছায়ামূর্তি। শিবরাম জিগ্যেস করলেন, কে? ছায়ামূর্তি স্মার্টলি উত্তর দিল, আমি একজন চোর স্যার। শিবরাম আবার জিগ্যেস করলেন, চোর তো এখানে কী করছ? সে বলল, কিছু টাকাপয়সা খুঁজছি। শিবরাম বললেন, টাকাপয়সা? দাঁড়াও, দাঁড়াও। আমি উঠছি। তারপর দুজনে ভালো করে খুঁজব।

বাঙালি কোথায় নেই? বাঙালি এখন কোথায়?

পঞ্জাবের অমৃতসর শহরে, শিখদের অতি পবিত্র স্বর্ণমন্দিরের কাছেই জালিয়ানওয়ালাবাগ উদ্যান। সব শহরেই এরকম দু-চারটে পার্ক থাকে। জালিয়ানওয়ালাবাগের দৃশ্যত আলাদা কোনও বৈশিষ্ট্য নেই, তবু সারা ভারতের মানুষ এই বাগানটির নাম জানে (না, সব মানুষ নয়, শিক্ষিত শ্রেণির কিছু, এবং স্থানীয় লোকজন।) তার কারণ, ব্রিটিশ রাজত্বে নানান কুকীর্তির মধ্যে এই উদ্যানে এক দিনের ঘটনা অতি কলঙ্কের ইতিহাস হয়ে আছে আজও দগদগ করে।

সে ইতিহাস বিস্তৃত ভাবে বলার দরকার নেই, বর্তমানের প্রসঙ্গ রবীন্দ্রনাথ। সংক্ষেপে এইটুকু বলা যায়, প্রথম মহাযুদ্ধ শেষ হয়েছে। বহু পাঞ্জাবি সৈনিক ইংরেজদের পক্ষ নিয়ে প্রাণ দিয়েছে সেই যুদ্ধে। যুদ্ধ চলার সময় ভারতে স্বায়ত্তশাসনের টোপ দেওয়া হয়েছিল। যুদ্ধ শেষে সেসব আর উচ্চারণও করে না শাসকরা। বিক্ষুব্ধ, অশান্ত পাঞ্জাবে চলছে ধরপাকড়, গ্রেফতার হয়েছেন গান্ধিজি, অমৃতসরে সবরকম জনসমাবেশ নিষিদ্ধ করা হয়েছে। এরই মধ্যে, এপ্রিলের ১৩ তারিখ (১৯১৯সাল) বৈশাখী পূর্ণিমা, গ্রাম থেকে দলে দলে মানুষ আসে শহরে, তারা ওই সব ১৪৪ ধারা-টারার কথা জানে না। তারা অনেকেই এসে জড়ো হয়েছে ওই পার্কে, একটা মঞ্চও বাঁধা হয়েছে। পার্কটা এমনই যে বাইরে থেকে দেখা যায় না, দুপাশের বাড়ির মধ্য দিয়ে একটা

সরু প্রবেশ পথ, চার দিকে বড় বড় বাড়ি ও দেওয়াল, বেরোবার রাস্তাও ওই একটাই। হঠাৎ এক সময় জেনারেল ডায়ার নামে এক বীরপুঙ্গব তার সৈন্যবাহিনী নিয়ে এসে ওই পথটা আটকাল। জনতাকে ছত্রভঙ্গ হওয়ার জন্য কোনও সাবধানবাণীও উচ্চারিত হল না, হুকুম দিল গুলি চালাবার। সেই বীভৎস দৃশ্য কল্পনা করাও শক্ত, প্রতিবাদহীন, নিরস্ত্র, নিরিহ মানুষ, নারী, শিশু, বৃদ্ধ তাদের খুন করতে পারে মানুষই? কান্না, আর্ত চিৎকার, হুড়োহুড়ির মধ্যে সরকারি হিসেবেই মৃত্যু হয় ৩৭৯ জনের। আহত কয়েক হাজার। বেসরকারি মতে, মৃত্যুর সংখ্যা অনেক বেশি। সৈন্যদের বন্দুকের গুলি ফুরিয়ে গিয়েছিল বলেই তারা সবাইকে হত্যা করতে পারেনি।

ব্রিটিশ সরকারের এমন বর্বরতার কাহিনি সারা দেশ জানতে পারেনি, কারণ তখন সমস্ত সংবাদপত্রে কঠোর ভাবে সেন্সরশিপ জারি ছিল। ক্রমশ প্রত্যক্ষদর্শীদের বিবরণে কিছু কিছু তথ্য নেতাদের কানে আসে। কিন্তু তাঁরা তখনই কোনও প্রতিবাদ-আন্দোলন করতে দ্বিধাগ্রস্ত ছিলেন, কারণ তখন ব্রিটিশ সরকারের সঙ্গে কিছু কিছু ক্ষমতার দরাদরির সম্ভাবনা দেখা দিয়েছিল।

রাজনৈতিক নেতারা আবেগে চালিত হন না। কিন্তু এক কবিকে এই ঘটনা দারুণ ভাবে বিচলিত করেছিল। রবীন্দ্রনাথ তখন গান্ধিজি ও চিত্তরঞ্জন দাশকে এর প্রতিবাদের প্রস্তাব দিয়েছিলেন, ওঁরা এড়িয়ে যান। এক নিদ্রাহীন রাত্রির পর রবীন্দ্রনাথ নিজেই একক ভাবে জ্বলন্ত ভাষায় প্রতিবাদ জানিয়ে জরুরি চিঠি পাঠান ভারতের বড়লাটকে, তাঁর নাইটহুডও ফিরিয়ে দেন।

হঠাৎ এত দিন পর এই প্রসঙ্গ কেন? এখন রবীন্দ্রনাথের জন্মের দেড়শো বছর উপলক্ষে নানান অনুষ্ঠান হচ্ছে সারা দেশ জুড়ে। তারই অঙ্গ হিসেবে একটি কবি-সম্মেলনের আয়োজন করা হয় ওই জালিয়ানওয়ালাবাগ উদ্যানের মধ্যেই ম্যারাপ বেধেঁ। সারা দেশ থেকে নানান ভাষার কবিদের আমন্ত্রণ জানানো হয়েছিল, কলকাতা থেকে গিয়েছিলেন অমিতাভ চৌধুরী। প্রতিবাদ নয়, রবীন্দ্রনাথের প্রতি কবিদের শ্রদ্ধাঞ্জলি। সাহিত্য অকাদেমির এই পরিকল্পনা খানিকটা অভিনব তো বটেই।

প্রথম দিনের অনুষ্ঠান শেষে ফেরার সময় একটা তথ্য দেখে আমি চমকে উঠলাম। সেই বৈশাখী পূর্ণিমার দিনে, নারকীয় তাণ্ডবের মধ্যে একজন বাঙালিও ছিলেন! তাঁর নাম ডাক্তার ষষ্ঠীচরণ মুখোপাধ্যায়, গুলি চালনার সময় তিনি কোনওক্রমে মঞ্চটার তলায় ঢুকে পড়ে প্রাণে বেঁচে যান। পরে তিনি ওই উদ্যানটিতে নিহতদের স্মৃতিরক্ষা ব্যবস্থায় অগ্রণী হয়েছিলেন। ওঁরই বংশধর

সুকুমার মুখোপাধ্যায় এখনও সপরিবারে ওই পার্কের প্রবেশ পথের ধারেই এক বাড়িতে থাকেন, একতলার একটি ঘরে একটা সংগ্রহশালাও চালাচ্ছেন।

এইসব দেখতে দেখতে আমার এক সঙ্গী সবিস্ময়ে বলে উঠল, বাঙালি কোথায় নেই?

ঠিক। তবে, এই কথাটা শুনলেই আমার মনে হয়, বাঙালি এখন কোথায়?

কবিতা লেখার জন্য কারাগারে

দেশ স্বাধীন হওয়ার পর কেটে গেল তেষট্টি বছর। এই স্বাধীনতা অর্জনের জন্য কত মানুষ আত্মত্যাগ করেছে, সেসব এখন ইতিহাস। অনেকে ইতিহাসেও স্থান পাননি। আন্দামানের জেলে ১৬০০ রাজবন্দির নাম দেখেছি, তাঁদের ক'জনের কথা লোকে মনে রেখেছে? মনে রাখা স্বাভাবিকও নয়।

কিন্তু কবিতা লেখার জন্য যাঁদের কারাবরণ করতে হয়েছিল, তাঁদের কথা একেবারে ভুলে যাওয়া অন্তত সাহিত্যজগতের পক্ষে অনুচিত। বাঙালিদের মধ্যে সেরকম ক'জন ছিলেন তার একটি তালিকা প্রস্তুত করার ভার কি কেউ নেবে?

সেরকমই এক জনের নাম দয়াল কুমার, এ বছর তাঁর জন্মশতবর্ষ। তাঁর কাব্যগ্রন্থ 'বিংশ শতাব্দী' বাজেয়াপ্ত হয়েছিল এবং '১৯০৮ আর ১৯৩১' শীর্ষক একটি কবিতার জন্য তিনি কারারুদ্ধ হয়েছিলেন তিরিশের দশকে। তার পরেও তিনি কয়েক বার জেল খেটেছেন, এমনকী দেশ স্বাধীন হওয়ার পরেও।

দয়াল কুমার প্রায় সারা জীবনই ছিলেন রাজনীতির সঙ্গে বিশেষ ভাবে জড়িত। দেশ সেবার আদর্শে তিনি প্রথম দিকে ছিলেন গান্ধিজির প্রতি আকৃষ্ট, তারপর সাম্যবাদী আর কমিউনিস্ট পার্টির সদস্য। চুঁচড়োয় বাড়ি, তিনি ছিলেন সেই অঞ্চলের সকলের পরিচিত দয়ালদা। তাঁর পরিবারটি ছিল সেকালের কমিউনিস্টদের একটি আর্দশ প্রতিচ্ছবি। তাঁর স্ত্রী মুক্তাও ছিলেন সমাজকর্মী, ছেলেমেয়েদেরও রাজনীতির সংস্পর্শ থেকে দূরে সরিয়ে রাখা হয়নি। দারিদ্র ছিল নিত্যসঙ্গী। বিষয় ভোগ কিংবা ক্ষমতার লোভ এইসব মানুষের মধ্যে সামান্যতম স্থানও পেত না, বরং দারিদ্র্য নিয়ে অহংকার ছিল। নজরুল ইসলামের লেখা—'হে দারিদ্র তুমি মোরে করেছো মহান'—অনেকে জীবন দিয়ে

বিশ্বাস করতেন। অভাবে সংসার, অনেকগুলি ছেলেমেয়ে, তবু স্বাধীনতা সংগ্রামী হিসেবে যখন ভারত সরকার তাঁকে পেনশন ও তাম্রপত্র দিতে চায়, তিনি তা প্রত্যাখ্যান করেছিলেন।

দয়াল কুমার ছিলেন নজরুল ইসলামের খুব ভক্ত, সেই ধারারই কবি। এ কালের দৃষ্টিভঙ্গিতে তাঁর রচনাগুলি কতটা স্লোগানধর্মী আর কতটা কাব্যরসসম্পৃক্ত, তা নিয়ে মতভেদ হতেই পারে। কিন্তু এমন মানুষের জীবন অবশ্যই এখনও স্মরণীয়।

এবং অধৃষ্য কুমার

দয়াল কুমারের এক সন্তান তাঁর বাবার আদর্শকেও ছাড়িয়ে নকশালপন্থী নেতা হয়ে ওঠেন সেই ষাট-সত্তরের দশকে। ধরা পড়ে জেলও খেটেছেন। পরিচিতরা অনেকেই তাঁর নাম বলতেন, এখনও বলেন, অদৃশ্য কুমার। শুনলেই মনে হয় ছদ্মনাম। কিংবা কোনও রোমহর্ষক ডিটেকটিভ গল্পের প্রতিনায়ক। তা কিন্তু নয়, কুমার এঁদের পারিবারিক পদবি, প্রথম নামটি অদৃশ্য নয়, অধৃষ্য। সংস্কৃতগন্ধী হলেও এটা একটা বাংলা শব্দ, কেন না বাংলা অভিধানে স্থান পেয়েছে। এর অর্থ, যাকে দমন করা যায় না।

আগামী বছরে দুর্গোৎসব হবে ডিসেম্বর মাসে

তাহলে এটাই ঠিক হল যে আগামী বছরে দুর্গাপুজো আর উৎসব হবে ডিসেম্বর মাসে।

আমাদের আকাশ তো জানিয়েই দিয়েছে যে সেপ্টেম্বর আর অক্টোবরের মাঝামাঝি পর্যন্ত কোনও উৎসব সম্ভব নয়। পরপর পাঁচ বছর দুর্গোপুজোর সময় বৃষ্টি হয়েছে। বাচ্চাকাচ্চাদের আনন্দ মাটি, পুজোর উদ্যোক্তাদের অসুবিধের একশেষ। তার চেয়ে ডিসেম্বর মাসে বাতাস অতি মনোরম, পরীক্ষাটরীক্ষা শেষ, ফসলও তোলা হয়ে যায়, সেই তো উৎসবের উপযুক্ত সময়। আবহাওয়াবিদদেরও মত এই যে, বর্ষাকাল ক্রমশ বিলম্বিত হচ্ছে। তবে সেই বর্ষা আর যাই হোক, ডিসেম্বর মাসকে ছুঁতে পারবে না।

শারদীয় দুর্গোৎসবকে বলা হয় অকালবোধন। এর সঙ্গে রামায়ণের কাহিনি জড়িত। এ সম্পর্কে ভুল ধারণাও অনেক। একটি বেশ বড় গোছের পুজো কমিটির কর্তাব্যক্তিকে বলতে শুনেছি, সমুদ্রের বুকে সেতুবন্ধনের সময় রাম দেবী দুর্গার অকালবোধন করেছিলেন। বলাই বাহুল্য, তিনি রামায়ণ পড়েননি। এজন্য তাঁকে বিশেষ দোষও দেওয়া যায় না। অনেকেই তো এখন রামায়ণ পড়েন না। টিভি সিরিয়াল দেখেন। কোনও সিরিয়ালে এসব আছে কি না জানি না। বাল্মীকির রামায়ণে এরকম কিছু নেই। সেই মহাকাব্যের রাম সমুদ্রকে শাসন করার জন্য জগৎ কম্পিত করে বজ্রনাদে শর মোচন করেছিলেন, যাতে মহার্ণব একেবারে

শুষ্ক হয়ে যায়। তখন স্বয়ং সমুদ্র এসে কৃতাঞ্জলি হয়ে রামকে সেতুবন্ধনের পরার্মশ দেন। কৃত্তিবাসী রামায়ণেও প্রসঙ্গটি প্রায় একইরকম।

বাল্মীকির সঙ্গে কৃত্তিবাসের প্রধান প্রভেদ রাবণ বধের বৃত্তান্তে। মূল রামায়ণেও যোদ্ধা হিসাবে রাবণের প্রতি খানিকটা অবিচার করা হয়েছে। রামকে সাহায্য করতে এসেছেন অনেক দেবতা ও মহর্ষি। ইন্দ্র পাঠিয়েছিলেন বহু অস্ত্রশস্ত্র সমেত রথ ও সারথি মাতলিকে আর অগস্ত্য মুনি এসে শিখিয়েছিলেন আদিত্যহৃদয় নামে এমনই স্তোত্র, যাতে যুদ্ধে জয় হবেই। রাম স্নান-টান করে সূচি হয়ে সূর্যের উদ্দেশে তিন বার সেই স্তোত্র পাঠ করলেন। রামের পুজো বলতে এইটুকুই। তারপর আর রাবণ বধের বেশি দেরি হয়নি।

কৃত্তিবাস রাবণ বধ পালাটি অনেকখানি বিস্তারিত করেছেন। রাম-রাবণের ঘোর যুদ্ধের সময় রাবণ অম্বিকার স্তব করে পেলেন তাঁর দয়া ও অভয়। আর রাবণের রথে সেই দেবীকে দেখে রাম চরম হতাশ হয়ে ধনুর্বাণ ফেলে দিলেন। এখন উপায়? বাঙালির মতন এখানে রাম খুব কান্নাকাটি করেছেন। তারপর ব্রহ্মার পরামর্শে রাম করেছেন 'অকাল শরতে কৈল দেবীর বোধন'। এখানেই সেই একশো আটটি নীল পদ্ম উৎসর্গের কাহিনিও আছে। রাম এখানে মৃন্ময়ী মূর্তি গড়িয়েও পুজো করলেন। (মহাকবি কৃত্তিবাস সম্ভবত জানতেন না যে, রামায়ণ-মহাভারতের আমলে মূর্তি পুজোর কোনও রীতি বা বিধিই ছিল না।)

যাই হোক, সেই দৃষ্টান্তেই প্রতি বছর শরৎকালে মহিষমর্দিনী দেবী দুর্গার মূর্তি পুজোর প্রবর্তন। এখানে একটা সামান্য প্রশ্ন আছে। শাস্ত্র মতে, শরৎকাল সূর্যের দক্ষিণায়ন, তখন দেবতাদের ঘুমের সময়। রাবণ বধের জন্য রাম বাধ্য হয়ে অসময়ে দেবীর আরাধনা করতে বাধ্য হন। আমরা এখন যে দেবী দুর্গার পুজো করি, তাঁর সঙ্গে তো রাবণ বধের কোনও সম্পর্ক নেই, এই দেবী তো মহিষাসুরকে বধ করতে উদ্যত এবং তিনি চিরজাগ্রত। সুতরাং এখন তো তাঁর পুজো যে-কোনও সময়েই হতে পারে। সময়ের সঙ্গে সঙ্গে অনেক কিছুই বদলায়, ঋতুও বদলায়, আর উৎসবের সময় বদলাতে পারে না? বাংলার আর একটি বড় উৎসব ঈদ পালিত হয় চন্দ্রমাস অনুযায়ী, সেই উৎসবের তারিখও প্রতি বছরই বদলে যায়।

অনেককের মুখেই এরকম দাবি শোনা যায়। আগেও অনেক লেখালেখি হয়েছে। এই তো কিছুদিন আগে পত্রান্তরে নন্দদুলাল রায়চৌধুরী নামে একজন লেখক বিস্তৃত ভাবে লিখেছেন।

পঞ্জিকাকার, বিশিষ্ট পুরোহিতগণ কিংবা বারোয়ারি পুজোর উদ্যোক্তাবৃন্দ কারা এই পরিবর্তনের সিদ্ধান্ত নেবেন, তা অবশ্য আমি জানি না।

পুলিশ কেন আসে না?

সকাল এগারোটা। দুর্গাপুর এক্সপ্রেসওয়ে ধরে ছুটছে গাড়ি। ছায়া ছায়া দিন, মৃদুমন্দ বাতাস বইছে। এই মসৃণ রাজপথটি অতি সুগম, শান্তিনিকেতন পৌঁছে যাওয়া যায় সাড়ে তিন ঘণ্টার মধ্যে। আমাদের দেশে একশো দশ-কুড়ি কিলোমিটার বেগে গাড়ি চলবে, এ কথা কয়েক বছর আগে আমরা স্বপ্নেও ভাবেনি।

হঠাৎ গাড়ির গতি কমে এল। তারপর নিশ্চল। সামনে ও শেষে আছে গোটা পঞ্চাশেক। উলটো দিকটা ফাঁকা। অর্থাৎ দুদিকের পথই বন্ধ। ক্রমশ শোনা গেল, সামনে এক জায়গায় একটা দুর্ঘটনা ঘটেছে। খুবই মর্মান্তিক। একটি মোটর সাইকেলের ধাক্কায় এক জন পথচারী প্রাণ হারিয়েছেন। কেউ কেউ বলল বটে যে ঠিক নিহত নয়, আহত, তার সত্যি-মিথ্যে বোঝা দুষ্কর, কারণ, অকুস্থলটি বেশ দূরে। শোনা গেল, কিছু কিছু গাড়ি ভাঙচুর হচ্ছে সেখানে।

যাদের স্বজন হারিয়েছে, তাদের শোক-দুঃখ থেকে ক্রোধের উদয় হওয়া স্বাভাবিক। বেছে বেছে যে শুধু মোটর সাইকেলই ভাঙা হবে তার কোনও মানে নেই। যাদের গাড়ি নেই, গাড়িওয়ালা লোকদের সম্পর্কে তাদের রাগ বা কিছু একটা থাকতেই পারে। দলে দলে গ্রাম থেকে ছুটে আসছে মানুষ। এ-দিককার কিছু গাড়ির চালক বা যাত্রীও কৌতূহলী হয়ে এগিয়ে গেছে সামনের দিকে। এরপর কী হবে, পুলিশ এসে নিশ্চয়ই পরিষ্কার করে দেবে এই ব্যস্ত রাস্তাটি! হঠাৎ কৌতূহলীরা অনেকে যেন প্রাণভয়ে দৌড়ে ফিরে আসতে লাগল, ওদিকে নাকি ইট-পাথর ছোড়াছুড়ি শুরু হয়ে গেছে। কেউ বলল, গ্রামবাসীরা নাকি এ দিকেই তেড়ে আসছে।

খবরের কাগজে প্রায়ই পড়ি, কোথাও এমন গণ্ডগোল হলে পুলিশের খবর পেতে পেতেই নাকি দু-তিন ঘণ্টা কেটে যায়। কিংবা গড়মসি করে পুলিশ আসে না। দিনের বেলা এমন প্রকাশ্য রাস্তায় পুলিশের খবর না পাওয়ার তো কোনও কারণ নেই। এর মধ্যে নানান গাড়ির নানান রকম প্যাঁপ্যোঁ শুরু হল, যে যে-দিকে পারছে গাড়ি ঘোরাচ্ছে। আমাদেরও আর এখানে অপেক্ষা করাটা সুবিবেচনার পরিচয় হবে না, এরপর গাড়িতে গাড়িতে ঠোকাঠুকি লাগবে, আমাদের গাড়ির চালক খুব দক্ষতার সঙ্গে গাড়িটি উলটোদিকে নিয়ে যেতে সমর্থ হল। এখন ছোটখাটো গ্রাম্য রাস্তা ধরে বর্ধমানের দিকে যাওয়াটাহ যুক্তিযুক্ত হবে।

উলটোদিকে কিছুটা যাওয়ার পর একটা সেতুর তলা দিয়ে ডান দিকে ঘোরা যায়। সেখানে দাঁড়িয়ে আছে জনা পাঁচেক পুলিশ। সঙ্গে তাদের গাড়ি। এরা এখানে দাঁড়িয়ে কি ভেরেণ্ডা ভাজছে? এগিয়ে গিয়ে গণ্ডগোলটা থামাচ্ছে না কেন?

কারণটা পরের মুহূর্তেই জলের মতো পরিষ্কার হয়ে গেল। ও-দিকে পঞ্চাশ-ষাট জন উগ্র মেজাজের মানুষ লাঠিসোঁটা নিয়ে ঘুরছে, ইট-পাটকেল ছুড়ছে, সেখানে এই পাঁচ জন পুলিশ গিয়ে কী করবে? বেধড়ক মার খাবে। এদের কোমরে রিভালভার আছে বটে, কিন্তু উত্তেজিত জনতার দিকে গুলি চালানো এখন প্রায় নিষিদ্ধই বলতে গেলে। তাই পুলিশের প্রতি তাদের ভয় বা সমীহ নেই। পুলিশকে ইট মারতে তারা দ্বিধা করে না।

পুলিশ তাই নিরাপদ দূরত্বে ব্রিজের তলায় দু-তিন ঘণ্টা অপেক্ষা করে। বেলা পড়লে খিদের তাড়নায় জনতা এমনিতেই অনেকটা ছত্রভঙ্গ হয়ে যাবে। তারপর যাবে পুলিশ।

তুমি মনস্থির করো

অত্যন্ত অশান্ত, অস্থির আর যার একেবারেই মনস্থির নেই, এটা সেই লেখিকার কবিতার বই। নবনীতা দেব সেন। এই বিদুষী, প্রতিভাময়ী লেখিকাটি সম্পর্কে এক দিন শোনা যাবে, ইনি খুবই অসুস্থ। পরের দিন শোনা যাবে, তিনি আলাস্কায় চলে গেছেন কোনও অভিযানে।

এই কাব্যগ্রন্থের প্রতিটি কবিতাই ছোট ছোট, স্ফুলিঙ্গধর্মীয়। শেষ কবিতাটি এরকম ঃ

তুমি যতো বলো,
"চিরদিন চিরদিন"
আমি শুনি শুধু
"আজকেই আজকেই!"

মঞ্চে আবার যেন সোনালি যুগ

পাথুরিয়াঘাটার প্রখ্যাত প্রয়াত প্রসন্নকুমার ঠাকুরের দৌহিত্র নগেন্দ্রনাথ মুখোপাধ্যায়ের শখ হয়েছিল, তিনি একটা নতুন মঞ্চ নির্মাণ করে থিয়েটার চালাবেন। নিতান্ত ব্যাবসার কারণে নয়, উচ্চাঙ্গের নাটকের অভিনয়, যা ইংরেজদের থিয়েটারের সঙ্গে পাল্লা দিতে পারবে। এ জন্য তিনি প্রায় নির্বাসন থেকে ফিরিয়ে আনলেন গিরিশচন্দ্রকে।

স্টার থিয়েটার গড়ে তোলার জন্য অভিনেত্রী বিনোদিনীকে শরীর বিক্রয় করতে হয়েছিল। সেই বিনোদিনীকেও এক সময় স্টারের সঙ্গে সংস্রব ত্যাগ করতে হয়। আর গিরিশচন্দ্রও এক সময় তাঁর অতিপ্রিয় স্টারের জন্য মস্তক বিক্রয় পর্যন্ত করেছিলেন। তাঁকেও বিতাড়িত হতে হয় সেই মঞ্চ থেকে। সে সব কাহিনি এখানে অপ্রাসঙ্গিক। অপমানিত গিরিশচন্দ্র থিয়েটারের জগৎ থেকেই দূরে সরে গিয়েছিলেন। কিন্তু মঞ্চ-মায়ায় যিনি একবার আবদ্ধ হয়েছেন, তাঁর পক্ষে কি বেশিদিন এই অভিমান টিকিয়ে রাখা সম্ভব? নগেন্দ্রবাবুর প্রস্তাবে তিনি আবার পাদপ্রদীপের সামনে ফিরে আসতে রাজি হলেন। শুধু নাট্যকার হিসেবেই নয়, অনেক কাল পর তিনি আবার ধরাচুড়ো পরে অভিনয়ও করবেন।

ইংরেজদের সঙ্গে টক্কর দেওয়ার জন্য উপযুক্ত নাটক চাই। তাই অনেক পরিশ্রমে গিরিশচন্দ্র অনুবাদ করলেন শেক্সপিয়রের ম্যাকবেথ-এর মতো শক্ত নাটক। ভাবানুবাদ নয়, একেবারে সাহেব-মেমদের মতো পোশাক পরে, উপযুক্ত

কোনও নতুন নাটকে মঞ্চাবতরণ করেননি। আর সৌমিত্র চট্টোপাধ্যায়ের বয়স এখন ছিয়াত্তর। তবু তাঁর পরিশ্রম করার কী অসীম ক্ষমতা, কত দিকে ছড়িয়ে রেখেছেন নিজেকে।

কিং লিয়ার নাটকে অনেক চরিত্র। শুধুমাত্র নায়কের অভিনয় নৈপুণ্যে এমন নাটক সার্থক হতে পারে না। সে কৃতিত্ব পরিচালক সুমন মুখোপাধ্যায়ের। আমরা আগেই লক্ষ করেছি, (যেমন 'তিস্তাপারের বৃত্তান্ত') মঞ্চে বহু চরিত্রের উপস্থিতি নিখুঁতভাবে চালনা করায় সুমন বিশেষ দক্ষ। এই নাটকেও এত চরিত্র, ইংরেজ ও ফরাসি সৈন্য সমেত। কোথাও তাদের পোশাক ও পদক্ষেপের ভ্রান্তি চোখে পড়ে না। অন্যান্য অভিনেতাও যথেষ্ট পারঙ্গমতা দেখিয়েছেন। সেটটিও চমৎকার।

এই নাটক দেখার পর এ কথাও অবশ্যই মনে আসে, সম্প্রতি যেন বাংলার নাট্যজগতে আবার একটা সোনালি যুগ এসেছে। বছরে একটা দুটোও বাংলা সিনেমা দেখার যোগ্য হয় কি না সন্দেহ। কিন্তু মঞ্চ-নাটকগুলির প্রয়োগ, অভিনয়, শিল্পগুণ অনেক উন্নতমানের। মফস্‌সলের দলগুলিরও অনেক প্রয়াস অভিনব।

এক সময় বাংলার তুলনায় মহারাষ্ট্রের থিয়েটার আন্দোলন অনেকটা এগিয়ে ছিল। এখন যেন সেখানে খানিকটা ঝিমোনো ভাব এসেছে। বাংলার নাট্যজগৎ এখন বেশ চাঙ্গা। প্রবীণদের মধ্যে নান্দীকারের রুদ্রপ্রসাদ ও স্বাতীলেখা এখনও সমান সক্রিয়। সদ্য-প্রয়াত কুমার রায়ের বহুরূপী দলও নতুন নাটক মঞ্চস্থ করে চলেছে। মারীচ সংবাদ-এর অরুণ মুখোপাধ্যায়কেও দেখা যায়, কখনও সখনও। আর বিভাস চক্রবর্তী নিজের দল ছাড়াও অন্য অনেক দলের সার্থক পরিচালক। মেঘনাদ ভট্টাচার্য পরিচালক ও অভিনেতা হিসাবে সার্থক। উষা গঙ্গোপাধ্যায়ের রঙ্গকর্মী-র নতুন নতুন প্রোডাকশন বাংলা বা হিন্দিতে খুবই উল্লেখযোগ্য। ব্রাত্য বসু একই সঙ্গে নাট্যকার, পরিচালক ও অভিনেতা—এই তিন দিকেই প্রতিভার পরিচয় দিয়ে চলেছেন। কৌশিক সেনের প্রযোজনার আঙ্গিক ও তাঁর নিজস্ব অভিনয় আমার খুব প্রিয়। রমাপ্রসাদ একজন পাকা অভিনেতা ও সার্থক নাট্য রূপকার। স্কুলের বাচ্চাদের দিয়ে তাঁর একটি নাটকের অভিনয় দেখতে দেখতে আমি চোখের জল সামলাতে পারিনি। (এই লেখার পর হঠাৎ শুনলাম রমাপ্রসাদ বণিক আর নেই, শুনে আবার আমার চোখের জল আসার উপক্রম হল) 'পূর্ব পশ্চিম' নামের নতুন দলটির পরপর প্রকল্পগুলির একটা দেখলে অন্যগুলিও দেখার অদম্য ইচ্ছে হয়। আরও কত দলের ভালো নাটকের নাম শুনি। সময় করে দেখা হয় না বলে

আফশোশ থেকে যায়। অনেকের কথা উল্লেখ করা হল না, বাদ রয়ে গেল। মোট কথা, এ কথা বেশ জোর দিয়ে বলা যায়। এই মুহূর্তে বাংলায় যে বাংলার দু-একটি ব্যাপার নিয়ে গর্ব করতে পারি, তার মধ্যে নাট্য আন্দোলনের স্থান অবশ্যই প্রথমে।

এলেবেলে খেলুড়ে

কৌশিক বসু একজন আন্তর্জাতিক খ্যাতিসম্পন্ন অর্থনীতিবিদ। কিছু দিন আগে তিনি আমেরিকার কর্নেল বিশ্ববিদ্যালয়ে অধ্যাপনা করতেন। এখন ভারত সরকারের অর্থ মন্ত্রকের প্রধান অর্থনৈতিক উপদেষ্টা। তাঁর একটি গ্রন্থের নাম 'The Retreat of Democracy' এর প্রথম অধ্যায়টির নাম 'Ele Bele, The Subversion of Democracy' এই 'Ele Bele, কিন্তু কোনও ল্যাটিন শব্দ নয়, কথ্য বাংলায় এলেবেলে। প্রসঙ্গটি বেশ মজার। ছেলেবেলায় যখন আমরা কয়েকজন মিলে কোনও খেলা করতাম, তখন অন্তরঙ্গ কয়েকজন খেলার সঙ্গী ছাড়া অন্য কেউ এসে যোগ দিলে কিংবা অন্য কাউকে চাপিয়ে দেওয়া হলে তা আমাদের মোটেও পছন্দ হত না। ধরা যাক, আমাদের কোনও মাসি বেড়াতে এসেছেন তাঁর ছেলেকে সঙ্গে নিয়ে। গুরুজনেরা বলতেন, সেই ছেলেকেও আমাদের খেলার মধ্যে নিতে হবে। আমরা নিতে বাধ্য হতাম। কিন্তু বন্ধুদের মধ্যে চোখে চোখে কথা হয়ে যেত—ও আছে বটে, কিন্তু ধতর্ব্যের মধ্যে নয়, ও এলেবেলে। তেমনই অনেক আন্তর্জাতিক সংস্থা, বিশ্বের অনেক দেশের মতামত নিয়ে যেখানে নীতি নির্ধারণ করার কথা, সেখানে আসল কলকাঠি নাড়ে কয়েকটি শক্তিশালী রাষ্ট্রের একটা ছোট গোষ্ঠী। বাকিরা সবাই এলেবেলে। আন্তর্জাতিক কূটনীতি ও বাণিজ্য নীতির ক্ষেত্রে আসল খেলুড়ে মাত্র কয়েকটি, এলেবেলের সংখ্যাই অনেক বেশি।

অরণ্যের রাজবাড়ি

"আমাকে যেমন বলা হল, তেমনই স্নানের সময় কোমরে গামছা জড়িয়ে খালি পায়ে লাফাতে লাফাতে বাথরুমে ঢুকলাম। এখন হয়েছে কি, বাথরুম থেকে

সেটে অনুষ্ঠান। গিরিশচন্দ্র স্বয়ং সাজলেন ম্যাকবেথ। নতুন মঞ্চটির নাম মিনার্ভা। সেখানে ম্যাকবেথের প্রথম অভিনয় হয়েছিল ২৮ জানুয়ারি, ১৮৯৩ খ্রিস্টাব্দ।

তার পর তো এতগুলি বছরে মিনার্ভা থিয়েটার অনেক বিপর্যয়ের মধ্যে দিয়ে গেছে। একবার আগুনে ভস্মীভূত হয়েছিল। তার পরেও জোড়াতালি দিয়ে মাঝে মাঝে চালাবার চেষ্টা হয়েছিল। ইদানীং একেবারেই পোড়োবাড়ির হাল হয়েছিল। সরকারি উদ্যোগে আবার আমূল সংস্কার করে, পুরোনো রূপটি অনেকটা ফিরিয়ে এখন চালু করা হয়েছে। এবং মঞ্চস্থ হচ্ছে শেক্সপিয়রেরই অন্য একটি নাটক, 'কিং লিয়ার'। প্রধান ভূমিকায় সৌমিত্র চট্টোপাধ্যায়। একশো সতেরো বছর পর পুনর্নির্মিত মিনার্ভাকে জীবন্ত করে তোলার জন্য আবার শেক্সপিয়রেরই নাটক মঞ্চস্থ করা উদ্যোক্তাদের পরিকল্পিত কি না তা জানি না। তবে শুনেছি, রাজা লিয়ারের ভূমিকায় অভিনয় করার শখ সৌমিত্রর অনেক দিনের। অনেক কাল আগে অধ্যাপক সুনীল চট্টোপাধ্যায়ের অনূদিত রূপটিই খানিকটা মাজা-ঘষা করে নেওয়া হয়েছে।

কেমন হয়েছিল গিরিশচন্দ্রের সেই প্রোডাকশন? সেই সময় তিনি হাঁপানিতে ভুগছিলেন। তবু নাকি তিনি সিংহবিক্রমে দাপাদাপি করেছেন মঞ্চে। দেশীয় অনেক জ্ঞানী-গুণী ম্যাকবেথের প্রভূত প্রশংসা করেছিলেন তো বটেই, এমনকী সাহেবদের পত্রিকা 'দি ইংলিশম্যান' পর্যন্ত স্বীকার করতে বাধ্য হয়েছিল যে, বাঙালির এই প্রশংসনীয় উদ্যম ইংরেজদের মঞ্চের সঙ্গে তুলনীয়।

কিং লিয়ারের এই প্রোডাকশন সম্পর্কে এ কালের ইংলিশম্যানরা কী বলছেন জানি না, তবে আমি বা আমার মতো অনেকেই এমনই অভিভূত যে মনে হয়েছে, দেশ-বিদেশের অন্য অনেক শেক্সপিয়র নাট্য প্রযোজনার সঙ্গে মিনার্ভার এই অনুষ্ঠানের তুলনা তো অনায়াসেই করা যায়, এমনকী এটি হয়তো উৎকৃষ্টতর। কী অসাধারণ সৌমিত্র চট্টোপাধ্যায়ের অভিনয়, কোনও প্রশংসাই যেন যথেষ্ট নয়। এক কালের বাংলা সিনেমার সেই রোমান্টিক প্রেমিক, সত্যজিৎ রায় যাঁকে বহু ভাবে ব্যবহার করেছেন, উত্তমকুমারের পাশাপাশি যাঁর নাম উচ্চারিত হয়েছে, অনেক পথ পেরিয়ে এসে সেই সৌমিত্র এখন বাংলা মঞ্চের রাজা। একের পর এক নাটক মঞ্চস্থ করে যাচ্ছেন, বিভিন্ন আঙ্গিকে। 'হোমাপাখি' কিংবা 'তৃতীয় অঙ্ক, 'অতএব'-এর তুলনায় কিং লিয়ারের ভূমিকায় তাঁর সম্পূর্ণ অন্য রূপ। দার্ঢ্য ও করুণ রস সমানভাবে পাশাপাশি। গিরিশচন্দ্র যখন 'ম্যাকবেথ' করেন তখন তাঁর বয়স ঊনপঞ্চাশ। এরপর তিনি আর বিশেষ

বেরিয়ে কুয়োতলা যাবার পথে একটা তারে ধোওয়া-জামাকাপড় মেলা ছিল। আমাকে আসতে দেখেই পিসিমা কোনও কথা না বলে একটি লাঠির ডগা দিয়ে ধোওয়া জামাকাপড়গুলি উঁচু করে, আমার মাথায় যাতে না লাগে সেইরকম করে তুলে ধরলেন।

" 'ও হো, স্নান না করে ধোওয়া জামাকাপড় তো ছোঁওয়া চলবে না'—তাই না? আমি হাসতে হাসতে পিসিমাকে এই কথা বলতে পিসিমাও হাসতে হাসতে জবাব দিলেন..."

এই উদ্ধৃতি পাঠ করলে কি একটু বোঝার উপায় আছে যে, এর লেখক বাংলাভাষী নন, দূর বিদেশি? আসলে 'অরণ্যের রাজবাড়ি' নামের গ্রন্থটি রচনা করেছেন জাপানের অধিবাসী শ্রীনাওকি নিশিওকা। তিনি জাপানি ভাষারও একজন সুখ্যাত লেখক ও গবেষক। শান্তিনিকেতনে যাওয়া আসার সূত্রে বাংলা শেখা। এমন স্বচ্ছ, সাবলীল গদ্যে তাঁর রচনা অত্যন্ত উপভোগ্য।

ইদানীং কালে বেলজিয়ান পাদ্রি ফাদার দ্যতিয়েনের 'ডায়েরির ছেঁড়া পাতা'য় অত্যন্ত রসমাধুর্য পূর্ণ বাংলা গদ্য লিখে আমাদের মুগ্ধ করেছেন। ফাদার দ্যতিয়েনকে তাঁর শেষ বয়সে, এ বছরই রবীন্দ্র পুরস্কার দেওয়াটা একটা পুণ্য-কাজ হয়েছে। নাওকি নিশিওকা-র মতো বাংলা গদ্য অনেক বাঙালি লেখকের কাছেই ঈর্ষণীয় মনে হবে। এই বইয়ের পাঁচটি রচনা অনেকটা ছোট গল্প আর ভ্রমণ অভিজ্ঞতার সংমিশ্রণ। অতি সাধারণ মানুষজনকেও তিনি বড় মায়াময় দৃষ্টিতে ফুটিয়ে তুলেছেন। সত্যি, এটি বাংলা ভাষার একটি 'অতি' উল্লেখযোগ্য বই।

Made in the USA
Monee, IL
04 November 2026

67384075R00134